本书为福建省社科规划基金项目
"宋元汀州经济发展与社会变迁"（2012B059）最终研究成果、
江西省2011协同创新中心和国家社科基金重大招标项目（12&ZD132）
资助阶段性成果

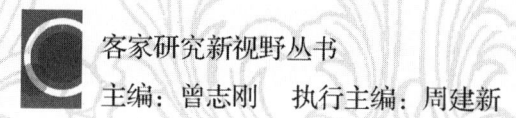

客家研究新视野丛书

主编：曾志刚　　执行主编：周建新

宋元时期汀州区域开发与客家民系形成

靳阳春◎著

中国社会科学出版社

图书在版编目（CIP）数据

宋元时期汀州区域开发与客家民系形成 / 靳阳春著. —北京：中国社会科学出版社，2015.3
（客家研究新视野丛书）
ISBN 978-7-5161-5250-8

Ⅰ.①宋… Ⅱ.①靳… Ⅲ.①社会变迁—研究—长汀县—宋元时期 ②客家人—民族历史—研究—长汀县—宋元时期 Ⅳ.①K295.74 ②K281.1

中国版本图书馆 CIP 数据核字（2014）第 297498 号

出 版 人	赵剑英
责任编辑	卢小生
特约编辑	李舒亚
责任校对	张依婧
责任印制	王 超
出 版	中国社会科学出版社
社 址	北京鼓楼西大街甲 158 号
邮 编	100720
网 址	http://www.csspw.cn
发 行 部	010-84083685
门 市 部	010-84029450
经 销	新华书店及其他书店
印刷装订	三河市君旺印务有限公司
版 次	2015 年 3 月第 1 版
印 次	2015 年 3 月第 1 次印刷
开 本	710×1000 1/16
印 张	19.5
插 页	2
字 数	328 千字
定 价	70.00 元

凡购买中国社会科学出版社图书，如有质量问题请与本社营销中心联系调换
电话：010-84083683
版权所有 侵权必究

总　　序

客家人是汉民族的重要支系，主要居住于闽粤赣三省交界区域，分布遍及全球各地，是世界上分布范围最广阔、影响最深远的族群之一。客家人在中华民族悠久的历史进程中做出了卓越的贡献，在长期的迁徙和发展中，客家人吸纳了中华民族不同历史时期、不同地域的文化养分，汇成了蔚为大观、源远流长的客家文化，在方言、饮食、建筑、风俗、岁时节庆、民间信仰等方面特色鲜明、内涵丰富。自20世纪30年代罗香林先生开创客家学以来，客家研究取得了长足的发展，客家学作为一门独立的学科，借鉴了历史学、人类学、民族学、民俗学、语言学等学科的理论与方法，逐步发展成为一门以"客家"为研究对象，以"客家"的历史、现状、未来及客家语言、族群认同等为主要内容，并揭示"客家"的形成、演变的综合性学科。

客家文化是汉民族中一个系统分明的地域文化，具有我国地域文化普遍特征的文化形态，是中华民族文化不可或缺的重要组成部分；客家文化又是一个极具特色的族群文化，客家人对自身文化与族群有着高度的自觉与认同感，以对文化的坚守和传承及其突出的族群凝聚力和向心性而著称。客家社会处于汉族边陲地带，他们的特殊性展现在发展过程中长期与少数民族维持密切的互动，但在族群意识上又坚称自我为汉族血统之精粹。所谓的客家文化即在这两种不同张力的互相拉锯中形成。因此，客家社会文化研究，不能停留在汉文化或客家文化的种族中心论视野，必须从族群互动的角度，探讨客家社会在不同区域的族群关系与历史文化发展过程。

自清代以来，聚居于闽粤赣交界区的客家人在与土著的摩擦和接触中渐渐发展出显著的族群意识，他们宣称，自己是中原南迁的汉人后裔，保持了纯正的汉人文化与传统，以此区别于周边族群。客家的族群认同也随着客家人迁居海外及我国港澳台地区而四处播散，成为全球性的族群认同。在我国众多族群中，这种强烈的族群文化传播与认同具有相当的独特性，因此，对客家族群与文化的研究应更多地注重其自身的认同，并尽量从客家人自己的言说来理解客家族群的历史，从认同的角度切入，将客家族群视为一个动态的历史过程。

客家是中华民族的重要成员。以客家文化为纽带，以客家学术研究为媒介，可以充分发挥客家人在海内外交流"文化使者"的作用，对客家族群与认同的研究，将有助于我们深刻地理解中华民族多元一体的格局，是阐释作为文化传统具有延续性的中华民族认同的一个典型案例。关于客家文化与认同、客家族群意识的探讨，其中最具代表性的是华裔澳大利亚学者梁肇庭。梁肇庭先生结合施坚雅的宏观区域理论与人类学族群理论，对客家史研究进行全新的理解。客家人在宣扬族群认同的同时，又十分强调其中国性，保持着明确的国家认同，表现尤其明显的是后来迁居于海外及我国港澳台地区的客家人，他们的寻根意识及各种社团皆以爱国为宗旨，形成族群认同与国家认同的高度统一。比如，在中国台湾，客家人有450万人之多，他们对中国台湾的政治、经济和文化起着举足轻重的作用。通过客家历史文化研究，可以充分体现海峡两岸客家同根同源、同文同种，台湾人民与祖国大陆不可分割的血脉关系。

自人类起源，就开始了迁移，伴随着迁移，人类开始分化并构成不同的人群和社会。即便在安土重迁的中国文化中，任意打开一本族谱，迁移是最重要的历史记忆。因此，作为一个历史悠久的移民性族群，对客家的研究有助于丰富我们对中华民族历史的理解，深化我们对中华民族统一多民族共同体的深刻认识。正如全国人大常委会原副委员长许嘉璐先生所说："客家文化可以说是中华文化的缩影、典型、样板，或曰范式，是中国人民献给人类的一份厚礼。保护、弘扬和创新客家文化，是客家之所急需，中国之所急需，世界之所急需。"因此，深入研究客家文化，既有着重要的理论价值，又具有重大的现实意义。

在这里回顾过往的客家研究，不仅是为了理清客家学之历史脉络，更是为了表达一个期望，即希望客家学研究可一路向前，而"客家研究新视野丛书"正是其中的浓墨重彩的一笔。该丛书由江西省2011协同创新中心、江西省首批高校人文社会科学重点研究基地、江西省首批非物质文化遗产研究基地赣南师范学院客家研究中心策划，旨在推出一批高质量、高水平的客家研究著作，选取当前客家学界一批中青年学者的最新研究成果，力图呈现研究论著视野的新颖性、理论的前沿性与文献资料的完整性和系统性，提升客家研究的理论水平，扩大客家学在国内外学术界的影响。

丛书的编者和作者相信，现阶段的客家研究不应该是宏大叙事风格下的、面面俱到的研究取向，而应该是通过具体事项、具体区域或具体个案的具体研究以表达出对客家问题的整体了解。因此，丛书的作者突破了过往研究试图通过某单一学科，如历史学或人类学，研究客家问题并将其置于学科分类体系之下的构想，而采取了跨学科的研究取向，而努力将各个学科的前沿理论与方法应用其中。文献分析法与田野调查方法、文字史料与口述史、共时性分析与历时性分析、社会结构范式与社会行动范式等在其中得到了应用，并有了极佳的切合点。虽然每一本书的研究问题、研究对象都可以说是相对独立的个案，但每一个个案却与客家研究整体把握相联系，立足于客家研究的整体关怀中。换句话说，每一位作者都是以具体区域、具体事项或具体个案的研究分析以回应宏大的客家问题，这个问题是历史学意义上的，是人类学意义上的，是普遍学科意义上的。

这一套丛书最大的意义在于：

第一，视野的新颖性，即由关注客家问题的"共同性"向"地方性"转变，同时将"结构"与"变迁"两个概念很好地结合在一起，从而关注到了地域文化、地方崇拜、社会经济变迁及族群问题等的动态过程。同时，丛书的作者已经认识到，客家研究不仅要阐述客家历史的客观性，而且要关注客家人在构建"客家"过程中的能动性，甚至要反思客家研究本身是如何在"客家"构建过程中被结构化及这种结构如何影响客家人的行动。

第二，理论的前沿性，即将历史学、人类学、民族学、民俗学、符号学、现象学及考古学等引入研究中；西方人类学领域的象征人类学理论应用于阐释如服饰、饮食、民居、音乐、艺术及信仰等具体的客家文化事项，族群理论应用于解释客家族群意识、形成、互动等问题；社会经济史领域的区域研究理论应用于地方社会变迁及构建等问题。与此同时，丛书作者采用了多种学科的理论与方法，并贯穿在研究过程之中。"深描"、"族群边界"、"结构过程"等前沿理论概念在丛书作品中也被不同程度地使用。

第三，文献资料的完整性与系统性，即突破以往研究只注重文字资料的使用，而开始采用口述史资料。丛书的作者没有枯坐在书斋里，而是开始接触具体的研究对象，进行实地调查，把"获得材料与死文字结合起来"。丛书作者结合使用田野调查与文献分析的方法，到具体的地域，采访地方精英与普通民众，收集地方文献与民间文书。由此，正式史料、民间文献与口述传说、民间表述等综合应用到客家研究的"全息信息"采集分析过程之中。

近一个世纪以来，世界范围内的客家研究由肇始阶段走向学科建设和蓬勃发展之时，研究成果已在梳理史料、论证源流、文化考究等方面颇有建树。然而，诸前辈研究之视野始终未有突破，学科界限依然清晰可见，且分散性的研究止于就事论事而未能形成理论体系。直至今日，客家研究仍未能对客家问题形成整体性、系统性的学术关怀。近年来，江西、福建、广东等地的中青年客家学者引入多个学科的前沿视角，收集多个领域的翔实材料，形成了一批深入讨论客家问题的成果与论著。赣南师范学院客家研究中心顺势而为，选取其中一些相对独立而又相互连贯的精品著作，组织出版"客家研究新视野丛书"，构建一个相对系统的客家研究丛书库，力图对客家问题形成整体性关怀。

此次出版的"客家研究新视野丛书"为第一辑，由曾志刚教授任主编，周建新教授任执行主编，本辑共有8部著作，其研究对象与时空范围涉及唐宋以来客家文化的多个面向。唐宋以来儒家文化开始在赣闽粤边区传播，邹春生博士著的《文化传播与族群整合——宋明时期赣闽粤边区的儒学实践与客家族群的形成》指出，儒家文化在赣闽粤边区的传播促使当地多元族群产生"文化认同"，从而形成"客家"共同体。宋元时期，汀州社会经济历经巨大变迁，靳阳春博士著的《宋元时期汀州区域开发与客家民系形成》提出，宋代闽西山区交通的发展促进汀州经济发展，而元初以来的畲汉联合抗元斗争促进族群融合又壮大了在南宋形成的客家民系。明中期以来，赣闽粤边界地区普遍经历"正统化"过程开始，黄志繁博士等合著的《明清赣闽粤边界毗邻区生态、族群与"客家文化"——晚清客家族群认同建构的历史背景》一书以赣南营前镇、粤东百侯镇为个案力证在晚清"客家文化"被建构成"中原正统文化"的历程中，"正统化"在其中起着重要作用。黄韧博士著的《神境中的过客：从曹主信仰象征的变迁看岭南客家文化的形成与传承》一书独辟蹊径，结合民间信仰、早期移民、族群互动与区域经济等方面，采用历史人类学、结构人类学和解释人类学等研究范式，并纳入历史学、政治学、社会学及区域研究的理论视角，深入研究了广东北部曹主信仰。在人类学整体性视阈中深入阐释了粤北地区宗教信仰的文化变迁与地方社会发展的密切联系，指出北江流域的商业活动带动曹主娘娘信仰的传播，同时神话系统内又整合了不同群体的流动、互动、融合及冲突的记忆。该著作以全球化视角与中国人在国外的在地化经验研究重新审视客家问题，可谓是客家学研究又一新的视野。

历史上，随着大批中原族群南迁至赣闽粤边区，当地社会经济得以迅速发展，国家统治及儒家文化亦纷至沓来，使得赣闽粤边区由"化外之地"转为"化内之地"，客家文化认同遂于此发轫。同时，交通的发展进一步增强了闽粤赣地区各个族群间互动与融合，文教的发展促进了客家文化形成。最终，客家人的自我认同在波澜壮阔的冲突与斗争中形成并不断得以发展壮大。其中，"客家文化"在一定程度上是在生态变迁和族群关系中借由赣闽粤边界地区普遍经历的"正统化"过程所建构的。然而，"客家"并非是一个恒定不变的范畴，其往往在与"他者"的互动过程中不断变化，且客家族群的世界性流动经验往往不折不扣地在超自然象征系统中呈现。总之，客家族群的形成既是一个自我认同的过程，也是"他者"所建构认知的过程。故此，上述四部著作是将"客家"置于族群认同与族群互动中，结合共时性研究与历时性研究、静态分析与动态分析，全方位地考察了客家族群形成与发展的过程及其内外因素。

同时，"客家研究新视野丛书"第一辑著作涵盖了对多种客家民俗文化事象的深入探讨。该丛书第一辑由曾志刚教授任主编、周建新教授任执行主编。周建新教授与张海华副教授将客家服饰置于客家文化历史脉络之中进行多视角、多层次的跨学科研究，其著《客家服饰的艺术人类学研究》完成了对客家服饰的视觉识别、行为识别及理念识别过程，并指出其属于"器物文化"、"活动文化"及"精神文化"的范畴，所呈现的是客家文化与精神特质。肖文礼博士对赣南地区礼俗仪式中的艺术行为和音乐活动进行分析，她在《岁时节日体系中的赣南客家仪式音乐研究》一书中提出，客家文化在岁时节日体系中是具化的事项，即具体的时空下借由祭祖、庙会、独有仪式及国家展演所呈现的族群情感与族群关系等。王维娜博士在具体的语境中考究了福建长汀客家山歌，写成《传承与口头创作：地方知识体系中的客家山歌研究》，认为长汀客家山歌未因演唱空间改变而消失，根本在于其地方性知识体系的传承，同时地方性知识中还蕴含着歌手演唱和创作的根源。温春香博士关注宋元以来赣闽粤毗邻区的族群认同与文化表述问题，其著《文化表述与族群认同——新文化史视野下的赣闽粤毗邻区族群研究》指出，明代闽粤赣毗邻区的大规模动乱及明中后期以来的社会重组导致文化表述的转变，即借用一套文化的逻辑和汉人的意识以达成历史书写，并与历史进程并驾齐驱促成族群身份认同。

服饰乃个体与群体进行自我身份标识的最直接手段之一，客家服饰在视觉、行为及理念上的差异，蕴含其中的往往是族群性的范畴，即客家族群所持的独特属性。而音乐作为沟通人与天地的神圣手段，仪式上音乐所呈现的是客家人的宇宙观、价值观、人生观及族群认同的观念，形成了一套客家人所共享的独特精神文化。同样，声音作为人与人之间交流信息与传承文化的载体，客家山歌体现了客家人的价值观、爱情观、历史观和社会观念，传承客家山歌的背后是对客家文化及其精神特质的传承。最后，客家族群区别于其他任何族群在很大程度上是借由历史及文本的书写所表述的，而现阶段所呈现的任何一种文化特质都是一种由文化表述所构建的文本。总的来说，上述四部著作将学科关怀转向民俗学，通过考察非常具体且物化的民俗，呈现出具体民俗作为文本的表象及其背后的文化意涵，展示了客家族群的"异"与"同"。

诚然，"客家研究新视野丛书"的每一著作都归属于"客家研究"这一大命题，既在一定程度上继承了前辈的研究成果，也在已有研究的基础上阔步前行，深入把握客家之意涵，拓宽研究客家之视野，明确探索客家之方法。客家人是一个既重视传承又注重创新的族群，坚守着其独有的族群文化特质，开放地流向于全球的每一个角落并吸收"他者"优异的文化特质而具有极强的生存力。随着全球化过程的推进，传统的客家文化与客家精神也在全球范围内生根发芽。因此，"客家研究新视野丛书"的出版必然对整体把握客家、了解客家，甚至对重新理解客家、建构客家都有着深奥而久远的意义。同时，该丛书力图建立一门独立的客家学学科，并超越地方性研究的范畴，而将其推向单一族群全球性流动研究的领域。我也衷心祝愿客家研究取得更多更大的成果。

中国正处在急剧的变迁之中，社会转型、文化转型成为重要的学术命题，笔者提出，中国从地域性社会向移民社会的转型就是其一。这就是随着人群流动的频繁，城市化的加速，那种单一人群构成的地域社会不复存在，而更多地表现为多人群多族群共生构成的移民社会。作为地域性特征明显的客家族群也正在经历着这一变迁，而这种经历、变化也对客家研究提出了新的挑战！

是为序。

2015 年春于康乐园

（周大鸣：长江学者特聘教授、中山大学社会学与人类学学院教授）

序

客家史的研究，自20世纪90年代起的20多年是一个迅速发展时期，也是个丰收的时期。学者们大体围绕着移民史、民族融合史与区域开发三个向度，做了大量的工作，取得了丰硕的成果，厘清了不少问题。但存在的问题或曰尚待开掘的问题仍然不少。其中，从时间的角度说，唐五代以前及明清以后的论述较多，宋元这一段比较薄弱；从空间的角度说，泛论赣闽粤交界区域即所谓客家大本营地区的论述较多，对这一大本营地区分区域的论述比较薄弱。所以，若要深化客家史的研究，则抓住宋元时期，分别从赣闽粤之交的小区域即赣南、闽西、粤东做深入的探讨，不失为一条有效的途径。

记得早在20年前，我就发现了客家史中宋元这一段尤其是元代一段的重要性，也提出了加强这一段历史研究的倡议。1995年，有位刚从大学毕业分到我所在的福建社科院客家研究中心工作的同仁，想跟着我学习和研究客家史，我就安排她细读元史及元代文献。可惜，由于种种原因，这项计划没有进行下去。后来，我自己倒是读了元史中与客家及畲族相关的部分，也读了一些宋元人文集，并据以做了宋末至元代畲客联合斗争壮大客家的种种论述，但是，也因为种种主观和客观原因，这种"读"还远未达到"细"的地步，至今不能无憾。

靳君阳春2006年考入福建师大，师从我攻读博士学位，选择的研究方向是客家史。考虑到他是外省人，原先并没有受到客家研究的训练，也没有诸如懂得客家话、熟悉客家地理环境和文化习风等有利条件，而他的工作单位是三明学院，三明的好几个县份早先是宋元汀州的重要组成部分，所以，我就建议他以宋元汀州为研究范围，从文献研读入手，结合必要的实地调查，开展他的研究。这样的设计，实际上是想把我原先的研究思路付诸实践。不巧的是，阳春君就读不久，身体就出了状况，在家休养几达两年，此后虽然完成了博士论文，多少是打了折扣了，并没有完全达到我预期的目的。

通读阳春君的博士论文，我们感到做得最好的部分，是关于唐宋元汀州交通变迁的研究。他认为，属于闽江水系的九龙溪航道在唐代就已经开发利用，在唐宋时期其重要性要高于汀江。南宋绍定以前，汀江处于自然开发状态。南宋后期，汀江航道得到改善，为元代隆兴至潮州驿道的开通奠定基础。元代隆兴至潮州驿道的开通使汀州成为赣闽粤边区的重镇和交通枢纽，促进了以汀州为中心的闽粤赣边经济区的形成。这些认识，信而有征，是经得起检验的，而却往往为论者所忽略，因而有重要的学术意义。另外，阳春对于宋元汀州矿冶业和食盐走私的研究也有新见。他认为汀州矿冶业以北宋为盛，是当时的支柱产业，至南宋则渐趋没落，至元代则处于停摆状态。这一论断大体接近客观实情。他又认为，南宋时期，私盐贩卖成为汀州大部分人赖以谋生的重要产业，是后代汀赣间进行钱粮贸易的滥觞。以汀州为中心的私盐贩卖参与者成分复杂，而且由此引起的社会矛盾一直延续到元代。这一论断，也颇有参考价值。但论文中也有一些值得商榷的问题。例如关于宋代汀州对外交通线路的评估，阳春认为，因为政治的原因，宋代汀州对外交通依然以与闽北的交通为主。这一点，可能还需斟酌。官方的交通，因为官员、文书和科考生员来往，赋税缴纳和军事征调等原因，即阳春所谓政治的原因，诚然是与闽北、闽中的交通为频繁，为重要，但民间的往来，却可能因为私盐盗运和畲客联合斗争、民众婚姻往来、集市贸易等原因，汀州与赣南、粤东的往来为多。南宋绍定以后汀江航道畅通，成为联系闽西粤东的大动脉，汀州与潮州（当时潮州涵盖整个粤东地区）的交通尤为密切和重要。若非这样，赣闽粤边区又何由联系紧密，从而逐渐酝酿形成一个客家民系呢？

总而言之，阳春君的这篇论文，选题是很好的，抓住了客家史研究深入发展的关键，作者也尽力做了不少工作，有一些新见富有参考意义。但存在的问题及想做而未做的工作尚多。希望阳春继续努力，争取拿出足以传世的好成果出来。尤其在宋元文献的挖掘整理方面，希望阳春及其他有志于客家研究的年轻学者，静下心来，扎扎实实下一番功夫，整理出一部内容丰富的宋元客家史料汇编，为客家研究的新突破做出贡献。

甲午菊月
谢重光序于榕城兰韵斋

中文摘要

　　文章从民族史、经济社会史、移民史、人口发展史、历史地理学等角度，探究宋元时期汀州经济发展与社会变迁轨迹，以及汀州客家形成核心地位的演变过程。

　　从秦汉时期开始，中原与福建的交通路线对历代南迁入闽移民活动的基本方向与走势产生了直接影响，南迁入闽的北方汉人从闽北进入福建。闽西始终处于国家权力扩展的边缘。直到唐宋以降，闽西山区才逐步得到开发，五代末期至北宋初年是汀州第一次接受大批北方移民的时期，两宋之际是汀州第二次接受大批北方移民的时期。

　　交通也随之发展。九龙溪航道在唐代就已经开发利用，在唐宋时期其重要性高于汀江。南宋绍定以前，汀江处于自然开发状态。南宋后期，汀江航道得到改善，为元代隆兴至潮州驿道的开通奠定基础。元代隆兴至潮州驿道的开通，使汀州成为闽粤赣边区的重镇和交通枢纽，促进了以汀州为中心的闽粤赣边经济区的形成。

　　交通的发展促进了宋代汀州经济发展。北宋时期，矿冶业是汀州的支柱产业，南宋时处于没落阶段，元代则处于停摆状态。南宋时期，私盐贩卖成为汀州经济生活中大部分人赖以谋生的重要产业，是后代汀赣间进行钱粮贸易的滥觞。宋代汀州的集市层次非常完整，大部分集中在北部，表明宋代汀州的对外交通依然以闽北为主。

　　宋元时期汀州文教有了较大发展。汀州的教育机构完备，理学有所发展，并以汀州为中心形成了定光佛信仰圈。文教的发展促进了汀州社会风气的变化。

　　宋元时期汀州的社会矛盾激烈。北宋时期，汀州社会冲突危害轻微。南宋汀州动乱由百姓与政府争利的经济冲突，演变为以推翻地方政府为目的叛乱行为。宋末元初，汀州抗击元军的军队多为购募，中后期义军以"复宋"为口号，动乱已经演变为带有强烈民族反抗意识的斗争。

客家民系在南宋初步形成后，经历了宋末元初直至元朝末期的长期畲汉联合抗元斗争。在这个过程中，畲汉族群互相融合，主流是畲民汉化，壮大了客家民系。客家民系迎来了第一次大发展高潮。

Abstract

This article studies on economic development and social change trajectory of Tingzhou in Song and Yuan Dynasties, exploring the process to form the hakka core of the Tingzhou, mainly from the angle of National History, Economic and social history, History of immigration, History of the development of population, Historical Geography, and so on.

The route from Fujian to Central China directly impacted on the basic direction and trend of northern migration to Fujian since Qin and Han Dynasties. West Fujian has been marginalized in the national power. Until Tang and Song Dynasties, its society and traffic were gradually developed. The waterway of Jiulong River had been opened in Tang Dynasty. It was more important than Ting river then. The waterway of Ting river did not open before Shaoding of Southern Song Dynasty. It was developed in the late of Southern Song Dynasty and laid the foundation for the opening of Chaozhou post road to Longxing in Yuan Dynasty. This post road made Tingzhou as a traffic center in Jiangxi and Fujian border.

The development of transportation promoted the economic development in Tingzhou in Song Dynasty. Mining industry was a pillar industry of Tingzhou in Song Dynasty. In Southern Song Dynasty it was in the decline stage. In Yuan Dynasty, It almost stopped. Most people made a living with smuggling salt in Tingzhou in Southern Song Dynasty. As a result, the trade between money and grain developed and the social conflicts because of smuggling salt never stopped until Yuan Dynasty. During this period, various ethnic groups who lived here gradually formed a new group.

The education had made great progress in Tingzhou in Song and Yuan Dynasties. It had a good education system. Neo Confucianism had made significant progress too. And it formed a culture circle of the Faith in Dipamkara. Educational development changed the social customs. It formed Unique and outstanding of the Hakka people.

Tingzhou was not a peaceful place in history. There were too many social conflicts. These social conflicts caused minor damages in Northern Song Dynasty. But in Southern Song Dynasty they became a threat to local governments. To Yuan Dynasty, the unrest of Tingzhou has turned into a strong sense of national resistance struggle.

The Hakka was initial formation in the Southern Song Dynasty. They fight against the Yuan Dynasty with The She nationality for long time until the demise of the Yuan Dynasty. In the process, The She nationality and The Han nationality formed merge with each other. This promoted the growing of the Hakka people. The Hakka people came the first development climax.

目 录

第一章 绪论 ··· 1

  第一节 选题缘起和价值 ··· 1
    一 选题缘起 ··· 1
    二 研究对象及价值 ··· 3
  第二节 学术史回顾 ·· 4
    一 地域社会变迁 ··· 4
    二 经济发展 ·· 11
    三 交通变迁 ·· 13
  第三节 本书研究方法、资料和结构 ····································· 14
    一 研究方法 ·· 14
    二 研究资料 ·· 15
    三 结构框架 ·· 15

第二章 汀州的设立及人口变迁 ·· 17

  第一节 汀州地理概况 ··· 17
  第二节 汀州设立的背景分析 ··· 18
    一 国家权力在福建的扩张 ·· 18
    二 逃亡与检括 ·· 22
  第三节 汀州人口分析 ··· 25
    一 汀州的原始居民 ·· 26
    二 武陵蛮的迁入 ·· 39
    三 唐五代时期汀州户口与实际人口 ································ 44

第三章 宋元汀州的交通变迁 ·· 55

  第一节 唐开元前福建交通概况 ··· 55

一　秦汉福建与中原的交通……………………………………56
　　二　汉魏六朝时期入闽路线……………………………………75
　　三　唐代福建的对外交通………………………………………81
第二节　唐五代时期汀州交通………………………………………87
　　一　汀州与福建诸州交通………………………………………88
　　二　汀州与赣南交通……………………………………………90
第三节　宋元汀州的陆路交通………………………………………95
　　一　宋代道路的发展……………………………………………96
　　二　元代汀州驿道的发展……………………………………108
第四节　宋元汀州的水路交通……………………………………115
　　一　九龙溪航道的开发………………………………………116
　　二　汀江航道的开发…………………………………………127

第四章　宋元汀州的经济变迁……………………………………136

第一节　宋元时期汀州农业和手工业变迁………………………136
　　一　北方移民迁入对生产方式的影响………………………136
　　二　宋元汀州农业基本情况…………………………………139
　　三　宋元汀州手工业的发展…………………………………143
第二节　宋元汀州矿冶业兴衰……………………………………145
　　一　宋元汀州矿冶业概况……………………………………145
　　二　北宋时期汀州矿冶业的中心地位………………………156
第三节　宋元汀州盐业变迁………………………………………159
　　一　汀州食盐的运销…………………………………………159
　　二　汀州的私盐贩卖…………………………………………161
第四节　宋元汀州商业发展………………………………………168
　　一　宋代汀州的集市…………………………………………168
　　二　宋代汀州的桥梁与贸易…………………………………171
　　三　宋代汀州贸易与民间信仰传播…………………………173

第五章　宋元汀州的社会变迁……………………………………175

第一节　宋元汀州教育发展………………………………………176
　　一　宋元汀州的官学…………………………………………176

二　汀州的贡院 …………………………………………… 179
　　三　汀州的贡士庄 ………………………………………… 180
　　四　汀州的书院 …………………………………………… 181
　　五　宋代汀州教育发展的意义 …………………………… 183
　第二节　宋元汀州理学发展 ………………………………… 185
　　一　汀州理学人物 ………………………………………… 185
　　二　汀州理学祠宇修建及学校名称演变 ………………… 191
　　三　汀州理学的发展水平 ………………………………… 192
　第三节　宋元汀州民间信仰发展 …………………………… 195
　　一　晚唐五代时期福建民间信仰的发展 ………………… 196
　　二　宋王朝崇道与民间信仰的发展 ……………………… 197
　　三　定光佛信仰的产生和传播 …………………………… 201

第六章　宋元汀州客家民系的形成和发展 …………………… 232
　第一节　动荡中的认同：客家民系在汀州的孕育 ………… 232
　　一　北宋时期的动荡 ……………………………………… 232
　　二　南宋时期的动乱 ……………………………………… 236
　　三　元代汀州的动乱 ……………………………………… 241
　第二节　"疆圉日辟，声教濅远"：客家民系的最终形成 …… 245
　　一　南宋客家民系的形成 ………………………………… 246
　　二　汀州在客家形成过程中的中心地位 ………………… 250
　第三节　畲汉联合抗元：客家民系的发展 ………………… 255
　　一　元代中后期畲汉人民的反抗斗争 …………………… 255
　　二　族群互动中客家民系的发展 ………………………… 260

第七章　结语 …………………………………………………… 267
　一　本书的主要内容和结论 ………………………………… 267
　二　本书的不足之处及进一步研究方向 …………………… 271

参考文献 ………………………………………………………… 273

后　记 …………………………………………………………… 290

第一章 绪论

第一节 选题缘起和价值

一 选题缘起

长期以来,中国南方民族史研究以西南区域为重点,对于东南区域民族史研究则相对薄弱。东南地区各民族尤其是少数民族,诸如较成规模的畲族、高山族、回族等,具有一些与西南区域少数民族所不同的历史文化特征,而这正是今天从事中国东南民族史研究时必须认真汲取、高度重视的基础和出发点。① 对于闽西而言,其区域民族史研究的重心,则是探讨伴随国家权力向闽西扩展,北方移民在闽西区域开发中,逐步与土著民族交流融合,进而形成客家民系的历史根源和进程。

客家民系是汉民族的重要支系,自南宋形成以来,在中华民族的各个重要历史阶段都发挥了重要作用。当今其人口总数达到一亿以上,遍布世界各地,在其所在地区和所在领域都做出了杰出成就,为中华民族的伟大复兴做出了巨大贡献。学界对客家民系的研究也逐步趋向成熟,并取得了较丰硕的成果。

客家研究如果从1808年徐旭曾《和平徐氏族谱·旭曾丰湖杂记》算起,已有二百余年历史。嘉庆十三年(1808),广东博罗、东莞等地发生大规模的土客械斗,为了改变对客家人的偏见,惠州丰湖书院掌教徐旭曾召集门人,阐述客家人在族群来源、语言、习俗等方面与广府人的不同及其原因,并以之成文,文曰:"今日之客人,其先乃宋之中原衣冠旧族","先后由中州山左,越淮渡江而从之,寄居各地,随处都可相通"。"客人

---

① 陈支平:《回归学术主体性:东南民族研究的三个省思》,《思想战线》2012年第1期。

语言,虽与内地各行政省小有不同,而其读书之音,则甚正……行经内地,随处都可相通"。"客人之风俗,俭勤朴厚,故其人崇礼让,重廉耻,习劳耐苦,质而有文。"① 这是现今所知最早论及客家的记载。19世纪晚期至20世纪初,涉及客家问题已被认可出版的专著达二三十部,其中有林达泉《说客篇》、钟用和《土客源流考》、黄遵宪《客家"散论"》以及西方赖查尔斯《客语浅句》、肯比尔《客家源流与迁移》等;20世纪30年代初,燕京大学聘请罗香林编辑的《客家史料丛刊》。罗香林于1933年11月出版《客家研究导论》,由著名国学专家朱希祖写序,是一部极具权威性的客家专著,对客家人和客家文化做出系统论述,是真正具有现代学术规范意义的客家研究标志,由此推动中国出现第一次客家研究高潮,并波及海外各国、各地,如日本山口县造著有《客家与中国革命》,英人爱德华尔著有《客家历史纲要》和《客家人种志略》等。

罗香林的《客家研究导论》和后出版的《客家源流考》是20世纪80年代前客家著作的代表。他提出客家学的诸多重要概念,如"民系"、"五次大迁徙"等;并在客家研究中运用大量族谱,引入族谱与正史相互比证的研究方法;提出客家研究中应该注意的十二点方向等,从而开创了客家研究的基本范式,对后世客家研究产生了巨大影响,很长时间内,学者研究基本没有跳出罗香林的模式框架。

进入20世纪80年代后,客家研究成为显学,短短十几年产生了系列客家研究专著和许多颇有见地的论文,代表作有谢重光的《客家源流新探》、陈支平的《客家源流新论》、王东的《客家学导论》、丘权政的《客家的源流与文化研究》、房学嘉的《客家源流探奥》等。至此,客家学的研究始终以客家界定、客家源流、客家精神、客家文化等基本问题为对象。

此后,客家学研究进入新的阶段,以更开阔的视野从更高的层面及不同的角度对客家进行更加纵深的研究,国内出版了系统地分区域研究客家的著作,代表作有谢重光著《福建客家》、陈世松编《四川客家》、钟文典著《广西客家》、杨宗铮著《湖南客家》、刘义章主编《香港客家》等;以客家特殊群体为研究对象的著作,代表作有谢重光著《客家文化与妇女生活——12—20世纪客家妇女研究》;研究客家区域经济发展的著

---

① 罗香林:《客家史料汇编》,(香港)中国学社1965年版,第297—299页。

作，如周雪香的《明清闽粤边客家地区的社会经济变迁》、马先富著《客家祖地经济史论》、温锐和游海华合著《劳动力的流动与农村社会经济变迁》等。国际客家学会、法国远东学院与海外华人资料研究中心也联合出版了劳格文主编的《客家传统社会丛书》，研究区域从州、府逐步到县，研究范畴也发展到传统经济、宗族与宗教文化。

二　研究对象及价值

本书选择"宋元时期汀州区域开发与客家民系形成"作为主题，拟从经济社会史和民族史角度，力图在已有客家研究基础上，对宋元时期的汀州客家社会形成时期和发展时期进行全方位纵深研究，通过经济活动和社会关系的相互作用以理解汀州客家民系在长时段的变化，包括经济增长及经济增长源泉，人口变化与迁徙，城乡关系的变化、休闲性质的变化以及城乡社会制度的变化，进而还原一个较为宽阔和准确的历史场景，既有经济的、社会的层面，亦有文化、精神的层面，重点研究其交通、经济与社会变化具体内容，从而理清客家先民进入汀州后对汀州经济和社会带来的变化及这种变化对客家民系形成的影响，庶几弥补客家区域研究中州府级研究之不足，深化客家区域研究，为推动福建客家研究的深入略尽绵薄之力。

本书把研究的历史时段定在宋元时期，是因为目前学术界对客家民系的经济社会研究主要集中在明清时期，重点研究的是客家民系形成后对外扩张时期的经济社会变迁，对宋元时期的客家民系经济社会则少有关注。而历史研究既包括差异、前进、倒退、发展、转折等历史过程中的重要时刻，也包括为这些重要时刻积蓄能量的相对平静时期。从总体来看，宋元时期是客家民系从初步形成到发展壮大的关键时期，南宋是客家民系最终形成的时期，元代则是客家民系第一次大发展时期，理清这一时段客家民系的经济社会发展的历史根源和历史过程，才能更好地理解明清时期客家民系大发展的格局。

本书把研究地域范围限定在汀州，主要是因为"南宋客家的中心区域在汀、赣，汀州尤为其核心之地。"[①] 关于宋代汀州的客家中心地位，罗香林先生有过很好的论述："按客家人文的中心，每随时代的变迁而异其地域，赵宋一代，当以汀州八属及韶州各属为其代表，知名人物如长汀

---

① 谢重光：《客家文化述论》，中国社会科学出版社2008年版，第121页。

邹应龙、杨方、宁化雷观等等，皆足以代表客人一部分的精神。"① 但是由于多种原因，目前学界对于客家形成中心区域的认识尚存在很大分歧，因此把汀州作为本书研究的范围，将会促进对汀州民族交流融合的研究，有助于厘清汀州在客家形成时期的核心地位，更好地论证客家民系在南宋形成这一观点，符合客家民系形成本身的内在逻辑。

本书把经济发展和社会变迁作为主要研究对象，主要因为目前客家学研究多以客家界定、客家源流、客家精神、客家文化等为主要对象，对客家社会经济变迁的关注则相对较少，尤其是对宋元时期闽粤赣地区的经济变迁与客家民系形成之间的内在联系尚无专门研究。而人类的发展必然导致赖以生存的经济社会不断进步和发展，因而一个地区经济社会发展的轨迹反映了当地各个族群发展变化的状况。自五代末期至宋初以来，汀州成为北方战乱难民的重要迁入地，由于人口增加使汀州经济面貌发生巨大变化，在这个过程中，汀州的族群交往和冲突也空前剧烈。正是在这样的背景之下，才在以汀州为中心的区域形成了客家民系。

历史研究的终极目标是为现实服务，客家研究也不例外。汀州是客家祖源地，全球有1.2亿客家后裔，中国台湾有400多万客属同胞，与福建客家同根同源，有不可分割的血脉渊源。因此，加强汀州客家经济社会的研究，对于促进闽台客家之间的"五缘"认同意识，推动其经济、文化、科技的合作，加强海峡西岸经济区的建设，促进祖国的和平统一有积极的现实意义。

故而，把"宋元时期汀州区域开发与客家民系形成"作为本书的主题，不仅具有较强的学术价值，也具有很强的现实意义。

第二节 学术史回顾

本书的选题和研究取向，是在前人和时贤众多相关成果启迪下产生的，现依照本书写作意图，将与本书研究相关的以下研究成果作一回顾。

一 地域社会变迁

自20世纪80年代以来，客家研究成为显学，闽粤赣交界的客家大本

---

① 罗香林：《客家研究导论》，广东省兴宁市政协文史资料研究委员会编《兴宁文史》第27辑《客家研究导论——罗香林专辑》，2003年，第24页。

营地区的地域社会变迁研究也随之进入高潮。

目前对闽粤赣边区的客家地域社会发展变迁有较全面论述的著作，主要有劳格文（John Lagerwey）主持的《客家传统社会丛书》，谢重光《福建客家》、《客家文化述论》和《客家、福佬源流与族群关系》，王东《客家学导论》和《那方山水那方人》，黄志繁《"贼""民"之间：12—18世纪赣南地域社会》等，都对闽粤赣客家地区的地域社会变迁作了较为详细的描述，并动态地、立体地分析了闽粤赣边区时空因素与人作为主体的历史性活动之间的种种内在联系。

在对闽粤赣交界区地域社会进行研究的学者中，必须提到法国远东学院院士劳格文博士。他承担"中国农业社会的结构与原动力"课题的研究，与江西赣南师范学院客家研究所、广东嘉应大学客家研究所、福建社会科学院客家研究中心等研究机构合作，选择客家族群作为具体的研究对象，以"客家传统社会"为切入点，邀请闽粤赣交界区部分地方文史工作者共同参与，先后在赣南、闽西、粤东北等地区展开田野调查工作，1996年开始出版《客家传统社会丛书》，至今已经出版了30余册，全部由国际客家学会、海外华人研究社、法国远东学院联合出版。

国内也有众多学者对闽粤赣边区的地域社会做了深入研究和探讨，挖掘闽粤赣边区社会变迁和客家族群生活的资料，取得了丰硕成果。

闽西客家地区社会变迁的研究者首推谢重光先生。他在《福建客家》[①]一书中对闽西客家社会变迁和客家族群社会发展进行了详尽的描述。该书通过对汀江流域的开发历史进行系统叙述，探讨了汀州在客家民系形成时期的核心地位、北方移民与土著民族的互动关系、客家民风由"野"向"文"演变问题等，展现了汀州在客家民系形成发展时期经济、社会、文化等方面的发展变化。其另一著作《客家文化述论》[②]则在其下编《客家传统文化探析》中对闽粤赣交界区的客家传统产业、客家宗教与民间信仰、客家山歌源流、客家崇文重教风气的历史进程等进行了深入探讨，对闽粤赣客家地区的地域社会变迁作了详尽的描述。

---

① 谢重光：《福建客家》，广西师范大学出版社2005年版。
② 谢重光：《客家文化述论》，中国社会科学出版社2008年版。

厦门大学陈支平先生在《福建六大民系》①一书相关章节中，比较详细地分析了闽西地域社会的区域开发，以及闽西客家社区形成的历史原因；并且在《清代闽西四堡族商研究》②一文中对闽西连城四堡乡邹氏和马氏两大家族如何利用宗族组织运营工商业的情况进行了阐述，使我们清晰地看到闽西社会的宗族结构及其意义。

刘大可则对闽西，特别是武平客家村落进行长期的田野调查，得到许多珍贵的原始材料，对闽西的宗族社会结构、民间神灵信仰、村落社会的通婚网络等方面进行了系统介绍，出版发表了数部专著和十余篇学术论文。③ 从其对武北村落的科举文化、民间信仰中的神灵传说和祭祀仪式、萧氏宗族的族源、武平县村落的命名等方面的研究中，可以清楚地看出闽西地域社会变迁的历史脉络。

刘永华在《墟市、宗族与地方政治——以明代至民国时期闽西四保为中心》一文中详细探讨了该地区明代至民国时期的墟市发展脉络，认为"必须将墟市发展置于当地的社会结构中进行考察，将之与地方政治联系起来。在墟市的发展过程中，当地乡村经济的商业化固然发挥了不容忽视的作用，但同时与地方势力集团进行权力较量和角逐对地方社会的控制也有十分密切的联系"。④ 在其《道教传统、士大夫文化与地方社会——宋明以来闽西四保邹公崇拜研究》中，对文献资料中认定的汀州四保地区最重要的地方神邹公的状元身份与民间传说中邹公的法师身份进行比较，认为"邹公从法师到状元的身份转换过程，不应简单归结为士大夫文化取代地方文化的过程，而应视为道教、士大夫与地方社会几种文化

---

① 陈支平：《福建六大民系》，福建人民出版社2000年版。
② 陈支平：《清代闽西四堡族商研究》，《中国经济史研究》1988年第2期。
③ 刘大可：《闽西武北的村落文化》，（香港）国际客家学会、海外华人资料研究中心、法国远东学院联合出版，2002年；《田野中的地域社会与文化》，民族出版社2007年版；《闽台地域社会与族群文化新探》，方志出版社2004年版；《闽台地域与民间信仰研究》，海风出版社2008年版；《传统村落视野下小姓弱房的生存形态——闽西武北客家村落的田野调查研究》，《东南学术》2002年第2期；《论传统客家村落的纷争处理程序——闽西武北村落的田野调查研究》，《民族研究》2003年第6期；《从地名看客家村落的历史与文化——以闽西武平县村落为考察对象》，《福建省社会主义学院学报》2003年第3期；《公王与社公：客家村落的保护神》，《世界宗教研究》2003年第4期；《科举与传统客家村落社会——以闽西武北村落为例》，《民族研究》2005年第6期；等等。
④ 刘永华：《墟市、宗族与地方政治——以明代至民国时期闽西四保为中心》，《中国社会科学》2004年第4期。

传统相互合成的结果"。①

福建省社会科学院客家研究中心的杨彦杰积极参与到劳格文"中国农业社会的结构与原动力"课题中，先后于1996年出版《闽西客家宗族社会研究》、1997年出版《闽西的城乡庙会与村落文化》、1998年出版《汀州府的宗族庙会与经济》、2002年出版《长汀县的宗族、经济与民俗》②，所收集论文作者主要为生活在当地的文史人员，他们有意识地利用在当地长期生活的切身体验来进行采访调查，对闽西客家地区的社会经济、宗族结构、民间信仰、生活习俗等方面进行了详细生动的描述，从而展示了闽西客家地域社会的发展轨迹。

赣南地域社会变迁的研究也取得很大的进展。黄志繁、饶伟新等年轻学者以历史人类学理论为指导，结合历史文献和田野调查资料，从社会史的视野，对赣南地域社会进行深入研究，得到了学界同行的认可。黄志繁结合文献分析和田野调查，从生态史的角度，以环境变迁、社会动乱、族群冲突和文明教化为主要内容，对宋至清初赣南山区从"盗薮"转变为"文物衣冠之邦"的历史进程展开论述，分析了地方动乱与社会变迁之间的内在联系，对科举制度、风水、神明信仰等对乡村社会"士绅化"的重要作用进行了深入探讨。③

饶伟新的《生态、族群与阶级——赣南土地革命的历史背景分析》④对明清时期赣南地区的生态、族群和阶级结构等进行了详细的论述。他在《清代赣南客民的联宗谱及其意义初探》一文中，"以明末清初以来移居赣南的闽粤客民编修的联宗谱为研究对象，运用有关事例，考察和分析了他们编修联宗族谱和建构宗族的历史过程，认为这些原先毫无关联的外来

---

① 刘永华：《道教传统、士大夫文化与地方社会——宋明以来闽西四保邹公崇拜研究》，《历史研究》2007年第3期。

② 上述专著均由国际客家学会、海外华人研究社、法国远东学院联合出版。

③ 参见黄志繁《"贼""民"之间：12—18世纪赣南地域社会》（生活·读书·新知三联书店2006年版）、《清代赣南商品经济研究：山区经济典型个案》（与廖声丰合著，学苑出版社2005年版）、《地域社会变革与租佃关系——以16—18世纪赣南山区为中心》（《中国社会科学》2003年第6期）、《清代赣南的乡族势力与农村墟市》（与黄志坚合写，《江西社会科学》2003年第2期）、《明代赣南的风水、科举与乡村社会"士绅化"》（《史学月刊》2005年第11期）、《神明信仰与土客关系——清代上犹县营前观音堂碑文的解读》（《赣南师范学院学报》2008年第2期）等。

④ 饶伟新：《生态、族群与阶级——赣南土地革命的历史背景分析》，博士学位论文，厦门大学，2002年。

客民，通过联修族谱和建立同宗关系这一文化策略，逐步整合成为具有共同祖先和以联宗族谱为纽带的文化认同群体。今日所谓的赣南客家，就是这一文化变迁和社会重组的历史产物"。①

刘晓春的《仪式与象征的秩序——一个客家村落的历史、权力与记忆》②详细介绍赣南客家村落富东村的宗族历史、村落空间的人文意义、村落政治的仪式表演等，认为在客家家族不断发展，客家社会文化不断变迁过程中，客家传统文化也仍然在地发展。因而从他在该村所做的社会调查中，这些客家传统文化的延续，展示了古代赣南地域社会变迁的图景。

温春香的博士论文《文化表述与地域社会——宋元以来闽粤赣毗邻区的族群研究》"以宋元以来闽粤赣毗邻区的族群为对象，以文化表述为切入点，在对历史上闽粤赣毗邻区的生态、地理及早期居民勾勒之后，考察宋元到民国文人们对闽粤赣的记载，发现宋元到明朝中期，文人们对闽粤赣毗邻区的记载主要以区域性的动乱为主，而发展到明代中后期，表述出现转变，开始较多地关注这一地区的族群性差异，而引起这种表述转变的原因，与明代闽粤赣毗邻区的大规模动乱及明中后期以来的社会重组有关"，认为"闽粤赣毗邻区甚至东南汉人社会的出现并非简单的汉化可以解释，而是与历史书写直接相关，是与汉人知识分子华夷之辨的标准变化有关，如将承赋如平民的畲民视作与平民无别，而事实上其风俗可能并未即刻改变，因而，这种所谓的'汉化'既是历史的进程，同时也是由书写所造成。"③《清代赣南客家人的风水观与地域社会——以三僚曾氏坟墓纠纷为例》和《风水与村落宗族社会》两文中则以赣南三僚村为个案，通过文献资料和田野调查材料，对和风水问题相关的各类民俗事象进行考察，分析赣南客家人的风水观念、风水信仰以及与地域社会的复杂关系。④

李晓方在《明清时期闽粤客家的倒迁与赣南生态环境的变迁述论》

---

① 饶伟新：《清代赣南客民的联宗谱及其意义初探》，《赣南师范学院学报》2007年第4期。
② 刘晓春：《仪式与象征的秩序——一个客家村落的历史、权力与记忆》，商务印书馆2004年版。
③ 温春香：《文化表述与地域社会——宋元以来闽粤赣毗邻区的族群研究》，博士学位论文，厦门大学，2009年。
④ 温春香：《风水与村落宗族社会》，硕士学位论文，福建师范大学，2006年；温春香、朱忠飞：《清代赣南客家人的风水观与地域社会——以三僚曾氏坟墓纠纷为例》，《赣南师范学院学报》2008年第4期。

一文中关注国家权力在地方社会的表达。该书以环境史学的理念为指导，对明清时期闽粤客家掀起了倒迁入赣的移民浪潮问题进行了重点考察，认为："明清时期闽粤客家的倒迁引发的赣南地区尖锐的人地矛盾，以及伴随移民而来的新的生产方式，给当地生态环境造成了巨大的压力和空前的破坏，自然生态和人们的生态意识因此发生了剧烈的变迁。"①

赣南师范学院客家研究中心也积极参与了劳格文"中国农业社会的结构与原动力"课题研究，并出版了《赣南地区庙会与宗族》、《赣南庙会与民俗》、《赣南宗族社会与道教文化研究》、《宁都县的宗族、庙会与经济》等书。② 赣南师范学院客家研究中心研究人员罗勇、林晓平、周建新等还出版了相关专著和论文③，对赣南地区的客家社会结构、村落建筑、民情风俗、神灵信仰，以及族群内部、族群之间和地域社会与国家权力间的互动进行探讨，呈现出赣南地方社会的基本情况。

粤东北地域社会变迁研究者则以梅州嘉应学院客家研究所的研究人员为主。嘉应学院客家研究所成立于1989年，是国内较早有步骤地开始客家研究的机构，对粤东北的客家族群社会进行了较为全面的研究，取得了丰富的成果，出版了"客家研究丛书"④，参与劳格文"中国农业社会的结构与原动力"的课题，并在《客家传统社会丛书》中出版了《梅州地区的庙会与宗族》和《梅州河源地区的村落文化》两书。⑤ 上述专著采用个案调查方法，分别从民俗、墟市、宗族组织、族群关系等方面，对粤东

---

① 李晓方：《明清时期闽粤客家的倒迁与赣南生态环境的变迁述论》，《赣南师范学院学报》2007年第5期。

② 罗勇、劳格文主编：《赣南地区庙会与宗族》；罗勇、林晓平主编：《赣南庙会与民俗》；刘劲锋：《赣南宗族社会与道教文化研究》；刘劲锋主编：《宁都县的宗族、庙会与经济》，分别于1997年、1998年、2000年、2002年由国际客家学会、海外华人研究社、法国远东学院联合出版。

③ 罗勇：《客家赣州》，江西人民出版社2004年版；《"客家先民"之先民——赣南远古土著居民析》，《赣南师范学院学报》2004年第5期；林晓平：《客家祠堂与文化》，黑龙江人民出版社2006年版；《赣南客家宗族制度的形成与特色》，《赣南师范学院学报》2003年第1期；周建新：《江西客家》，广西师范大学出版社2007年版。

④ 谢剑等：《围不住的围龙屋——记一个客家宗族的复苏》；房学嘉等：《围不住的围龙屋——粤东古镇松口的社会变迁》；肖文评：《民间文化与乡土社会——粤东民俗文化与地方社会》；周建新等：《民间文化与乡土社会——粤东梅县五大圩镇考察研究》；宋德剑等：《民间文化与乡土社会——粤东丰顺族群关系研究》。广东花城出版社2002年版。

⑤ 房学嘉主编，分别于1996年和1997年由（香港）国际客家学会、海外华人研究社、法国远东学院出版。

北地区客家族群生活状态进行了描述。

粤东北地域社会变迁研究，还应该提到陈春声教授对潮州社会史的研究。陈春声运用历史人类学的理论和方法，对粤东地区进行了长期、持续研究。他以民间信仰研究为切入口，重点探讨粤东地区民间信仰的历史渊源，并分析了民间神灵信仰活动中所折射出的地域社会的各种复杂关系，力图揭示"相对边缘的华南地域社会如何融入大一统的中国范畴"重大命题。① 肖文评则在《从"贼巢"到"邹鲁乡"：明末清初粤东大埔县白堠乡村社会变迁》和《明清之际粤东北地区的民间信仰与社会变迁——以大埔县白堠村为例》两文中，以大埔县白堠村为个案，深入探究明末清初该村由"贼巢"到"邹鲁乡"的变迁过程，考察乡绅阶层的产生及对地方社会变迁的影响。② 周建新《明清以来粤东梅县墟市的发展形态与地方社会》一文，通过梳理文献和田野调查，对明清以来粤东梅县墟市的历史、周边宗族、墟市庙会的基本情况进行分析，揭示客家传统社会中有关宗族、墟市和庙宇这三大网络的互动，反映墟市历史文化与客家地域社会形成的关系。③ 在《晚清粤东妇女集体自杀，事件与地方族群社会——以民国〈丰顺县志〉为中心的讨论》一文中，对清末粤东韩江沿岸接连发生妇女集体自杀死亡上百人事件进行解读，以期阐释其内在特点和

---

① 参见陈春声、陈文惠《社神崇拜与社区地域关系——樟林三山国王的研究》，《中山大学史学集刊》第二辑，广东人民出版社1994年；陈春声《三山国王信仰与台湾移民社会》，《"中央研究院"民族研究所集刊》第50期，1996年版；陈春声《信仰空间与社区历史的演变——以樟林神庙系统的研究为例》，《清史研究》1999年第2期；陈春声、吴雪彬《天后故事与社区历史的演变——樟林四个天后庙的研究》，《潮学研究》第八辑，花城出版社2000年版；陈春声《正统性、地方化与文化的创制——潮州民间神信仰的象征与历史意义》，《史学月刊》2001年第1期；陈春声《官员、士绅与"正统"神明的地方化——潮州地区双忠公崇拜的研究》，郑振满、陈春声主编《民间信仰与社会空间》，福建人民出版社2002年版；陈春声《明末东南沿海社会重建与乡绅之角色——以林大春与潮州双忠公信仰的关系为中心》，《中山大学学报》2002年第4期；陈春声《乡村的故事与国家的历史——以樟林为例兼论传统乡村社会研究的方法问题》；黄宗智主编《中国乡村研究》第二辑，商务印书馆2003年版；陈春声、陈树良《乡村的故事与社区历史的建构——以东凤村陈氏为例兼论传统乡村社会研究历史记忆问题》，《历史研究》2003年第5期；陈春声《地域认同与族群分类——1640—1940年韩江流域民众"客家观念"的演变》；李长莉、左玉河主编《近代中国社会与民间文化》，社会科学文献出版社2007年版。

② 肖文评：《从"贼巢"到"邹鲁乡"：明末清初粤东大埔县白堠乡村社会变迁》，《中山大学学报》2006年第2期；《明清之际粤东北地区的民间信仰与社会变迁——以大埔县白堠村为例》，《赣南师范学院学报》2008年第2期。

③ 周建新：《明清以来粤东梅县墟市的发展形态与地方社会》，《赣南师范学院学报》2003年第2期。

作为社会失范的性质，进而力图揭示围绕这一历史事件、社会失范现象所展开的社会控制，以及它所蕴涵的地方族群社会特征。① 韩山师范学院吴榕青通过在中山大学做访问学者，接受了系统的历史人类学训练，并利用工作单位在潮州的地利之便，开展了一系列田野调查，撰写了系列成果，描述了粤东地区的历史发展和社会变迁。② 此外，周云、曾国华、周大鸣、王威廉等也对粤东地域社会的家庭生活、族群关系、宗族结构、地方动乱和国家权力在粤东地区的渗透，作了一定的阐述。③

二 经济发展

谢重光先生在《福建客家》和《客家文化述论》中，对汀州经济社会发展作了详细的考察，他认为，"移民大量迁入后闽西经济社会的迅速发展，在矿冶业、农业及州城建设的坚固和经济繁荣方面表现得最为突出"，并提出如下观点："矿冶业在汀州经济结构及全国矿冶业中的地位都很重要；在农业方面，宋代汀州的主要成绩一是水利的兴修，二是新作物的引进；把汀江的水害变为水利，是唐宋时期闽西水利建设的重中之重，也是汀江流域开发的基础；州治、县治的建设是汀江流域开发的缩影。汀州经济的发展和汀江航道的开发极大地促进了闽西与粤东的经济文化交流，推动了汀江流域的开发进程。闽西、粤东经济文化交流的加强，对于整合闽西粤东语言习俗，从而加速孕育一个新的民系的作用也是巨大的。"④

徐晓望在《试论明清时期闽浙赣三省边区山区经济发展的新趋势》中，对包括汀州府在内的闽浙赣三省边区14个府州地区的经济发展状况

---

① 周建新：《晚清粤东妇女集体自杀事件与地方族群社会——以民国〈丰顺县志〉为中心的讨论》，《福建论坛》（人文社会科学版）2007年第5期。

② 吴榕青：《潮州历史政区地理述略》，《岭南文史》1998年第4期；《宋元潮州的书院》，《岭南文史》1998年第4期；《潮汕地区明清书院发展述略》，《韩山师范学院学报》1999年第3期；《粤东闽南"文公帕（兜）"之历史考察》，《民俗研究》2005年第2期。

③ 周云：《粤东客家妇女的婚姻与家庭》，《南方人口》1995年第1期；曾国华：《宗族组织与乡村权力结构——赣南和粤东两个村镇个案的研究》，《思想战线》2004年第1期；周大鸣：《动荡中的客家族群与族群意识——粤东地区潮客村落的比较研究》，《广西民族学院学报》2005年第5期；王威廉：《乡村社区：国家的权力视野——以粤东凤凰两村为例》，《粤海风》2007年第2期；李坚：《土豪、动乱与王朝变迁——宋代闽粤赣边区基层社会的演变》，《韩山师范学院学报》2008年第4期；等等。

④ 参见谢重光《福建客家》，广西师范大学出版社2005年版，第22—31页。谢重光：《客家文化述论》，中国社会科学出版社2008年版，第96—100页。

进行了考察，指出明清时期该地区的经济相当活跃。① 他在《16—17世纪环台湾海峡区域市场研究》一文中，还论及明中后期闽西粤北各县的商品生产与市场网络。② 在《晚明汀州两江流域区域市场比较》一文中，则比较了晚明汀州府所辖汀江流域五县与闽江流域三县之间市镇经济发展的差距与差异，对两江流域市场经济发展不平衡的原因进行分析。③ 其对客家民系发展关注薄弱。

周雪香在《明清闽粤边客家地区的社会经济变迁》中认为，闽粤边地区的人口流动促进了闽粤边地区与外界的经济交流。对闽粤边地区的对外经济交流，最主要的是与闽粤沿海的"山海交换"及赣南地区的"钱粮贸易"，其中，尤以与韩江三角洲的联系最为密切。④ 其研究重点在于明清时期闽粤边客家地区的社会经济变迁，对客家形成时期的社会经济变迁关注较少。

葛文清在《汀江流域外向型客家经济演变初探》一文中指出："随着唐宋时期客家先民潮水般涌入，汀江流域的经济结构就逐渐从耕织经济为主转向外向型商品经济为主，同时这种演变又与潮汀航运密切相关，汀江航运的兴起、繁荣与衰退，大体上反映了这种外向型经济演进的相应阶段。"⑤ 另一篇文章《唐宋汀江流域人口发展与社会经济关系述论》则"考证了唐宋汀江流域的移民、人口发展和时空特点，分析了人口发展与社会经济成长的辩证关系。对唐宋时期汀江流域移民、人口发展与社会经济兴衰的关系分析表明：汀江流域作为客家的主要发源地、祖籍地和社区不仅具有移民史和人口学的一般特征，而且由此还演化出颇具流域特色的社会经济结构，即闽西传统的社会经济结构"。⑥ 在《闽粤赣边区盐粮流通的历史考察》一文中，作者重点考察闽粤赣边区盐粮丰缺的区域分布与社会问题、盐粮流通的合法化过程、闽粤赣边区盐粮流通情况，并指出

---

① 徐晓望：《试论明清时期闽浙赣三省边区山区经济发展的新趋势》，硕士学位论文，厦门大学，1985年。
② 徐晓望：《16—17世纪环台湾海峡区域市场研究》，博士学位论文，厦门大学，2003年。
③ 周雪香主编：《多学科视野中的客家文化》，福建人民出版社2007年版，第263—280页。
④ 周雪香：《明清闽粤边客家地区的社会经济变迁》，福建人民出版社2007年版，第374—376页。
⑤ 葛文清：《汀江流域外向型客家经济演变初探》，《龙岩师专学报》1995年第2期。
⑥ 葛文清：《唐宋汀江流域人口发展与社会经济关系述论》，《龙岩师专学报》1997年第1期。

盐粮流通的发达对于这一区域社会经济发展起了很大的促进作用。①

周琍在《盐粮流通与闽粤赣经济区域的形成》一文中指出："盐制的不合理和粮食分布的不匀称的状况构成了闽粤赣边区的盐粮流通。清代闽粤赣边区食盐贸易频繁，米盐贸易成为闽粤赣经济区域商品贸易的主要内容之一，在很大程度上促成了该经济区域的形成。"②

林汀水在《两宋期间福建的矿冶业》一文中对汀州的矿冶业作了较为详细的统计，指出矿冶业的兴旺，既促进了本地区农业的飞跃、商业的繁荣，也带动了其他手工业的崛起。③ 陈衍德的《宋代福建矿冶业》则探讨了福建矿冶业发展的原因、规模和特色、经营方式以及对经济的影响。④ 两文主旨均是探讨宋代福建矿冶业发展的原因、规模和特色、经营方式以及对经济的影响。

三 交通变迁

林汀水在《对福建古代交通道路变迁的几点看法》一文中认为，汀州道路虽然发展较早，但是汀州地处万山中，为岩郡，未经修建的道路，通行都较困难。而见志书记载，这里的道路建设，大多是从明代开始的。因而在较长时间里经济很不发达，交通也还十分闭塞。⑤ 其主旨是讨论福建交通发展史上的相关问题，并不涉及区域社会变迁研究。

颜广文的《元代隆兴至潮州新驿道的开辟及对赣闽粤三省省界开发的影响》一文对元代汀州驿道的线路、设置、规模、里程做了考证，分析了新驿道开辟的历史原因，认为汀州因驿道开通而获得迅速发展。⑥ 该文是以潮州驿道为主要论证对象，故对汀州的交通论证比较薄弱。

综观上述研究成果发现，虽然学者们已从不同视角对闽粤赣边区经济社会和地域文化进行了相关探索，但仍有薄弱之处：

（1）由于各自学术旨趣不同，对客家族群文化的形成以及地域社会

---

① 葛文清：《闽粤赣边区盐粮流通的历史考察》，《龙岩师专学报》（社会科学版）1998年第3期。

② 周琍：《盐粮流通与闽粤赣经济区域的形成》，《赣南师范学院学报》2007年第4期。

③ 林汀水：《两宋期间福建的矿冶业》，《中国社会经济史研究》1992年第1期。

④ 陈衍德：《宋代福建矿冶业》，《福建论坛》（社会科学教育版）1983年第2期。

⑤ 林汀水：《对福建古代交通道路变迁的几点看法》，《中国社会经济史研究》1994年第1期。

⑥ 颜广文：《元代隆兴至潮州新驿道的开辟及对赣闽粤三省省界开发的影响》，《中国边疆史地研究》1998年第2期。

变迁的论述主要着眼于土客族属间的异同、社会风俗的融合、宗族组织的结构意义等，鲜有从经济变迁方面探讨客家民系的形成原因和过程。

（2）对客家经济发展方面的研究则主要集中在明清时期，对宋元时期汀州客家社会形成阶段的经济发展缺乏具体描述；宋代汀州支柱产业由矿业向盐业演变的历史过程和原因中对汀州各族群的影响极少论及。

（3）对宋元时期汀州交通变革以及由此引起的社会变迁的专项研究，几乎处于空白状态。

这就留下了较大的研究空间，本书力图在借鉴已有研究成果的基础上，通过大量史实对宋元时期汀州客家形成过程中经济社会变迁与民族融合的内在联系进行客观阐述。

第三节 本书研究方法、资料和结构

一 研究方法

在研究方法上，主要以文献解读为基础，与田野调查相结合，从民族史、经济社会史、移民史、人口发展史、历史地理学等角度探究宋元时期汀州经济发展与社会变迁轨迹，以及汀州客家形成核心地位的演变过程。

（一）文献解读法

这是本书最主要的研究方法。有关汀州的历史文献材料很多，包括正史、地方志、文人笔记、题匾碑刻、家族谱牒等。通过对这些历史文献材料进行搜集、鉴别、整理并正确解读，力求客观准确地描述出汀州经济社会发展的轨迹。

（二）田野调查法

田野调查又叫实地调查或现场研究，其英文名为fieldwork，最重要的研究手段之一就是参与观察，即研究工作开展之前，为了取得第一手原始资料，到研究场域进行现场调查。汀州是客家文化的诞生地，也是目前最主要的客家聚居地之一，保留着十分浓厚的各种客家文化事象，通过对该地区的实地调查，可以获得许多与汀州经济社会相关的第一手材料。

（三）个案研究法

本书通过宋元时期汀州经济社会长时段的考察，旨在研究汀州在客家形成过程中的核心地位。在这一研究过程中，笔者以汀州为研究对象，并通过对若干个案的深入研究，深入考察汀州客家形成核心地位的演变过程。

二 研究资料

本书依据的研究资料主要有以下四类：

（1）正史典籍类。如《史记》、《汉书》、《旧唐书》、《新唐书》、《建炎以来系年要录》、《宋史》、《明史》、《清史稿》、《宋会要辑稿》、《四库全书》、《四部丛刊》、《古今图书集成》等。

（2）个人文集类。如王安石《临川文集》，刘克庄《后村先生大全集》，周去非《岭外代答》，黄淮、杨士奇等编纂《历代名臣奏议》，方勺《泊宅编》等。

（3）地方志。如胡太初修、赵与沐纂《临汀志》，邵有道纂修《汀州府志》，李世熊纂《宁化县志》，黄仲昭修纂《八闽通志》，丘复《武平县志》等。

（4）总志。如乐史《太平寰宇记》、王存《元丰九域志》、王象之《舆地纪胜》、赵万里辑《元一统志》等。

三 结构框架

本书以解读史籍文献为基础，辅之方志及民间文献，与田野调查相结合，通过大量史料，考察宋元汀州经济社会发展的历史轨迹，并以充足的证据论证汀州客家形成时期的核心地位，揭示促使汀州客家族群文化形成和地方社会变迁的发展机制和内在逻辑。

本书共分为七个部分：

第一章主要介绍本书的缘由和意义、学术史回顾、选题研究的主要理论和方法，以及主要思想与内容框架。本章分为三部分：（1）选题的缘起和价值；（2）学术史回顾；（3）本书的研究方法、资料和结构。

第二章探讨汀州的设立和人口发展。汀州开发较晚，唐五代时境内生活着闽越族、山都木客等土著民族，以及迁徙而来的武陵蛮，其人口较多。这些族群的存在是宋元时期客家民系形成的重要因素。本章分为三部分：（1）汀州地理概况；（2）汀州设立的背景分析；（3）汀州人口分析。

第三章探讨宋元汀州交通。汀州始终处于国家权力扩展的边缘，直到唐宋以降，随着中国经济重心的逐步南移，国家财政越来越依赖于东南地区，中央政权对南方地区的控制也渐次强化，在国家权力及认同意识的不断扩展中，闽西山区才逐步得到开发，五代末期至北宋初年是汀州第一次接受大批北方移民的时期，两宋之际是汀州第二次接受大批北方移民的时期。其地理位置的重要性渐次显现，交通也随之发展。本章主要从以下方面展开：（1）唐开元前福建交通概况；（2）唐五代时期汀州交通；（3）宋元汀州的陆路交通；（4）宋元汀州的水路交通。

第四章探讨宋元汀州经济发展。宋代汀州经济处于大发展时期，北方移民迁入改变了汀州经济结构和生产方式。北宋是汀州矿冶业的鼎盛期，南宋时汀州矿冶业处于没落阶段，元代则处于停摆状态。盐业在汀州经济中占有重要地位。商业随交通的发展，开始从闽江流域扩展到汀江流域。主要从以下几个方面展开论述：（1）宋元汀州农业和手工业发展；（2）宋元汀州矿冶业兴衰；（3）宋元汀州盐业变迁；（4）宋元汀州商业发展。

第五章探讨宋元汀州社会变迁。长期动乱表明，国家权力无法完全控制汀州社会，因而教化成为重要的辅助手段。宋元时期汀州文教因此有了较大发展。汀州教育机构层次齐备，设置完善。汀州理学也有了较大发展，形成了以汀州为中心的定光佛信仰圈。主要从以下几个方面展开论述：（1）宋元汀州教育发展；（2）宋元汀州理学发展；（3）宋元汀州民间信仰发展。

第六章探讨宋元汀州客家民系的形成和发展。由于始终处于国家权力薄弱的边缘地带，汀州的社会矛盾激烈，冲突不断，呈现出阶段性特点。族群的交流融合和文教发展促进了汀州社会风气的变化，促进了客家文化形成，最终以汀州为中心形成了客家民系，并在长期畲汉联合抗元斗争中壮大了客家民系。主要从以下几个方面展开论述：（1）动荡中的认同：客家民系在汀州的孕育；（2）"疆圉日辟，声教濅远"：客家民系的最终形成；（3）畲汉联合抗元：客家民系的发展。

第七章总结全书，说明研究中的不足和研究方向。本章分为两部分：（1）本书的主要内容和结论；（2）本书的不足及研究方向。

第二章　汀州的设立及人口变迁

第一节　汀州地理概况

汀州地处福建西部山区，境内群山耸立，武夷山南段、玳瑁山、彩眉山脉、博平岭等山脉沿东北—西南走向，大体呈平行分布，控制全区地势，整体地势呈东高西低，北高南低的走势。在赣南与闽西之间，横亘着南国著名大山——武夷山脉，山势雄伟，武夷山脉大致呈东北—西南走向，蜿蜒于闽赣边界地区，成为长江水系与闽江、韩江（闽西境内为汀江）水系的分水岭，也是江西与福建的分界线。武夷山脉南段，从福建省长汀县、宁化县和江西省石城县交界处的鸡公米开始，向西南方向延伸，大致止于粤赣两省交界处的分水凹，其间有许多隘口是历年沟通闽赣两省的重要通道。主要分支有松毛岭、梁野山，分别蜿蜒于长汀、连城、上杭、武平四个县境内。南武夷山以中山为主，在长汀古城、武平东留分另降为600米、560米左右的低山。汀江干流以西的山岭，大部分由武夷山南段山脉伸展而来。如松毛岭，起于长汀、连城交界地，止于上杭县内的紫金山，汀江干流以东，文川溪—旧县河以西山岭，均由松毛岭延伸而来。在连城县东部、上杭县东北部和中部、龙岩市北部、漳平县北部，则是东北—西南走向的玳瑁山，是本区最大的山体，大部分为中山，海拔1000米以上的山峰有349座，主峰狗子脑（东经116°49′、北纬25°23′交点西南方向400米处），海拔1811米，为全区最高峰。玳瑁山体断块山发育，下切剧烈，峡谷交错。而同样走向的采眉岭则分布在龙岩市中部和龙岩、上杭县交界处，蜿蜒到上杭、永定两县交界处。在闽西南，则有博平岭蜿蜒于漳平县南部、龙岩市东南部、永定县东南部与漳州市的华安、南靖、平和县交界区，以中低山为主，主体是连续的一片中山，南部地势较低，是构成闽西与闽南的地理分界线。全境地质构造复杂、地貌类型多样，低山、丘陵、中山面积占全区山地总面积80%以上，俗有"八山半水一分田，半分道路和庄园"之说。①

汀州境内"山峻水急"②，除有耸立的群山外，还有众多河流，滩礁错杂，水势湍急，"汀州为郡，崇冈复岭，居山谷斗绝之地，水之所归，南走潮海，西下豫章，东北注于剑浦，西北奔于彭蠡，其源皆出于此，实东南上游之地。是以山重复而险阻，水迅疾而浅涩，山川大势固以奇绝"。③ 主要河流有汀江和九龙溪。

汀江发源于南武夷山东南侧的宁化县治平乡境内木马山北坡，在长汀县庵杰乡大屋背村入境，先后流经长汀、武平、上杭、永定四县，在永定县峰市乡出境进入广东省，至大埔县三河坝与梅江汇合后称韩江。出境处控制集水面积9032.6平方公里，其中本区8991.6平方公里，区外（宁化县治平乡）41平方公里。

九龙溪是闽江上游三大支流之一——沙溪的一段（通常将现贡川镇以上河段称为九龙溪，贡川镇以下河段称为沙溪），发源于建宁县均口乡台田村附近，流经宁化的水茜、溪口，与泉上溪和中沙溪两支流汇合后统称东溪；在宁化城关附近东溪和西溪汇合后流向清流，宁化境内合水口以下又称翠江，清流境内一段又称龙津河，九龙溪进入永安西部，在永安西郊和文川溪汇合。从两溪汇合处到永安市的5公里河段称燕江，沙县河段向北流向南平、沙县，其间以青州为界。从永安到青州河段长120公里，因其中游有著名的九龙十八滩而得名。④

第二节　汀州设立的背景分析

一　国家权力在福建的扩张

福建地处东南一隅，远离政治中心，既非军事要地，又非交通冲衢，

---

① 龙岩地区地方志编纂委员会编：《龙岩地区志》，上海人民出版社1992年版，第103—104页。

② （宋）胡太初修，赵与沐纂：《临汀志》，福建人民出版社1990年版，第20页。

③ （明）邵有道编纂：（嘉靖）《汀州府志》卷1《形胜》，《天一阁藏明代方志选刊续编》39，上海书店出版社1990年版，第70—71页。

④ 福建省三明市地方志编纂委员会编：《三明市志》之《水系》，方志出版社2002年版，第186页。

兼且经济落后，诚如顾祖禹所说："福建僻处海隅，褊浅迫隘，用以争雄天下，则甲兵粮粮，不足供也。用以固守一隅，则山川间阻，不足恃也。"① 自秦代开始，在封建化过程中，一直不为中央政府重视。延至唐代，国力强盛，疆域辽阔，高度的中央集权积极扩张，偏远的福建也融入国家权力扩展潮流中。从秦汉至唐开元前郡县城市的设置中，可以清晰看出国家权力在福建的扩展趋势（见表2-1）。

表2-1　　　　　　　秦汉至唐开元前福建郡县设置

	州（郡）	州（郡）治	县数	区位	资料来源
秦	1				《史记东越列传》
西汉			1	闽江口	《三山志》卷1、《中国历史地图集》西汉时期图
东汉			5	闽北4、沿海1	《三国志》卷60、《会稽志》卷2
吴	1	建安	7	闽北6、沿海1	《晋书地理志》、《中国历史地图集》三国时期图
晋	2	建安、侯官	15	闽北7、沿海6、闽西1、无考1	《晋书地理志》、《三山志》卷1
刘宋	2	建安、侯官	12	闽北7、沿海5	《宋书郡国志》、《三山志》卷1
齐	2	建安、侯官	12	闽北7、沿海5	《南齐书州郡志》、《三山志》卷1
梁	3	建安、侯官、晋安（县）②	13	闽北7、沿海6	《三山志》卷1、《中国历史地图集》南朝时期图
陈	1	闽县	12	闽北7、沿海5	《三山志》卷1、《中国历史地图集》南朝时期图
隋	1	闽县	4	闽北1、沿海3	《隋书地理志》
唐（开元前）	4	闽县、建安、晋江、龙溪	17	闽北6、沿海11	《元和郡县图志》卷29、《中国历史地图集》唐时期图

① （清）顾祖禹：《读史方舆纪要》"福建方舆纪要叙"，中华书局2005年版，第4368页。
② （宋）梁克家：《三山志》卷1记："梁天监中，置南安郡。以晋安县地置。时始置龙溪县，遂以晋安县为南安郡而属焉"，复"按《隋志》：梁武帝天监十年，有州二十三，郡三百五十。其后频事经略，开拓闽越。谓此。"另据《中国历史地图集》朝时期梁图，南安郡治在晋安（今泉州）。可知南安郡天监十年增置，治晋安，辖两县。

从表 2-1 看，秦和西汉时期，福建境内没有州（郡）治之类的中心城市，仅在汉始元二年（前 85 年），"闽越遗民自立冶县"①，即在闽江口设置冶县。但是冶县并不是作为在闽中郡进一步开拓的据点而设置，似乎仅仅起到港口作用②，因而从冶县的设置到东汉建安年间（196—220）长达 280 年的时间里，闽中郡没有新设置郡县。而"政区城市是封建中央王朝对地方实施统治和贯彻政令的政治中心"，"政区城市的发展，代表封建政治统治的加强和拓展，反映着封建制度在一定区域的确立和延伸"③，秦和西汉时期福建境内郡县设置的停滞，表明中央政府对福建的统治非常薄弱，并没有实际上的统治。

东汉末建安年间（196—220），在闽北增设了四个县。建安八年（203），"而建安、汉兴、南平复乱，齐进兵建安，立都尉府"，孙权派贺齐进攻建安，"郡发属县五千兵，各使本县长将之，皆受齐节度。……凡讨治斩首六千级，名帅尽擒。复立县邑，料出兵万人，拜为平东校尉。十年（205），转讨上饶，分以为建平县"。④ 增置的建安、汉兴、南平、建平四县全部位于闽北，在随后的朝代虽有废置，但基本属于较稳定的郡县，并且闽北区域在后来的朝代里，郡县增设的幅度也相当有限，表明在东汉末年中央政权对闽地的实际统治已经拓展到闽北区域。

东吴时期，国家权力加快在福建的拓展，出现了郡一级的中心城市。孙权刚执政时，只有会稽、吴郡、丹阳、豫章、庐陵五郡之地，为了建立强大的吴国与曹魏抗衡，必须扩展疆土，福建广大的地盘恰好满足了这种需求。孙权对福建经略的直接结果就是设立建安郡⑤，在闽北增置将乐、昭武（邵武）、东平（松溪）三县。建安郡是福建境内第一个中心政区，表明中央政权对福建的封建统治大大加强。而将乐、昭武（邵武）、东平（松溪）三县的设立也使闽北的县级政区达到饱和稳定的状态，此后直至

---

① （明）王应山：《闽大记》卷 2《闽记》，中国社会科学出版社 2005 年版，第 12 页。
② （南朝）范晔，（唐）李贤等注：《后汉书》卷 33《郑弘传》记："旧，交址七郡贡献运转皆从东冶，泛海而至，风波艰阻，沉溺相系。"要在冶县取得补给，于是郑弘"奏开零陵桂阳峤道，于是夷通，至今遂为常路"。中华书局 1965 年版，第 1156 页。
③ 黄金铸：《从六朝广西政区城市发展看区域开发》，《中南民族大学学报》（哲学社会科学版）1995 年第 6 期。
④ （晋）陈寿、（宋）裴松之注：《三国志》卷 60《吴书十五·贺齐》，中华书局 1959 年版，第 1387 页。
⑤ 建安立郡，应该在汉献帝建安年间（196—220），所以虽然是孙权所立，仍然以建安年号命名。参见朱维干《福建史稿》（上），福建教育出版社 1985 年版，第 47—51 页。

唐初闽北的县级政区没再增加，表明国家权力扩展的前沿将由闽北推向沿海。

晋朝在福建沿海增置了晋安郡（今福州），福建境内出现了两个郡级政区。晋安郡，"太康三年（282）置。统县八……原丰、新罗、宛平、同安、侯官、罗江、晋安、温麻"①，其中宛平县无考，新罗县在闽西，其余六县都在沿海，表明国家权力已经由闽北扩展到东南沿海一线。值得注意的是，在闽西设置了新罗县，新罗县为闽西有史可查最早设置的县，治所在今长汀县境内，因今长汀境内新罗山而得名，故有"新罗辟地自晋始"②之说。说明国家权力已经开始向闽西扩展。但遗憾的是新罗可能设置不久便废止了③，闽西的开发就此延迟三百余年之久。

南朝刘宋泰始四年（468），改晋安郡为晋平郡，废新罗、宛平、同安三县。其后"宋齐梁陈隋五朝县废不置"④，《宋书·州郡志》记晋安太守领县五，为侯官、原丰、晋安、罗江、温麻。《南齐书·州郡志》所记与宋书同。南朝有两件事值得注意，一是梁天监十年（511）增置南安郡，治晋安，增置龙溪县，共辖两县。在闽南设立南安郡，并增设龙溪县，意味国家权力已经加强了对闽南地区的统治。另一件是"陈永定初（577—），（晋安郡）升为闽州，领三郡，始为刺史治所"⑤，闽州（晋安郡）成为福建第一个统辖三郡的更高级别的政区，表明中央政权在福建的控制中心由闽北转移到沿海地区。

隋朝时省并郡县，建安郡（治闽县）领县四，为闽、建安、南安、龙溪。隋朝在省并郡县时，废弃了除龙溪县之外的所有县，而将原有的三个郡降为县，并保留了龙溪县。而龙溪本来是南安郡辖县，现在却升为与南安平级，这样在福建境内四个县就有两个位于闽南地区，说明国家权力在福建的扩展重心已经延伸到闽南地区。

---

① （唐）房玄龄等：《晋书》卷15《地理下》，中华书局1974年版，第462页。
② （康熙）《武平县志》卷10《艺文志·象洞》，福建省武平县志编纂委员会整理（内部发行）1986年版，第279页。
③ （梁）沈约：《宋书》卷36《州郡二》记："晋安太守，晋武帝太康三年，分建安立。领县五……侯官口相……原丰令……晋安男相……罗江男相……温麻令……"晋安郡所辖县已无新罗。新罗废止的原因可能是远离州郡，人口较少，且又地处偏远。中华书局1974年版，第1092页。
④ （清）杨澜：《临汀汇考》卷1《建置考》第1册，光绪四年刻本，第1页。
⑤ （宋）梁克家：《三山志》卷1《叙州》，方志出版社2003年版，第6页。

唐玄宗开元前，福建设置了闽州、建州、泉州、漳州四州。闽州是都督府驻地，延续了自陈以来的沿海政治中心策略。漳州，"垂拱二年（686）析龙溪南界置"①，旨在巩固隋朝已经延伸到闽南地区的国家政权，继续强化闽南地区的统治。开元前，福建共设有17个县，6个在闽北，其余11个由北向南分布在沿海地区，直到闽南。② 17个县中，武德年间（618—626）就已经置有12个，分别为闽县、侯官、长乐、连江、建安、建阳、将乐、邵武、沙县、莆田、南安、龙溪。③ 武德后至开元前复置唐兴、长溪、万安、清源、怀恩五县。从唐开元前福建政区设置可以看出，国家权力在福建的扩张轨迹从闽北向沿海，再向闽南延伸。到唐朝前期，除闽西地区外，福建其他地区已全部笼罩在国家政权范围内。随着中央集权统治的加强，闽西设立政区，被纳入国家权力范围内是不可避免的。

二 逃亡与检括

唐朝前期，政治比较清明，社会相对安定，经济发展迅速，人口自然增殖稳步快速，但繁重的徭役迫使农民逃亡的现象很早就发生了。《唐大诏令集》卷111武德六年（623）《简徭役记》（《全唐文》卷2高祖《罢差科徭役诏》同）在提到"江淮之间，爰及岭外，涂路悬阻，土旷民稀，流寓者多"之后，又说："念此黎庶，凋敝日久，新获安堵，衣食未丰，所以每给优复，蠲减徭赋，不许差科。辄有劳役，义行简静，使务农桑。"说明唐初即有不堪差科徭役繁重而被迫逃亡的现象。至太宗贞观年间（627—649），虽号称治世，"海内虽安"，而差科徭役仍然繁重，人民的逃亡自然并没有停止。《贞观政要》卷10《慎终》载贞观十三年（639）魏征上疏说："……顷年以来，疲于徭役，关中之人，劳弊尤甚。

---

① （唐）李吉甫：《元和郡县图志》卷29《江南道五》，中华书局1983年版，第721页。
② 闽北6个为：建安、建阳、唐兴、将乐、邵武、沙县。沿海11个为：长溪、闽县、侯官、长乐、连江、万安、莆田、清源、南安、龙溪、怀恩。详见《元和郡县图志》卷29及《中国历史地图集》唐时期图。
③ 关于唐武德年间福建县数，朱维干先生认为有13个，参见朱维干《福建史稿》（上），福建教育出版社1985年版，第60页；胡沧泽先生认为有10个，参见胡沧泽《唐朝前期对逃户政策的改变与福建州县的新建置》，《福建师范大学学报》（哲学社会科学版）1992年第1期。朱氏误在长溪县的设置年代。（宋）梁克家：《三山志》卷1记：（武德）"六年，析置泉州，县五。闽、侯官、长乐、连江、长溪。"《新唐书·地理志》记："长溪，中下，武德六年置"，谓长溪是武德六年置。《元和郡县图志》卷29记："长溪县，中下，西南至州水路八百里。长安二年割晋温麻旧县北四乡置长溪县。"则谓长安二年置。《三山志》卷1记："宜以《元和志》为正"。今据《元和郡县图志》卷29统计，为12个。

杂匠之徒，下日悉留和雇；正兵之辈，上番多别驱使，和市之物不绝于乡间，递送之夫相继于道路。既有所弊，易为惊扰，脱因水旱，谷麦不收，恐百姓之心，不能如前日之宁帖。"同年诏中又云："敕天下括浮游无籍者，限来年末附毕。"说明武德、贞观年间的逃亡已经是统治阶级不得不重视的问题，以致唐太宗下诏进行"检括"。①

从永徽至开元年间（650—741）史称盛唐时期，但已经有严重的土地兼并现象而导致农民失业："初，永徽中禁买卖世业、口分田。其后豪富兼并，贫者失业，于是诏买者还地而罚之。"② 然而政府的禁令亦无法缓解兼并之弊端："开元之季，天宝以来，法令弛坏，兼并之弊，有逾于汉成、哀之间。"③ 同时唐朝的农民徭役负担繁重，除缴纳租庸调之外，另有杂徭，亦称色役；豪富还将赋役转嫁农民："租庸调之法，以人丁为本。自开元以后，天下户籍久不更造，丁口转死，田亩卖易，贫富升降不实。"④ "贫富升降不实"就给了豪富者隐田匿税的方便，把赋役转嫁农民。正是由于土地兼并、徭役繁重和豪富转嫁赋役，才发生严重的农民相率逃亡现象，证圣元年（695），李峤上表指出："今天下之人，流散非一，或违背军镇，或因缘逐粮，苟免岁时，偷避摇役，此等浮衣寓食，积岁淹年，王役不供，簿籍不挂，或出入关防，或往来山泽"⑤，要求派遣御史到各地"督察检校"，提到对逃亡户的处理意见，说明逃亡问题已引起朝臣的关切。

随后逃亡情况更趋严重："自剑以南，爰及河陇秦凉之间，山东则有青徐曹汴，河北则有沧瀛恒赵，莫不或被饥荒，或遭水旱，兵役转输，疾役死亡，流离分散，十至四五。"⑥

"天下浮逃人，不啻多一半。南北踟纵横，诳他暂归贯。游游自觅话，不愁应户役。无心念二亲，有意随恶伴。强处出头来，不须曹主唤。

---

① 参见冻国栋《唐代人口问题研究》，武汉大学出版社1993年版，第113—114页。
② （宋）欧阳修、宋祁：《新唐书》卷51《志第41·食货一》，中华书局1975年版，第1345页。
③ （唐）杜佑：《通典》卷第2《食货二》，中华书局1984年版，第169页。
④ （宋）欧阳修、宋祁：《新唐书》卷52《志第42·食货二》，中华书局1975年版，第1351页。
⑤ （北宋）王溥：《唐会要》卷85《逃户》，中华书局1955年版，第1560页。
⑥ （清）董浩等编：《全唐文》卷211 陈子昂《上军国利害事三条》之13，中华书局1983年版，第239页。

闻苦即深藏，寻常拟于算。欲似鸟作群，惊即当头散。"①

"自剑以南，爰及河陇秦凉之间，山东则有青徐曹汴，河北则有沧嬴恒赵"，"流离分散，十至四五"，"天下浮逃人，不啻多一半"，可见逃亡人口数量之多，范围分布之广，形势之严重。"闻苦即深藏"、"惊即当头散"，是指浮逃人没有获得合法地位，可能随时受到检括，因而或者惊散，或者深藏，因为唐朝法律严令禁止户口逃亡："诸脱户者，家长徒三年；无课役者，减二等；女户，又减三等。疏议曰：率土黔庶，皆有籍书。若一户之内，尽脱漏不附籍者，所由家长合徒三年。身及户内并无课役者，减二等，徒二年。若户内并无男夫，直以女人为户而脱者，又减三等，合杖一百。"②

尽管如此，开元年间（713—741）逃亡频仍："八年（720），天下户口逃亡，色役伪滥，朝廷深以为患。"③又《唐大诏令集》卷111玄宗开元十二年（724）《置劝农使安抚户口诏》称："至如百姓逃散，良有所由。当天册、神功之时，北狄、西戎作梗，大军之后，必有凶年，水旱相仍，逋亡滋甚。"所言"逋亡滋甚"始于天册（695—696）、神功（697）时，与韦嗣立、狄仁杰、张东之所说相符。玄宗统治前期史称"开元之治"，逃亡有所缓和。但"开元中，有御史宇文融献策，括籍外剩田；色役伪滥，及逃户许归首，免五年征赋。每丁量税一千五百钱，置摄御史，分路检括隐审。得户八十余万，田亦称是，得钱数百万贯……"④，宇文融能够检得逃户八十余万，而且"田亦称是"，虽不为尽，但其时农民逃亡及土地隐匿现象之严重可见一斑。逃亡严重影响着政府收入，使社会不安定，唐政府为了巩固政权，遂于开元十一年（723）"敕州县安集逃人"⑤，福建也检括出大量逃户。

福建逃户的出现，可溯源秦汉以来中原人口的不断南下。三国孙吴于福建设立建安郡，即有江东不愿被检入伍的邻郡户口纷纷逃亡福建邵武一带，因此邵武有长乐和将检两个逃户聚居地。西晋于闽中设建安、晋安二

---

① 张锡厚：《王梵志诗校辑》卷5，中华书局1983年版，第174页。
② （唐）长孙无忌等：《唐律疏议》卷12《户婚·凡14条》，中华书局1983年版，第231页。
③ （唐）杜佑：《通典·食货典》卷7《食货七·历代盛衰户口》，中华书局1984年版，第251页。
④ （后晋）刘昫：《旧唐书》卷48《食货上》，中华书局1975年版，第2086页。
⑤ （清）王夫之：《读通鉴论》卷22《玄宗》，中华书局1975年版，第772页。

郡，永嘉年间（307—313），战争频仍，中原人民纷纷南下避乱。到了东晋、南朝，中国出现南北对峙局面，北方人民又一次大规模南迁，南朝萧梁末年，侯景之乱，社会经济遭到极大的破坏，人民被迫逃往福建。①

唐代农民逃亡中，福建涌入不少"流亡"、"散亡"人户。闽中尤溪一带，"山洞幽深，溪滩险峻，向有千里，诸境逃人，多投此洞。"② 闽西地区，"避役百姓共三千余户"。③ 因而在福建增设州县，闽西于此时期设立汀州："开元二十一年（733），福州长史唐循忠于潮州北、廣（应为'虔'抄写之误）州东、福州西光龙洞，检责得诸州避役百姓共三千余户，奏置州，因长汀溪以为名。……管县三：长汀、沙、宁化。"④

汀州的设置完全是检括逃户的结果。各地逃户为了躲避封建政府的赋税徭役，来到闽、粤、赣交界的山区，用双手开垦荒地，建家立业。唐朝统治者从无数事实中看到，与其把他们遣送回乡，不如让他们就地开垦。……还通过设置新州县加强对逃户的管理。汀州设置以后，原来的逃户就可以合法取得户籍，他们开垦荒地，种植粮食作物，发展农业生产，也有的从事手工业和商业活动。……总的来说，汀州的设置安顿了当地逃户，促进了闽西的开发和社会经济的发展。⑤

汀州的设立标志着闽西自此纳入国家权力范围内，随国家政权在闽西的建立，闽西地区开始加速开发。

第三节 汀州人口分析

政区的设置是国家权力在地方的空间投影，其首要目标是为维护国家政权稳定，表现方式便是设置州县以加强统治，保证封建国家征收到更多的赋税。"在中国封建社会，各地户口和赋税的数额，直接关系到国家的

---

① 胡沧泽：《唐朝前期对逃户政策的改变与福建州县的新建置》，《福建师范大学学报》（哲学社会科学版）1992年第1期。
② （宋）乐史：《太平寰宇记》卷100《南剑州》，中华书局2007年版，第2000页。
③ （唐）李吉甫：《元和郡县图志》卷29《江南道五·汀州》，中华书局1983年版，第722页。
④ 同上。
⑤ 胡沧泽：《唐朝前期对逃户政策的改变与福建州县的新建置》，《福建师范大学学报》（哲学社会科学版）1992年第1期。

财政收入，关系到政权的巩固，同时也是显示政区经济实力地位的决定性因素，无疑也是划分行政区数量和确定规模等级的主要依据。"① 因而一个政区的人口是其经济发展的决定性因素之一，正如周振鹤先生所说：行政区划形成的"必要条件：一个行政区划必须有一定的地域范围，有一定数量人口，存在一个行政机构"。②

汀州建置后始有户口记载，但这并不是说汀州境内原本没有居民。事实上，福建境内很早就有古人类生活，土著居民在此生存繁衍，曾经拥有相当多人口。闽西更是存在目前所知福建境内最早的古人类活动遗址。在国家权力不断由北向南进程中，又有一些南方少数民族和北方汉人陆续迁入福建，和福建土著居民杂居融合，共同开发福建，加速了福建的发展。

一 汀州的原始居民

（一）闽越族

关于福建原始居民的来源文献记载极少，其先秦前历史几为空白③，学界很长时期存在着多种有争议说法。梁启超针对福建族群说过："吾侪研究中华民族，最难解者无过福建人。其骨骼肤色似皆与诸夏有别，然与荆、吴、苗、蛮、羌诸组都不类。"④ 著名人类学家林惠祥先生"从事民族学之研究，且本身为闽省人，对此问题饶有兴趣，然亦未能有详尽之结论，只能提出臆见"。⑤ 这既说明了福建族群的复杂性，又指出了福建族群的独特性。

正是由于这种复杂性和独特性，有关闽越族来源说法很多，最主要有南迁说、混合说和土著说三种说法。南迁说者认为，东越（包括东瓯和闽越——引者注）的来源是越国被楚灭后南迁的遗族。⑥ 混合说者主张"闽和越并不是同一民族。福建在古代是七闽的分布地区之一，闽是福建

---

① 刘君德：《中国政区地理》，科学出版社1999年版，第55页。
② 周振鹤：《行政区划史研究的基本概念与学术用语刍议》，《复旦学报》（社会科学版）2001年第3期。
③ 林惠祥语："福建历史自秦汉之际方见记载，直至五代犹未甚详，若秦以前则全为空白而已，可谓最缺历史之省份。"参见林惠祥《福建民族之由来》，载林惠祥《林惠祥人类学论著》，福建人民出版社1981年版，第289页。
④ 梁启超：《中国历史上民族之研究》，载《饮冰室合集》，中华书局1996年版，第42页。
⑤ 林惠祥：《福建民族之由来》，载林惠祥《林惠祥人类学论著》，福建人民出版社1981年版，第289页。
⑥ 朱维干、陈元煦：《闽越族的建国与北迁》，载百越民族史研究会编《百越民族史论集》，中国社会科学出版社1982年版，第116—118页。

的土著，越则是由会稽南来的客族"。① 汉代出现"闽越"之称是原来福建土著的"闽族"与浙江越国亡后南迁的"越人"组成的。土著说认为，战国晚期越国被楚灭，越国遗民被迫南迁，有部分于越人迁入福建，这是有可能的，但是闽越族"主要还是由早已居住在这一带的越人所组成。"②

陈国强等对上述三种说法做了详尽分析和总结，指出南迁说主要是依据《史记》记载战国晚期越国灭亡越人南迁这一史实，却忽视了闽越形成的历史过程，认为闽越族是战国晚期由于越人南迁才形成的，等于说在战国以前福建没有越人居住，这明显不符合考古资料所提供的史实。混合说论者把"闽"与"越"分为二个不同的族，"闽"是福建的土著民族，"越"则是外来的客族。此说不妥，因为历来的史家注家均认为，"闽""越"同是指东南地区的越人。他们支持土著说的观点，从考古资料提供的史实出发，指出早在汉代及战国以前，闽越地区已有人类活动，闽越的来源和形成主要由当地原始先住民发展形成。这就是形成闽越的主要来源。③

秦汉时期福建原始居民成分还是比较单一的闽越族。根据现有记载看，直到孙吴时期才有汉人迁入福建定居。④ 六朝时期入闽汉人逐渐增多，避乱入闽者、随军入闽者、逃户、流放者及罪犯、农民起义军余部、仕宦入闽者、道士和尚和其他人员纷纷涌入福建。可以说，北方社会的各阶层人士都有其大批成员或代表人物在这社会大动荡时期南迁入闽。⑤ 但总的来说，六朝时期迁入福建的汉人十分有限。虽然汉武帝时期"取闽粤，诏徙东越人江淮间而墟其地"⑥，闽越族人口大大减少，但是在福建实际人口中仍然占多数，直到"南朝陈时，陈宝应父子拥有全福建之地，以地方豪帅而任闽州刺史……统属的福建居民也应以蛮夷为主"。⑦ 只是由于迁入的汉族拥有先进文化和强大的政权机构，在民族交往中居于强

---

① 林祥瑞：《关于古代闽越族若干问题的探讨》，《福建师范大学学报》1981年第4期。
② 蒋炳钊：《东越历史初探》，载百越民族史研究会编《百越民族史论集》，中国社会科学出版社1982年版，第100页。
③ 陈国强、蒋炳钊等：《百越民族史》，中国社会科学出版社1988年版，第174—177页。
④ （嘉庆）《惠安县志》卷30《寓贤传·黄兴》载："黄兴，吴孙权将也。与妻曹氏弃官入闽，居邑南之凤山。"参见朱维干《福建史稿》（上），福建教育出版社1985年版，第61页。
⑤ 参见唐文基《福建古代经济史》，福建教育出版社1995年版，第77—81页。
⑥ （宋）胡太初修、赵与沐纂：《临汀志·建置沿革》，福建人民出版社1990年版，第2页。
⑦ 谢重光：《客家文化述论》，中国社会科学出版社2008年版，第35页。

势,"汉人虽迁入,亦不能杀尽先住民族,其结果必为两族之同化,因汉族文化高,政权大,武力强,故先住之越族逐渐化为汉族,其固有之语言与汉语混合而成为今之闽方言,其体质与汉族混合而成为今日闽人之体貌"①,最终统治了闽北和沿海各地。隋唐时期,国家权力加大了在福建扩张的强度,民族同化随之加强,一些土著居民不愿接受或不堪忍受汉族政权的统治,逃向尚未纳入政权统治下的山区。

闽西山区有大量原始居民生活遗迹,福建省境内最早的考古工作,即是在闽西发现闽越族遗物。1937年,厦门大学任教的林惠祥先生曾带领部分厦大师生在武平县城郊小径背遗址做过调查和小规模的考古发掘,获得了若干石器、陶器、印纹陶片,并由此推断生活在闽西的"古民族……闽越即在福建","由此观之可见石器时代的武平居民绝非华夏族而系越族,这是无疑义的"。② 1951年,林惠祥教授在福建龙岩发现一件疑似旧石器。③ 1955年12月,林教授又在长汀县河田镇发现10处闽越族留下的遗址。④ 1988年5月,在清流县沙芜乡洞口村狐狸洞,发现更新世晚期古人类牙齿化石一枚及伴存的巨貘、熊、野猪、鹿、豪猪等哺乳动物化石。12月初,将古人类牙齿化石送中国科学院古脊椎动物与古人类研究所著名专家审定,确认为属于更新世晚期古人类,属于晚期智人阶段,距今1万年前。⑤ 1989年11月,再次发掘狐狸洞残存堆积物,又发现5枚古人类牙齿化石和多种动物化石。1999—2000年,三明市三元区岩前村万寿岩发现迄今为止最早的古人类遗址。在已发掘的两个洞穴中,居于岩体上方的灵峰洞洞内出有石制品及哺乳动物化石的第三层堆积,经铀系法测年为距今约20万年,是目前为止福建旧石器时代文化的最早年代记录。⑥

---

① 林惠祥:《福建民族之由来》,载林惠祥《林惠祥人类学论著》,福建人民出版社1981年版,第290页。
② 林惠祥:《福建武平县新石器时代遗址》,载林惠祥《林惠祥人类学论著》,福建人民出版社1981年版,第252页。
③ 陈国强:《闽台旧石器时代古人类与文化》,《福建师范大学学报》(哲学社会科学版)1994年第9期。
④ 林惠祥:《福建长汀县河田区新石器时代遗址》,《厦门大学学报》(哲学社会科学版)1957年第1期。
⑤ 尤玉柱、董兴仁、陈存洗、范雪春:《福建清流发现的人类牙齿化石》,《人类学学报》1989年第8卷第3期。
⑥ 福建博物院:《福建考古的回顾与思考》,《考古》2003年第12期。

与福建其他地区相比,国家权力扩展到闽西的时间非常滞后,直到开元后期才正式有政区设置,福建其他地区闽越族居民随国家权力在福建的扩张而加剧了民族同化的步伐,"到了唐代便没有纯粹的越族"①时,闽西的居民成分还比较单一,主流群体还应是闽越一族,故而直到隋唐之际闽西及周边地区居民仍被称为俚人,唐初这一带起兵造反的人民还被称为"越人"、"骆越"。"百越"或"百越地"是其时人在诗文中对福建的习惯称谓,如柳宗元贬官柳州时,作《登柳州城楼寄漳汀封连四州》诗云:"城上高楼接大荒,海天愁思正茫茫。惊风乱飐芙蓉水,密雨斜侵薜荔墙。岭树重遮千里目,江流曲似九回肠。共来百越文身地,犹自音书滞一乡。"唐文宗时包何作《送泉州李使君之任》有句云:"云山百越路,市井十洲人。"在他们看来,漳、泉、汀都是百越地,住着有文身习俗的百越人。可见,直至唐朝,闽西居民主流还是闽越族。②

(二)山都木客

唐代闽西地区居民主流虽然是闽越族,但"那是就其主体而言,实际上当时这一区域的土著除了越族还有更原始的种类,例如被称为山都、木客者便是"。③

山都木客是曾经生活在中国东南区域,现已消亡的古代少数民族。从文献记载看,山都分布范围很广,主要活动区域为闽粤赣交界区④,人们所知其活动的时间"起自汉晋,至唐宋时期仍常常有所闻见"。⑤唐宋后极为少见,但在极少数地区仍有出现:"木客形如小儿,予在恭城见之。

---

① 林惠祥:《福建长汀县河田区新石器时代遗址》,《厦门大学学报》(哲学社会科学版)1957年第1期。
② 谢重光:《畲族与客家福佬关系史略》,福建人民出版社2002年版,第49—51页。
③ 同上书,第53页。
④ 谢重光先生认为:"山都分布的范围很广,赣中、赣南、闽西南、闽南、粤东、粤北都有,略与前文一再提到的闽粤赣交界区域重合。"参见谢重光《畲族与客家福佬关系史略》,福建人民出版社2002年版,第51页。郭志超:"'山都'是闽粤赣三省交界地域的土著民族,其见于方志、文集的准确记载,始于西晋,频见于唐宋,依稀见于明清。记载较多是赣南、闽西,其次是粤东。"参见郭志超《闽粤赣交界地区原住民族的再研究》,《厦门大学学报》(哲学社会科学版)1996年第3期。蒋炳钊认为:"山都木客主要分布在福建、江西、广东、安徽、浙江、湖南、广西和四川等省,尤以闽粤赣交界地区最为活跃。"参见蒋炳钊《古民族"山都木客"历史初探》,《厦门大学学报》(哲学社会科学版)1983年第3期。
⑤ 谢重光:《畲族与客家福佬关系史略》,福建人民出版社2002年版,第53页。

行坐衣服不异于人,出市作器,工过于人。好为近体诗,无尘俗烟火气。自言秦时造阿房宫,采木流寓于此"①,"其特点是身材矮小,肤黑,多毛,裸身被发,住深山中,巢居,好食山涧中鱼、虾、蟹类等小动物,怕人"。②其族属,学界或云"其形体和生活特征与武陵蛮、莫徭显然不同,分属两个不同种族"③;或云"'山都'是含'木客'等族称的总称,与本土越人系一脉相承,是闽粤赣交界地区的原住民族""'山都'是闽粤赣交界地域越人的后裔,准确说是西汉初南海王织领地越人的后裔"④;或云"山都木客是全称,其他为简称,并不是指两个不同的民族。……山都木客可能是古代越族的后裔"⑤;或云"古越族与山都、木客均是赣南历史上不同时期土著居民的名称","山都木客的来源同古代越族有关。"⑥虽然说法稍异,但对山都木客的族属达成共识,即山都木客是古越族后裔,是闽粤赣交界地区的原住民族。

山都木客主要生活在闽粤赣交界区,但是闽粤赣各地区的山都木客见之于文献记载的时间有先后。目前所见最早记载闽粤赣交界区的山都木客出现在赣南,见之于《山海经·海内南经》:

枭阳国在北朐之西,其为人,人面长唇,黑身有毛,反踵,见人笑亦笑,左手操管。

西晋郭璞注《山海经》的"枭阳国"云:

今交州、南康郡深山中皆有此物也。长丈许,脚跟反向,健走被发,好笑;雌者能作汁,洒中人即病。土俗呼为山都。⑦

---

① (明)邝露:《赤雅》卷中《木客》,中华书局1985年版,第15页。
② 谢重光:《畲族与客家福佬关系史略》,福建人民出版社2002年版,第53页。
③ 同上。
④ 郭志超:《闽粤赣交界地区原住民族的再研究》,《厦门大学学报》(哲学社会科学版)1996年第3期。
⑤ 蒋炳钊:《古民族"山都木客"历史初探》,《厦门大学学报》(哲学社会科学版)1983年第3期。
⑥ 罗勇:《"客家先民"之先民——赣南远古土著居民析》,《赣南师范学院学报》2004年第5期。
⑦ 袁珂校注:《山海经校注》,巴蜀书社1992年版,第319—320页。

南朝宋刘义庆《幽明录》① 记：

> 东昌县，山有物，形如人，长四五尺。裸身被发，发长五六寸，长在高山岩石间住。暗痖作声，而不成语。能啸相呼，常隐于幽昧之间，不可恒见。有人伐木宿于山中，至夜眠后，此物抱子从涧中发石取虾蟹，就人火边烧炙以食儿。时有人未眠者密相觉语，齐起共突击，便走，而遗其子，声如人啼也。此物便男女群共引石击人，趣得其子然后止。②

南朝宋邓德明《南康记》③ 曰：

> 山都形如昆仑，通身生毛。见人辄闭眼，张口如笑。好在深涧中翻石觅蟹噉之。
>
> 木客头面语声亦不全异人，但手脚爪如钩利，高岩绝峰，然后居之，能砍榜牵树上聚之。昔有人欲就其买榜，先置物树下，随量多少取之，若合其意，便将去，亦不横犯也，但终不与人面对交语作市井。死皆知殡敛之，不令人见其形也，葬棺法，每在高岸树杪或藏石窠中，南康三营伐船兵往说，亲睹葬所，舞倡之节虽异于世，听如风林泛响，声类歌吹之和。义熙中，徐道覆南出遣人伐榜，以装舟舰。木客乃献其榜，而不得见。④
>
> 雩都君山，上有玉台，方广数丈，周围尽是白石柱，自然石覆如屋形也。四面多松杉，遥眺峨峨向像羽人之馆。风雨之后，景气明净，颇闻山有鼓吹之声，山都木客为舞唱之节。⑤

---

① 南朝（宋）刘义庆（403—444），所记多是鬼异之事。（唐）魏征等：《隋书》卷33"经籍二"杂传类著录，20卷。原书久已失传。
② （宋）李昉：《太平御览》卷883《神鬼部三》，中华书局1985年影印本，第3925页上。
③ 邓德明生卒不详，估计生活在东晋末期至刘宋时期（420—479），《大清一统志》卷254《赣州府》记："郡人，元嘉末就豫章雷次宗学，博物洽闻，该综今古，尝作《南康郡记》。此邦文献以德明为冠。"雷次宗卒于元嘉二十五年（448），邓德明当于此前就学于其门下。《南康记》记载了南康郡的山川胜迹、自然景物、社会人事，以及民间奇闻，系赣南最早的山水人文志。《江西通志》卷94《人物二十九》记："尝作《南康记》，一郡山川奇迹，表识为多，足称文献。"
④ （宋）李昉：《太平御览》卷884《神鬼部四》，中华书局1985年影印本，第3928—3929页。
⑤ （宋）李昉：《太平御览》卷177《居处部五》，中华书局1985年影印本，第864页下。

南朝齐祖冲之《述异记》① 曰：

> 南康有神，名曰山都。形如人，长二尺余，黑色赤目，发黄被之。于深山木下作窠，窠形如坚鸟卵，高三尺许，内甚泽，五色鲜明。二房间之中央相连，土人云上者雄舍，下者雌室，傍悉开口如规。体质虚轻，颇作木简，中央以鸟毛为褥。此神能化隐身，罕睹其状，盖木客山？之类也。赣县西北十五里有古塘，名全公塘，上有大梓树，可二十围，树老中空，有山都焉。晋（宋）元嘉元年（424），县治民袁道训、道虚兄弟二人伐倒此树，取窠还家。山都见形，谓二人曰：'我处荒野，何预汝事？巨木可用，岂可胜数？树有我窠，故伐倒之。今当焚汝宇，以报汝之无道。'至二更中，内外屋上一时火起，合宅荡尽。②

南朝陈顾野王《舆地志》③ 曰：

> 虔州上洛山，多木客，乃鬼类也，形似人，语亦如人，遥见分明，近则藏隐。能斫杉枋，聚于高峻之上，与人交市，以木易人刀

---

① （南朝）齐祖冲之（429—500），所记多是鬼异之事。（唐）魏征等：《隋书》卷33《经籍二》杂传类著录，共有10卷。现已失传。

② （宋）李昉：《太平御览》卷884《神鬼部四》，中华书局1985年版，第3929页上。

③ 书名《舆地志》者，据学者考证，元以前有二，一为南朝陈顾野王所作，（唐）魏征等：《隋书》卷33"经籍二"记："陈时，顾野王抄众家之言，作《舆地志》"；一为北宋晏殊所作。晏殊《舆地志》影响远逊顾氏之作，引用者亦不多，且引用时，多注明姓氏。顾野王亦未另作《舆地记》、《地志》。是以凡未注明姓氏之《舆地志》、《舆地记》、《地志》者，一般皆指顾氏之书。参见张可辉《〈景定建康志〉与〈丹阳记〉、〈舆地志〉的辑佚》，《南京晓庄学院学报》2009年第4期。但《元和郡县图志》卷28"江南道四"之"虔州"条记："隋开皇九年平陈，罢南康郡为虔州，大业三年罢虔州，复为南康郡。武德五年，又再置虔州，盖取虔化水为名也。"是隋开皇九年始有"虔州"之名，至唐末数复改置，《读史方舆纪要》卷88"赣州"记："大业初，复为南康郡。唐复曰虔州。天宝初，曰南康郡。乾元初，复故。"五代时则不复有"虔州"之名，《读史方舆纪要》卷88"赣州"记："唐末虔州为卢光稠所据，朱梁命光稠为百胜军节度。贞明四年，淮南克虔州，亦曰百胜军节度。南唐因之，寻改曰昭信军节度。"可知南朝陈顾野王作《舆地志》时，尚无"虔州"之名，此处引《舆地志》云"虔州上洛山"，当系后人抄录之误，因为"《舆地志》大约在宋代尚有少量抄本存在，因此在《太平御览》、《方舆胜览》等书中，有较多的引用，但在一些著名书目中都不著录。笔者估计，该书至迟在元代已经失传。"参见李迪《顾野王〈舆地志〉初步研究》，《内蒙古师大学报》（哲学社会科学版）1998年第3期。

斧。交关者，前置物枋下，却走避之。木客寻来取物，下枋与人，随物多少，甚信直而不欺。有死者，亦哭泣殡葬，尝有山行人遇其葬日，出酒食以设人。①

曹叔雅《庐陵异物志》②云：

庐陵太山之门，有山都，似人，常裸身，见人便走，自有男女，可长四五尺，能啸相呼，常在幽昧之中，亦鬼物也。

赣石山……有木客鸟，大如鹊，千百为群，飞集有度，不与众鸟相厕。俗人云是木客化为此鸟也。

又有山都兽，似人形。《异物志》云：大山穷谷之间有山都，人不知其流绪所出。髪长五寸而不能结。裸身，见人便走避之。种类疏少，旷时一见，然自有男女焉。③

木客鸟，大如雀，数千百头为群，飞集有度，不与众鸟相厕。……庐陵郡东有之。④

闽西山都木客的记载最早见于唐人著《牛肃纪闻》⑤：

江东采访使奏于处州南山洞中置汀州，州境五百里，山深林木秀茂，以领长汀、黄连、杂罗三县。地多瘴疠，山都木客丛萃其中。

州初治长汀，大树千余株，皆豫章迫隘。以新造州治，故斩伐诸树，其树皆枫、松，大径二三丈，高者三百尺，山都所居。其高者曰人都，其中者曰猪都，处其下者曰鸟都。人都即如人形而卑小，男子妇人自为配偶。猪都皆身如猪，鸟都皆人者，尽能人言，闻其声而不

---

① （宋）李昉：《太平御览》卷48《地部十三》，中华书局1985年影印本，第235页下。
② 曹叔雅，事迹无考，所撰《庐陵异物志》不见史志著录，卷目无考，已佚。《初学记》引作曹叔《异物志》，（宋）乐史：《太平寰宇记》引作叔雅《庐陵异物志》，《太平御览》作曹叔雅《异物志》。佚文多记庐陵一带物产。从其佚文见于《艺文类聚》、《初学记》、《太平御览》、《太平寰宇记》等书来看，当为唐以前人。参见王晶波《汉唐间已佚〈异物志〉考述》，《北京大学学报》（国内访问学者、进修教师论文专刊）2000年，第178—184页。
③ （宋）乐史：《太平寰宇记》卷109《吉州》，中华书局2007年版，第2208页。
④ （宋）李昉：《太平御览》卷927《羽族部十四》，中华书局1985年影印本，第4120页下。
⑤ 牛肃，大约生于武周时期，卒于肃、代时期。《牛肃纪闻》所记多为开元、天宝（713—742）事。参见黄楼《牛肃〈纪闻〉及其史料价值探讨》，《史学月刊》2005年第6期。

见其形，亦鬼之流也。三都皆在树窟宅，人都所居最华。人都有时见形，当伐木时，有术者周元太能伏诸都，禹步为厉术，则以左后赤索围而伐之。树既卧扑，剖其中，三都皆不化，则执而投之镬中煮焉。①

清朝时尚有唐代汀州山都之记载：

（汀州）乃当造治之初，凡斫大树千余，树皆山都所居，天远地荒，又足妖怪，獉狉如是，几疑非人所居，故必迟之数年，方建郡治。②

唐书多言汀俗多山鬼……汀州正在虔东南，而汀木客乃独脚鬼，见《集韵》。此为木魅，乃妖也，今尚有之，时时出作祸祟，搅扰人家，至今人不能堪，则赴上清宫求张天师驱除之。③

粤东山都木客的记载最早见于《太平寰宇记》：

（海阳）凤凰山一名翔凤山，有凤凰水，昔有爰居于此集，因名之，山多相思树，中有神，形如人，被发迅走。山海经云：南方有赣巨人，人面长唇，黑身有毛，反踵，见人笑亦笑，笑则唇蔽其面，因即逃也。郭景纯云即枭阳，盖此也。

（潮阳）有神名山都，形如人而披发迅走。④

从上述文献对山都木客记载看，闽粤赣地区记载最多的是赣南，时间最早是西晋郭璞对《山海经》中"枭阳国"注，稍晚依次是南朝宋刘义庆《幽明录》和邓德明《南康记》，南朝齐祖冲之《述异记》，南朝陈顾野王《舆地志》，曹叔雅《庐陵异物志》；记载较少的是闽西和粤东，时间上记载闽西山都木客的《牛肃纪闻》又早于记载粤东山都木客的《太

---

① （宋）乐史：《太平寰宇记》卷102《汀州》引《牛肃纪闻》，中华书局2007年版，第2035页。
② （清）杨澜：《临汀汇考》卷1《建置》第1册，光绪四年刻本，第4页。
③ （清）杨澜：《临汀汇考》卷4《山鬼淫祠》第4册，光绪四年刻本，第42—43页。
④ （宋）乐史：《太平寰宇记》卷158《潮州》，中华书局2007年版，第3035—3036页。

平寰宇记》。

再来看看中原王朝疆域的开拓和中央政权在闽粤赣交界地区扩展情况。

闽粤赣交界地区，赣南开发最早，开拓基本趋势是从南向北，由西而东。秦始皇二十六年（前221），初并天下，"海内为郡县，法令由一统"，"分天下以为三十六郡"①，与闽中郡交界的九江郡，由北至南在鄱阳湖东南设立了番阳（今波阳）县、余干（汉升为县，今余干），在中部偏西设立庐陵（今泰和）县，在南部偏西设立南野（汉升为县，今南康）四个不同级别政区，是为赣南地区设置政区之始。其政区只有庐陵一县和南野一个驻军点，都在江西偏西区域。后历经数代，南朝时庐陵郡辖石阳、西昌、东昌、吉阳、巴邱、兴平、高昌、阳丰、遂兴九县；南康郡辖区则向东扩展，辖赣、雩都、南野、宁都、平固、陂阳、虔化、南康八县，② 设置政区已接近武夷山西麓。

稍晚开发的是粤东地区，开拓趋势由沿海而山区。粤东最早设立的政区是汉代揭阳县，属南海郡，"南海郡，秦置。秦败，尉佗王此地。武帝元鼎六年（前111）开。属交州。……县六：番禺，尉佗都。有盐官。博罗，中宿，有洭浦官。龙川，四公，揭阳，莽曰南海亭"。③ 晋代升为义安郡："晋安帝义熙九年（413），于此立义安郡及海阳县。"④ 南齐辖六县："绥安，海宁，海阳，义招，潮阳，程乡。"⑤ 隋代统县五："海阳，程乡，潮阳，海宁，万川。"⑥ 唐朝时辖三县，"管县三：海阳，潮阳，程乡。"三县中最晚设置的是程乡县，"本汉揭阳县地，齐于此置程乡县，盖分海阳县立焉，属义安郡。隋开皇十年（590）省，十一年（591）置潮州，复立程乡县属焉。"⑦ 与闽西接壤。

最晚开发的是闽西地区。闽西最早设立的政区是西晋新罗县，属晋安郡，"晋安郡，太康三年（282）置。统县八……原丰、新罗、宛平、同

---

① （汉）司马迁：《史记》《秦始皇本纪》，中华书局1959年版，第239页。
② （梁）萧子显：《南齐书》卷14《志第六·州郡上》，中华书局1972年版，第261—262页。
③ （汉）班固，（唐）颜师古注：《汉书》卷28下《地理志》，中华书局1962年版，第1628页。
④ （唐）李林甫：《元和郡县图志》卷34《岭南道一·潮州》，中华书局1983年版，第894页。
⑤ （梁）萧子显：《南齐书》卷14《志第六》之《州郡上》，中华书局1972年版，第263页。
⑥ （唐）魏征等：《隋书》卷31《地理下》，中华书局1973年版，第881页。
⑦ （唐）李林甫：《元和郡县图志》卷34《岭南道一·潮州》，中华书局1983年版，第896页。

安、侯官、罗江、晋安、温麻"①，但遗憾的是新罗可能设置不久便废止了，至刘宋（420—479）时就已经不见于史册。② 直至唐"开元二十一年（733），福州长史唐循忠于潮州北、广州东、福州西光龙洞，检责得诸州避役百姓共三千于户，奏置州，因长汀溪以为名"，始立汀州，"管县三：长汀，沙，宁化"。③

"中央王朝和中原人对周边少数民族的认识是随王朝的开疆拓土和人口向周边的迁徙而增多的。大抵说来，以中原为中心，这种认识的半径的延长与时间成正比。并且，这种认识与半径长度成反比，对于越远之地的风物、族群，认识越模糊。"④ 比较以上有关山都木客的文献记载可以发现，当一个地区开始设置政区，开发力度加大，原本居于此地区的山都木客就逐步被发现，开始出现在当时史籍记载中，并随开发进程的发展而逐步消亡。

赣南地区秦时就已设置政区，为庐陵和南野。随地区开发，人口增多，庐陵升为郡，"献帝兴平中，孙策分豫章立庐陵郡"。晋时，庐陵郡"统县十，户一万二千二百。西昌，高昌，石阳，巴丘，南野，东昌，遂兴，吉阳，兴平，阳丰"，后又进一步"分庐陵南部为南康郡"，"南康郡，太康三年（282）置，统县五户一千四百。赣，雩都，平固，南康，揭阳"。⑤ 南朝时二郡因之不变。虽然"封建时代州县的主要职能是治安和征收赋役，建立州县的前提是某一地区户口增加到一定的数量"⑥，但是"一个地方至于创建县治，大致即可以表示该地开发已成熟"，"所以知道一个地方是什么时候设县的，就大致可以断定在那个时候该地区的开发程度已经达到了一定的标准"。⑦ 因而从政区设置可以推测，到南朝时期赣南地区的开发已经比较成熟。而关于赣南的山都木客记载几乎全在庐

---

① （唐）房玄龄等：《晋书》卷15《地理下》，中华书局1974年版，第462页。
② （梁）沈约：《宋书》卷36《志第26》之《州郡二》记："晋安太守，晋武帝太康三年，分建安立。领县五……侯官口相……原丰令……晋安男相……罗江男相……温麻令……。"晋安郡所辖县已无新罗。新罗废止的原因可能是远离州郡，人口较少，且又地处偏远。中华书局1974年版，第1092页。
③ （唐）李林甫：《元和郡县图志》卷29《江南道五·汀州》，中华书局1983年版，第722页。
④ 郭志超：《闽台民族史辨》，黄山书社2006年版，第106页。
⑤ （唐）房玄龄等：《晋书》卷15《地理下》，中华书局1974年版，第462页。
⑥ 谢重光：《客家源流新探》，福建教育出版社1995年版，第74页。
⑦ 谭其骧：《浙江省历代行政区域——兼论浙江各地区的开发过程》，《长水集》（上），人民出版社1987年版，第404页。

陵升为郡后至南朝时期，随后便不见于记载，"到唐代其居民应以汉人为主体"。①

与之接壤的粤东和闽西地区地理环境与赣南类似，生活同样的类群，不排除部分从赣南逃避出来的山都木客进入粤东和闽西的可能。粤东地区虽从汉时已设置揭阳县，晋义熙九年（413）升为义安郡，但废置不常；唐时仅置三县，地旷人稀，汉化程度不高，汉化进程落后。关于这一点，我们从两个方面来进行分析。

第一，唐代粤东居民以俚人为主流，"汉人之移至粤东，唐宋以来始盛。自唐以前，俚为粤东之主人。……盖自梁至唐，岭南名为中朝领土，实际在俚帅统治之下者，垂百余年云"。②

第二，国家权力直至唐后期才在粤东实施实际统治。古代华南地区是所谓蛮荒僻远的化外之地，秦汉以来，特别是晋永嘉之乱以来，陆续有不少北方人民南迁至本区，但直到隋唐以前，本区居民仍以蛮夷居多，其社会则是蛮夷豪酋称雄的溪洞社会。汉族政权对华南地区的统治以溪洞首领担任地方长官，已是南朝至唐初对华南（主要是岭南）溪洞地区实行统治的通例，反映了其时汉族政权无力对华南实行直接统治，只能通过溪洞豪族实行间接统治。③ 这些溪洞豪族既是拥有世袭政治特权的部族首领，又是地方州县行政长官，拥有大量土地、财富和强大的军事力量，成为阻碍国家权力进入华南地区的强大地方政治势力。直到唐朝初期，华南地区地方州县官的除授还出于溪洞豪族④，严重削弱唐中央对岭南的统治。因而，随唐朝国力逐步强盛，中央权力向岭南的扩张就势在必行，至唐高宗上元年间（674—676）重新开始实行"南选"，"其岭南、黔中三年一置选补使，号曰南选"。⑤ 其实质就是要通过选官制度的改变将岭南等地区纳入国家权力的实际统治之下。但是，"南选也还是权宜之计，是针对华南地区贫穷落后，选人赴京费时费力费财，很多选人无力或不愿赴京选调

---

① 谢重光：《客家文化述论》，中国社会科学出版社2008年版，第35页。
② 谭其骧：《粤东初民考》，载《长水集》（上），人民出版社1987年版，第259—260页。
③ 谢重光：《客家文化述论》，中国社会科学出版社2008年版，第33页。
④ （北宋）王溥：《唐会要》卷75《选部下·南选》记："上元三年八月七日敕，桂、广、交、黔等州都督府，比来所奏拟土人首领，任官简择，未甚得所。自今已后，宜准旧制，四年一度，差强明清正五品以上官，充使选补，仍令御史同往注拟"。说明直到唐高宗上元三年（676）岭南地区还由溪洞豪族自任官员。中华书局1955年版，第1369页。
⑤ （唐）李林甫等，陈仲夫点校：《唐六典》卷2，中华书局1992年版，第34页。

的情况推出的"①，"南选"官员地位明显要低于"北选"官员，"天宝十三年（754）七月敕，如闻岭南州县，近来颇习文儒，自今以后……其前资官并常选人等，有词理兼通，才堪理务者，亦任北选及授北官"。② 岭南官员中特别优秀，"有词理兼通，才堪理务者"，才可以"任北选及授北官"，"南选"官员地位低下可见一斑。因而"南选"在某一地区的实施，实际上意味该地区汉化程度不高，汉化进程相当落后。另有两个例子可资说明。

其一，《唐会要》载大足元年（701）七月二十九日敕："桂、广、泉、建、贺、福、韶等州县，既是好处，所有阙官，宜依选例省补。"③ 表明桂、广、泉、建、贺、福、韶等州县原本落后，随地区开发，经济发展，"既是好处"，因而现在"宜依选例省补"，即由尚书省（吏部属于尚书省）依例注补，恰好证明上述地区曾经实行南选。这道敕令提到福建的泉、建、福三州，没有提到漳州，是因为高宗、武后时闽粤之交蛮獠啸乱，被岭南首领④陈元光平定后，于垂拱二年（686）才在泉潮之间设立漳州，开发较迟，属贫穷落后地区，应是依旧实行南选。⑤

其二，《唐会要》载，开成"五年（840）七月，潮州刺史林郇阳奏：'州县官请同漳、汀、广、韶、桂、贺等州，吏曹注官。'敕旨：'潮州是岭南大郡，与韶州略同，宜下吏部，准韶州例收阙注拟，余依。'"⑥ 开成五年（840）潮州刺史林郇阳奏章中提到的"漳、汀、广、韶、桂、贺等州"，漳州在天宝前与潮州同属岭南道，"旧属岭南道，天宝割属江南东道"⑦，如前所述，大足元年（701）还与潮州同属落后的"南选"地区。到开成五年（840），漳州早已直接由"吏曹注官"，而且与潮州相近的其他州府都已"吏曹注官"，潮州还是"南选"地区，汉化进程显然是东南

---

① 谢重光：《客家文化述论》，中国社会科学出版社2008年版，第42页。
② （北宋）王溥：《唐会要》卷75《选部下·南选》，中华书局1955年版，第1369—1370页。
③ 同上书，第1369页。
④ 《朝野佥载》卷2《元光燕客》条称陈元光为"周岭南首领"，《唐宋史料笔记丛刊》本，中华书局1979年版，第30页。
⑤ 谢重光先生在引用此条资料说明"南选"实施于落后地区时，说"这道敕令只提到福建的泉、建、福三州，没有提到漳、汀二州，应是漳、汀二州还属贫穷落后地区，依旧实行南选。"实则大足元年（701）汀州尚未建置。参见谢重光《客家文化述论》，中国社会科学出版社2008年版，第40页。
⑥ （北宋）王溥：《唐会要》卷75《选部下·南选》，中华书局1955年版，第1371页。
⑦ （后晋）刘昫：《旧唐书》卷40《志第二十·地理三》，中华书局1975年版，第1598页。

区域最落后的。因而,关于粤东山都木客的记载是最晚出现的。

闽西至唐开元年间始设置汀州,开始大规模开发。其时汀州社会经济非常落后,也属于"南选"地区,但是实施时间不是太久。《通典》卷15载:"其黔中、岭南、闽中郡县之官,不由吏部,以京官五品以上一人充使就补。御史一人监之。四岁一往,谓之南选。"① 《通典》所载的根据是开元、天宝以后的情况。唐时闽中设福、建、泉、漳、汀五州,从前引《唐会要》大足元年(701)七月二十九日敕可以知道,福、建、泉三州自大足元年(701)便已"宜依选例省补",故而《通典》所谓"南选"的"闽中郡县之官"实则是指漳、汀二州。而汀州最晚于开成五年(840)前就已经摘掉"南选"的落后帽子,实行"吏曹注官"。从汀州建置到实行"吏曹注官",不过110年,可见汀州汉化进程非常之快。因而关于汀州山都木客的记载出现在唐代,并很快消亡,就非常合理了。

粤东和闽西是中国东南地区最后开发的地方,这两个地区的山都木客记载发现较晚,且是最后被开发的地区,山都木客已经再无可以逃避的地区,因此在唐以后,闽粤赣交界处的山都木客基本消亡,"部分的原因是汉人对山都一类'鬼物'采取了仇杀、歼灭的方针,造成山都死亡率高,有的则逃到更僻远的深山中,不为人知;更重要的原因是他们与其它族群接触、交流,被同化了。一部分汉化成为客家,另一部分与南迁的武陵蛮同化成为畲族"。②

二 武陵蛮的迁入

唐五代时期,汀州居民除闽越族和山都木客等土著民族外,还生活一定数量的外来人口,既有从北方迁入的汉人,也有来自今鄂西南和湘西地区的武陵蛮。由于开发晚,经济落后,交通不便,自北方迁入并居留在汀州的汉人数量极少(详见下节)。武陵蛮自魏晋南北朝开始向四周扩展,但主要迁徙方向是向南,至隋代已进至今湘南、粤北地区,唐代则遍布江西岭南,因在迁徙过程中吸纳了一些别的种族而有莫瑶之称。唐代福建境内闽西北和闽西南都见到了莫瑶的踪迹,至宋代武陵蛮或莫瑶则广泛分布于闽粤赣交界区域,成为畲族和客家的共同先民。③

武陵蛮是蛮族的一支,即"盘瓠蛮",《后汉书·南蛮西南夷列传》

---

① (唐)杜佑:《通典》卷15《选举三》,中华书局1984年版,第400页。
② 谢重光:《畲族与客家福佬关系史略》,福建人民出版社2002年版,第55页。
③ 谢重光:《福建客家》,广西师范大学出版社2005年版,第18—19页。

记载:"盘瓠得女,负而走入南山,止石室中。所处险绝,人迹不至……其后滋蔓,号曰蛮夷。外痴内黠,安土重旧。以先父有功,母帝之女,田作贾贩,无关梁符传,租税之赋。有邑君长,皆赐印绶,冠用獭皮。名渠帅曰精夫,相呼为姎徒。今长沙武陵蛮是也。"① 盘瓠蛮因把高辛帝的神犬盘瓠作为图腾而得名,早期主要分布在荆湘和巴蜀地区,而以秦、汉的武陵郡范围,即所谓五溪地区为核心,故又被称为"武陵蛮"或"五溪蛮":

> 武陵有五溪,谓雄溪、构溪、力溪、无溪、酉溪,辰溪其一焉,夹溪悉是蛮左右所居,故谓此蛮五溪蛮也。②
> 居武陵者有雄溪、樠溪、辰溪、酉溪、舞溪,谓之五溪蛮。而宜都、天门、巴东、建平、江北诸郡蛮,所居皆深山重阻,人迹罕至焉。③

沈约、郦道元基本上是同时代人,一处南朝,一处北朝,所记五溪相同,可见当时对武陵蛮生活的中心区域认识是比较统一的,也可以相信。武陵蛮自其生活的五溪核心地区向外迁徙的原因,有学者认为"其根本原因应是由于东汉政府摒弃前朝宽松的民族政策,转而推行加强控制、压迫和剥削的民族统治政策所致"。④ 主要强调的是经济剥削,具体而言是贡赋征收过重。有学者则认为,"具有深刻的移民背景,由中原汉族移民的大量迁入而引发的族际冲突"⑤ 可能是其深层原因。笔者认为,国家权力向未开化的蛮荒地区扩展是导致武陵蛮向外迁移的最重要原因。

国家权力扩展有多种表现形式,其中之一便是将原本游离于国家权力范围之外的化外民族纳入国家权力统治之下,使其入籍,以便于政府对其征纳赋役。西汉王朝对武陵郡区域的蛮族虽然也实施征收,但多为象征性

---

① (南朝)范晔,(唐)李贤等注:《后汉书》卷86《南蛮》,中华书局1965年版,第2829—2830页。
② (北魏)郦道元:《水经注》卷37《沅水注》,华夏出版社2006年版,第704页。
③ (梁)沈约:《宋书》卷97《列传第57·夷蛮传·荆、雍州蛮》,中华书局1974年版,第2396页。
④ 陈致远:《东汉武陵"五溪蛮"大起义考探》,《中南民族学院学报》2000年第1期。
⑤ 韦东超:《移民与族际冲突:东汉时期武陵、长沙、零陵三郡"蛮变"动因浅论》,《中南民族大学学报》(人文社会科学版)2003年第1期。

的，征收额度非常之低："汉兴，改为武陵，岁令大人输布一匹，小口二丈，是谓賨布"，以表示中央政府对蛮族地区的占有。实际上，蛮族"田作贾贩，无关梁符传、租税之赋"，并没有真正纳入政府户籍之内，政府对其推行的是一种宽松的羁縻政策，这可能是西汉政府经历长期战争后，军事实力有限，对武陵地区不纳"租税之赋"的蛮族无力控制而采取的无奈之举。而到东汉"永和元年（136），武陵太守上书，以蛮夷率服，可比汉人，增其租赋。议者皆以为可，尚书令虞诩独奏曰：'自古圣王不臣异俗，非德不能及，威不能加，知其兽心贪婪，难率以礼，是故羁縻而绥抚之，附则受而不逆，叛则弃而不追。先帝旧典，贡税多少，所由来久矣。今猥增之，必有怨叛，计其所得，不偿所费，必有后悔。'帝不从。"虞诩认为，西汉政府之所以对蛮族采取羁縻政策，是因为"知其兽心贪婪，难率以礼"，实则表明蛮族与汉族在文化上存在巨大差异，汉族文化在当时尚难被蛮族接受，汉族几乎不能从文化上影响和控制蛮族。蛮族与汉族能够和平相处，"附则受而不逆，叛则弃而不追"，只是两种文化互相独立前提下的一种表象。而当权者并没有意识到这一点，他们看到"蛮夷率服"，以为蛮族已经认同汉族文化，因而政府试图将武陵"蛮族"与汉人一样纳入户籍，"可比汉人，增其租赋"，成为向政府纳税服役的编户齐民。蛮族中当然也有一些接受汉文化而顺化的"善蛮"，然而大部分"好入山壑，不乐平旷"①的蛮族显然无法认同汉文化，结果"两种不同的文化发生接触时，一方对另一方都不会乐于很快接受，产生双向融合，相反的是易于产生抵触，甚至是冲突。这其中的根本原因就在于文化接触的双方都站在自己所认同的文化的立场上去对待异文化。如果双方认同的两种文化价值之间不发生冲突，那么两种文化就易于融合；如果事实相反，那么融合即使最终达到，也要经历冲突的过程。"②冲突的过程表现为东汉政府对该地区的"蛮变"进行镇压，部分不愿或不堪忍受汉族政府统治的武陵蛮开始向外迁徙。古代中国国家权力的扩展从北向南，因而逃避汉化的武陵蛮主要向远离政治中心的更南地区迁徙。

谢重光先生广泛钩稽史料，斟酌前贤时人成果后，指出：最迟不晚于

---

① 上引俱见（南朝）范晔，（唐）李贤等注《后汉书》卷86《南蛮》，中华书局1965年版，第2829页。
② 郑晓云：《文化认同与文化变迁》，中国社会科学出版社1992年版，第180页。

南朝梁代，盘瓠蛮已散布于湘中南的长沙、零陵、桂阳三郡（约当今湖南中部的长沙、娄底、邵阳和南部的郴州、永州等地、市境）。及至隋代，盘瓠蛮已经遍布江、汉、沅、湘诸水域，最南的熙平郡（约当今广东清远市的连县、连南、阳山、乳源诸县地）且已南逾五岭，伸展到珠江水系北江的洭水流域。而珠江水系北江的洭水流域成为盘瓠蛮的新居地，在盘瓠蛮民族迁徙历史上具有划时代的意义，它是盘瓠蛮南进的先声，预示盘瓠蛮向两粤和其他地区大规模迁徙行动的开始。① 盘瓠蛮南进的具体途径，"可能不止一条，根据前述史迹推寻，有一条路线大概由五溪入洞庭湖，溯湘江而南，先后进至衡州、连州等地，再沿湟水、武溪等河流南下粤中，经由粤东而进至闽南、闽西北。另有一条路线，则可能由湘入赣，再由赣入闽"。②

向南迁徙的武陵蛮至迟在南朝梁代已有一部分被称为"莫徭"。《梁书》记载："州界零陵、衡阳等郡，有莫徭蛮者，依山险为居，历政不宾服。"③ 唐代，福建境内已经有莫徭活动的记载。《太平寰宇记》载："建宁县，（建州）西三百四十里，元六里。本将乐县地，晋绥城县，莫徭之民居焉。唐武德中并入邵武，垂拱中割入将乐。"④《太平寰宇记》虽然成书于宋初，但从这段文字记载看，显然在唐武德（618—626）以前，建宁一带已有莫徭的分布。

唐末，福建西北部一带还有大量蛮夷存在：（沙县）"自乾符（874—879）后，土寇乱离，汉路阻隔。"⑤ 汀州已经有武陵蛮的活动。据《十国春秋》记载：当王潮占有福州自称留后时，"钟全慕举籍听命，岭海间群盗二十余辈皆降溃，潮乃尽有五州之地"。⑥ 钟全慕，"唐昭宗时为刺史，会王潮为威武节度使，景福元年（892），全慕与建州刺史徐归范俱附潮。梁篡唐，封潮弟审知为闽王。审之喜全慕骁勇有谋略，分汀使世守之"。其孙钟翱"世守是邦"。⑦ 从钟全慕"举籍听命"王潮，而使"岭海间群盗

---

① 谢重光：《客家文化述论》，中国社会科学出版社2008年版，第60页。
② 谢重光：《畲族与客家福佬关系史略》，福建人民出版社2002年版，第36页。
③ （唐）姚思廉：《梁书》卷34《张瓒传》，中华书局1973年版，第502页。
④ （宋）乐史：《太平寰宇记》卷101《南剑州》，中华书局2007年版，第2019页。
⑤ （宋）乐史：《太平寰宇记》卷100《邵武军》，中华书局2007年版，第1999页。
⑥ （清）吴任臣撰，徐敏霞、周莹点校：《十国春秋》卷90《闽一·司空世家》"景福二年（893）"条，中华书局1983年版，第1300页。
⑦ （宋）胡太初修，赵与沐纂：《临汀志》，福建人民出版社1990年版，第116页。

二十余辈皆降溃"分析，钟全慕应该是群盗领袖。谢重光先生认为，钟全慕、钟翱"是乘时而起、割据地方的蛮獠首领。由其姓氏推断，他们及其纠集的蛮獠也应是具有盘瓠信仰的南迁盘瓠蛮。"他还从当今汀州钟氏在闽西分布的情况考察，证实汀州钟氏大抵皆奉钟翱为祖，其中有不少属于畲族。钟翱墓所在地长汀县西南的濯田乡，紧邻武平县北部的湘店、大禾、桃溪等乡，历来是畲族世居之地，大禾蓝氏是闽西蓝姓畲族的共祖。另外，这一带还有许多带"湘"字的地名，如湘店乡、湘湖村、湘洋村，大禾乡湘村村，桃溪乡湘坑村、湘里村、湘坑坝、湘全坑等。从地名学角度可以认为，这些带"湘"字地名得名的缘由，都可能与其地有来自荆湘的移民有关，像钟全慕、钟翱一系，属于来自荆湘的盘瓠蛮的可能性很大。①

钟全慕既然能以群盗领袖身份为汀州刺史，并得到闽国承认而"世守是邦"，没有相当的群众基础是不可能的。他的群众基础就是其鸠集的蛮獠，是具有盘瓠信仰的南迁盘瓠蛮，这些具有相同文化的蛮獠能够拥戴钟全慕占据汀州，其数量应该超过当时汀州的其他任何一个族群。限于资料，汀州盘瓠蛮的具体人数无法确认，但是根据一些当时的记载可以察知其数量之多。一是乾宁元年（894），"黄连峒蛮二万围汀州"，被王潮部将李承勋击破。② 据谢重光先生考证，黄连峒蛮是盘瓠后裔，属莫徭一系。③ 二是30多年后的后唐天成元年（926），又有"汀州民陈本聚众三万围汀州"事件。④ 汀州的户口在元和四年至五年（809—810）只有2618户⑤，唐末五代时期入闽汉人由于多种原因又很少居留在汀州，因而编户总数没有太大增长，据估计不会超过万户⑥，因而乾宁元年（894）的二万黄连峒蛮和后唐天成元年（926）陈本所聚集的三万人应以峒蛮为主。

---

① 谢重光：《客家文化述论》，中国社会科学出版社2008年版，第68页。
② （宋）司马光编著，（元）胡三省音注：《资治通鉴》卷259《唐纪75》，中华书局1956年版，第8459页。
③ 谢重光：《客家文化述论》，中国社会科学出版社2008年版，第76页。
④ （宋）司马光编著，（元）胡三省音注：《资治通鉴》卷274"后唐纪三"，中华书局1956年版，第8948页。
⑤ （唐）李吉甫：《元和郡县志》卷29《江南道五·汀州》，中华书局1985年版，第722页。
⑥ 据《元和郡县图志》，汀州元和间（806—820）有户2618，据《太平寰宇记》汀州北宋初有户24007户。宋初（在980—989年）汀州户口的迅猛增长，源于北方汉人的大量迁入。天成元年下距宋初有60多年，估计其户口不过万，应接近实际。参见谢重光《客家文化述论》，中国社会科学出版社2008年版，第76页。

总之，唐末五代时期汀州生活为数众多的武陵蛮，这些武陵蛮是在国家权力逐步向未开发地区扩展过程中，为了逃避汉化，而迁入汀州的。汀州是东南地区最后被开发的地方，像山都木客一样，迁入汀州的武陵蛮已经再无可以逃避的地方，因而不可避免地要与生活在汀州的其他族群，包括古越族、山都木客及迁入的汉人发生接触、交流、融合，到两宋之际，一个新的民族在这一地区诞生，这就是畲族。

三 唐五代时期汀州户口与实际人口

唐五代时期汀州生活大量原住民和迁入的武陵蛮。但是，汀州纳入国家户籍的人口相当有限，汀州的入籍人口和实际人口有很大差距。

（一）汀州户口分析

唐代汀州户口，史籍记载的共有5处（见表2-2和表2-3）。

表2-2　　　　　　　　　　唐代汀州户口记载

年代	户数	口数	资料来源
开元二十一年（733）	3000余	—	《元和郡县图志》卷29《江南道五·汀州》
开元年间（713—741）	4680	—	《太平寰宇记》卷102《江南东道·十四》
天宝元年（742）	5330	15995	《通典》卷128《州郡十二·临汀郡》《永乐大典》卷7890
天宝十一年（752）	4680	13702	《旧唐书》卷40《地理·汀州》《新唐书》卷41《地理·汀州》
元和四年至五年间（809—810）	2618	—	《元和郡县图志》卷29《江南道五·汀州》

关于唐五代时期所及相关地志户口，主要见于《通典·州郡典》、两《唐书·地理志》、《元和郡县图志》及《太平寰宇记》等，其户口数字系年的界定，冻国栋先生参据中外学人意见酌情加以确认或考订，认为：《通典·州郡典》记述唐州县系年基本上以天宝元年（742）为主，其中虽杂有天宝元年（742）以后新置或新改州县的名称，但毕竟是少数。据此，将《通典·州郡典》之户口年份与州郡建置年份一样系于天宝元年（742）似不致大误；《元和郡县图志》所录开元户数系出自开元十七年（729）或十八年（730）前后的户部统计资料，《元和郡县图志》所录元

和户数大抵是根据元和四年（809）或五年（810）前后的计账资料而来；《旧唐书·地理志》所载"旧领户"年份为贞观十三年（639），两唐志所载另一组户口数字应置于天宝十一年（752）较为妥当；《太平寰宇记》各州郡下所录唐开元户一栏，基本转录《元和志》，《元和志》缺失者则以其他资料补入。不少州的开元户直接采录旧唐志或新唐志的天宝户而来，故这部分史料价值并不算高。①

表 2-3　　　　　　　　唐代福建各州户口数　　　　　单位：户

州郡	贞观户	开元户	天宝户	元和户
福州		31067	34084	19455
建州	15336	20800	22770	15480
泉州		50754②	23806	35571
漳州		1690	5346	1343
汀州		（4680）③	4680	2618

资料来源：《旧唐书·地理志》、《元和郡县图志》。

这里就有一个问题，《通典》所记汀州户口数 5330 户究竟是何时数据呢？有学者认为系贞元年间（785—805）户口数④，朱维干先生认为系建中年间（780—783）户口数。⑤ 笔者认为是不妥的。原因有二：其一，唐贞观以后直至天宝时期，全国著籍户口呈直线上升趋势，天宝中后期达最高峰，已赶上或超过隋大业户口数。天宝十四年（755）安史之乱爆发，

---

① 冻国栋：《中国人口史》（隋唐五代卷），复旦大学出版社 2002 年版，第 13—30 页。
② 泉州开元户可能有误，此州景云二年始置，不会多达 5 万余户，以至比天宝户高出 1 倍多，似有误植，暂录于此。参见冻国栋《中国人口史》（隋唐五代卷），复旦大学出版社 2002 年版，第 257 页。
③ 《太平寰宇记》各州郡下开元户一栏，基本转录《元和志》，《元和志》缺失者则以其他也资料补入。不少州的开元户直接采录旧唐志或新唐志的天宝户而来。《元和志》卷 29 江南道汀州条作开元二十一年（733）检责诸州避役百姓置，并不列开元户数。福建观察使下辖五州唯汀州无开元户，应即此州系后来开置，此时本无户数，《太平寰宇记》以天宝户补之，误。参见冻国栋《中国人口史》（隋唐五代卷），复旦大学出版社 2002 年版，第 30 页。
④ 周雪香：《明清闽粤边客家地区的社会经济变迁》，福建人民出版社 2007 年版，第 62—66 页。
⑤ 朱维干：《福建史稿》（上），"唐建中间福建户口数表"，福建教育出版社 1985 年版，第 112 页。

是唐代社会由盛到衰的转折点，也是唐代人口发展的转折点。自贞观年间（627—649）以后人口持续增长的趋势至此发生了巨大变化，官府所直接掌握的户口数字急剧下降，使唐代人口数量出现了又一个低谷。据《旧唐书·地理志》诸州郡户口分计数总计，天宝十一年（752）全国户口数为8937792户，《旧唐书》卷12《德宗纪·建中元年条》记建中元年（780）全国户口数下降为3085076户；从表2-3可以看出福建五州户口除泉州从天宝间到元和间有相当增长外，其余几州户口数均呈大幅下降。可见无论是从全国范围还是从福建境内来看，安史之乱后户口数是普遍下降的，汀州也不例外，应该不可能上升。其二，《元和郡县图志》卷29《江南道五·汀州》所记元和四年至五年间（809—810）汀州户口数为2618户，此时距《通典》成书时间不过十年①，汀州户口数绝不可能下降如此之多。那么《通典》所记户数就不可能是贞元年间（780—805）户口。冻国栋先生研究认为《通典·州郡典》记述唐州县系年基本上以天宝元年（742）为主，户口系年亦应以天宝元年（742）为主。② 据此，《通典》所记汀州户口数5330户应为天宝元年（742）户口。但是，前面所论唐贞观以后直至天宝时期，全国著籍户口呈直线上升趋势，天宝中后期达最高峰，而《旧唐书》卷40《地理·汀州》记天宝十一年（752）汀州户口为4680户。在全国户口直线上升时期，汀州户口何以从5330户下降至4680户呢？应该也是没有可能的。所以，《通典》中所记汀州户口数5330户究竟系于何时，有待商榷。

总的来看，这一时期汀州的人口变化基本基于自然因素，没有大量外来人口迁入迹象。因而在这一时期汀州的社会并没有大的发展，滞后于周边地区。关于这一点，可以从唐五代时期汀州周边地区的情况得到证明。

首先，看看周边地区的政区增置情况（见表2-4）。

从表2-4可以看出，唐末五代时期，福建地区增置州县很多，反映福建地区在此时期的发展极为迅速，其人口也应有快速增长。相对于黄河流域，甚至江、淮及荆襄等地区，福建虽也经过战乱，但较为安定，才会如此快速发展。在增置的15个州县中，闽北增置南剑州，福州地区增置

---

① （唐）杜佑自永泰二年（766）开始编《通典》，历时30多年，成书于贞元十七年（801），至贞元十九年（803）始上于朝廷。

② 冻国栋：《中国人口史》（隋唐五代卷），复旦大学出版社2002年版，第15页。

表 2-4　　唐末五代时期福建新增州县

设置年代	增置州	增置县	增置县所属州	资料来源
南唐保大四年（946）	南剑州			《新五代史·李昇》
梁乾化元年（911）		闽清县	福州	《五代会要·州县分道改置》
闽王审知置		宁德县	福州	《宋史·地理志》
后唐长兴四年（933）		永贞县	福州	《三山志·地理类三》
南唐保大四年（946）		剑浦县	南剑州	《新五代史·李昇》
唐景福二年（893）		顺昌县	南剑州	《宋白续通典辑本·南剑州》
南唐保大年间（943—957）		松溪县	建州	《太平寰宇记·江南东道》
南唐保大九年（951）		崇安场	建州	《宋白续通典辑本·建州》
周显德五年（958）		归化县	邵武军	《太平寰宇记·江南东道》
南唐建隆二年（961）		建宁县	邵武军	《太平寰宇记·江南东道》
闽壬寅（947）		永春县	泉州	《太平寰宇记·江南东道》
南唐乙卯（955）		清溪县	泉州	《太平寰宇记·江南东道》
闽		德化县	泉州	《太平寰宇记·江南东道》
闽		同安县	泉州	《宋白续通典辑本·泉州》
南唐乙卯（955）		长泰县	漳州	《太平寰宇记·江南东道》

三个县，南剑州增置二个县，建州增置一县一场，邵武军增置 2 个县，泉州增置 4 个县，漳州增置一个县，而汀州竟然没有增置一个新的政区。由此可以推断，在唐末五代时期，虽然福建地区接纳了大批移民，导致人口快速增长，但汀州的人口并没有太多增长，因为"州县建置的基础是人口增加，开发程度提高"①，因而这一时期迁入汀州的北方流民应该不多，汀州社会发展也是较为落后的。

其次，比较一下与汀州相邻的赣南地区情况（见表 2-5）。

赣南在唐代和北宋初只有一个州级政区，即虔州，县级政区唐代只有 7 个，在五代至宋初增加了 6 个，达到 13 个之多。新建各县的具体情况是：瑞金县，本瑞金场，南唐升为县；石城县，本石场，南唐改为石城

---

① 谢重光：《客家文化述论》，中国社会科学出版社 2008 年版，第 95 页。

场，旋升为县；上犹县，本南康县地，伪吴天佑中析南康县之一乡半为场，南唐壬子岁（952）改为县；龙南县，本信丰地，伪吴武义中析信丰顺仁乡之新兴一里为场，南唐壬子岁改为县。① 兴国县，太平兴国八年（983）以赣县潋江镇置兴国县；会昌县，太平兴国八年（983）以九州岛镇置会昌县。② 在五代宋初增置六县以后，赣南从北宋中期以后到元代的三百余年间，竟未再析置一个新县。学者认为，"由此亦可反衬唐末五代的确存在由赣北与赣中向赣南方向的移民。由于这些移民的到来，北宋时的虔州已称'地广人稀'，与'生齿繁伙'了"。③

表2-5　　　　　　　　唐末宋初赣南增置州县表

设置年代	增置县	增置县所属州	资料来源
南唐	瑞金县	虔州	《太平寰宇记·江南西道》
南唐壬子（952）	上犹县	虔州	《太平寰宇记·江南西道》
南唐壬子（952）	龙南县	虔州	《太平寰宇记·江南西道》
南唐	石城县	虔州	《太平寰宇记·江南西道》
宋太平兴国八年（983）	兴国县	虔州	《元丰九域志·江南西路》
宋太平兴国八年（983）	会昌县	虔州	《元丰九域志·江南西路》

从表2-4和表2-5来看，唐末五代时期，福建除汀州以外的其他地区增置大批新的州县，表明这些地区接纳了大批外来移民，促进了当地经济发展。赣南地区的情况也大致如此。但是，这一时期迁入汀州的北方流民应该不多，汀州的社会发展也是较为落后的。下面再从移民的情况来分析这一现象。

朱维干先生对唐末五代时期迁入福建的移民进行了考证，所列移民落户于福建有名姓可考者，建州14人，泉州6人④，福州2人，漳州1

---

① （宋）乐史：《太平寰宇记》卷108《虔州》，中华书局2007年版，第2186—2187页。
② （宋）王存：《元丰九域志》卷6《江南·西路》，中华书局1984年版，第251页。
③ 周振鹤：《客家源流异说》，《学术月刊》1996年第3期。
④ 其一为陈渊。据刘敬《金门县志》卷1《沿革》云："陈渊于贞元十九年为浯州（今金门县）牧马监，从渊而来者十二姓。"转引自朱维干《福建史稿》（上），福建教育出版社1985年版，第130页。由此可知唐末五代时期迁入泉州有名姓可考者虽然只有6人，实则迁入泉州者要远多于此数。

人。① 吴松弟先生进行了更深入的研究，对唐末五代迁居福建的 127 例北方移民进行了统计，迁入福州 31 人，泉州 36 人，建州 31 人，另有 29 人具体居住地无考，而未见有移入漳州和汀州的实例。② 此一时期迁入福建的人口数量是非常多的，光州移民的迁入是在此期间人数最多最重要的一次移民。此次移民规模很大，陆游说："唐广明之乱，光人相保聚，南徙闽中，今多为大家。"③ 其移民人数，《资治通鉴》载南迁之始，"悉举光、寿兵五千人，驱吏民渡江"④，而此部兵马"自南康入临汀，陷漳浦"时，已"有众数万"。⑤ 宋代许多福建人的墓志铭和神道碑，凡提到祖先在唐末五代自光州迁入者，均有"举族迁入"、"全家迁入"之语。⑥ 福州感德场（今宁德）人黄岳对无所衣食的移民给予帮助，因而"从之者如市"。⑦

北方移民迁入福建，主要分布在福州、泉州、建州三州各县，一方面是因为闽北和闽东沿海是福建地区较早开发的地区，另一方面则是由于交通的原因。前文述过，闽北是中原王朝经营福建最早进入的地区，闽赣之交的杉关路和分水关路，以及闽浙之交的柘岭路，是福建与中原交通的最早通道，因而也成为唐末五代时期北方移民进入福建的首选通道。闽北的富庶吸引了大批流民定居，如"将溪据闽之上游，地险而隘。……鱼稻果蔬，与凡资身之具，无所仰而足，故五季之乱，人乐居焉"⑧，各方人士会聚闽北，"自五代乱离，江北士大夫、豪商、巨贾，多避乱于此。故建州备五方之俗"。⑨ 这一点还可"以唐天宝福建各州辖境为单位，统计

---

① 详见朱维干《福建史稿》（上），福建教育出版社 1985 年版，第 130—131、147—150 页。
② 吴松弟：《中国移民史》第 3 卷《隋唐五代时期》表 9-5，福建人民出版社 1997 年版，第 306—310 页。
③ （宋）陆游：《渭南文集》卷 33《傅正义墓志铭》，中国书店 1986 年版，第 207 页。
④ （宋）司马光编著，（元）胡三省音注：《资治通鉴》卷 256，僖宗光启元年正月，中华书局 1956 年版，第 8320 页。
⑤ （宋）欧阳修：《新五代史》卷 68《闽世家第八》，中华书局 1974 年版，第 845 页。
⑥ 吴松弟：《中国移民史》第 3 卷《隋唐五代时期》，福建人民出版社 1997 年版，第 304 页。
⑦ （清）吴任臣撰，徐敏霞、周莹点校：《十国春秋》卷 97《闽八·黄岳传》，中华书局 1983 年版，第 1392 页。
⑧ （宋）杨时：《龟山集》卷 24《资圣院记》，清康熙四十六年（1707）刻本，第 19 页。
⑨ （明）黄仲昭修纂：《八闽通志上》卷 3《风俗》引《建安志》，福建人民出版社 1991 年版，第 42 页。

自唐开元至北宋初太平兴国年间的各州户数增长百分比,可以发现西部建州最高,达837%"①,得到证明。而在进入闽北后,又可沿水路顺闽江而下,或顺元和二年(807)陆庶开筑的自福州至延平的西门路而下,向福建东部沿海迁徙,所以吴松弟先生说:"唐末五代福建的外来移民主要是自江西、浙江西部入福建,然后经闽江流域向东,向南、北两侧发展。"②福建东部沿海迁入移民较多,尤其安史之乱和藩镇割据阶段的移民以泉州最多,还与这一带的沿海交通日趋发达有关。③

赣南地区在江南西道自然条件较差,唐末五代时期的人口增幅却明显高于全道平均水平,州县增置较多。究其原因,应得益于赣南的地理条件:赣南作为江南的西南隅,有水路与江淮相通之便,却又与中原和江淮距离较远,相对安全,因此,它在唐末能吸引大量中原和江淮人民移民入居就是很自然的了。因而唐末五代时期赣南移民较多。④

此一时期闽北与汀州之间并无道路可通。《闽中沿革表》载:"汀州采访录附杨睿曰:……(汀州)其东北境,今长汀、宁化地毗连将乐、邵武一带,自是山洞盘互,道梗未通。"⑤ 故北方移民迁入闽北后极少向汀州迁徙。赣南与汀州间的交通见之于记载的也只有王潮入闽时所经之道:"率众南奔,所至剽掠,自南康入临汀,陷漳浦,有众数万"⑥,从江西南康过临汀直达漳州。后南唐亦由此路进攻闽国。此路即越长汀县西60里的新路岭,直抵瑞金县,乃汀赣分界之所,是由江西进入汀州的主要通道,但是"峭险壁立,砂砾崎岖,行者病焉"⑦,极其难行。而且跟随王潮的光州入闽者,虽由汀州入闽,所居却在福建其他地方,"光启间,十姓从王缘光州固始入闽,或于三山,于莆,于漳,于潮"⑧。试举数例如下:

---

① 吴松弟:《中国移民史》第3卷《隋唐五代时期》,福建人民出版社1997年版,第305页。
② 同上。
③ 同上书,第301页。
④ 谢重光:《畲族与客家福佬关系史略》,福建人民出版社2002年版,第75—82页。
⑤ (清)王捷南:《闽中沿革表》卷5《长汀县》,道光十九年刻本。
⑥ (宋)欧阳修:《新五代史》卷68《闽世家第八》,中华书局1974年版,第845页。
⑦ (宋)胡太初修,赵与沐纂:《临汀志》,福建人民出版社1990年版,第40页。
⑧ 郑芝龙:《石井本郑氏宗族谱序》,《台湾文献丛刊》第69种,台湾银行1970年排印本,第1页。

北宋大学士苏颂，述其先祖，就是追随王潮入闽，他为其叔父所写墓志铭指出：

> 叔父讳绎，字襟甫。谨案家谱：苏氏自唐许文正公壤至叔父，凡三徙籍，今为安州景陵人。许公之曾孙曰奕，元和中，终光州刺史，子孙因家于固始。光州之四世孙，赠照州刺史讳益，自固始从王潮入闽，又属泉州同安人。①

"邓氏自光州随闽王入闽，有名璩者，掌兵邵武，子孙家光泽之乌佩。"②

生于唐末的慧悟禅师，其先也是从王氏入闽：

> "大禅师名冲煦，字大明，姓和氏。……末叶埋沈，徙居固始。先君从郡豪王氏南据闽，方今为晋安人也。"③

> "王彬，光州固始人。祖彦英，父仁偘，从其族人潮入闽。潮有闽土，彦英颇用事，潮恶其逼，阴欲图之，彦英觉之，挈家浮海奔新罗。新罗长爱其材，用之，父子相继执国政。"④

宋代文人陈襄，其先祖也是从王潮移居至闽：

> "公讳襄，字述古，其先本光州固始人。当五代之末随王氏入闽，因家于闽之福清，今为福唐人。"⑤

> "李虚己字公受，五世祖盈，自光州从王潮徙闽，遂家建安。"⑥

《黄中美神道碑》言：

---

① （宋）苏颂：《苏魏公文集》卷62《叔父卫尉寺丞景陵府君墓志铭》，《景印文渊阁四库全书》第1092册，（台北）商务印书馆1983年版，第665页上。
② （元）刘将孙：《养吾斋集》卷31《邓乌山墓志铭》，《景印文渊阁四库全书》第1199册，（台北）商务印书馆1983年版，第301页下。
③ 徐铉：《骑省集》卷30《故唐慧悟大禅师墓志铭》，《景印文渊阁四库全书》第1085册，（台北）商务印书馆1983年版，第229页上。
④ （元）脱脱等：《宋史》卷304《王彬传》，中华书局1977年版，第10067页。
⑤ 这是由叶祖洽为陈襄所写的行状，参见陈襄《古灵集》卷25《先生行状》，《景印文渊阁四库全书》第1093册，（台北）商务印书馆1983年版，第705页上。
⑥ （元）脱脱等：《宋史》卷300《李虚己传》，中华书局1977年版，第9973页。

"盖（黄）公讳中美，字文昭，其先光州固始人，从王潮入闽，居建之浦城，后徙邵武。"①

可见，唐末五代时期，汀州由于开发较晚，经济落后，对外交通不便，缺乏进入的便利通道，很少有北方移民进入汀州。大批移民进入汀州的记载是王潮入闽时的"自南康入临汀，陷漳浦，有众数万"，但是，根据上述材料分析，这批移民又几乎没有在汀州居住，因而汀州人口在唐末五代时期基本属于自然增长，人口数量没有急剧增长，为宋代大批北方移民进入汀州提供了空间。

（二）汀州实际人口估计

唐朝前期，虽然政治比较清明，社会相对安定，经济发展迅速，人口的自然增殖稳步快速，但繁重的徭役迫使农民逃亡现象却很早就发生了。唐初即有不堪差科猛役的繁重而被迫逃亡现象。玄宗统治前期史称"开元之治"，那时逃亡有所缓和。但"开元中，有御史宇文融献策，括籍外剩田：色役伪滥，及逃户许归首，免五年征赋。每丁量税一千五百钱，置摄御史，分路检括隐审。得户八十余万，田亦称是，得钱数百万贯……"②宇文融能够检得逃户八十余万，而且"田亦称是"，虽不为尽，但其时农民逃亡及土地隐匿现象之严重可见一斑，严重影响政府财政收入，并增加了社会的不安定因素。为了巩固政权，唐政府遂于开元十一年（723）"敕州县安集逃人"，而在福建增设一州五县，汀州于此时设立："开元二十一年（733），福州长史唐循忠于潮州北、廣（应为'虔'抄写之误）州东、福州西光龙洞，检责得诸州避役百姓共三千余户，奏置州，因长汀溪以为名。"此时期正是升平时期，并没有大的动乱发生，自然也不会有大批外来流民移入，检役所得三千余户都是周边州郡逃役百姓。谢重光先生认为，当时所开黄连峒、光龙峒是自赣入闽的门户，这些百姓的主体还应是从赣南逃往闽西或往来于赣南闽西之间逃避官府徭役和苛政的汉人。③这些陆续而分散进入汀州的汉族百姓与客家的形成并无直

---

① 该碑为南宋淳熙十五年（1188）正月二十八日刻，碑在福建邵武铜青山下，拓片通高192厘米。朱熹篆并正书，方士繇题额，翁镇等镌。收录于北京图书馆金石组编《北京图书馆藏中国历代石刻拓本汇编》43册，中州古籍社出版1989年版，第148页。

② （后晋）刘昫：《旧唐书》卷48《食货志上》，中华书局1975年版，第2086页。

③ 谢重光：《唐宋时期汀江流域的开发》，《客家》2007年第3期。

接关系,"客家先民自北方迁入南方以后,只有具备一定的移民的数量,并生活在一个相对封闭的环境中,才能长期保持并延续北方的文化特征。因此,只有那些具有一定规模并直接从北方进入汀、赣二州这种相对封闭环境的移民,或虽不直接进入二州但进入以前在其他地区停留时间不长的移民,才有资格成为客家人的源流"。① 自"安史之乱"后,官府直接掌握的户口数字急剧下降,一方面是受安史之乱的影响,另一方面户口隐漏非常严重。综上所述,唐前期的逃亡现象就已经很严重,安史之乱后逃亡自然更多。

汀州户口下降的主要原因是什么呢?我们取天宝十一年(752)户口,与元和五年(810)户口比较,汀州户口年均下降率达到10‰。而同一时期全国户口的年均下降率为22.9‰。汀州户口下降率大大低于全国平均水平,可见受安史之乱的影响比较小,而严重的户口隐漏才是户口减少的最主要原因。与此同时,福建沿海地区的开发在中唐后虽然显著,但仍有一定限度,独孤及《送王判官赴福州序》称:

> 闽中者,左溟海,右百越,岭外峭峻,风俗剽悍,岁比饥馑,民方札瘥。非威非怀,莫可绥也。②

在独孤及看来,当时的闽中是极为落后的地区,甚至与"蛮夷"无异,这当然不尽正确。但却表明至少在肃、代时期闽中一带的开发有很大局限,而僻处山区的汀州当然更为落后,因而户口稀少恐怕也是事实。

元和以后江南道诸州户口分布无从详考,大致维持元和时的格局。

综上所述,汀州的户口自建州时3000余户,增至天宝中4680户,再经安史之乱后降至元和间2618户,直至唐末与元和时大致相当,著籍的汉族百姓人口稀少是不争的事实。而当时汀州其他居民有多少人口呢?史籍里面并无明载,但根据相关史料可以窥见一斑。《太平寰宇记》卷100"沙县"条有如下记载:"自乾符(874—879)后土寇乱离,汉路阻隔。"③ 这里"土寇"与"汉路"对举,可见"土寇"显然不是汉族。这

---

① 吴松弟:《客家南宋源流说》,《复旦学报》(社会科学版)1995年第5期。
② 独孤及:《送王判官赴福州序》,(清)董诰等编《全唐文》卷387,中华书局1983年版,第3934页。
③ (宋)乐史:《太平寰宇记》卷100《邵武军》,中华书局2007年版,第1999页。

可证明直到唐末，汀州一带还是蛮夷遍布。《资治通鉴》卷259记载：在唐昭宗乾宁元年（894），发生了"黄连峒蛮二万围汀州"，被王潮部将李承勋击破的事件。《资治通鉴》上述记事下胡三省注曰："黄连峒在汀州宁化县南，今潭飞磜即其地。"① 其时汀州管县三：长汀、沙县、宁化。黄连峒即宁化地，仅宁化一县就能聚集两万精壮之士，汀州土著人口之多可想而知。后唐天成元年（926），又有"汀州民陈本聚众三万围汀州。"② 上述几条材料虽然不能推测汀州蛮夷人口的准确数目，但汀州蛮夷人口数量远远大于汉族人口却是显而易见的。

　　汀州与周边地区相比，对外交通闭塞，缺乏进入的便利通道，唐末五代时期接受移民不多，虽然蛮夷人口众多，但总人口有限，为宋代大批北方移民进入汀州提供了空间。随国家权力向边陲地区的拓展，南方地区逐步开发，汀州的开发也汇入历史大潮，从宋代开始进入了一个快速发展时期。

---

① （宋）司马光编著，（元）胡三省音注：《资治通鉴》卷259《后唐纪三》，中华书局1956年版，第8459页。

② （宋）司马光编著，（元）胡三省音注：《资治通鉴》卷274《后唐纪三》，中华书局1956年版，第8948页。

第三章 宋元汀州的交通变迁

汀州是"客家大本营"区域的核心组成部分，在客家民系形成发展过程中的核心地位和作用受到学界的关注和研究①，并取得了多方面的成果，但是对汀州的交通研究却相对薄弱，即使有所论及，也只是在论及汀州的社会发展时顺带提及。或认为汀州的交通极其落后闭塞②；或认为汀州既是山海交接地，又处于交通要道，实是具有"开放性"特点的交通要冲。③ 谢重光先生曾从不同角度考察古代赣闽交往的具体史实，对历史上——特别是唐宋时期——江西进入闽西的道路进行了详细考证，但仅仅是为说明从江西进入闽西的人员往来是多途并进的。④ 目前学界尚没有把汀州交通本身的实际状况和发展作为一个专题研究，因而存在一些模糊认识。本章拟对宋代汀州交通的发展进行梳理，以探索宋代汀州交通与客家民系的形成和发展的内在联系。

第一节 唐开元前福建交通概况

著名史学家严耕望先生在《唐代交通图考》序言中说："交通为空间发展之首要条件，盖无论政令推行，政情沟通，军事进退，经济开发，物资流通，与夫文化宗教之传播，民族感情之融合，国际关系之亲睦，皆受

---

① 谢重光：《福建客家》，广西师范大学出版社2005年版，第46—54页。
② 参见林汀水《对福建古代交通道路变迁的几点看法》，《中国社会经济史研究》1994年第1期；周雪香《明清闽粤边客家地区的社会经济变迁》，福建人民出版社2007年版，第18—30页。
③ 蔡骥：《历史上汀江流域的地理环境》，《陕西师范大学学报》（哲学社会科学版）2007年第3期。
④ 谢重光：《客家普遍溯源于宁化石壁的文化意蕴》，《汕头大学学报》（人文科学版）1999年第1期。

交通畅阻之影响，故交通之发展为一切政治经济文化发展之基础，交通建设亦居诸般建设之首位。"① 又说："于以知交通之畅阻对于国家之盛衰，地方之开发，与民生之调剂，皆具有莫大之作用。"②

中国古代交通系统具有如下特点：首先服务于政治和军事，能够予以经济民生利用的可能性相对有限。其次，将交通建设看作治国重要条件，表现出最高执政集团对交通建设的特殊重视。主要交通干线的规划、施工和管理，往往由朝廷决策。再次，地方交通建设，如交通道路的修筑、管理和养护，由地方行政长官负责。③

自秦建立专制主义中央集权国家后，历朝中央政府为保证国家权力能够及时有效传达到地方基层职权，采取的重要措施之一就是修筑所谓的官道，通过不同方向的干线，从都城向各省会所在州府辐射，再以省会为中心向各州府辐射，州府以下县镇道路视地形而定，从而形成从中央到地方，从首府到辖县的蛛网式交通路线，保证政令畅通，军事行动迅捷实施。但是，在州县建置稀疏，道路开辟艰难的山区，建成这种蛛网式交通是不可能的。④

唐末以前福建的交通状况就是如此。由于地理位置僻处东南一隅，又远离政治中心，无法成为交通要衢；地形上，北边和西边都被雄伟高耸的武夷山脉包围，虽然不是绝对高不可攀，却是十分荒凉，而且隘口又少开发。东边又濒临大海，没有前进去路。境内河流又或向东，或向南流入大海，不能为各时代移民提供从江浙到福建，再进而向广东迁移的天然通道，因而福建长期处于中央权力的扩张范围之外。

一 秦汉福建与中原的交通

（一）秦汉政府对福建的统治

历史上福建地区很早就曾有国家权力机构的设立。秦始皇当政后，于秦始皇二十五年（公元前222）即令王翦挥师"南征百越之君"⑤，打败了聚居在五岭以北的越人势力，因六国未平，遂沿五岭布防，以限制越人

---

① 严耕望：《唐代交通图考·序言》，上海古籍出版社2007年版，第1页。
② 同上书，第2页。
③ 王子今：《中国古代交通系统的特征———以秦汉文物资料为中心》，《社会科学》2009年第7期。
④ 漆侠：《宋代经济史》，上海人民出版社1987年版，第948页。
⑤ （汉）司马迁：《史记》卷73《白起王翦列传》，中华书局1959年版，第2341页。

势力北上，唐人杜佑说："秦始皇略定扬越，谪戍五方，南守五岭。"① 秦始皇二十六年（公元前221），秦灭六国之后，就挥师"北逐胡、貉，南定百越"。② 于秦始皇二十九年（公元前218）发动对越人的第二次进攻，《淮南子》"人间训"篇曰："乃使尉屠睢发卒五十万为五军，一军塞潭城之岭，一军守九疑之塞，一军处番禺之都，一军守南野之界，一军结余干之水。"③ 从五路进攻越人，历经苦战，秦始皇三十三年（公元前214），秦军终于占领了越人地区，在岭南"略定扬粤，置桂林、南海、象郡"④，在福建闽越人地区，"闽越王无诸及越东海王摇者，其先皆越王勾践之后也……秦已并天下，皆废为君长，以其地为闽中郡"⑤，从而将越人地区纳入国家权力范围之内。

南越地区和东越地区都设立了郡级机构，实行的却是不同的管理方式。秦始皇在南越新设立的三郡，采用了只设尉不设守的特殊措施。《史记·南越列传》记述："南海尉任嚣病且死……召龙川令赵佗语曰……即被佗书，行南海尉事。嚣死，佗即移檄告横浦、阳山、湟溪关……因稍以法诛秦所置吏，以其党为假守。秦已灭，佗即击并桂林、象郡，自立为南粤武王。"⑥ 可为一证。按秦郡县制，"秦郡守掌治其郡；有丞、尉，掌佐守典武职甲卒；监御史掌监郡"。⑦ 可见，郡守掌管全郡事务，是郡的最高行政长官。郡尉辅佐郡守，并掌管全郡军事。岭南三郡单设南海尉而不任命郡守，有其特殊原因。

其一，岭南史称"陆梁地"，注曰"索隐谓南方之人，其性陆梁，故曰陆梁。正义：岭南人多处山陆，其性强梁，故曰陆梁"。⑧ 民风强悍，

---

① （唐）杜佑：《通典》卷184《州郡十四》，中华书局1984年版，第54页。
② （汉）司马迁：《史记》卷87《李斯列传》，中华书局1959年版，第2539页。
③ （汉）刘安：《淮南子》卷18《人间训》，马庆洲注释，《淮南子今注》，凤凰出版社2013年版，第383页。
④ （汉）班固撰，（唐）颜师古注：《汉书》卷95《南粤传》，中华书局1962年版，第3847页。
⑤ （汉）司马迁：《史记》卷114《东越列传》，中华书局1959年版，第2979页。
⑥ 同上。
⑦ （汉）司马迁：《史记》卷5《秦本纪》注《史记集解·汉书百官表》，中华书局1959年版，第204页。
⑧ 同上书，第253页。

桀骜不化,"粤人之俗,好相攻击"①,非军事不能统治,"非强弗能服,威弗能制也"②,强化军事统治乃居首位。

其二,岭南三郡,"非三十六郡之限,乃置南海尉以典之,所谓东南一尉也"。③ 所谓"非三十六郡之限",是指岭南三郡与其他三十六郡相比,例不纳税或少纳税,直至汉代依旧:"越人名为藩臣,贡酎之奉,不输大内,一卒之用不给上事。"④ 中国古代对新开辟的蛮荒地区,多有特殊税赋政策:"汉连出兵三岁,诛羌,灭两粤,番禺以西至蜀南者,置初郡十七,且以其故俗治,无赋税。"⑤ "其他有自秦以来征服之蛮族在今川、鄂、湘、黔边隅者,至后汉时期,犹未能与中原各郡输同等之租赋者"。⑥ 以此推之,秦时新辟岭南三郡,当亦"以其故俗治,无赋税","未能与中原各郡输同等之租赋者。"既不用缴纳税赋,又要加强军事统治,所以单设南海尉典三郡就事顺理成章了。

岭南三郡虽然设尉而不任守,却设置了在南越地区行使管辖权的郡治番禺,既是在岭南设置了代表国家权力的政治中心,又作为镇压越人反抗和维持社会秩序的指挥所。番禺也因此在秦汉时期发展成为岭南的经济、文化中心,全国大都会之一,并作为中国南方对外贸易的重要港口城市,将岭南地区置于国家权力的实际管理之下。

而闽中郡是如何管理的呢?"从秦汉时期闽越的历史考察,秦汉王朝对闽越的统治是采用分封的羁縻统治,未尝用兵或派遣官吏入闽统治。"⑦

秦设闽中郡,"闽越王无诸及越东海王摇者,其先皆越王勾践之后也……秦已并天下,皆废为君长,以其地为闽中郡"。⑧ 所谓"皆废为君长,以其地为闽中郡",是把无诸、摇的王号削去,降为君长,仍居留闽中。但闽中郡郡望无考,有名无实。因此,秦设闽中郡,只是名义上设立一郡,并没有置于国家权力的实际管理之下。

---

① (汉)班固指撰,(唐)颜师古注:《汉书》卷1《高帝纪第一下》,中华书局1962年版,第73页。
② 同上书,第2777页。
③ (唐)房玄龄等:《晋书》卷15《地理下》,中华书局1974年版,第464页。
④ (汉)班固撰,(唐)颜师古注:《汉书》卷64《严助传》,中华书局1962年版,第2778页。
⑤ 同上书,第1174页。
⑥ 李剑农:《先秦两汉经济史稿》,武汉大学出版社2005年版,第249页。
⑦ 陈国强、蒋炳钊等:《百越民族史》,中国社会科学出版社1988年版,第179页。
⑧ (汉)司马迁:《史记》卷114《东越列传》,中华书局1959年版,第2979页。

首先，秦时福建地区没有中原式的城市出现，没有郡治，汉武帝时淮南王刘安还说，"越非有城郭邑里也，处溪谷之间，篁竹之中"。①

其次，史籍中没有见到秦王朝派遣官员出任闽中守尉令长的记载。

最后，秦政府也没有派遣移民进入闽中郡，而在南越地区却多次迁入移民。史载，秦始皇派几十万大军攻取岭南越人地区后，下令全体将士留在岭南，"谪戍以备之"。② 时帅兵将领赵佗"使人上书，求女无夫家者三万人，以为士卒衣补。秦皇帝可其万五千人"。③《史记·秦始皇本纪》还载："三十三年（前214），发诸尝逋亡人、赘婿、贾人略取陆梁地，……以适遣戍。""三十四年（前215），适治狱吏不直者，筑长城及南越地。"因而在汉武帝时，田蚡谓闽中郡"自秦时弃弗属"。④ 武帝时距秦代并不很远，其所谓"秦时弃弗属"，应该是事实。

这种情况一直延续到汉代，中央政府仍然没有在福建设置实体政权的打算，元鼎六年（前111）秋，汉武帝四路出兵进攻闽越国："天子遣横海将军韩说出句章，浮海从东方往；楼船将军杨仆出武林；中尉王温舒出梅岭；越侯为戈船、下濑将军，出若邪、白沙。元封元年（前110）冬，咸入东越"，闽越人大败而降。武帝遂于元封元年（前110）亲令"东越狭多阻，闽越悍，数反复，诏军吏，皆将其民徙处江淮间，东越地遂虚"。⑤ 汉武帝当然不可能迁尽所有闽越人，而且像秦朝一样，又没有在闽中取得完全的政治控制，既没有在闽中设郡置县，也没有中原移民充实闽中，反而"皆将其民徙处江淮间"。

东越地在汉昭帝始元二年（前85）设置福建境内第一个实体政权机构，称为冶县："建安太守，本闽越，秦立为闽中郡。汉武帝世，闽越反，灭之，徙其民于江、淮间，虚其地。后有遁逃山谷者颇出，立为冶县，属会稽"⑥，"孝昭始元二年（前85），闽越遗民自立冶县，属会稽南部都尉。"⑦ 从冶县的设置到东汉建安年间长达280年的时间，闽中郡没

---

① （汉）班固撰，（唐）颜师古注：《汉书》卷64《严助传》，中华书局1965年版，第2778页。
② 同上书，第2784页。
③ （汉）司马迁：《史记》卷118《淮南王列传》，中华书局1959年版，第3086页。
④ 同上书，第2980页。
⑤ 同上书，第2984页。
⑥ （梁）沈约：《宋书》卷36《州郡二》，中华书局1974年版，第1092页。
⑦ （明）王应山：《闽大记》卷2《闽记》，中国社会科学出版社2005年版，第12页。

有新设置郡县，表明冶县的设置并不是作为中央政府在闽中郡进一步开拓的据点，它似乎仅仅起着港口的作用："旧，交趾七郡贡献运转皆从东冶，泛海而至，风波艰阻，沉溺相系。"于是郑弘"奏开零陵桂阳峤道，于是夷通，至今遂为常路"。①

同为越人居住区，为什么岭南从秦时即纳入国家权力范围之内，而闽中却在接下来的几百年里长期游离于中原王朝的范围之外呢？原因有三：

一为经济原因。秦始皇平定岭南和闽中，其首要原因是为了打击、征服曾经逐鹿中原并能继续与其对峙的越人势力。而岭南越人地区盛产的奇珍异宝，早已闻名中原，《逸周书·王会解》载："苍吾翡翠"以及"珠玑、玳瑁、翠羽……"在达到军事征服目的同时，秦始皇自然也开始了对岭南的掠夺。《淮南子·人间训》谓："秦王利越之犀角、象齿、翡翠、珠玑，乃使尉屠睢发卒五十万。"②进军岭南，对岭南大肆掠夺。到汉朝，岭南的"龙编、番禺、合浦、交趾等地，已成为我国南方海外交通贸易的门户，近海航线与内河航线互相沟通，连为一体，各国外贸货物自武帝以来皆献见，其中一些商品经大庾岭道运往中原"③，岭南更是成为中国南方对外贸易的重要地区。而闽中之地，"非有城郭邑里也，处溪谷之间"，"绵力薄材"，"得其地，不可郡县也"，"虽举越国而虏之，不足以偿所亡"④，几乎没有任何物产对朝廷形成足够吸引力，因而在几百年的时间里，始终是荒凉、未开发的"蛮荒化外"地区。

二是交通原因。在华南，流经江西、广东、湖南和广西比较重要的河流，都是为战时和平时开拓的通道。⑤从中原到岭南，在东起江西，西到湖南的区间，就有多处通道。其中"五岭山脉，是长江水系和珠江水系的分水岭，发源于此山脉而南北分流的河道及河谷地，是古代中原劳动群众和越人翻越五岭的通道"。⑥"自北徂南，入越之道，必由岭峤，时有五

---

① 南朝（宋）范晔：《后汉书》卷33《郑弘传》，中华书局1965年版，第1156页。

② （汉）刘安：《淮南子》卷18《人间训》，马庆洲注释，《淮南子今注》，凤凰出版社2013年版，第383页。

③ 胡水凤：《大庾岭古道在中国交通史上的地位》，《宜春师专学报》1998年第6期。

④ （汉）班固撰，（唐）颜师古注：《汉书》卷64《严助传》，中华书局1962年版，第2781页。

⑤ ［美］汉斯·比论斯泰因：《唐末以前福建的开发》，《历史地理》第五辑，第278—291页。

⑥ 郭在忠：《秦始皇经略岭南越人地区述议》，《民族研究》1983年第6期。

处，故曰五岭。"① 岭峤是为五岭别称，宋沈括《梦溪笔谈·药议》："岭峤微草，凌冬不凋；并汾乔木，望秋先陨。"《岭外代答》亦云："自秦世有五岭之说，皆指山名之。考之，乃入岭之途五耳，非必山也。自福建之汀入广东之循梅一也，自江西之南安逾大庾岭入南雄二也，自湖南之郴入连三也，自道入广西之贺四也，自全入静江五也。"② 秦军进攻岭南，即是沿此通道前进的："乃使尉屠睢发卒五十万为五军，一军塞镡城之岭，一军守九疑之塞，一军处番禺之都，一军守南野之界，一军结余干之水。"③ 据岑仲勉先生考证，镡城之岭，即今之越城岭；九疑之塞，即今之萌诸岭处番禺之都，即今之骑田岭；南野之界，即今之大庾岭。④ 在攻击岭南战争不利的时候，为运输粮食，秦始皇"使临禄无以转饷。又以卒凿渠而通粮道，以与越人战"⑤，凿通了连接湘水和漓水的灵渠，长约30公里，不但直接沟通了湘水与漓水，而且也间接沟通了长江与珠江水系。往来船只可以通过江陵南下，沿江入湘，循灵渠直接过岭，沿西江支流进入交趾，大大缩短了秦京都与交趾的路程。总的来说，从中原进入岭南的通道较多，水陆两便。

秦时，中原进入闽中的通道只有一条。由于闽中"限以高山，人迹所绝，车道不通，天地所以隔外内也"⑥，僻处东南一隅，北边和西边都被雄伟高耸的武夷山脉包围，虽然不是绝对高不可攀，但是却十分荒凉，而且隘口又少开发。东边又濒临大海，没有前进的去路。境内的河流又或向东，或向南流入大海，不能为各时代的移民提供从浙江到福建，再进而向广东迁移的天然通道。秦始皇进攻越地的五路军队，只有"结余干之水"的一支军队是进攻闽中的。余干即今江西余干县，余干水即今信江。秦军先集结于"余干之水"，计划沿江西境内的余江水（今信江），溯流

---

① （唐）房玄龄等：《晋书》卷15《地理下》，中华书局1974年版，第464页。
② （宋）周去非：《岭外代答》卷1《地理门》，中华书局1985年版，第3页。
③ （汉）刘安：《淮南子》卷18《人间训》，马庆洲注释，《淮南子今注》，凤凰出版社2013年版，第383页。
④ 岑仲勉：《评〈秦代初平南越考〉》，载《中外史地考证》上册，中华书局2004年版，第48—53页。
⑤ （汉）刘安：《淮南子》卷18《人间训》，马庆洲注释，《淮南子今注》，凤凰出版社2013年版，第383页。
⑥ （汉）班固撰，（唐）颜师古注：《汉书》卷64上《严助传》，中华书局1962年版，第2781页。

而上至铅山，"自铅山而入八闽"①，跨过崇安县分水关，进入东越地（今福建省），顺崇溪到达建阳一带，再沿闽江而下，直达东越腹地。

秦始皇平定东越，废无诸、摇为君长，以其地为闽中郡，没有设郡治。但是，无诸、摇既已建立政权，必有其据点，位置应在闽江口今福州一带。汉高帝五年（前202），"复立无诸为闽越王，王闽中故地，都东冶"。② 无诸既"王闽中故地"，则其"都东冶"为旧有据点无疑。因为秦设闽中郡到汉高帝五年不过二十年左右③，以当时闽越的生产力而言，是无法新建一个王权据点的。东冶的位置，从史籍看，"旧，交趾七郡贡献运转皆从东冶，泛海而至，风波艰阻，沉溺相系"。④ 运载交趾七郡贡献的船只显然要到位于海道中途的东冶停留。《三国志》卷13《王朗传》也说："王朗为孙策所败，从会稽浮海至东冶。"⑤ 应该在海船能够靠近的地方，最大可能是位于闽江之畔的今福州所在地，"汉高帝五年（前202），封无诸为闽越王，都冶（冶即泉，今将军山）"。⑥ "苏林注《严助传》曰：'冶，山名，今名东冶。'林，魏黄初人，当得之。今瓯冶池山是也。……将军山，即唐望京山，旧冶山也。按《治平图》，则曰泉山；《熙宁图》名为将军，未详所始。经累代营造修筑，山形今卑小矣。然观唐元和中犹巉峭幽邃如许，则秦、汉间益可知。闽越王故城即此山西北。"⑦《中国历史地图集》秦时期图也认为，东冶是闽越都冶，位于闽江口。⑧ 由此可见，东越的根据地应在今福州一带，唯有如此，秦军才会"结余干之水"，以期顺闽江而下，一鼓平之。后秦末天下乱，"及诸侯畔秦，无诸、摇率越归鄱阳令吴芮，所谓鄱君者也，从诸侯灭秦"。⑨ 吴芮其时为鄱阳令，无诸、摇率越由闽中北上而归之，其路线必取道"余干

---

① （清）顾祖禹：《读史方舆纪要》卷85《广信府》，中华书局2005年版，第3960页。
② （汉）司马迁：《史记》卷114《东越列传》，中华书局1959年版，第2979页。
③ 王国维认为，秦设闽中郡在始皇二十五年，《闽大记》载："秦始皇二十六年，置闽中郡"，《史记》只曰"三十三年平东越"，亦未明言。数说虽不一致，但年限相差无几，不过二十来年。
④ （南朝宋）范晔：《后汉书》卷33《郑弘传》，中华书局1965年版，第1156页。
⑤ （晋）陈寿撰，（宋）裴松之注：《三国志》卷13《魏书十三·王朗传》，中华书局1959年版，第407页。
⑥ （明）王应山：《闽大记》卷2《闽记》，中国社会科学出版社2005年版，第12页。
⑦ （宋）梁克家《三山志》卷1《叙州》，方志出版社2003年版，第1—2页。
⑧ 谭其骧：《中国历史地图集》，中国地图出版社1982年版。
⑨ （汉）司马迁：《史记》卷114《东越列传》，中华书局1959年版，第2979页。

之水"。这就是福建最早与中原各地来往的通道,也是秦时福建通往中原的唯一通道。

三为军事原因。闽越民风强悍,"非强弗能服,威弗能制也",性狡多诈,"数反复",且军事实力强劲,"建元三年(前138),闽越举兵围东瓯","后三岁,闽越复兴兵击南越","越甲卒不下数十万"①,乃至于"汉使大农张成、故山州侯齿将屯",居然"弗敢击,却就便处",竟"皆坐畏愞诛"②,可见其实力之强大。而进军闽越交通既不便利,"限以高山,人迹所绝,车道不通,天地所以隔外内也",气候又暑湿难当,"所夏瘴热,暴露水居,蝮蛇蠚生,疾疠多作,兵未血刃而病死者什二三",所需军队数量巨大,"所以入之,五倍乃足,挽车奉饷者,不在其中",而况"攻之,不可暴取也","历岁经年,则士卒罢倦,食粮乏绝",实难取得由军事胜利而收政治上的利益,"得其地,不可郡县也"。③

由于上述原因,秦汉政府才放弃了对闽中的经营,以致闽中几百年里长期游离于中原王朝范围之外,始终是荒凉、未开发的"蛮荒化外"地区。

(二)西汉时期进军福建的形势和路线

中原王朝对闽越地之经略,有史可查的记载始于秦始皇,"秦已并天下,皆废为君长,以其地为闽中郡"④,实际上秦朝并没有进军闽越地,闽越即望风而降,而且只是名义上在闽越设立一郡,并没有置于实际管理之下。⑤因而史籍中没有见到秦朝时期闽越地因为战争原因而涉及与外界交通的记载。目前所见记载闽越最早与外界的交通是汉武帝平定闽越国的路线。

汉武帝灭闽越国,四路出兵:"天子遣横海将军韩说出句章,浮海从东方往;楼船将军杨仆出武林;中尉王温舒出梅岭;越侯为戈船、下濑将军,出若邪、白沙。元封元年(前110)冬,咸入东越。"⑥其中除一路

---

① (汉)班固撰,(唐)颜师古注:《汉书》卷64上《严助传》,中华书局1962年版,第2776、2777、2781页。
② (汉)司马迁:《史记》卷114《东越列传》,中华书局1959年版,第2982页。
③ (汉)班固撰,(唐)颜师古注:《汉书》卷64上《严助传》,中华书局1962年版,第2778页。
④ (汉)司马迁:《史记》卷114《东越列传》,中华书局1959年版,第2979页。
⑤ 朱维干:《福建史稿》(上),福建教育出版社1985年版,第23—24页。
⑥ (汉)司马迁:《史记》卷114《东越列传》,中华书局1959年版,第2982—2983页。

由横海将军韩说出句章（秦置县，在今浙江余姚东南），浮海从东方往，直击东越都城东冶外，其他三路都是从赣或浙越过与闽交界处的山隘攻击闽北越军。学界对这三路汉军的出发地和进军路线存在不同观点①，因这三路进军路线对后来福建与中原交通有重大影响，并关系到后来北方移民进入福建的路线，故分别详叙。

1. 西汉时期进军福建的形势分析

要理清三路汉军进攻闽越的线路，必须关注以下几个方面：

首先，西汉政府对两越的态度。汉初，由于刚刚经历长期战乱，国力空虚，中央政府对两越基本采取一面安抚、一面防范的措施。秦灭亡后，赵佗自立为南越武王。高帝默认其地位，"已定天下，为中国劳苦，故释佗不诛"，并于"十一年（前196），遣陆贾立佗为南越王"，正式确立其王位，目的是期望南越能够"与剖符通使，和集百越，毋为南边患害"。②文帝时，"乃为佗亲冢在真定置守邑，岁时奉祀。召其从昆弟，尊官厚赐宠之"，并派陆贾对赵佗说："得王之地不足以为大，得王之财不足以为富，服领以南，王自治之。"以此笼络南越。而在高后时期，因为害怕南越势力强大，"自临用事，近细士，信谗臣，别异蛮夷，出令曰：'毋予蛮夷外粤金铁田器；马、牛、羊即予，予牡，毋与牝'"③，以此防范南越势力的扩大。

对东越，汉政府同样采取边安抚边防范的措施。

"汉五年（前202），复立无诸为闽越王，王闽中故地，都东冶"，但是"孝惠三年（前192），举高帝时越功，曰闽君摇功多，其民便附，乃立摇为东海王，都东瓯，世俗号为东瓯王"。以防无诸势力独大。后建元六年，闽越王郢发兵抗汉，其弟余善乃与相、宗族谋而"钑杀王"，但武

---

① 如梅岭，朱维干先生认为，应从《括地志》之说，梅岭在虔化县（今江西宁都县）东北八十里，王温舒所率汉军即从虔化县出发入闽中。参见朱维干《福建史稿》上，福建教育出版社1985年版，第38页。谢重光先生也认同此说，参见谢重光《客家普遍溯源于宁化石壁的文化意蕴》，《汕头大学学报》（人文科学版）1999年第1期。陈怀荃认为，梅岭在今江西宁都县东北。参见陈怀荃《〈汉志〉分江水考释》，《历史地理》第三辑，上海人民出版社1983年版，第164页。陈百强等也认同此说，并进而认为，此路汉军是从闽西进军。参见陈国强、蒋炳钊等《百越民族史》，中国社会科学出版社1988年版，第191页。林金水则认为，梅岭应在广昌县，参见林汀水《对福建古代交通道路变迁的几点看法》，《中国社会经济史研究》1994年第1期。

② （汉）司马迁：《史记》卷113《南越列传》，中华书局1959年版，第2967—2968页。

③ （汉）班固撰，（唐）颜师古注：《汉书》卷95《西南夷两粤朝鲜传》，中华书局1962年版，第3851页。

帝"乃使郎中将立（无诸孙）丑为越繇王，奉闽越先祭祀。"余善愤而"威行于国，国民多属，窃自立为王。繇王不能矫其众持正"。武帝闻之，"因立余善为东越王，与繇王并处"。① 同样是分其势而防范之。

汉初，设立豫章郡是西汉政府从政治和军事上对两越采取防范的实际措施，"豫章郡，高帝置……县十八：南昌，莽曰宜善。庐陵，莽曰桓亭。彭泽，《禹贡》彭蠡泽在西。鄱阳，武阳乡右十余里有黄金采。鄱水西入湖汉。莽曰乡亭。历陵，傅易山、傅易川在南，古文以为傅浅原。莽曰蒲亭。馀汗，馀水在北，至鄡阳入湖汉。莽曰治干。柴桑，莽曰九江亭。艾，修水东北至彭泽入湖汉，行六百六十里。莽曰治翰。赣，豫章水出西南，北入大江。新淦，都尉治。莽曰偶亭。南城，盱水西北至南昌入湖汉。建成，蜀水东至南昌入湖汉。莽曰多聚。宜春，南水东至新淦入湖汉。莽曰修晓。海昏，莽曰宜生。雩都，湖汉水东至彭泽入江，行千九百八十里。鄡阳，莽曰预章。南野，彭水东入湖汉、安平、侯国。莽曰安宁"。② 其中在鄱阳湖东南一带狭小区域里就设立了南昌、余干、鄱阳、鄡阳四个县，目的是保证长江—鄱阳湖—赣水交通线的畅通，确保军队和补给能够顺利运达，从而达到对闽越的有力防范和强劲的进攻。最能说明汉政府防御并准备进攻闽越的例子是南城的设立。

南城位于豫章郡治南四百里，水运便利，可直达江湖，"盱水西北至南昌入湖汉"，东与福建接壤，东南六十五里有落硝石，"《舆程记》：自峭石至五福镇六十里，又二十里为飞猿，又十里为福建光泽县之杉关"。③ 杉关，"在邵武府光泽县西北九十里，西至江西建昌府百二十里。有杉关岭，置关其上，为江闽往来之通道。……盖闽中西偏之要害矣"，虽为福建之重险，但是，"杉关之道，径直显露，其取之也较易。一或失守，闽不可保矣"。④ 越杉关而过，即有富屯溪顺流而入闽江。南城的设立是西汉政府的重要战略部署。

其次，闽越的辖地及国势。朱维干先生认为，从史籍考察，闽越的辖地，除福建外，还包括江西、浙江、广东部分地区。赣东与福建接壤直至

---

① （汉）司马迁：《史记》卷114《东越列传》，中华书局1959年版，第2981—2982页。
② （汉）班固撰，（唐）颜师古注：《汉书》卷28《地理志》（上），中华书局1962年版，第1593页。
③ （清）顾祖禹：《读史方舆纪要》卷86《南城县》，中华书局2005年版，第3979页。
④ 同上书，第4378页。

鄱阳湖畔的余干县都是闽越之地；而浙东旧温、台、处三府属，东瓯迁徙至江淮后，被闽越占领；粤的揭阳也沦为闽越辖地，这就使得西汉政府分而治之的策略化为幻想。而闽越的国势越来越强，和西汉政府的冲突一触即发。①

再次，对汉政府辖区与闽越边界的认识。我们讨论的辖区，是指中央政府权力笼罩下由中央政府设置的郡县。中国历史上的政区与边界扩充，大体是以中原为核心向周边辐射，总的趋势是由北向南。我们可以从政区设立的时代、密度和位置，来考察秦汉政府向闽越地区的扩充和对闽越地区边界的认定。从谭其骧先生主编的《中国历史地图集》可以看到，秦朝时期，在与闽中郡交界的庐江郡②（今江西省大部），由北至南在鄱阳湖东南设立了番阳（今鄱阳）县、余干（汉升为县，今余干），在中部偏西设立庐陵（今泰和）县，在南部偏西设立南野（汉升为县，今南康）四个不同级别政区，全部在赣水—鄱阳湖一线，远离闽中郡边界。这种政区的设置：第一，军事上的需要，以保证从长江—鄱阳湖—赣水的畅通和沿途的补给；第二，清楚地表明秦朝的政区范围，由此线往东南就是边界之外；第三，它还反映了当时闽越的势力范围达到的区域。西汉初期，设置豫章郡，辖十八县，除宜春（今宜春）和艾（今修水西）县外，其余十六县全部在秦庐江郡境内，增设了十二县。豫章郡南部，在赣水边增设赣县，并从赣县沿贡水向东150里增设雩都（今于都），汉在豫章郡南部政区边界向东扩充了150里。南城的设置表明，汉的政区边界向东南扩充了400里。这就意味着到西汉初期，闽越的势力范围已经比秦朝大大压缩了。但是，闽越的势力范围仍然越过武夷山，蔓延到鄱阳湖附近地区，以致刘安在给汉武帝上书时还说余干是边城："越人欲为变，必先田馀干界中，积食粮，乃入伐木治船。边城守候诚谨，越人有入伐木者，辄收捕，焚其积聚，虽百越，奈边城何！"③

---

① 朱维干：《福建史稿》（上），福建教育出版社1985年版，第31—32页。

② （晋）裴骃：《集解》："三十六郡者，三川、河东、南阳、南郡、九江、鄣郡、会稽、颍川、砀郡、泗水、薛郡、东郡、琅郡、齐郡、上谷、渔阳、右北平、辽西、辽东、代郡、巨鹿、邯郸、上党、太原、云中、九原、雁门、上郡、陇西、北地、汉中、巴郡、蜀郡、黔中、长沙凡三十五，与内史为三十六郡。"其中无庐江郡。《中国历史地图集》秦时期图则标有庐江郡，辖今江西省大部。参见谭其骧《中国历史地图集》，中国地图出版社1982年版。今从谭说。

③ （汉）班固撰，（唐）颜师古注：《汉书》卷64上《严助传》，中华书局1962年版，第2781页。

最后，汉朝军队对越人作战的交通方式。从上述讨论可以得出，秦汉政府在江西设置郡县时，都沿河流而建，并且重点集中在赣水—鄱阳湖—长江一线，西汉初期鄱阳湖周边就设立了六个县，其中从余干出发溯余水（今信江）而上，至今铅山向南，就是赣闽之界的分水关。向东南扩充的县也建立在河流边，并可沿河直达赣水入鄱阳湖至长江，"南城，盱水西北至南昌入湖汉。雩都，湖汉水东至彭泽入江，行千九百八十里"。① 汉军在南方的运输方式主要以水路为主，《史记·南越列传》载："元鼎四年（前113）……今吕嘉、建德等反，自立晏如，令罪人及江淮以南楼船十万师往讨之"，集解应劭曰："时欲击越，非水不至，故作大船。船上施楼，故号曰'楼船'也"。② 由此可知，汉初攻击南越，军队的进发主要依靠水路。而汉初豫章郡跟闽越直接相对的余干、南城、雩都三县都可由长江溯水路直达，汉军可通过水路直达前线。

2. 西汉时期进军福建的路线分析

根据上述可理解确定汉军进攻闽越的路线。

（1）楼船将军杨仆出武林。《史记·东越列传》注"武林"曰："集解徐广曰：在豫章界。索隐案：今豫章北二百里接鄱阳界，地名白沙，有小水入湖，名曰白沙。沙东南八十里有武阳亭，亭东南三十里，地名武林，此白沙武林，今当闽越之京道。"③ 武林在江西鄱阳县，接近余干县，"武陵山，县东北三十里。陵，亦作林。《汉书·东越传》：余善使吞汉将军出武林、白沙以御汉，即此武陵也。"④ 由此前行，即是秦始皇"结余干之水"攻击闽越的路线，沿江西境内的余江水（今信江），溯流而上至铅山，"自铅山而入八闽"⑤，跨过崇安县分水关，"汉武帝征闽越，由分水关入"⑥，进入东越地（今福建省），顺崇溪到达建阳，再沿闽江顺流而下，直达东越腹地。

分水关位于分水岭，历为赣闽交通要道。分水岭，在"（铅山）县南

---

① （汉）班固撰，（唐）颜师古注：《汉书》卷64上《严助传》，中华书局1962年版，第1593页。
② （汉）司马迁：《史记》卷113《南越列传》，中华书局1959年版，第2972—2975页。
③ （汉）司马迁：《史记》卷114《东越列传》，中华书局1959年版，第2982页。
④ （清）顾祖禹：《读史方舆纪要》卷85《余干县》，中华书局2005年版，第3950页。
⑤ 同上书，第3969页。
⑥ （清）蒋维洙：《广信府志》卷5《武备》引李鸿《封禁考略》，转引自朱维干《福建史稿》上，福建教育出版社1985年版，第37页。

七十里，南接福建崇安县界。山岭峻阻，水流南北两分，南流达闽江，以入于海，北流达鄱湖，以注于江"。① 分水岭两侧河流成为闽越连接鄱湖水域的天然通道，是闽越江海间的咽喉，北攻江湖，南击闽越，实"为江闽之襟要"。故而秦汉政府都要在余干一带驻军，以防御闽越对江湖赣水交通线的攻击。严助曾对此提出过警告："有司疑其以虎狼之心，贪据百越之利，或于逆顺，不奉明诏，则会稽、豫章必有长患。"② 分水关路后来成为福建进京官路必经之道。

（2）中尉王温舒出梅岭。《史记·东越列传》注"梅岭"曰："集解徐广曰：在会稽界。索隐：徐说非也。案今豫章三十里有梅岭，在洪崖山，当古驿道。此文云豫章梅岭，知非会稽也。正义：《括地志》云梅岭在虔化县东北百二十八里，虔州汉亦属豫章郡，二所未详。"③ 朱维干先生认为，应从《括地志》之说，梅岭在虔化县（今江西宁都县）东北八十里，王温舒所率汉军即从虔化县出发入闽中。④ 谢重光先生也认同此说。⑤ 陈国强等也认为梅岭在今江西宁都县东北，并进而认为此路汉军是从闽西进军。⑥ 林汀水则持不同意见："王温舒一军出自梅岭，梅岭乃在虔化东北百二十多里，即在现在的广昌县西。广昌临近建宁，建宁本属将乐、临川县地，蓝溪出其县北百丈岭，南流入滩江，'旧传越王无诸尝筑台于此'，越王所筑的六城之一乌坂城，也在邵武府东三十里，邵武西南四十里的黄土寨，有路可通江西的广昌、南丰二县，可见当时的王温舒一军，应是由今建宁入闽，再经邵武，而与杨仆之军合攻驻在崇安、浦城的闽越主力部队。"⑦

汉武帝元鼎五年（前112），"南越反，东越王余善上书，请以卒八千人从楼船将军击吕嘉等"。但是，"（东越王余善）兵至揭扬，以海风波为解，不行，持两端，阴使南越。及汉破番禺，不至。是时楼船将军杨仆使

---

① （清）顾祖禹：《读史方舆纪要》卷85《铅山》，中华书局2005年版，第3970页。
② （汉）班固撰，（唐）颜师古注：《汉书》卷64《严助传》，中华书局1962年版，第2787页。
③ （汉）司马迁：《史记》卷114《东越列传》，中华书局1959年版，第2982—2983页。
④ 朱维干：《福建史稿》（上），福建教育出版社1985年版，第38页。
⑤ 谢重光：《客家普遍溯源于宁化石壁的文化意蕴》，《汕头大学学报》（人文科学版）1999年第1期。
⑥ 陈国强、蒋炳钊等：《百越民族史》，中国社会科学出版社1988年版，第191页。
⑦ 林汀水：《对福建古代交通道路变迁的几点看法》，《中国社会经济史研究》1994年第1期。

上书，愿便引兵击东越。上曰士卒劳倦，不许，罢兵，令诸校屯豫章梅岭待命"。① 此处未明言汉军屯兵豫章梅岭具体时间，只说"是时"，但在《史记·南越列传》中记载："元鼎六年（前111）冬，楼船将军将精卒先陷寻陕……南越已平矣。遂为九郡。"② 因而，"是时"应在元鼎六年冬后不久。东越反汉的时间是在元鼎六年（前111）秋："元鼎六年秋，余善闻楼船请诛之，汉兵临境，且往，乃遂反，发兵距汉道。"③ 汉军发兵东越当在此之后。

如此看来，从汉军屯兵豫章梅岭到发兵东越之间几达一年之久。④ 当时，今宁都和广昌一带属于汉政府辖区和闽越边界之间的隔离带，还没有开发，极其荒凉。那么汉军在如此蛮荒之地如何进行几达一年之久的休养呢？军备补给又从何而来呢？再者，从今宁都进入闽越地，必须经过今石城，翻越站岭隘，到达今宁化，再向闽北进军，才能攻击驻扎在闽北的闽越军队。以当时宁都到闽西间大片地区草莱未辟的情况来推测，大批汉军沿此线路进攻，应该是不可能的。从广昌进攻闽越也是不切实际的。依据地理形势，当时进入闽北最简捷、最宽阔的道路是翻越杉关，顺富屯溪而下，直击邵武守军。汉军不可能穿越极其荒凉的广大地区，从广昌入建宁，再北向到邵武，绕一大圈攻击闽越军队。

闽越势力早已越过武夷山脉，延至余干，在其和汉政府的关系尚未破裂之前，就已经在鄱阳湖边囤积军粮，修筑据点了，"越人欲为变，必先田余干界中，积食粮，乃入伐木治船"，而且还曾从鄱阳湖而下，"入燔寻阳（今湖北黄梅西南)⑤ 楼船"，深入长江以北。其目的并非想要向南发展，"今闽越王狠戾不仁，杀其骨肉，离其亲戚，所为甚多不义，又数举兵侵陵百越，并兼邻国，以为暴强，阴计奇策，入燔寻阳楼船，欲招会

---

① （汉）司马迁：《史记》卷114《东越列传》，中华书局1959年版，第2982页。
② （汉）司马迁：《史记》卷113《南越列传》，中华书局1959年版，第2975—2977页。
③ 同上书，第2982页。
④ 按：从秦始皇二十六年（前221）一直到汉武帝太初元年（前104）五月，纪年使用秦历，以冬季的十月为岁首，一年的季节顺序是：冬、春、夏、秋。
⑤ 汉寻阳县在今湖北黄梅西南。东晋以今九江、广济间长江两岸地置寻阳郡，即以寻阳为治所。咸和中（326—331）移寻阳县至今九江西，而移郡治至柴桑县（今九江西南）。后将寻阳县并入柴桑。南朝梁末移郡治至柴桑之湓口城（即今九江）。隋改柴桑县为寻阳，治湓口城，即今九江市。唐改为浔阳。唐浔阳郡即江州，曾称九江郡。参见谭其骧《中国历史地图集》，西汉时期地图也认为，汉寻阳在湖北黄梅，中国地图出版社1982年版。

稽之地，以践勾践之迹"①，而是企图重新占领会稽之地，进而进军中原，以期恢复古越王霸中原之业。因而汉政府在鄱阳湖东南一带狭小区域密集设立了南昌、余干、鄱阳、鄡阳四个县，并设置三个驻兵点，来防御闽越军队，"元鼎六年（前111）秋，余善闻楼船请诛之，汉兵临境，且往，乃遂反，发兵距汉道。号将军驺力等为'吞汉将军'，入白沙、武林、梅岭，杀汉三校尉"。② 校尉是汉代高级军职，各有所统之兵，皆隶于中央。③ 白沙、武林、梅岭三个驻军点，由三校尉统辖，由此可见三处驻军点非临时设立，是防御闽越的常备据点，所以才会有上文所述"士卒劳倦……令诸校屯豫章梅领待命"之举。正因为如此，当闽越反汉时，才会首先在此区域发难，"入白沙、武林、梅岭，杀汉三校尉"，只有白沙、武林、梅岭三地在相隔不远的同一区域内，闽越军队才可能在很短的时间内攻克三地。如果梅岭处于宁都广昌之界，短时期内，闽越军队是无法在鄱阳湖区域攻克白沙、武林后，再驱军越过大片未开发地区到达宁都广昌界，攻克汉军，又回头驻守武林，"使徇北将军守武林"④ 的。况且闽越的战略目标不在南方，就没有攻击宁都广昌的必要性。

所以，梅岭应在豫章城周围。从前文分析可知，鄱阳湖周边是汉军在豫章郡的根据地，军队休养和军备补给都应该在此区域内，所以元鼎六年（前111）冬汉武帝才会在"士卒劳倦"的情况下，"令诸校屯豫章梅岭待命"。又，从豫章梅岭开赴前线，溯盱水直达南城，极为便利。王温舒所部出军闽越，应是从豫章城边三十里梅岭出发，水路溯盱水直达南城，东南行六十五里至落硝石，再六十里至五福镇，又二十里为飞猿，又十里为福建光泽县之杉关，而后入闽越地，"自江右而入闽中者，下杉关，出樵川，势如建瓴矣"。⑤ 所以，梅岭应在豫章城周围，"梅岭，在（南昌）府西。祝穆云：西山极峻处也。汉元鼎五年（前112），楼船将军杨仆请击东越，屯豫章梅岭以待命。明年秋，东越王余善反，发兵距汉道，入白沙、武林、梅岭，杀汉三校尉。《索隐》云：豫章西三十里有梅岭，在洪

---

① （汉）班固撰，（唐）颜师古注：《汉书》卷64上《严助传》，中华书局1962年版，第2787页。
② （汉）司马迁：《史记》卷114《东越列传》，中华书局1959年版，第2982页。
③ 陈茂同：《历代职官沿革史》，华东师范大学出版社1988年版，第86页。
④ （汉）司马迁：《史记》卷114《东越列传》，中华书局1959年版，第2983页。
⑤ （清）顾祖禹：《读史方舆纪要》卷97《光泽县》，中华书局2005年版，第4507页。

崖山，当古驿道"。①

（3）越侯为戈船、下濑将军，出若邪、白沙。此路汉军出军路线，林汀水先生论证颇为透彻："若邪在今绍兴东南四十五里，《读史方舆纪要》卷92会稽县条云，'汉遣戈船、下濑两将征越，盖亦由海道南征也'，朱维干《福建史稿》也称，白沙在今浙江乐清县东五里，是个水陆要害之地，'此两将同出若邪、白沙，盖由绍兴而乐清，以攻闽越之东北也'。要是此路军队入闽，'亦由海道南征'，这在《史记》东越传内，为何只提韩说一军'浮海从东方往'？是由陆路入占闽东北吗？也当不是。因为那时的闽东北还很荒凉，古人入闽，'率道浙西，由崇安历铅、信，取衢'，或由浦城'取金、处'，由今福州经闽东北，再取道温、台一线，是至明代才被开通的。故以此而观，越侯两将入闽，当由若邪、白沙分别沿着遭娥江（应为曹娥江）和瓯江而上，至丽水会师，然后由今龙泉进击浦城地面为是。此由《汉书·朱买臣传》所载'故东越王居保泉山，一人守险，千人不得上'一事也可为证。泉山临近龙泉，山顶有泉二脉，一入浙江龙泉县，即瓯江的上源，过去的闽越多次入侵东瓯，都是走此路线，越侯两将发兵围困闽越，盖也由此进击之。"② 兹补充说明几点：

第一，此路汉军进攻路线绝非海路。古之航海，艰难重重。勾践攻吴曾试图从海上发军，但又担心"浩浩之水，朝夕即有时，动作若惊骇，声音若雷霆，波涛援而起，船夫不能救，不知命之所维，念楼船之苦，涕泣不可以止"③，因而不行。后汉时，"旧交址七郡，贡献转运皆从东冶泛海而至，风波艰阻，沈溺相系"。④《史记》中共有三处提到"浮海"，一处是勾践欲加诛范蠡，"曰孤将与子分国而有之，不然将加诛于子"，范蠡"乃装其轻宝珠玉，自与其私徒属乘舟浮海以行，终不反"，于是勾践反而"表会稽山以为范蠡奉邑"⑤，实则意味着"浮海"即为绝路。另两处便是《史记·东越列传》提到的两次从海路出军，"会稽太守欲距不为

---

① （清）顾祖禹：《读史方舆纪要》卷97《光泽县》，中华书局2005年版，第3897页。
② 参见林汀水《对福建古代交通道路变迁的几点看法》，《中国社会经济史研究》1994年第1期。
③ （东汉）袁康：《越绝书》卷4《越绝计倪内经第五》，上海古籍出版社1985年版，第29页。
④ （南朝宋）范晔：《后汉书》卷33《郑弘传》，中华书局1965年版，第1156页。
⑤ （汉）司马迁：《史记》卷41《越王勾践世家》，中华书局1959年版，第1752页。

发兵，助乃斩一司马，谕意指，遂发兵浮海救东瓯。"①"天子遣横海将军韩说出句章，浮海从东方往"。②"浮海"出军在西汉初期的军事行动中属于非常之举，所以才会"有则记之"。而且东瓯地在今温州，同书注曰："集解徐广曰：'今之永宁也。'索隐韦昭曰：'今永宁。'姚氏云：'瓯，水名。'永嘉记：'水出永宁山，行三十余里，去郡城五里入江。昔有东瓯王都城，有亭，积石为道，今犹在也。'"③与乐清相接。若耶与句章也相隔不远，都近海，要到白沙会军，完全可以随横海将军韩说"浮海从东方往"。如果从若耶发兵而至白沙，也应走海路，应该在《史记》中有明确记载。

第二，若耶汉军不可能到白沙会兵后同攻闽越。严助发兵救东瓯，从海路而至，可见，从会稽郡到东瓯是没有陆路可通的，若耶之军不可能由陆路至白沙与其会兵。再者，如果真如朱氏所言，能够"由绍兴而乐清，以攻闽越之东北"，那么自然也可由句章至乐清，再到闽东北进军东冶，何必冒险"浮海从东方往"呢？可见朱氏所言"盖由绍兴而乐清，以攻闽越之东北也"是说不通的。

关于白沙驻军问题。前文指出汉政府在鄱阳湖边有白沙驻军点，陈国强等据此认为，"越侯为戈船、下濑将军，出若邪、白沙"是指兵分两路，分别从绍兴和豫章水陆而下。④若如此，则白沙军由豫章而下，应和武林一路合兵一处更为合理。朱维干先生则说白沙在乐清。但却有两点疑问：一是前文既把"白沙、武林、梅岭"三处并列，何以豫章梅岭、武林都单独出兵，而豫章白沙却不出兵，却要从乐清白沙出兵呢？二是乐清白沙何时开始驻军又因何驻军呢？实际上，元鼎六年（前111）秋闽越反汉时，乐清白沙是在闽越控制的范围内："至建元三年（前138），闽越发兵围东瓯。东瓯食尽，困，且降，乃使人告急天子"，"（天子）乃遣庄助（严助）以节发兵会稽。会稽太守欲距不为发兵，助乃斩一司马，谕意指，遂发兵浮海救东瓯。未至，闽越引兵而去。东瓯请举国徙中国，乃悉举众来，处江淮之闲。"⑤汉军虽"未至"，闽越即"引兵而去"，但在

---

① （汉）司马迁：《史记》卷114《东越列传》，中华书局1959年版，第2980页。
② 同上书，第2982—2983页。
③ 同上书，第2980页。
④ 陈国强、蒋炳钊等：《百越民族史》，中国社会科学出版社1988年版，第191页。
⑤ （汉）司马迁：《史记》卷114《东越列传》，中华书局1959年版，第2980页。

"东瓯请举国徙中国,乃悉举众来,处江淮之闲"后,东瓯之地就被闽越占领。因而直至闽越反汉之时,东瓯之地就不曾有汉军到达,又怎么可能有驻军呢?限于资料匮乏,故对白沙驻军来源姑且存疑。

第三,汉军从会稽攻闽越有其道路。建元六年(前135),闽越击南越,"上遣大行王恢出豫章,大农韩安国出会稽,皆为将军。兵未踰岭,闽越王郢发兵距险"。大农韩安国出会稽,兵未踰岭,"故遣两将屯于境上,震威武,扬声乡,屯曾未会(师古曰:言兵未尽集。)"①,由陆路进攻闽越殆无疑问。若耶、白沙当然也可沿陆路进攻闽越。

元鼎六年(前111)秋,若耶、白沙军到底从何处入闽越地呢?

闽越反汉之时,兵力强盛。举兵之初,即能"入白沙、武林、梅岭,杀汉三校尉",汉军大举进攻之时"东越素发兵距险,使徇北将军守武林,败楼船军数校尉,杀长吏"。而且这些胜利都是在豫章郡境内取得的,再与"入燔寻阳楼船,欲招会稽之地,以践勾践之迹"相照,可见闽越在武夷山以北驻有相当兵力,或是在紧靠武夷山以南地区建有大量据点驻军,并补给军备。事实上,"越王筑六城以拒汉"②,"一为乌板城:在今邵武城东30里,背山而南面大溪;二为大潭城:建阳有大潭山,在县治西南隅。越王因山势筑城以拒汉;三为汉阳城,在今浦城县北;四为浦城,即今浦城县;五为临江镇:在浦城之南,为津梁要会,亦有越王城遗址;六为崇安县城村古粤城。嘉靖《建宁府志》卷二十《古迹志》云,闽王城,在建阳县崇文里。地名城村,有土堆如城,其中平坦,古老相传为闽王殿"。③"越王筑六城"的时间,有学者认为是闽越反汉后,汉军四路攻闽时所筑。④ 此说值得商榷。

既然闽越有"以践勾践之迹"的雄心,自然会早做准备,在紧邻汉军的地区建立根据地当在情理之中;闽越反汉是在元鼎六年(前111)

---

① (汉)班固撰,(唐)颜师古注:《汉书》卷64上《严助传》,中华书局1962年版,第2787页。

② (明)何乔远:《闽书》卷26《方域志》引萧子开《建安记》第1册,福建人民出版社1994年版,第621页。

③ 朱维干:《福建史稿》(上),福建教育出版社1985年版,第38页。

④ 参见朱维干《福建史稿》(上),福建教育出版社1985年版,第38页;邓华祥、肖忠生认为:"元封元年(公元前110),汉武帝派兵四路入闽进剿。余善抢先发动攻势,占领要隘,杀汉军三校尉,雕刻玉玺,自称武帝,并发兵拒汉道,筑浦城、建阳、崇安、邵武等六座城以拒汉。"参见邓华祥、肖忠生《闽越王王都冶城问题再探》,《福州师专学报》(社会科学版)1998年第3期。

秋，汉军"咸入东越"在元封元年（前110）冬，间隔不到半年①，试想以当时闽越的生产力怎么可能在如此短的时间内建立六城呢？从考古调查来看，闽北的这些据点"城址均位于崇山峻岭地带或溪流峡谷之中的兵家必争之地，且除崇安城村古城外，其他诸城规模都很小，具有鲜明的军事堡垒特征。城村闽王城不但规模最大，还有诸多为其他各城所不及的复杂文化内涵，在具备军事防御功能的同时，该城还形成了一个完备的'都城'格局。并使用有'常乐未央'、'常乐万岁'、'万岁'、'乐未央'文字瓦当，日用印纹陶器上常见有'官'、'官黄'、'官径'、'干官'等戳印文字，显然不是一般的城堡和居址。城内外还发现了至少6处居住遗迹、4处冶铁作坊和一处制陶作坊，具有区域性中心城市特点。上述六城，乌板、汉阳、临江、临浦、大潭五城位置在偏北、西北方向，处于闽越御汉的前线；而崇安汉城位置偏东南腹地，是六城堡的中心。因此，崇安汉城应就是闽越国后期余善割据为王的据点，也是他率领闽越军御汉的军事指挥中心"。② 应该说闽越很早就开始做对抗汉政府的准备了。乌板城针对西汉南城之设，防备汉军从杉关来犯；古粤城针对"结余干之水"的鄱阳湖周围汉军集中之地，闽越担心力量不足，又在崇水下游建大潭城接应；在今浦城连筑三城，一是防备汉军自会稽郡越柘岭而进攻，二是"欲招会稽之地"，伺机出击。

闽越不仅在武夷山以南设置众多据点，还把东越王余善行宫也建在这一区域，"越王山在（浦城）县治东。城环其上，山势独高，傍瞰大溪，左接金鸡岭，相传汉时东越之堠台也。东隅有越王行宫，遗址尚存。"其恢复"勾践之迹"的企图可见一斑。而践"勾践之迹"的第一步就是"欲招会稽之地"，所以对于闽浙边界的行军之道设立三城以"距险"，这就是闽浙之界的柘岭，"（浦城）县东北百二十里，接浙江丽水县界。高千余仞，绝顶周回百余步。旧《记》：柘岭峻极，势彻苍穹，狭道陡绝，不通牛马。是也"。而且有路通龙泉，"又富岭，在（浦城）县东三十里，路出龙泉。"③ 因而"越侯为戈船、下濑将军，出若邪、白沙"之汉军，诚如林汀水先生所言，"当由若邪、白沙分别沿遭娥江（应为曹娥江）和

---

① 按：从秦始皇二十六年（前221）一直到汉武帝太初元年（前104）五月，纪年使用秦历，以冬季的十月为岁首，一年的季节顺序是冬、春、夏、秋。
② 吴春明：《闽越冶城地望的历史考古问题》，《考古》2000年第11期。
③ （清）顾祖禹：《读史方舆纪要》卷97《浦城》，中华书局2005年版，第4450页。

瓯江而上，至丽水会师，然后由今龙泉进击浦城地面为是"。①

综上所述，汉武帝进军闽越，一路从豫章鄱阳县（今江西波阳县）武林出发，沿江西境内余江水（今信江），溯流而上至铅山，跨过崇安县分水关，进入东越地（今福建省）；一路从豫章城边的梅岭出发，水路溯盱水直达南城，东南行至福建光泽县之杉关，越杉关而入闽越地；一路从会稽若邪（今浙江绍兴东南）、白沙（今浙江乐清）分别沿曹娥江和瓯江而上，至丽水会师，然后由今龙泉进击浦城。

南宋以前，中央政府大多设在长江以北地区，福建的入京官路基本以杉关或分水关为主，而后经今波阳或南昌市，再沿潜山而上。其时闽浙路的重要性并不十分明显。直至南宋，中央政府迁都杭州，闽浙路才成为入京官道。

汉武帝进军闽北的路线成为后世历代进入福建的主要通道，国家权力也由此开始向福建扩展，使闽北成为福建最早被开发的地区，很长一段时间成为福建政治经济中心，并因此对历代南迁入闽移民活动的基本方向与走势产生了直接的影响，南迁入闽的北方汉人基本沿此路线进入福建，促进了如百越民族的融合，加速了福建地区的汉化。

二 汉魏六朝时期入闽路线

（一）汉魏六朝入闽的军事路线

元封元年（前110）冬，闽越国亡，汉武帝曰："东越狭多阻，闽越悍，数反复，诏军吏，皆将其民徙处江淮间，东越地遂虚。"② 东越地在汉昭帝始元二年（前85）设置福建境内第一个实体政权机构，称为冶县："惟《晋志》云：'武帝灭之，徙其人，名为东冶'。《旧唐志》云：'其逃亡者自立为冶县'，得之"③，"汉武帝世，闽越反，灭之，徙其民于江、淮间，虚其地。后有遁逃山谷者颇出，立为冶县，属会稽"④。从冶县设立到汉魏六朝时期，闽地往北通道除了海路，基本以杉关、分水岭、柘岭为主。

东汉末期，孙策崛起江东，统一吴会，于建安元年（196）攻会稽，

---

① 林汀水：《对福建古代交通道路变迁的几点看法》，《中国社会经济史研究》1994年第1期。
② （汉）司马迁：《史记》卷114《东越列传》，中华书局1959年版，第2984页。
③ （宋）梁克家：《三山志》卷1《地理类一》，方志出版社2003年版，第4页。
④ （梁）沈约：《宋书》卷36《州郡二》，中华书局1974年版，第1092页。

"（太守）王朗为孙策所败，从会稽浮海至东冶"。① 孙家军跟踪而至："时王朗奔东冶，侯官长商升为朗起兵。策遣永宁长韩晏领南部都尉，将兵讨升，以齐为永宁长。晏为升所败，齐又代晏领都尉事。升畏齐威名，遣使乞盟。齐因告喻，为陈祸福，升遂送上印绶，出舍求降。贼帅张雅、詹强等不愿升降，反共杀升，雅称无上将军，强称会稽太守。贼盛兵少，未足以讨，齐住军息兵。雅与女婿何雄争势两乖，齐令越人因事交构。遂至疑隙，阻兵相图。齐乃进讨，一战大破雅，强党震惧，率众出降。"② 孙氏自此拥有闽江下游地区，开始经略闽地。

建安八年（203），"而建安、汉兴、南平复乱，齐进兵建安，立都尉府"，孙权派贺齐进攻建安，"郡发属县五千兵，各使本县长将之，皆受齐节度。贼洪明、洪进、苑御、吴免、华当五人，率各万户，连屯汉兴，吴五六千户别屯大潭，邹临六千户别屯盖竹，大潭同出馀汗。军讨汉兴，经馀汗。齐以为贼众兵少，深入无继，恐为所断，令松阳长丁蕃留备余汗。蕃本与齐邻城，耻见部伍，辞不肯留。齐乃斩蕃，于是军中震栗。无不用命。遂分兵留备，进讨明等，连大破之。临阵斩明，其免、当、进、御皆降。转击盖竹，军向大潭，三将又降。凡讨治斩首六千级，名帅尽擒。复立县邑，料出兵万人，拜为平东校尉。十年（205），转讨上饶，分以为建平县。"③ 贺齐"军讨汉兴，经馀汗"，"恐为所断，令松阳长丁蕃留备余汗"，进攻汉兴（今浦城）、大潭（今建阳县西南）、盖竹（今建阳县南二十五里），进攻的目标和线路和汉武帝进攻闽越的线路如出一辙。

后"会稽冶贼吕合、秦狼等为乱，（蒋）钦将兵讨击，遂禽合、狼，五县平定"，时"贺齐讨黟贼，钦督万兵，与齐并力，黟贼平定"。④ 蒋钦讨击冶地吕合、秦狼之乱，平定五县，又督兵协助贺齐平定黟贼。黟县在新都郡（今安徽黄山），蒋钦从闽地北上，必越武夷山而过，走分水岭至余干为捷径。

东吴在闽地还有两次大的军事行动，分别是吴嘉禾四年（235），"庐

---

① （晋）陈寿撰，（宋）裴松之注：《三国志》卷13《魏书十三·王朗传》，中华书局1959年版，第407页。
② 同上书，第1377—1378页。
③ 同上书，第1378页。
④ 同上书，第1286页。

陵贼李桓、路合、会稽东冶贼随春、南海贼罗厉等一时并起。权复诏岱督刘纂、唐咨等分部讨击,春即时首降",孙吴军队又一次进入福建,"得恶民以供赋役"。吴太平二年(257),"会建安、鄱阳、新都三郡山民作乱,出(钟离)牧为监军使者,讨平之。贼帅黄乱、常俱等出其部伍,以充兵役"。① 循旧路,没有开辟新的进军通道。

自晋宋至齐梁,闽中仍属于扬州,继属于江州,最后一度属于东扬州。陈永定时(557—559),别置闽州,不久又改称丰州,州治设在晋安郡,这是闽中自成一州的开始。闽中的经济文化,有了显著的发展。由于农业发展,手工业和商业,相继勃兴,像淮南王刘安所谓"无城邦邑里"的时代也过去了,而已有郡县和郡城;所谓"断发文身"的习俗,不再存在,而是深受中原文化的濡染。② 但是,交通依然艰涩,没有新辟路径。

自两晋至梁陈,三百余年是一部门阀统治史。陈王朝新建之初,留异盘踞东阳,陈宝应盘踞晋安,周迪盘踞临川,三方互为犄角,攻守同盟,形成闽、浙、赣割据局面。③ 陈王朝在北方战事平息后,开始对割据势力用兵,屡经战事,遂平其乱。其间,历次军事入闽,皆循汉武帝攻闽越旧道。

陈天嘉三年(562),留异拥据东阳,侯安都奉诏东讨,"异本谓官军自钱塘江而上,安都乃由会稽、诸暨步道袭之。异闻兵至,大恐,弃郡奔于桃支岭,于岭口立栅自固。明年春,安都大破其栅,异与第二子忠臣奔于陈宝应,于是虏其余党男女数千人"。④ 桃支岭在今丽水城北二十里,嵯峨险仄,势接云霄:"冯公岭,(处州府缙云)县西南二十里,一名木合岭。崎岖盘曲,长五十里,有桃花隘,为绝险处,郡北之锁钥也。《志》云,桃花隘嵯峨险仄,势接云霄,周回垒石三四里,容百千人,山麓去郡城不过二十里,亦曰桃花岭,即古桃枝岭。"留异恃此险以拒侯安都,但是侯安都利用山势筑堤积水攻之,"安都进攻,因其山势迮而为堰,会潦水涨满,安都引船入堰,起楼舰与异城等,拍碎其楼堞",于是

---

① (晋)陈寿撰,(宋)裴松之注:《三国志》卷60《吴书十五》,中华书局1959年版,第1393页。
② 朱维干:《福建史稿》(上),福建教育出版社1985年版,第57—58页。
③ 同上书,第79—83页。
④ (唐)姚思廉:《陈书》卷35《列传第二十九·留异传》,中华书局1972年版,第486页。

"异脱身奔晋安"①。留异奔晋安路线为沿好溪而下,"好溪,在(缙云)县治南。自大盆山西流而南折,远近诸溪水皆流汇焉,经仙都山下,谓之练溪。历罗侯滩,至县治南,又西南入丽水县界",入大溪(今龙泉溪)溯流而上,"大溪,在(龙泉)县治南。自仙霞以东南及遂昌以西南之水皆汇焉"②,至浦城界翻越柘岭进入闽地,顺闽江而下至晋安,即汉武帝时由浙入闽的路线。

陈天嘉四年(563),"世祖乃遣高宗总督讨之,迪众溃,妻子悉擒,乃脱身逾岭之晋安,依于陈宝应。宝应以兵资迪,留异又遣第二子忠臣随之。明年秋,复越东兴岭,东兴、南城、永成县民,皆迪故人,复共应之。世祖遣都督章昭达征迪,迪又散于山谷。……昭达仍度岭,顿于建安,与陈宝应相抗,迪复收合出东兴。时宣城太守钱肃镇东兴,以城降迪。吴州刺史陈详,率师攻迪,详兵大败,虔化侯陈诇、陈留太守张遂并战死,于是迪众复振。世祖遣都督程灵洗击破之,迪又与十余人窜于山穴中"③。

天嘉四年(563),"昭达既克周迪,逾东兴岭,顿于建安","及都督章昭达于东兴、南城破迪,世祖因命昭达都督众军,由建安南道渡岭"④。

天嘉五年(564),"章昭达等自临川征晋安,子高自安泉岭会于建安"⑤。

周迪往来闽赣间的通道东兴岭,"在临川郡南城县界。唐志:抚州南城县,武德四年(621)析置永城、东兴二县,七年省。沈约曰:东兴县,吴立,属临川郡"⑥,"胡氏曰:东兴岭路通晋安。……盖自江右入闽,东兴道为坦易也"⑦。谢重光先生认为,东兴岭路即杉关,也就是

---

① (清)顾祖禹:《读史方舆纪要》卷93《缙云县》,中华书局2005年版,第4325页。
② 同上书,第4326页。
③ (唐)姚思廉:《陈书》卷35《列传第二十九·周迪传》,中华书局1972年版,第482—483页。
④ 同上书,第490、487页。
⑤ 同上书,第270页。
⑥ (宋)司马光编著,(元)胡三省音注:《资治通鉴》卷169《陈纪三》,中华书局1956年版,第5235页。
⑦ (清)顾祖禹:《读史方舆纪要》卷86《新城县》,中华书局2005年版,第3984页。

"章昭达等自临川征晋安"渡岭而过的建安南道。① 实则东兴岭在"（新城即今黎川）县东三十里。……胡氏曰：东兴岭路通晋安"，而杉岭在"（新城即今黎川）县东七十里，与福建光泽县接界。两山壁立，耸峭夹道，杉关置于此，为境口咽喉"。② 二者非为一处。但是从江西的临川、黎川进入闽北邵武，要先越东兴岭，再经杉岭、杉关到邵武，即先生所谓"东兴岭路即是杉关"之意。杉岭山脉绵亘于闽赣边境，北起光泽，西南延伸至邵武、泰宁、建宁。海拔1000—1500米，长约150千米，给闽西北与江西往来造成不便。但是杉关一带，地势不高，较为平坦，"杉关，在邵武府光泽县西北九十里，西至江西建昌府百二十里。有杉关岭，置关其上，为江闽往来之通道。……杉关之道，径直显露，其取之也较易。……一或失守，闽不可保矣"。从杉关西行十里到飞猿岭，"飞猿岭，在（今黎川）县东六十里，亦曰悲猿峤，又名飞鸢岭，旧置飞猿馆于岭上，登之可望硝石"。从飞猿岭西北行八十里到落硝石，"《舆程记》：飞猿东去杉关十里，西北去硝石八十里"。③ 落硝石西北行再六十五里到南城，"落硝石府东南六十五里。……《舆程记》：自峭石至五福镇六十里，又二十里为飞猿，又十里为福建光泽县之杉关"④，此路线即汉武帝时王温舒所部由梅岭进攻闽越路线。

（二）汉魏六朝北方汉人入闽路线

秦汉以前，闽中地旷人稀。秦平天下，置闽中郡，其时户口无考。汉初，闽越人口虽然未见之史册明确记载，但从史料可见一斑。汉文帝时，派陆贾抚慰南越王赵佗，赵佗为自己称帝辩解时说："且南方卑湿，蛮夷中间，其东闽越千人众号称王，其西瓯骆裸国亦称王。老臣妄窃帝号，聊以自娱，岂敢以闻天王哉！"⑤ 赵佗称"其东闽越千人众号称王"，虽然有鄙视之意，但是，闽越人数极少应是不争事实。到汉武帝时期，闽越的人口已经大幅增加了。建元六年（前135），淮南王刘安谏阻汉武帝攻闽越时说："臣闻越甲卒不下数十万，所以入之，五倍乃足，挽车奉饷者，不

---

① 谢重光先生认为："杉关古称东兴岭，南朝时期，它成为赣闽之间最重要的交通孔道。""可见所谓建安南道，就是南城与邵武之间走的东兴岭路，也就是现在的杉关。"参见谢重光《客家普遍溯源于宁化石壁的文化意蕴》，《汕头大学学报》1999年第1期。
② （清）顾祖禹：《读史方舆纪要》卷86《新城县》，中华书局2005年版，第3984页。
③ （清）顾祖禹：《读史方舆纪要》卷95《光泽县》，中华书局2005年版，第3984页。
④ 同上书，第3979页。
⑤ （汉）司马迁：《史记》卷113《南越列传》，中华书局1959年版，第2970页。

在其中。"① "越甲卒不下数十万",固然有夸大之意,可是如果把之与闽越北占东瓯,南击南越联系起来,再看看"元鼎五年(前112),南越反,东越王余善上书,请以卒八千人从楼船将军击吕嘉等"②;元鼎六年(前113)武帝发兵攻闽越,"越王筑六城以拒汉"③,"以闽越数反复"④ 而徙其民等事实,闽越应该已经有了相当数量的人口,否则闽越怎么可能以八千兵力随征南越呢?拒汉之六城又需要多少人守卫呢?敢于而且能够数反朝廷,其人口之众可以想见。

元封元年(前110)冬,闽越国灭,于是"天子曰东越狭多阻,闽越悍,数反复,诏军吏皆将其民徙处江淮闲。东越地遂虚"。⑤ 事实上,并非将越人全部迁到江淮一带,也不可能全部迁空,主要是将闽越国贵族、官僚、军队和部分居民带走,使其不能继续反叛朝廷。汉朝政府的这一处置措施不正是闽越族已经有了相当发展的反证吗?遗憾的是此举使闽地人口急剧减少,并脱离了中央政府的控制,极大地打击了闽地的社会经济发展,使闽地在此后相当长的时期内处于"蛮荒化外"的落后境地。迨至东汉末建安元年(196),侯官长商升为会稽太守王朗起兵,根据汉代官制,万户以上称令,万户以下称长,则可知其时闽中人口尚不足万户。

随后的很长时期内,福建人口并没有大的增长。西晋太康(280—289)年间,"建安郡……统县七,户四千三百。晋安郡太康三年(282)置。统县八,户四千三百"。⑥ 合计八千六百户。南朝刘宋(420—479)时期,"建安郡……领县七。(疑)户三千四十二,口一万七千六百八十六。""晋安太守,晋武帝太康三年(282),分建安立。领县五,户二千八百四十三,口一万九千八百三十八。"⑦ 合计五千八百八十五户。隋大业三年(607),"建安郡……统县四,户一万二千四百二十"。⑧

那么,这种缓慢增长是否意味福建人口纯属自然增长,而没有外来人

---

① (汉)班固撰,(唐)颜师古注:《汉书》卷64《严助传》,中华书局1962年版,第2781页。
② (汉)司马迁:《史记》卷114《东越列传》,中华书局1959年版,第2982页。
③ (明)何乔远:《闽书》卷26《方域志》引萧子开《建安记》第1册,福建人民出版社1994年版,第621页。
④ (清)杨澜:《临汀汇考》第一册卷1《建置考》,光绪四年刻本,第1页。
⑤ (汉)司马迁:《史记》卷114《东越列传》,中华书局1959年版,第2984页。
⑥ (唐)房玄龄等:《晋书》卷15《地理下》,中华书局1974年版,第461—462页。
⑦ (梁)沈约:《宋书》卷36《州郡二》,中华书局1974年版,第1092页。
⑧ (唐)魏征等:《隋书》卷31《地理下》,中华书局1973年版,第879页。

口迁入呢？实际上，早在孙权时期就有汉人入闽定居："黄兴，吴孙权将也。与妻曹氏弃官入闽，居邑南之凤山。"① 汉魏六朝时期入闽的汉人大致有如下几类：避乱入闽者、随军入闽者、逃户、流放者及罪犯、农民起义军余部、仕宦入闽者、道士和尚和其他人员。可以说，北方社会的各阶层人士都有其大批成员或代表人物在这社会大动荡时期南迁入闽。②

北方汉人入闽基本沿历代进军入闽路线，即由赣入闽的杉关到邵武和由分水关到崇安的道路，由浙闽边界翻越柘岭入浦城的道路和由海路入闽。其中，多数北方汉人从陆路经江西、浙江先移居闽北，再从闽北向闽江下游或向闽西迁移。

三 唐代福建的对外交通

（一）唐代福建与京都的交通

唐朝疆域极为辽阔，"其地东极海，西至焉耆，南尽林州南境，北接薛延陀界。凡东西九千五百一十里，南北万六千九百一十八里"。③ 为保障国家权力畅通，唐朝的交通也极为发达，"大抵唐代交通以长安、洛阳为枢轴，汴州（今开封）、岐州（今凤翔）为枢轴两端为伸延点。由此两轴端四都市向四方辐射发展，而以全国诸大都市为区域发展之核心。……全国大道西达安西（或至葱岭），东穷辽海，北踰沙碛，南尽海隅，莫不置馆驿，通使命……则全国驿道逾六万五千里"。④ 水驿路则以长江和大运河为主干，水路相连，构成覆盖全国的驿路，"自扬、益、湘南至交、广、闽中等州，公家运漕，私行商旅，舳舻相继。隋氏作之虽劳，后代实受其利焉"。⑤ 全国有官驿一千六百三十九所（《通典》作一千五百八十七），其中水驿（备有船只）二百六十所，陆驿（备有马驴）一千二百九十七所，水陆相兼驿八十六所。陆路一般是三十里设一驿（不在通路上的驿称为馆），每驿有长，管理本驿，招待旅客。官驿馆在全国交通线上普遍设立，对商业有很大的便利。⑥ 沿途遍设馆驿、客舍、商店，为唐帝国的政治经济和文化交流提供了保障。以致唐后期，在许多地方被割据的

---

① （嘉庆）《惠安县志》卷30《寓贤传·黄兴》，转引自朱维干《福建史稿》（上），福建教育出版社1985年版，第61页。
② 参见唐文基《福建古代经济史》，福建教育出版社1995年版，第77—81页。
③ （后晋）刘昫：《旧唐书》卷38《地理一》，中华书局1975年版，第1384—1385页。
④ 严耕望：《唐代交通图考·序言》，上海古籍出版社2007年版，第5页。
⑤ （唐）李吉甫：《元和郡县图志》卷5《河南道一》，中华书局1983年版，第137页。
⑥ 范文澜：《中国通史》第三册，第二章第五节，人民出版社2004年版，第329—332页。

情况下，交通仍能保持畅达。

唐代的强盛也带动了福建社会经济发展，是福建经济文化走向繁荣发达的开端，福建的交通也纳入国家交通网内。唐以前，福建与京都间交通基本是走水路，"建安郡……去州水二千三百八十；去京都水三千四十，并无陆"。"晋安太守，晋武帝太康三年（282），分建安立。……去州水三千九百九十；去京都水三千五百八十。"①

唐代，则有驿路通至福建境内。柳宗元的《馆驿使壁记》说唐时以长安为中心，有七条重要的放射状驿道通往全国各地："自万年至于渭南，其驿六，其蔽曰华州，其关曰潼关；自华而北界于栎阳，其驿六，其蔽曰同州，其关曰蒲津；自灞而南至于蓝田，其驿六，其蔽曰商州，其关曰武关；自长安至于盩厔，其驿十有一，其蔽曰洋州，其关曰华阳；自武功而西至于好畤，其驿三，其蔽曰凤翔府，其关曰陇关；自渭而北至于华原，其驿九，其蔽曰坊州；自咸阳而西至于奉天，其驿六，其蔽曰邠州。……由四海之内，总而合之，以至于关；自关之内，束而会之，以至于王都。"② 臧嵘依据柳宗元所述，结合《唐书地理志》一书，把这些驿道和经过的驿站作了详细描述，其中一条"是从长安至江浙福建的驿路，由长安经洛阳、汴州、泗州、扬州、苏州、杭州、越州（治所在今浙江绍兴）、衢州（治所在今浙江衢州）直达福建泉州。"③ 王育民则根据《元和郡县志》所载，认为上都长安与各州之间都有通道，其主要路线有六条，并作了更为详细的描述，其中一条为"上都东行至东都洛阳驿路：经京畿道华州（今陕西华县），过潼关、河南道虢州（今河南灵宝）至都畿道东都。复分四路：其一，东北行经怀州（今沁阳）入河北道，至卫（今汲县）、澶（今内黄东南）、魏（今河北大名北）、博（今山东聊城东北）、德（今陵县）、沧州（今河北沧州市东南）；其二，东行经郑州（今河南郑州）入河南道，至汴州（今开封市），复东行至曹（今山东定陶西）、兖（今兖州）、淄（今淄川）、青（今益都）、莱（今掖县）、登州（今蓬莱）；其三，自汴州分道东南行，经宋（今商丘）、宿（今安徽宿县）、泗（今江苏盱眙北）入淮南道楚（今淮安）、扬州（今扬州市）；其四，自扬州南行入江南东道，经润（今镇江市）、常（今常州市）至苏

---

① （梁）沈约：《宋书》卷36《州郡二》，中华书局1974年版，第1092页。
② （唐）柳宗元：《馆驿使壁记》，《柳宗元集》卷26，中华书局1979年版，第703—704页。
③ 臧嵘：《中国古代驿站与邮传》，中国国际广播出版社2009年版，第94页。

州（今苏州市）。复南行至杭（今浙江杭州市）、越（今绍兴）、明州（今宁波市南），又自杭西南行至睦（今建德）、婺（今金华）、括（今丽水）、温州（今温州市），又自睦分道西行至衢（今衢州）、建（今福建建瓯）、福（今福州市）、泉（今泉州市）、漳州（今漳浦）。"①

进入福建境内，陆路里程却很短，只通到建阳，"由分水关入闽，和由杉关入闽的两条大路，都以建阳为终点"。② 福州跟闽北间没有陆路交通，"西路，旧无车道抵中国"，必须走水路溯闽江而上，"缘江乘舟，夐荡而溯，凡四百六十二里，始接邮道"③，直到建阳才接陆路，深入福建中心政区仍然要走水路。《元和郡县图志》说："自扬、益、湘南至交、广、闽中等州，公家运漕，私行商旅，舳舻相继。"④

唐代建州是进出福建的必经之道。漳州、泉州、汀州通往京都的路线必经建州。漳泉二州北上福州，溯闽江而上至建州"始接邮道"，汀州则"西北至上都取建州路六千二百九十五里"。⑤

随福建纳入国家交通网，福建人口大幅增加。隋大业年间（605—618），福建户数为12420户，到唐开元年间（713—741），福建户口数达到108991户，增加了八九倍之多。户口增长的原因，除了经济增长促进了人口自然增长外，更主要是随交通的发展，流亡、逃户人口大量进入福建。

（二）福建新道路的开辟

虽然唐代福建已经纳入国家交通网，境内交通条件有所改善，但由于崇山峻岭阻隔，交通状况依然落后，特别是沿海与内陆山区间没有陆路交通，"永泰县……县东水路沿流至侯官，县西溯流至南安县，南北俱抵大山，并无行路"。"尤溪县……东南至州水路八百里。……县东水路沿流至侯官，县西水路溯流至汀州龙岩县"⑥，主要还是依靠天然的河流溪水交通往来。福州是福建中心政区，是国家权力在福建的据点，因而也是福建的政治、经济和文化的中心，从福州上延平再经建州出境，可与国家驿

---

① 王育民：《中国历史地理概论》，人民教育出版社1985年版，第406—407页。
② 朱维干：《福建史稿》（上），福建教育出版社1985年版，第91页。
③ （宋）梁克家：《三山志》卷5《驿铺篇》小注，方志出版社2003年版，第69页。
④ （唐）李吉甫：《元和郡县图志》卷5《河南道一》，中华书局1983年版，第137页。
⑤ 同上书，第722页。
⑥ 同上书，第717页。

道相通，因此福州至建州是福建境内最重要的通道。元和二年（807）前，福州至延平的交通是靠闽江水路，"西路，旧无车道抵中国"，必须走水路溯闽江而上，"缘江乘舟，冞荡而溯，凡四百六十二里，始接邮道"①，但是闽江"自水口已上，达于浦城，计程几六百里。滩石嵯岈，纵横林立，舟行罅隙中，滩高水急，略无安流，流船轻脆，石齿坚利，稍或不戒，沉溺及之矣"②，极其艰险。因而在唐元和二年（807），时任福建观察使陆庶铲峰湮谷，设渡船，筑栈道，从福州沿闽江开出一条山路，因起点在福州西门，称为西门路，"唐元和中，岁歉，宪宗纳李播言，发使赈济。观察使陆庶为州二年，而江吏籍沦溺者百数。乃铲峰湮谷，停舟续流，跨木引绳，抵延平、富沙，以通京师"。③ 富沙在建州北④，宋"高谈，字景遂，邵武光泽人。绍定二年（1229），旁郡盗作，诸子请避之。谈曰：'……吾惟存心以听命尔，小子识之此格言也。今南去则汀剑，西去则盱赣，皆为盗区。东去富沙……北去广信……'"⑤，可知富沙在光泽之东，南剑州之北。又"……富沙真德秀，嘉定庚午十月廿二日同观于群玉堂……"⑥，真德秀是浦城人，此处称"富沙真德秀"，确证富沙在建州以北。《读史方舆纪要》也记："《志》云：（建宁）府治西南临江门内有富沙驿，旧置于府西平政门外，曰富沙馆。……祝穆曰，府城北有大伏洲，或以为即富沙。闽主曦封其弟延政为富沙王，盖以此名。"⑦可见西门路修到延平，然后由延平再到建州富沙，才与入京官道相接。

西门路的开辟对福建有特别意义。中国古代道路交通的开辟首先服务于政治和军事，福建交通更是如此。但是"唐玄宗时，张九龄开凿大庾岭路，唐宪宗时，陆庶开福建陆路四百余里，两条新路的开辟，主要是为

---

① （宋）梁克家：《三山志》卷5《驿铺篇》小注，方志出版社2003年版，第69页。
② （清）顾祖禹：《读史方舆纪要》卷95《建江》，中华书局2005年版，第4374页。
③ （宋）梁克家：《三山志》卷5《驿铺篇》小注，方志出版社2003年版，第69页。
④ 朱维干和唐文基都认为，延平富沙为一处，即是延平。参见朱维干《福建史稿》（上），福建教育出版社1985年版，第129页；唐文基《福建古代经济史》，福建教育出版社1995年版，第112—113页。（宋）乐史《太平寰宇记》卷100记："南剑州……伪唐保大四年，立为延平军。因析沙县、建安、顺昌等县所管交溪、上阳、员当、逐咨、芹哨、富沙等六里户口，共成九里为军额。"则是南剑州有富沙里。
⑤ （元）脱脱等：《宋史》卷453，中华书局1977年版，第13337页。
⑥ （明）李日华：《六研斋笔记》卷3，凤凰出版社2010年版，第60页。
⑦ （清）顾祖禹：《读史方舆纪要》卷95《建安县》，中华书局2005年版，第4376页。

商业上的便利"。① 因为西门路虽然开辟，实则简陋，"铲峰湮谷，停舟续流，跨木引绳"，根本不可能负担国家政治和军事上的运输。《与陆庶诏》曰："敕陆庶：省所奏当管新开福建陆路四百余里者，具悉。卿望重周行，寄分越徼，嘉闻素著，茂政累彰。况勤可使人，智能创物，废惊波之路，开砥石之途，舍旧谋新，以夷易险，财力不费，商旅斯通，惠既及人，动非扰下，绩用可尚，钦叹良深。"② 其诏书也重赞赏陆庶开辟西门路的最大功绩是"商旅斯通"，这是福建第一条由政府开辟的为经济民生服务的道路。

唐代福建交通的另一件大事是仙霞岭路的改造。《福建交通志》说："唐僖宗乾符五年（878），黄巢起义军攻下江西的虔、饶、信等州后，复由宣州渡江，转浙东进入福建，于乾符六年（879）三月进至福州。黄巢入闽，不走秦汉入闽的老路，而是从衢州经仙霞岭至建州，打通仙霞岭天险，开拓沿途山路705里（约合320公里），攻入福建浦城，经政和、建瓯而到古田。另一路由江西南城东攻福建建宁，联合闽西各溪洞的少数民族，迅速东攻建阳，与古田主力会师后，直接由古田围攻福州。黄巢攻下福州后，又迅速南下泉州，经同安、漳州、漳浦、云霄转入潮州，攻下广州。这就给福建对外的陆路交通，增加了由浙江经仙霞岭进入浦城，和由江西南城经甘家隘进入建宁的两条路线。"③ 此说认为，由浙江经仙霞岭进入浦城和由江西南城经甘家隘进入建宁的两条路线都是新增的，值得商榷。

黄巢军队经仙霞岭路入闽史实见于以下记载。《旧唐书》载：

[乾符五年（878）三月]黄巢之众，再攻江西，陷虔、吉、饶、信等州，自宣州渡江，由浙东欲趋福建，以无舟船，乃开山洞五百里，由陆趋建州，遂陷闽中诸州。④

《新唐书》载：

---

① 范文澜：《中国通史》第三册，第二章第五节，人民出版社2004年版，第328页。
② （清）董诰等编：《全唐文》第七册卷664《与陆庶诏》，中华书局1983年版，第6753—6754页。
③ 福建省地方志编纂委员会编：《福建省志·交通志》，方志出版社1998年版，第8页。
④ （后晋）刘昫：《旧唐书》卷19下《僖宗纪》，中华书局1975年版，第702页。

[乾符（878）五] 转寇浙东，执观察使崔璆。于是高骈遣将张潾、梁缵攻贼，破之。收众逾江西，破虔、吉、饶、信等州，因刊山开道七百里，直趋建州。①

《资治通鉴》载：

　　[乾符五年（878）八月] 黄巢寇宣州，宣歙观察使王凝拒之，败于南陵。巢攻宣州不克，乃引兵攻浙东，开山路七百里，攻剽福建诸州。②

　　朱维干和唐文基认为，黄巢入闽之前，仙霞岭路就已经开通，泉州人欧阳詹上京赴试即经此路，并作《题梨岭诗》。欧阳詹为贞元（785—805）时人，过仙霞岭路，比黄巢入闽早七八十年。黄巢军虽由此路入闽，但非黄巢所开辟。所谓"开山洞五百里"，"刊山开道"，"开山路七百里"，当是黄巢大军人马辎重过道不便，因而进行拓宽修理，以便行军。③胡三省也认为此路非黄巢所开："按九域志，自婺州至衢州界首一百九十里，衢州治所至建州七百五里，此路岂黄巢始开之邪？"④

　　黄巢入闽另一条线路，由江西南城经甘家隘进入建宁则是新开辟的。黄巢入闽的另一路兵马，据《闽中金石志》所录石刻记载，黄巢派其主力从仙霞岭路攻入福建，驻兵建阳，亲率部分军队从南城攻击黄连镇（即后建宁县所在），遭到镇人陈岩所部"九龙军"袭击，巢军不敌，黄巢当即联合当地土著，奔走各溪洞间，溪洞云动，黄巢因而摆脱陈岩的攻击，向东进攻建阳与主力会合，攻克建州，过古田雪峰山，逼近福州。⑤黄巢从江西攻击黄连镇，应从南丰越"蟠湖岭，在（建宁）县西北七十

---

① （宋）欧阳修、宋祁：《新唐书》卷225下《列传第150下·逆臣黄巢传》，中华书局1975年版，第6454页。
② （宋）司马光编著，（元）胡三省音注：《资治通鉴》卷253《唐纪69》，中华书局1956年版，第8208页。
③ 参见朱维干《福建史稿》（上），福建教育出版社1985年版，第138—139页；唐文基《福建古代经济史》，福建教育出版社1995年版，第113—114页。
④ （宋）司马光编著，（元）胡三省音注：《资治通鉴》卷253，中华书局1956年版，第8208页。
⑤ 福建省地理编纂委员会编：《福建历史地理》，厦门大学历史系1976年翻印版，第86页。

里,接江西南丰县界……东有大峰,高五百丈。又有小峰,高二百丈"①,而入福建。蟠湖岭即"甘家隘,又名蟠蝴隘,地势险要,北倚峭壁悬崖的高山顶,西临百丈深壑,是建宁县境 20 座隘寨中最重要的一座,位于建宁县西北边陲,武夷山脉中段的高山巅上,高程 820 米,是建宁通江西南丰县的门户,闽北山区通往江西的重要关隘之一"。② 这条道路与杉关东兴岭路、分水关路同为赣闽间要道,成为后来北方移民入迁之便道。

第二节 唐五代时期汀州交通

汀州自开元年间(713—741)设置,隶属福州中都督府。由于东面横亘东北—西南走向的戴云山和博平岭,山势雄伟,沿海与内陆山区间几乎没有陆路交通,只能依靠天然的河流溪水往来;西面则高耸南国著名大山——武夷山脉,交通条件相当落后。《元和郡县志》记:

>(汀州)八到:西北至上都取建州路六千二百九十五里。西北至东都五千三百三十五里。东北至福州水陆相兼屈曲一千三百六十里。东北至建州水陆相兼一千五百里。东南至漳州九百里。正南微西至潮州一千三百五十里。西至虔州水陆相兼一千二百里。③

有学者研究证明,《元和郡县志》中所记"八到"就是州县与周围地区实际交通线之里程。《元和郡县图志》所记各州"八到"不仅其方向数不相统一,所记东、西、南、北和东南、西北、东北、西南各方向也无不变之规则,而且所记到达各地之里程又十分具体而多非约数,由此可推知,其"八到"应该是实际交通线之里程,而不是为了标明一州县方圆四至之大小,况且在其"八到"条目前都有"州境"一目专记一州东西与南北边界之距离。其书所记"八到"为实际交通线之里程,在本书中是有佐证的,有不少处言及所记里程之道路性质。而李吉甫编《元和郡

---

① (清)顾祖禹:《读史方舆纪要》卷 97《建宁县》,中华书局 2005 年版,第 4512 页。
② 福建省地方志编纂委员会编:《福建省志·交通志》,方志出版社 1998 年版,第 14 页。
③ (唐)李吉甫:《元和郡县图志》卷 29《江南道五·汀州》,中华书局 1983 年版,第 722 页。

县图志》和乐史编《太平寰宇记》以及后来诸总志所记州县各项内容，并非通过实地考察，而是来自各州上报本州岛之图经。由于各州上报本州岛有关情况标准不尽一致，而编修者又没有精力一一落实，故在书中存在诸多不统一，相邻之州对同一路线里程记述也有抵牾。《元和郡县图志》中记各州交通路线为"八到"可能仅记主要道路而未及一般小道。①

据此，我们可以对汀州对外道路稍作梳理。

一　汀州与福建诸州交通

福州是福建中心政区，是国家权力在福建的依托，因而也是福建的政治、经济和文化的中心，汀州与福州的交通需求自然不可避免。汀州与福州的交通以闽江通道为主，"东北至福州水陆相兼屈曲一千三百六十里"②，从汀州府出发，陆路北行二百一十里至宁化县清流驿，"（清流县）府东北二百十里。……本长汀、宁化二县地。宋元符初，析置今县，以宁化之清流驿为县治，属汀州"③，《舆地纪胜》记《图经》云："本晋清流驿"④，水路沿九龙溪而下，"自东顺流而下百里，过九龙滩，由永安、沙县合建宁水，会于延平交剑潭，抵福州入于海。"⑤ 元和二年（807），陆庶开筑了自福州至延平的西门路，汀州至福州又可自清流水路而下至延平，顺西门路而至福州，以避水路艰险。

汀州至福州还有另一条路，由汀州陆路南行至漳州龙岩县。龙岩县本是汀州辖境，"中下，东北，至（漳）州三百里。先置在汀州界杂罗口，名杂罗县，属汀州。天宝元年（742）改为龙岩县，大历十二年（777），皇甫政奏改隶漳州"⑥，与汀州自然有道路可通。然后由水路而下至尤溪县，"尤溪县，中下，东南水路至州八百里。开元二十九年（741）开山洞置。县东水路沿流至侯官，县西水路溯流至汀州龙岩县"⑦，再顺流而下八百里至福州；或至龙岩后，"取道同安（晋安即今之同安）、晋江、

---

① 曹家齐：《唐宋时期南方地区交通研究》，华夏文艺出版社2005年版，第33—34页。
② （唐）李吉甫：《元和郡县图志》卷29《江南道五·汀州》，中华书局1983年版，第722页。
③ （清）顾祖禹：《读史方舆纪要》卷98《清流县》，中华书局2005年版，第4491页。
④ （宋）王象之：《舆地纪胜》卷132《汀州》，文海出版社1971年影印本，第698页下。
⑤ （明）陈桂芳修纂：（嘉靖）《清流县志》卷1《疆域》，福建人民出版社1992年版，第6页。
⑥ （唐）李吉甫：《元和郡县图志》卷29《江南道五·漳州》，中华书局1983年版，第722页。
⑦ 同上书，第717页。

惠安、仙游、莆田等县地"①，而至福州。但这条路要翻越玳瑁山脉、博平岭等山脉，峡谷交错，且绕道太远，少有人行，更难以作为官道，自汀州府治迁至长汀白石后，便已废止。龙岩改隶漳州的原因就是因为交通不便，王捷南在《闽中沿革表》记载得很清楚："汀州采访录附杨睿曰：晋置新罗，不属建安而属晋安者，时新罗县治在今上杭县地东南境，奄有今永定、龙岩、宁阳、漳平、南靖等县地。当时隶境取道同安（晋安即今之同安）、晋江、惠安、仙游、莆田等县地。其东北境，今长汀、宁化地毗连将乐、邵武一带，自是山洞盘互，道梗未通。唐开元置州时，史尚以为福抚二州地也。大历十四年（779）徙白石，即今治，若仍取道漳泉，则路迂远矣，故改龙岩属漳州，而以沙县来附，从郡往来则便。"②

汀州至京都一样要水陆兼程，"西北至上都取建州路六千二百九十五里"，从汀州府出发，陆路北行二百一十里至宁化县清流驿，水路沿九龙溪而下，"自东顺流而下百里，过九龙滩，由永安、沙县合建宁水，会于延平交剑潭……又自延平交剑潭溯流而上一百二十里至建宁府。又七十里至建阳县"。③ 由建阳接入京驿道，"从长安至江浙福建的驿路，由长安经洛阳、汴州、泗州、扬州、苏州、杭州、越州（治所在今浙江绍兴）、衢州（治所在今浙江衢州）直达福建泉州"④，即所谓"取建州路"。

由于闽北与汀州之间没有陆上通道，"（汀州）其东北境，今长汀、宁化地毗连将乐、邵武一带，自是山洞盘互，道梗未通"。⑤ 故从汀州到福州和到京都的路线来看，汀州往闽北必须经过九龙溪，但九龙溪航道极其险恶，"闽诸滩，惟汀之清流九龙滩最号奇险"⑥，"泛清流，下九龙滩，如高屋建瓴，从山巅跌船下幽谷，奇险甲于天下"⑦，通行极为困难，非万不得已不行此道。唐元和时，元自虚为汀州刺史，赴官到任时就自九龙溪而上，至清流登岸陆行至汀州。时人张籍有《送汀州元使君》诗云：

---

① （清）王捷南：《闽中沿革表》卷5《长汀县》，道光十九年刻本。
② 同上。
③ （明）陈桂芳修纂：嘉靖《清流县志》卷1《疆域》，福建人民出版社1992年版，第6页。
④ 臧嵘：《中国古代驿站与邮传》，中国国际广播出版社2009年版，第94页。
⑤ （清）王捷南：《闽中沿革表》卷5《长汀县》，道光十九年刻本。
⑥ （清）周亮工：《闽小记》卷3《九龙滩》，上海古籍出版社1985年版，第158页。
⑦ （清）蓝鼎元：《鹿洲初集》卷12，《景印文渊阁四库全书》第1327册，（台北）商务印书馆1983年版，第758页下。

"曾成赵北归朝计,因拜王门最好官。为郡暂辞双凤阙,全家远过九龙滩。山乡只有输蕉户,水镇应多养鸭栏。地僻寻常来客少,刺桐花发共谁看。"① "为郡须过九龙滩",则所为之郡即临汀郡。故后人说:"诵张籍诗'全家远过九龙滩'句,知其时多舟行,由沙县至清流登陆也。"② 元自虚贵为刺史,若有他途能够行至汀州,断不会拿身家性命冒险过九龙滩,很好地证明了闽北与汀州之间没有陆上通道,故而进入闽北的北方移民多居于当地,或选择交通相对便利的闽江通道和西门路而流向沿海。这也是唐末五代时期北方移民迁入福建后多居于闽北和沿海的重要原因。

汀州至漳州,龙岩、汀州间并无水路,可以陆行至龙岩;而龙岩大历十二年(777)划归漳州,"凡郡邑所辖,每视川流之势"③,"龙岩、漳浦间,也有九龙江可通"④,则龙岩至漳州是走水路。唐末王绪率军入闽,"率众南奔,所至剽掠,自南康入临汀,陷漳浦,有众数万"⑤,从江西南康过临汀直达漳州。王绪军队"有众数万",能够直"陷漳浦",所走道路绝非一时开掘之便道;何况本属狼狈逃窜之众,岂有余暇开路?据此推测,其所走应为汀州至龙岩再至漳州之道路,当离事实不为太远。

二 汀州与赣南交通

汀州至虔州,"西至虔州水陆相兼一千二百里"。那么汀州通往赣州的道路究竟从何处越过武夷山呢?《临汀志》载:"西至赣州四百一十里,内六十里新路岭入赣州界。"⑥ "新路岭,在长汀县西60里,抵瑞金县,乃汀赣分界之所。嘉定间,郡守邹公非熊修隘以备赣寇,名罗坑隘。"又引旧《郡县志》曰:"新路岭,在县西六十里。峭险壁立,砂砾崎岖,行者病焉。岭背即隶江西,此乃天所以限闽中也。"⑦

新路岭虽然"峭险壁立,砂砾崎岖,行者病焉",却是汀赣往来必经要冲,又是贡水发源地,为汀州与赣州界最便捷通道。过岭即为瑞金监,"本于都县地,有金。唐天祐元年(905),置瑞金监,后升为县。属虔

---

① (唐)张籍:《送汀州源使君》,(清)彭定球等编:《全唐诗》卷385"张籍四",中华书局1960年版,第4343页。
② (清)王捷南:《闽中沿革表》卷5《长汀县》,道光十九年刻本。
③ 同上。
④ 朱维干:《福建史稿》(上),福建教育出版社1985年版,第129页。
⑤ (宋)欧阳修:《新五代史》卷68《闽世家第八》,中华书局1974年版,第845页。
⑥ (宋)胡太初修,赵与沐纂:《临汀志》,福建人民出版社1990年版,第7页。
⑦ 同上书,第40页。

州，有铜钵山、绵江"。① 自此顺贡水而下直抵虔州，"贡水，一名东江，源出福建长汀县新路岭，西经瑞金、会昌及于都县境，南北支川悉汇入焉。又西至府城东，环城而北，会于章水"。② 唐末王绪带兵由南康入闽也应该走的是这条路。

谢重光先生曾指出，赣南地区在江南西道中属自然条件较差地区，唐末五代时期的人口增幅却明显高于全道平均水平，州县增置较多。究其原因，应得益于赣南的地理条件：赣南作为江南的西南隅，有水路与江淮相通之便，却又与中原和江淮距离较远，相对比较安全，因此，它在唐末能吸引大量中原和江淮人民移民入居就是很自然的了。因而唐末五代时期赣南移民较多。③ 其实赣南接受移民较多的交通原因不仅是水路之便，还有一个重要原因是赣州居于长安至广州和洛阳至广州的驿道之上，一是"从长安至岭南的驿路，由长安经襄州（治所在今湖北襄樊）、鄂州（治所在今武汉市武昌）、洪州、吉州、虔州（治所在今江西赣州）直达广州。"④ 一是"洛阳东行至汴州，循运河东南行经杭州岭南道。此道先从洛阳向东出发抵达扬州（今江苏扬州市），而后至杭州（今浙江杭州市），自杭州向西南循钱塘江陆行，至睦州（今浙江建德市东），再南行至婺州（今浙江金华市），自婺州西行至衢州（今浙江衢州市），再由衢州西行，经信州（今江西上饶市）至洪州（今江西南昌市），然后循赣水向南经吉州、赣州，越大庾岭而至广州及岭南各地"。⑤ 这就使得北方流民迁徙至虔州极为便利。驿道交通对于由中原进入赣南之便利，还可由唐末王绪入闽得到旁证。唐光启元年（885）正月，王绪、王潮"悉举光寿兵五千人，驱吏民渡江"⑥，"率众南奔，所至剽掠，自南康入临汀，陷漳浦，有众数万"⑦，不过一二十天便到达福建⑧，显然与江西境内驿道交通发达有关。

---

① （宋）欧阳忞：《舆地广记附札记》，中华书局1985年版，第259页。
② （清）顾祖禹：《读史方舆纪要》卷88《赣州府》，中华书局2005年版，第4055页。
③ 谢重光：《畲族与客家福佬关系史略》，福建人民出版社2002年版，第75—82页。
④ 臧嵘：《中国古代驿站与邮传》，中国国际广播出版社2009年版，第94页。
⑤ 曹家齐：《唐宋时期南方地区交通研究》，华夏文艺出版社2005年版，第39页。
⑥ （宋）司马光编著，（元）胡三省音注：《资治通鉴》卷256，僖宗光启元年正月，中华书局1956年版，第8320页。
⑦ （宋）欧阳修：《新五代史》卷68《闽世家第八》，中华书局1974年版，第845页。
⑧ 吴松弟：《中国移民史》第3卷《隋唐五代时期》，福建人民出版社1997年版，第302页。

唐五代时期进入闽北的北方移民，因多种原因而少有进入汀州居住，这并不意味唐五代时期没有流民进入汀州。汀州的设立本身就是招抚流民的结果："开元二十一年（733），福州长史唐循忠于潮州北、广州东、福州西光龙洞，检责得诸州避役百姓共三千于户，奏置州，因长汀溪以为名。"① 此时期正是升平时期，并没有大的动乱发生，自然也不会有外来大批流民移入，检括所得三千余户都是周边州郡逃役百姓，谢重光先生认为，当时所开黄连峒、光龙峒是自赣入闽的门户，被检括出来的居民又被称为"避役百姓"，这些百姓的主体还应是从赣南逃往闽西或往来于赣南闽西之间逃避官府徭役和苛政的汉人。② 这些陆续而分散进入汀州的汉族百姓显然不会是大规模由北方迁来的。

那么，由赣南逃入汀州的百姓是从哪些通道进入的呢？要解决这个问题，首先要从闽西和赣南政区的设置进行分析。

唐代，由赣南而来移民基本上是由长汀县内的武夷山南段的隘口进入汀州的。闽西于开元年间（713—741）开山洞置汀州，辖三县：长汀、宁化、龙岩，有户口三千余。后又在汀州境内增设上杭、武平二场。上杭场，"大历四年（769），刺史陈剑析龙岩胡雷下保，置上杭场"。③ 武平场，"在州西南百二十里……图经云：本晋新罗地，唐置武平场"。④ 也有记载认为，武平场五代闽国时设置："唐置州之后，析西南为两镇，曰南安，曰武平，相距百二十里，隶长汀。为（伪）闽交泰四年，省南安并为武平场。"⑤ 朱维干先生赞同唐置武平场说："从大历四年（769）至咸通五年（864），计105年中置九场三镇。"⑥ 则上杭场、武平场都应于唐代设立，但现在所见资料大多记载武平场是五代时建立。⑦ 不管记载如何，宋代以前已经设置武平场却是不争的事实。唐朝的场实际上是由较为发达的墟市发展而来的，《文献通考》说："坊场即墟市也，商税及酒税

---

① （唐）李吉甫：《元和郡县图志》卷29《江南道五·汀州》，中华书局1983年版，第722页。
② 谢重光：《唐宋时期汀江流域的开发》，《客家》2007年第3期。
③ （清）曾曰瑛修，李绂纂：《汀州府志》卷2《建置》，方志出版社2004年版，第30页。
④ （宋）王象之：《舆地纪胜》卷132《福建路·汀州》，文海出版社1971年影印本，第698页下。
⑤ （宋）胡太初修，赵与沐纂：《临汀志》，福建人民出版社1990年版，第4页。
⑥ 朱维干：《福建史稿》（上），福建教育出版社1985年版，第126页。
⑦ 如《临汀志》、(嘉靖)《汀州府志》、《八闽通志》、(康熙)《武平县志》、《读史方舆纪要》、(乾隆)《汀州府志》、《福建通志》等都记载五代时并南安、武平二镇为场。

皆出焉。"① 唐代所谓场，实际上，已具有县的雏形，有下列的例子，足以为证。

一为盛均（南安县人，大中十一年（857）登进士第）的《桃林场（今永春县）碑记》：

> 今己卯年（按当为大中十三年），觐季父于此，视廛里若巨邑，览风物如大邦，鳞鳞然廨宇之罗，蔼蔼然烟火之邦。……俗阜家泰，官清吏闲。凌晨而舟车竞来，度日而笙歌不散。②

二为詹敦仁［南唐保大十三年（955），监小溪场务］的《清溪（今安溪县）设县记》：

> 小溪场，西距漳汀，东濒溟海，乃泉之一镇守也。地广二百余里。……民乐耕蚕，冶有银铁，税有竹木之征，险有溪山之固，两营之兵，管二千余人，每岁之给，经费六万余贯，……岂不足以置县欤？③

上述两段记文足见唐代所谓场，所管辖的地面，或广至二百余里；所谓镇，所管辖的地面，亦决不以一小垒为限。④

可见，上杭、武平二场的设立也是因为有许多流民聚集此地，并且流民人数不在少数。而在汀州北部除宁化县外并没有设置场镇。由此不妨认为，唐代由赣南而来移民基本是由长汀县内的武夷山南段的隘口进入汀州的。实际上，直到清代，长汀以南的武夷山众多低矮隘口还是江西入闽的要道，"自江西入闽，一由河口踰崇安过武夷山，下泛建阳，会于建宁；一由五虎杉关踰光泽，下邵武，过顺昌会于延平；一由瑞金踰汀州，泛清

---

① （元）马端临：《文献通考》卷19《征榷考六》，中华书局1986年影印万有文库十通本，第186页下。
② （清）董浩等编：《全唐文》卷763《桃林场记》，中华书局1983年版，第7934页。
③ （清）陈寿祺总纂：《重纂福建通志》卷2《沿革·安溪县》，华文书局股份有限公司1968年版，第210页。
④ 上述引文转引自朱维干《福建史稿》（上），福建教育出版社1985年版，第127页。

流，下九龙滩，如高屋建瓴，从山巅跌船下幽谷，奇险甲于天下。"①

从赣南看，唐代虔州"管县七：赣，南康，信丰，大庾，雩都，虔化，安远"②，后在武夷山西侧设置瑞金监，"东至福建汀州府百里……本于都县地。唐天佑元年（905），杨行密析雩都，象湖镇之淘金场，置瑞金监"③，表明赣南的人口已逐步向东涌动，但并没有迹象显示赣南人口已达到饱和，也就不会有大量人口向汀州迁移。直到五代南唐时期，除瑞金监升为县外，又另外增置了三个县："瑞金县，本瑞金场，南唐升为县；石城县，本石场，南唐改为石城场，旋升为县；上犹县，本南康县地，伪吴天佑中析南康县之一乡半为场，南唐壬子岁（952）改为县；龙南县，本信丰地，伪吴武义中析信丰顺仁乡之新兴一里为场，南唐壬子岁改为县。"④ 石城与宁化相邻，瑞金与长汀相邻，龙南与粤北相邻，上犹与湖南相邻，说明此一时期赣南又接纳了大量移民，人口已扩散到州境的边缘，因而在远离州治的偏远地区已开始设立新县。"这些县分布在赣州的东、南、西、北四方，而且每县恰分居于章水与贡水支流的上游，换句话说正位于赣州盆地周围的山区里。我们可以想象，当数量不少的移民沿赣水来到盆地中心后，这里早已人满土满，于是他们就向盆地四周散开，沿赣水的一级与二级支流，进入人口稀少的山区，定居下来，成为今日客家人的祖先。"⑤ 但是，赣南人口仍然没有达到饱和，来自北方的流民仍然可以在赣南找到容身之所，无须继续迁徙，因而不会有成批移民进入汀州。这就很好地解释了汀州南部从大历四年（769）就设置了上杭、武平二场，而直到宋朝淳化初年（990）长达220余年的时间内没有新的政区设置的原因。

五代末期至北宋初年是汀州第一次接受大批北方移民时期，也是汀州人口增长的第一个高潮。北方流民继续涌入，使得赣南在宋初太平兴国八年（983），又新置两个县，"兴国县，太平兴国八年（983）以赣县潋江

---

① （清）蓝鼎元：《鹿洲初集》卷12，《景印文渊阁四库全书》第1327册，（台北）商务印书馆1983年版，第758页下。
② （唐）李吉甫：《元和郡县图志》卷28《江南道四·虔州》，中华书局1983年版，第672页。
③ （清）顾祖禹：《读史方舆纪要》卷88《赣州府》，中华书局2005年版，第4068页。
④ （宋）乐史：《太平寰宇记》卷108《虔州》，中华书局2007年版，第2186—2187页。
⑤ 周振鹤：《客家源流异说》，《学术月刊》1996年第3期。

镇置兴国县；会昌县，太平兴国八年（983）以九州岛镇置会昌县"。① 会昌县与汀州交界。自此之后直到元代的三百多年间，赣南竟未再新置一个新县。因此我们可以认为，直到北宋初赣南的人口才达到饱和状态，自此以后向南迁移的北方流民只能经过赣州继续向闽西或粤北，主要是向闽西迁移。而且五代末期至北宋初年的移民涌入已经使得虔州无法继续接纳，部分流民开始途径赣南成批进入汀州南部，致使汀州人口激增，太平兴国（980—989）年间，有主户19730户，客户4277户，总计24007户。② 因而在赣南人口达到饱和之后不久，汀州即于宋淳化五年（994）升上杭、武平二场并为县。③

从自然条件讲，武夷山南段以中山为主，在长汀古城、武平东留分始降为600米、560米左右的低山，也更便于移民翻越。

综上所述，由于唐五代时期赣南地旷人稀，成为北方流民为躲避战乱向南迁移的容身之所，因而没有大量成批的流民进入汀州。直到五代末期至宋初，赣南人口达到饱和，无法容纳新的移民，开始有大批移民途径赣南从武夷山南段众多低矮隘口进入汀州南部。这是汀州第一次接受大批北方移民的时期，也是汀州人口增长的第一个高潮时期。

第三节 宋元汀州的陆路交通

唐五代时期，汀州通往闽北的道路开拓主要是出于政治因素，多以水路为主，并无陆路相通。而由赣南进入汀州的道路又以武夷山南段低矮隘口为主，因而进入汀州的移民主要聚集在汀州南部。宋代，随中央政府驻地的南迁，国家经济重心进一步南移，国家财政越来越依赖于东南地区，倚福建为后方重地，"岂非天旋地转，闽浙却是天地之中也"④，对于福建的交通设施，开始逐步完善。在这种大背景下，汀州内部人口又不断增加，经济也逐步发展起来，内外交通逐步完善，尤其是与闽北、赣南的交

---

① （宋）王存：《元丰九域志》卷6《江南路·西路》，中华书局1984年版，第251页。
② （宋）乐史：《太平寰宇记》卷102《汀州》，中华书局2007年版，第2035页。
③ （宋）王存：《元丰九域志》卷9《福建路·汀州》，中华书局1984年版，第404页。
④ （宋）朱熹：《晦庵集·续集》卷2，《景印文渊阁四库全书》第1146册，（台北）商务印书馆1983年版，第448页上。

通得到了发展，开始有大批移民在汀州北部聚集。

一 宋代道路的发展

闽地自有史可稽直至唐前期，长期处于蛮荒化外之地，虽然曾经纳入中央政府管辖之下，或是有名无实，或是徙民墟地，或是废置不常，一直没有完全开发，社会经济的发展一直处于滞后状况，"（福州）始州，户籍衰少，耒锄所至，甫迩城邑。穹林巨洞，茂木深翳，少离人迹，皆虎豹猿猱之墟"。① 闽西更是草莱未辟，极其落后。直至开元十一年（723）唐政府"敕州县安集逃人"②，而在福建增设一州五县，汀州应运而生："开元二十一年（733），福州长史唐循忠于潮州北、广（应为"虔"抄写之误）州东、福州西光龙洞，检责得诸州避役百姓共三千余户，奏置州，因长汀溪以为名。"③ 这是闽西历史上最早设置的州。

汀州初置，极其荒凉："乃当造治之初，凡斫大树千余，树皆山都所居，天远地荒，又足妖怪，獉狉如是，几疑非人所居，故必迟之数年，方建郡治。"④ 人口稀少，野兽随处出没："大历中（766—770），有猴数百，集古田杉林中，里人欲伐木杀之，中一老猴，忽跃去近邻一家，纵火焚屋，里人惧亟走救火，于是群猴脱去。……然猴则近时所罕（见），其土地辟，田野治之故欤。"⑤ 不仅猴子多，而且野象极多："象洞在潮梅之间，今属武平县，昔未开拓时，群象止其中，乃谓之象洞。其地膏腴，稼穑滋成，有美酿，邑人重之，曰象洞酒。"⑥ "象洞，在武平县南一百里，接潮、梅州界。林木翁翳，旧传象出其间，故名。"⑦ 所以在宋代文献还会出现汀州"蛮荒化外"的记载："汀为州，在闽山之穷处，复嶂重峦，绵亘数百里，东接赣水，南邻百粤。闽部所隶八州，而汀为绝区。"⑧

---

① （宋）梁克家：《三山志》卷33《寺观类·僧寺》，方志出版社2003年版，第582页。
② （清）王夫之：《读通鉴论》卷22《玄宗》，中华书局1975年版，第772页。
③ （唐）李吉甫：《元和郡县图志》卷29《江南道五·汀州》，中华书局1983年版，第722页。
④ （清）杨澜：《临汀汇考》卷1《建置》第1册，光绪四年刻本，第4页。
⑤ （清）杨澜：《临汀汇考》卷4《物产》第4册，光绪四年刻本，第12页。
⑥ （宋）叶廷珪：《海录碎事》卷6《饮食器用·酒门·象洞酒》，上海辞书出版社1989年版，第153页。
⑦ （宋）胡太初修，赵与沐纂：《临汀志》，福建人民出版社1990年版，第52页。
⑧ （宋）王象之：《舆地纪胜》卷132《汀州》，文海出版社1971年影印本，第699页上。

唐开元前闽西社会发展缓慢的重要原因之一是人口稀少,劳动力匮乏。① 而随北方地区的战乱频发,北方汉人不断迁入,闽西人口开始大量增加。从五代末期到南宋的三百余年间,北方每经过一次战乱,汀州人口就显著增长一次。谢重光先生对此作了详细研究,认为闽西人口大量增加的现象集中在唐末至宋初,北宋中后期及两宋之际,尤以唐末至宋初、两宋之际最为突出,明显是外来移民大量迁入的结果。② 根据上文的分析,我们认为汀州第一次人口大量增长期限应该定为五代末期至宋初更为精确一些。降至宋代,伴随人口的大量增加,闽西的社会经济也迅速发展起来。那么闽西的交通状况如何?外来人口又是如何进入闽西的呢?

(一) 汀州的对外陆路交通

汀州虽然在地理位置上居于要冲,"西邻赣吉,南接潮海,实江西二广往来之冲"③,但是,社会经济一直落后于相邻其他地区,原因之一就是地理位置的重要性没有得到很好展现。直到唐宋以降,随中国经济重心的逐步南移,国家财政越来越依赖于东南地区,中央政权对南方地区的控制也渐次强化,国家权力及认同意识的不断扩展,闽西山区才逐步得到开发,其地理位置的重要性渐次显现出来,交通也随之发展。

先来看看汀州对外交通的发展状况。

宋代汀州和相邻州郡都有道路相通,"其趋邻郡,皆遵陆"。④ 长汀与瑞金之间的道路,扼闽赣两省咽喉,是赣南通往闽西的主要路径。

唐末王绪率军入闽,"率众南奔,所至剽掠,自南康入临汀,陷漳浦,有众数万"⑤,从江西南康过临汀直达漳州。后王延政为防备江南兵,又筑古城于今长汀县南何田,《舆地纪胜》记:"古城,五代王延政时于州西五十里筑城以防江南兵,今号古城。"⑥ 但《舆地纪胜》所记有误。长汀古城寨五代时初建于河田市,"长汀县古城寨,在长汀县西四十五

---

① 郑学檬认为,福建山区开发速度缓慢,主要原因是劳动力不足。参见郑学檬《中国古代经济中心南移和唐宋江南经济研究》,岳麓书社2003年版,第263页;朱维干认为,宋代福建户口增加,也增加了劳动力,所以"虽硗确之地,耕耨殆尽"。参见朱维干《福建史稿》(上),福建教育出版社1985年版,第223页。
② 谢重光:《客家源流新探》,福建教育出版社1995年版,第56页。
③ (宋)王象之:《舆地纪胜》卷132《汀州》,文海出版社1971年影印本,第699页上。
④ (宋)胡太初修,赵与沐纂:《临汀志》,福建人民出版社1990年版,第7页。
⑤ (宋)欧阳修:《新五代史》卷68《闽世家第八》,中华书局1974年版,第845页。
⑥ (宋)王象之:《舆地纪胜》卷132《汀州》,文海出版社1971年影印本,第700页上。

里。旧在何田市。绍兴间，准朝旨迁创"。① 在长汀县南四十五里，"河田市，在长汀县南四十五里，旧名留镇。"② 后于宋"绍兴间，准朝旨迁创"古城寨于长汀县西五十里。所以长汀县古城寨直到绍兴年间（1131—1162）才迁至城西五十里，王延政所筑古城应在县南，而非宋绍兴时所筑古城，这一点却是无疑的。从中可以看出，无论古城是建于县南河田，还是建于县西，都说明一定有一条路是越过长汀以西的隘口与江西相通。

王绪以数万之众自江西过临汀陷漳浦，南唐亦由此路进攻闽国，说明所行之路绝非临时开掘；而且王延政在此筑城以备江南兵，可见此路非但是交通要衢，而且可以肯定的是其时自漳浦已有道路可通何田、长汀和江西的瑞金与赣州。

那么闽赣要道究竟从何处而过呢？《临汀志》载："西至赣州四百一十里，内六十里新路岭入赣州界。"③ "新路岭，在长汀县西60里，抵瑞金县，乃汀赣分界之所。嘉定间，郡守邹公非熊修隘以备赣寇，名罗坑隘。"又引旧《郡县志》曰："新路岭，在县西六十里。峭险壁立，砂砾崎岖，行者病焉。岭背即隶江西，此乃天所以限闽中也。"④

新路岭虽然"峭险壁立，砂砾崎岖，行者病焉"，却是汀赣往来必经要冲，为长汀与瑞金间之最便捷通道。数万军队及峒寇既可由此而过，普通行人包括后来移民自然也会由此而过，可见，这是由江西进入汀州的主要通道。宋代汀赣盐贩成群结队往来虔、汀、漳，或由汀州转向潮、梅各地，也多利用此路："江西则虔州地连广南，而福建之汀州亦与虔接，虔盐弗善，汀故不产盐，二州民多盗贩广南盐以射利。每岁秋冬，田事才毕，恒数十百为群，持甲兵旗鼓，往来虔、汀、漳、潮、循、梅、惠、广八州之地。所至劫人谷帛，掠人妇女，与巡捕吏卒斗格，至杀伤吏卒，则起为盗，依阻险要，捕不能得，或赦其罪招之。岁月浸淫滋多。"⑤ 宋政府为捕捉走私盐贩，才于"绍兴间，准朝旨迁创"古城于今长汀县西古城置寨，以加戍守。这就更加证实了新路岭乃是闽西至赣南的咽喉要道。

---

① （宋）胡太初修，赵与沐纂：《临汀志》，福建人民出版社1990年版，第110页。
② 同上书，第14页。
③ 同上书，第7页。
④ 同上书，第40页。
⑤ （元）脱脱等：《宋史》卷182《志第135》《食货下四·盐中》，中华书局1977年版，第4441页。

而河田古城置留村镇，"河田市，在长汀县南四十五里，旧名留镇"，使留村"宋时为商旅辏集处"①，原因就是位居交通要道，虽然军事价值削弱，但商业价值依然重要。

南宋嘉定年间（1208—1225），江西有峒寇李元砺起兵造反，威胁到汀州的安全，于是郡守邹非熊修隘以备赣寇，名罗坑隘。当李元砺刚起兵时，汀州司户赵希缙向郡守献策，说守城非为良策，距城三十里有关曰古城，若悉精锐以扼其冲，贼不足虑。郡守即命其至古城修守备。赵希缙在古城安排初定，"贼已遣谍窥关"。②与上文所引"古城"条相印证，说明从州城西行越新路岭通江西的路——新路岭即汀赣往来必经之路，也正是王绪以数万之众自江西过临汀陷漳浦，南唐进攻闽国所行之道。

汀州南部即长汀以南到瑞金还有多条道路："又牛岭，在县西二十里，道出瑞金县。"③"黄沙隘，在县东南，路通汀州，平坦可以据守。其在县东境者，大约有车断、陈、日东、黄竹、湖陂、平地六隘，皆路出长汀等县之道。其桐木、新中、新径、塔径、桃阳五厄，则东南出武平之道也。皆崎岖险厄，防守甚难。又有桃阳东、卢公坳等隘，亦在县东南，为长汀、武平必由之道。"④

宋代，汀州往北的驿道开通，移民开始从汀州北边大量入境。汀州往北驿道，林汀水先生认为：即由长汀北上，"过九龙、石牛、馆前等三驿，越将安馆和明溪驿，经清流至宁化，由宁化正西邻接赣州石城县界的站岭（崬岭）隘路，抵达江西的石城和广昌。"⑤此说有误。

其一，行程次序差误。从汀州府北上宁化，先后所过之地应为馆前驿、石牛驿、宁化。馆前驿，"又府东七十里有馆前驿"。⑥石牛驿，"县南七十里。以旁有石牛而名。宋置，至今因之"。⑦汀州府北上将乐，所过之地应为馆前驿、石牛驿、皇华驿（九龙驿）、明溪驿、将安馆、

---

① （清）顾祖禹：《读史方舆纪要》卷98《长汀县》，中华书局2005年版，第4483页。
② 据《民国长汀县志·大事志》引《旧志·武功》条和《宋史·赵希缙传》，转引自谢重光《客家普遍溯源于宁化石壁的文化意蕴》，《汕头大学学报》（人文科学版）1999年第1期。
③ （清）顾祖禹：《读史方舆纪要》卷98《长汀县》，中华书局2005年版，第4482页。
④ 同上书，第4069页。
⑤ 林汀水：《对福建古代交通道路变迁的几点看法》，《中国社会经济史研究》1994年第1期。
⑥ （清）顾祖禹：《读史方舆纪要》卷98《长汀县》，中华书局2005年版，第4483页。
⑦ 同上书，第4486页。

将乐。

其二，路线错误。石牛驿到宁化无须绕道清流，宁化人李世熊说："宁化西南达汀州。由县前四十五里曰赖畲公馆者……又二十里曰石牛驿。"① 为证。可见从石牛驿即可直达宁化。现在常被提到的宁化到石城的站岭路，在宋代似乎还没成为人们常走的道路，南宋《临汀志》记："西至赣州石城县界七十五里，以张坑为界，自界首至石城县二十里。"② 如果站岭（宋称崤岭）已经成为往来必行之要道，《临汀志》应该会有所记载。明《汀州府志》也是类似记载，也没有关于站岭的记载。③ 直到明末清初李世熊才明确记载"是有站岭隘，则石城之分界也"④，也没有明确提到站岭隘是宁化通往石城的道路。而与李世熊同时稍晚的顾祖禹则清楚地指出了宁化到石城的道路："又留西隘，在县西，通石城县"，并指出宁化到广昌的道路："又石溪隘，在县北，路出建宁、广昌二县。"⑤ 由此不妨以为，宋代虽然有大量北方移民进入宁化，并因此于元符元年（1098），"谓长汀、宁化壤地广袤，官民暌隔，无以取奸宣惠，奏请分置一县，遂割宁化六团里、长汀二团里置县驿旁，因以名焉"⑥，增置清流县。但是这些进入宁化的北方移民并非全由站岭隘，甚而至于只有少数是从站岭隘进入的。谢重光先生认为南宋绍定三年（1230）晏头陀义军往来赣闽主要走站岭隘这条路⑦，恰好可以解释为只有在非正常情况下才会走这条路，即还没有成为人们常走之路。此时期北方移民除了大量从汀州北边入境，仍然有部分移民从汀州南部入境，因此在元符年间（1098—1100）析长汀县地增置莲城堡，"乃以是地为莲城堡"。⑧

除了上述两条路，还有从闽北经将乐、清流进入汀州的路。清流在闽西位置很重要，是汀州至福州的必由之处。清流很早就有驿站，"旧有清

---

① （清）李世熊：《宁化县志》，福建人民出版社1989年版，第54页。
② （宋）胡太初修，赵与沐纂：《临汀志》，福建人民出版社1990年版，第8页。
③ （明）邵有道纂修：《汀州府志》卷1《里至》，《天一阁藏明代方志选刊续编》39，上海书店1990年版。
④ （清）李世熊：《宁化县志》，福建人民出版社1989年版，第14页。
⑤ （清）顾祖禹：《读史方舆纪要》卷98《宁化县》，中华书局2005年版，第4486页。
⑥ （宋）胡太初修，赵与沐：《临汀志》，福建人民出版社1990年版，第3页。
⑦ 谢重光：《客家普遍溯源于宁化石壁的文化意蕴》，《汕头大学学报》（人文科学版）1999年第1期。
⑧ 连城县地方志编纂委员会主编：《连城县志》，方志出版社1997年版，第44页。

流驿，在宁化县东麻仓团，溪流回环清泚"。① 《舆地纪胜》记《图经》云："本晋清流驿。"② 驿站是朝廷为政治的需要而设置的，属于官道："置驿传食，置邮传命，古也。"③ 汀州府与福州省会的联系，多要通过清流，其路线为由清流沿沙溪经沙县而至延平，再顺闽江边山路抵达福州。④ 宋代以降，清流是闽西往闽北的主要通道。当地人说："清流为汀郡名邑，乃四方八闽往来之冲，人物舟车要会之所。"⑤ 可见，清流县处于要冲的地位，比之其他诸县有明显发展。

从长汀北上至石牛驿后，顺流而下九十里至清流，是闽北至汀州的必经之道，"《舆程记》：由清流县九龙驿舟行，至驿九十里，又西南六十里而达长汀县界之馆前驿，往来必经之道也"。⑥ 九龙驿，"因邑有九龙滩得名，旧名皇华驿"。⑦ 皇华驿即"皇华馆，在县东北。淳祐间，令林奕创"。⑧ 然后由清流东北行百里至明溪驿，"明溪驿，在县西门外。宋元符中置驿，属清流县。……《舆程记》：自驿西南六十里至清流县之玉华驿，又四十里即九龙驿矣。一云明溪驿在县西南十五里"。⑨ 自明溪水路六十五里至将安馆，即白莲马驿，"又白莲马驿，在县西南六十里。宋为将安馆，元至治初，改为站，明初改为驿。《舆程记》：'自驿陆行二十里，而达汀州府归化县界之铁岭隘。水行六十五里，至归化县之明溪驿'"。⑩ 再东北行六十里至南剑州将乐县。

综上所述，历史上从江西进入闽西的途径不外两段，一是从武夷山北段分水关和杉关等几条通道越武夷山入闽，先到闽北各县，再从闽北迁入闽西；二是翻越武夷山南段赣闽之间的多处隘口进入闽西各地。在宋代，

---

① （宋）胡太初修，赵与沐纂：《临汀志》，福建人民出版社1990年版，第3页。
② （宋）王象之：《舆地纪胜》卷132《汀州》，文海出版社1971年影印本，第698页上。
③ （宋）胡太初修，赵与沐纂：《临汀志》，福建人民出版社1990年版，第98页。
④ （宋）梁克家：《三山志》驿铺篇小注记："唐元和中，岁歉，宪宗纳李朋言，发使赈济。观察使陆庶为州二年，而江吏籍沦溺者百数。乃铲峰湮谷，停舟续流，跨木引绳，抵延平、富沙，以通京师。"可知延平到福州自唐代就有路可通，汀州到福州应是连接此路而至。
⑤ （明）刘清：《新建访楼记》，陈桂芳：（嘉靖）《清流县志·词翰志》，福建人民出版社1992年版，第20页。
⑥ （清）顾祖禹：《读史方舆纪要》卷98《宁化县》，中华书局2005年版，第4486页。
⑦ （明）陈桂芳修纂：《清流县志》，福建人民出版社1992年版，第57页。
⑧ （宋）胡太初修，赵与沐纂：《临汀志》，福建人民出版社1990年版，第100页。
⑨ （清）顾祖禹：《读史方舆纪要》卷98《归化县》，中华书局2005年版，第4497页。
⑩ 同上书，第4465页。

这些隘口主要有如下几条：从长汀西至赣州瑞金县有新路岭，北至赣州瑞金县有黄竹岭，西北至赣州瑞金县有石脑岭；从宁化西至赣州石城县有张坑，西北至建昌军南丰县有车桥岭；从武平西至赣州安远县有大中山，西北至赣州会昌县有南瀑口北岭。①

汀州至漳州，可以陆行至龙岩，再沿九龙江顺流而下至漳州。

越新路岭过临汀至漳浦的道路后来成为汀州搬运漳盐的要道。南宋绍兴二十二年（1152）四月，前知汀州陈升奏言："且以汀州一郡论之，每岁额管运福盐二百五十万斤，计二十五纲，依近降指挥，许税户经州投状，入产在官，抵保搬运。其纲凡一经度岭，两次易舟，方至本州岛界……自后汀州并于漳州搬运盐货。"②《临汀志》载："前长汀县宰刘元英为检院申请，欲令汀民与长汀、宁化、清流并照上杭、武平、莲城体例，改运漳盐。郡守赵崇模申请谓搬运漳盐，系遵陆路，恐脚夫有改，反为一方之扰，莫若改运潮盐。"③ 赵崇模说，"搬运漳盐，系遵陆路"应该就是指的这条路。

汀州与漳州间还有其他陆路：

> 武平县，运漳盐。……邑去漳余十程，皆陆负，例和雇里夫，分番接运。莲城县，运漳盐。旧例官给纲本钱，雇诱丁壮陆负而官民中分之。近年官差人吏赍钱往漳州买盐，载上水头，和雇里夫往水头搬担交卸。④

武平县运漳盐"皆陆负"，"分番接运"。莲城县运漳盐，"旧例……雇诱丁壮陆负"，可见武平、莲城二县确有陆路通漳州，经上杭而至。实则汀州诸县陆路通漳州必经上杭，"由汀州陆路至漳州，必经上杭、永定，岭高径危，与福宁道上相仿佛"。⑤ 所谓"福宁道上相仿佛"，"《四明丰熙记》云，福州上通中原……惟陡北岭陆行，取温、台的道路最近，

---

① 谢重光：《客家普遍溯源于宁化石壁的文化意蕴》，《汕头大学学报》（人文科学版）1999 年第 1 期。
② （清）徐松：《宋会要辑稿》《食货》26 之 33，中华书局 1957 年影印本，第 5250 页上。
③ （宋）胡太初修，赵与沐纂：《临汀志》，福建人民出版社 1990 年版，第 27—28 页。
④ 同上书，第 29 页。
⑤ （清）蓝鼎元：《鹿洲初集》卷 12，《景印文渊阁四库全书》第 1327 册，（台北）商务印书馆 1983 年版，第 759 页上。

乃因路经连江、罗源、宁德抵达福宁，山高岭峻，林木深阻，自昔罕辟，干霄蔽日，行者及舁中，如入坠□□噬吞，魂销魄漂"①，则是指道路艰险难行。

宋景炎二年（1277），元兵攻破汀州城西古城寨，文天祥欲据城拒敌，但是汀守黄去疾有异志，天祥乃移军漳州，"又垂珠岭，在（莲城）县南百里，接上杭县界。宋景炎二年，元兵破汀关，丞相文天祥移兵屯漳州，过此岭，回顾垂涕，居民哀之，表以此名"。② 是谓经莲城、上杭入漳州。

上杭有多条陆路通漳州：

"缘岭，在上杭县南百八十里兴化乡，接漳州界。"③ 同书《建置沿革》注16记：《永乐大典·汀》引《元一统志》云："按唐《地理志》：'开元初，立市于龙岩县之太平场。'后迁市于兴化乡，即今漳州龙岩县余地。"上杭县兴化乡市系由龙岩县太平场迁来，既有"市"，则有道路相通，何况本身即为"今漳州龙岩县余地"？

（永定县）"博平岭隘在县东北。路通漳州龙岩县，为戍守要地。……又东南为下洋、大溪、月流等隘，路出漳州平和县。"④ 永定县，宋时为上杭县地，"永定县，在府城东南，本上杭地。明成化十四年（1478），巡抚高明以其地险民悍，去县绝远，草寇屡发，遂奏析上杭胜运、溪南、金丰、太平、丰田等地置永定县，国朝因之"。⑤

汀州到广东的陆路交通虽然不占重要地位，但也有路可通。五代后梁龙德二年（922），"汉主（刘）岩用术者言，游梅口镇避灾，其地近闽之西鄙。闽将王延美将兵袭之，未至数十里，侦者告之，岩遁逃仅免"。后引《九域志》载："梅州程乡县有梅口镇，与闽之汀州接境。"⑥ "闽之西鄙"系指汀州而言，梅口镇与之接境，王延美能够将兵袭之，两地之间

---

① 转引自林汀水《对福建古代交通道路变迁的几点看法》，《中国社会经济史研究》1994年第1期。
② （清）顾祖禹：《读史方舆纪要》卷98《连城县》，中华书局2005年版，第4494页。
③ （宋）胡太初修，赵与沐：《临汀志》，福建人民出版社1990年版，第48页。
④ （清）顾祖禹：《读史方舆纪要》卷98《永定县》，中华书局2005年版，第4500页。
⑤ （清）曾曰瑛修，李绂纂：（乾隆）《汀州府志》卷2《建置》，方志出版社2004年版，第30页。
⑥ （宋）司马光编著，（元）胡三省音注：《资治通鉴》卷271《后梁纪6》，中华书局1956年版，第8876页。

有陆路相通自无可疑。周去非也认为汀州到梅州有路可循："自秦世有五岭之说，皆指山名之。考之，乃入岭之途五耳，非必山也。自福建之汀，入广东之循、梅，一也……"①《临汀志》也说汀梅之间有路可通："南至梅州四百三十五里，内三百一十里沙干村入梅州界。"② 但是，非常偏僻破败，不堪人行："惟郡境邈左，仅有道梅者出是，他无所谓毂交蹄劙，故驿败不复修。"③

汀州与广东间还有多条道路相通，但艰险难行：

> 又有牛路岭，盘旋十余里，耕民贩牛广东，取路于此。④
> 竹箭隘，在县南，路出广东大埔县。……《志》云：县境之隘，凡二十有六，而岐岭、博皮、竹箭尤为险要。⑤
> 又县东百五十里有上井隘，通福建上杭县，冈岭峻绝。东北二百里有松源隘，亦通上杭，山径崎岖，松源水所经也。⑥

总的来讲，汀州对外陆路虽多，但大多艰险难行，阻碍了汀州与外界的交通往来。

（二）宋代汀州的内部交通

下面再看汀州的内部交通。

汀州的对外交通虽不发达，但由于政治上的需要，往北的交通明显好于南部。汀州境内官道，即驿道和驿站，从北向南延伸到长汀戛然而止，《临汀志》的记载证实了这一点："期会来自京，若诸台邮凡三十五所，而自郡达于县境，则无有。"⑦ 其原因是汀州与沿海不能交通，往南方的道路则"冈岭峻绝"、"山径崎岖"，仅仅往梅州曾修过驿道："惟郡境邈左，仅有道梅者出是。"⑧ 但是，由于"中国古代交通系统具有如下特点：

---

① （宋）周去非：《岭外代答》卷1《地理门》，中华书局1985年版，第3页。
② （宋）胡太初修，赵与沐纂：《临汀志》，福建人民出版社1990年版，第7页。
③ 同上书，第98页。
④ （清）顾祖禹：《读史方舆纪要》卷98《连城县》，中华书局2005年版，第4494页。
⑤ 同上书，第4500页。
⑥ 同上书，第4723页。
⑦ （宋）胡太初修，赵与沐纂：《临汀志》，福建人民出版社1990年版，第98页。
⑧ 同上。

首先服务于政治和军事，经济民生能够予以利用的可能性相对有限"。① 汀州在宋代并没有往南扩展的政治和军事需求，所以行人稀少，驿道很快就破败不堪："他无所谓毂交蹄劘，故驿败不复修。"② 但是汀州境内交通还是有所发展："乃自创邮十七所，通为五十二所。"③

唐代水陆交通要道大约每三十里设一处驿馆。宋代由于馆驿和通信邮递完全分开，驿馆只负责接待过往人员，在交通干线上改为60里一驿，负责邮传的递铺则约18—20里一处，特殊情况还有5—10里一处者。④ 馆驿只设于交通要道上，即驿路之上；递铺不仅设于驿路之上，也遍布没有驿的地方。关于递铺之间的距离，《玉海》云："本朝诸路邮传每二十五里置一递。"⑤ "《建炎以来系年要录》和《宋会要》所载与之同。"⑥ 其设置以县为中心，向四面八方辐射。《景定建康志》载：驿路"每铺相去十里……县路十一铺，每铺相去二十里，此系诸县不通驿处递传之路"。⑦ 所谓特殊情况，是指交通线上或由于经济繁荣，或由于政府军事需要，人员往来特别繁忙，需要快速流动，即可多设递铺。《三山志》中的记载很好地反映了递铺馆驿设置情况。

宋代福州有西、南两路驿铺，西路从福州迎恩馆出发，至营顶铺，西取南剑界首五里，共历程260里，设驿亭五、铺十三，其中驿铺合居一处者二所，计16站，平均每站间距16.25里，两站间最远30里，最近10里；南路从福州出发，至蒜岭铺，南至莆田县界3里，共历程170里，凡5驿、10铺，其中驿铺合居一处者5所，计11站，平均每站间距15.45里，两站间最远23里，最近7里。⑧ 二者比较，虽然西路在北宋以前为入京官道，但是，由于南宋政府定都临安，福州南路成为广东通往临安的

---

① 王子今：《中国古代交通系统的特征———以秦汉文物资料为中心》，《社会科学》2009年第7期。
② 同上书，第98页。
③ 同上。
④ 曹家齐：《唐宋时期南方地区交通研究》，华夏文艺出版社2005年版，第4页。
⑤ （宋）王应麟：《玉海》卷172《邸驿》第五册，广陵书社2003年版，第3166页下。
⑥ （宋）李心传：《建炎以来系年要录》卷181《绍兴二十九年二月庚戌》条，《景印文渊阁四库全书》第327册，（台北）商务印书馆1983年版，第560页下。（清）徐松辑：《宋会要辑稿》《方域》11之13，中华书局1957年影印本，第7056页下。
⑦ （宋）周应合：《景定建康志》卷16《疆域志二·铺驿》，《景印文渊阁四库全书》第489册，（台北）商务印书馆1983年版，第21页上至22页上。
⑧ （宋）梁克家：《三山志》卷5《地理类·驿铺》，方志出版社2003年版，第71—78页。

必经之路，大量物资运输和奏令往来使得这条从福州南路经泉漳至潮州，再由潮惠下路到广州的驿路异常繁忙，就连偏僻的漳州也变得热闹非凡："问涂四方者，必行嘉木清泉可憩濯，传舍行店可依止。南辕则不然，路益荒，人益稀，极日数十里，无寸木滴水，无传舍行店，首人酌地里之中，各创庵焉。……守庵以僧，赡庵以田……由漳至潮，号畏涂。今深茅丛苇中，轮奂突出，钟鱼相闻，筦簟薪水，不戒而具，与行中州无异。"① 所以，福州南路驿铺设置明显密集。

宋代，汀州邮驿设置如下：

长汀县

驿馆七：长汀驿、临汀驿、成功驿、温泉驿、双溪驿、高名亭、归仁馆。

废驿一：上洪驿。

铺十四：南田铺、大息铺、白头铺、古城铺、樟木铺、朱溪铺、杉木铺、归岭铺、长覆铺、岩头铺、长潭铺、磜头铺、忆田铺、蕉坑铺。

宁化县

驿馆二：宁阳驿长乐驿

废驿一：鳞源驿

铺十四：县下铺、吴家庄铺、龙地铺、大罗溪铺、赖画铺、张地铺、小罗溪铺、石牛铺、安乐铺、黄地铺、黄田铺、露溪铺、江公铺、苗日铺。

清流县

驿馆一：皇华馆。

铺六：县下铺、小嵩铺、嵩溪铺、林奢铺、小安铺、明溪铺。

莲城县

铺六：县下铺、岩头铺、长霸铺、归岭铺、大步铺、流奢铺。

上杭县

铺七：浊口铺、茶木铺、钟地铺、语口铺、语源铺、刘奢铺、横坑铺。

---

① （宋）刘克庄：《后村先生大全集》卷89《漳州鹤鸣庵》，《四部丛刊初编》（集部），北京书同文数字化技术有限公司2001年版。

武平县

废馆一：迎恩馆

铺四：县下铺、渔溪铺、帽村铺、瑞湖铺。

共计馆驿10，铺41，每铺间距多依制25里，最小间距20里，仅一铺；最大间距55里。①

宋制，每25里置1铺。汀州递铺间距多为25里，共29站。其他除1铺间距为20里，剩余11铺间距都在规定间距之上，而且有17铺。这反映出汀州基本上是处在国家权力控制的边缘，是边陲地区，因为中央政府开辟和建设驿道初衷是加强中央王朝对地方的管理和控制，递铺越密集，中央政令贯彻越迅捷，对地方管理和控制就越紧密。同时，反映汀州经济的落后。递铺间距远，表明来往人员稀少，对外交流薄弱，经济不活跃。

总的来说，宋代汀州的内外交通尽管比唐代有所发展，还是相当落后的。可以从宋代汀州的陆路交通考述中得出如下结论：

首先，宋代汀州依然处在国家权力控制的边缘，交通发展处于半自然状态。汀州地处交通要冲，陆路通道虽多，但多不通达。中国古代交通的发展主要是服务于政治和军事的需要，经济民生能够从中受益的可能性则是附属的。汀州地处"江西两广往来之要冲"，但隶属于福建路，其交通需求以通往福州为主，官道多向北辟建，故而清流位置在闽西极其重要，"清流为汀郡名邑，乃四方八闽往来之冲，人物舟车要会之所"②，是汀州往北的门户。清流很早就有驿站，"旧有清流驿，在宁化县东麻仓团，溪流回环清泚"。③迄至南宋，由于通往闽北的驿道开通，来自北方的汉族百姓开始聚集在此，因此元符元年（1098）从宁化县析置清流县。但汀州山多险峻，开辟道路殊为不易，故当时人们采取循河觅道，因河成道办法，利用相近河谷连接成道，主要以水运为主。故通往福州之道虽属官道，亦不堪行。而其他路径因无政治及军事因素，也没有大规模开发。通往漳州之道，直至南宋时期才因搬运漳盐而被利用。通往梅州之道则"败不复修"。与江西来往的道路，必须翻越武夷山，无论南段还是北段，虽有众多隘口，大多崎岖难行，故而杉关和分水关等关隘才能成为军事

---

① （宋）胡太初修，赵与沐纂：《临汀志》，福建人民出版社1990年版，第99—100页。

② 同上书，第3页。

③ （明）刘清：《新建访楼记》，陈桂芳修纂：《清流县志》卷5《词翰志》，福建人民出版社1992年版，第120页。

险关。

其次,由于南宋通往闽北的驿道开通,进入汀州的道路已从汀州南部扩展到北部,直接结果就是有大批北方移民从闽北进入宁化,并在宁化留居,从而在元符元年(1098)从宁化析置清流县。由赣入闽的道路便利流民移入,对于在北方战难中失去家园的流民而言,翻越武夷山虽然艰难,但是绵亘高耸的武夷山脉宛如一道天然屏障,把他们与饱受其害的战乱隔绝开来,只要能有一个安身之所,能够再创家园,就有足够的吸引力。而闽西社会经济相当落后,又没有发达便利的交通,还要艰难地翻越武夷山,对于意欲割据或流窜的军阀而言,进入汀州几乎走入绝路,应该不可能把闽西作为军事目标。五代时王绪"略浔阳、赣水、取汀州,自称刺史,入漳州,皆不能有也"①,后"潮引兵将还光州,约其属,所过秋豪无犯。行及沙县,泉州人张延鲁等以刺史廖彦若贪暴,帅耆老奉牛酒遮道,请潮留为州将,潮乃引兵围泉州"②,即为明证。闽西因此在唐末以来的战乱时期成为北方流民迁入的主要区域。

最后,汀州落后的社会环境适宜流民定居,人口的增加促进汀州社会的发展。汀州因为地处遐左,国家权力范围很难延及,建置较迟,再加土著人口多且落后,故而开发较晚,其社会经济落后于相邻的其他州郡。而这正好满足了流民进入汀州后对空间、资源及社会角色的需求,所以大量流民留在了汀州。由于来自北方地区的流民拥有先进的生产技术和生产力,数量众多的移民又大大增加了原本匮乏的劳动力,这就使得汀州的社会经济在宋代快速发展起来。在这种定居开发的过程中,北方移民和汀州土著族群相互交流、融合,为取得经济与文化竞争的优势,对自身文化传统进行"创造性"的再调整,并形成互动共生的新的族群关系,最终促成了汀州客家社会的形成。

二 元代汀州驿道的发展

元代,中央王朝在新的历史条件下大力发展闽粤赣地区交通,汀州的闽粤赣要冲地位终于得以展现,汀州的交通和开发在此时期也有了大幅度提高。

元代在历代王朝中统辖区域最广,"开辟以来,幅员之广,莫若我

---

① (宋)欧阳修、宋祁等:《新唐书》卷190《王潮传》,中华书局1975年版,第5491页。
② (清)郑杰:《闽中录·王潮别传》,清光绪十八年林氏续墨缘书屋刻本。

朝。东极三韩，南尽交趾，药贡不虚岁；西逾于阗，北逾阴山，不知各几"。① 元朝疆域如此广大，行军万里，绝塞孤征，彼此传递消息，驿传在其中起了相当大的作用："东渐西被，暨于朔南，凡在属国，皆置驿传，星罗棋布，脉络贯通，朝令夕至，声闻毕达。"② 窝阔台以来，逐渐在广阔的领域内，建立起"站"的制度。《元史·兵志·站赤》说："元制站赤者，驿传之译名也。盖以通达边情，布宣号令。古人所谓置邮而传命，不有重于此者焉。"其目的"盖使九州岛四海之广大，穷边辅邑之远近，文书期会络绎周流，如人之血脉贯通于一身，诚有国者之要务也"。③ 驿站的设立，起初只是基于政治、军事需要，尤其是边远各民族地区往来的需要。但驿站的广泛建立，却增进了各地水陆交通。站有陆站、水站两种，以陆站为主。水站主要是指内河的交通，工具用船。

正是在这样的背景下，僻处一隅的闽粤赣交界区也纳入国家驿道建设之中。至元二十一年（1284），江西行省广东道宣慰使月的迷失开辟驿自隆兴（今江西省南昌市），经抚州（今江西省临川市），入邵武（今福建省邵武县），下汀州（今福建省长汀县），然后顺汀江直下潮州（今广东省潮州市）。④ 全程"径道一千六百余里，""立站一十七处"。⑤

这条驿道的开辟，使闽粤赣三省交界山区有了最便捷的出海通道，"抚州至潮州，经由汀梅，径道一千六百余里，比之福建近便七百五十余里。若于汀梅往道立站，官民利便"。⑥

《站赤》所记驿站，福建境内13站，汀州境内6站。现将临近汀州和汀州境内的站赤罗列于下：

---

① （元）许有壬：《至正集》卷31《大元本草序》，《景印文渊阁四库全书》第1211册，（台北）商务印书馆1983年版，第225页上、下。

② 黄才庚：《元朝驿传初探》，《社会科学战线》1984年第2期。

③ （元）刘诜：《桂隐文集》卷1《螺川重修马驿》，《景印文渊阁四库全书》第1195册，（台北）商务印书馆1983年版，第134页下。

④ 颜广文：《元代隆兴至潮州新驿道的开辟及对赣闽粤三省省界开发的影响》，《中国边疆史地研究》1998年第2期。

⑤ （明）解缙等编：《永乐大典》卷19418《经世大典·站赤三》，第8册，中华书局1986年版，第7209页下。

⑥ 同上。

双峰站。《站赤》①载:"双峰站,马八匹,正马四匹,贴马同。轿三乘,正户三户,贴户九户。船五只,正户五户,贴户四十五户。"《读史方舆纪要》载:"双峰驿,(在顺昌)县治西。宋置顺兴驿。"②驿道至顺昌站分两路,一路沿闽江直下,经南剑(今南平)、闽清,抵福州,这是元代福建省内主干驿道;一路折而向南,经将乐、明溪、清流、直下汀潮。

三华站。《站赤》载:"三华站,马八匹,正马四匹,贴马同。轿三乘,正户三户,贴户阙。船三只,正户三户,贴户二十七户。"《读史方舆纪要》载:"三华驿,在(将乐)县西,元置三华站,明初改为驿。"③三华站址即今将乐县城,距双峰站约80里。从三华站所设水、马、轿三站齐全规模看,这段驿道相当繁忙,应该不是仅以汀州为目的地的。

白莲站。《站赤》载:"白莲站,马八匹,正马四匹,贴马同。轿三乘,正户三户,贴户阙。"白莲站即宋将安馆:"又白莲驿在县西南六十里,宋为将安馆,元至治初改为站,明初改为驿。"④白莲站址即今将乐县白莲镇,距三华站约60里。

明溪站。《站赤》载:"明溪站,马八匹,正马四匹,贴马同。轿三乘,正户三户,贴户阙。"明溪站实则是故驿:"明溪铺,在(清流)县东一百二十五里。旧有驿,今亦有。"⑤ 始于"原属清流县,宋元符间置"。⑥明溪站址即今明溪县城,距白莲站约85里。

玉华站。《站赤》载:"玉华站,马六匹,正马三匹,贴马同。轿三乘,正户三户,贴户同。"玉华站址即今清流县嵩溪镇,也是故驿,即宋"嵩溪铺,在县东五十里。旧有驿。郡守陈公轩秩满抵驿,有《寄清流宰赵通直》诗云:'寒日尽时山未尽,却随明月到嵩溪'"。⑦距明溪站约60里。

---

① 以下关于各站赤材料均引自《永乐大典》卷19418《经世大典·站赤三》,为行文方便,不再一一注释。
② (清)顾祖禹:《读史方舆纪要》卷97《顺昌县》,中华书局2005年版,第4474页。
③ 同上书,第4465页。
④ 同上。
⑤ (宋)胡太初修,赵与沐纂:《临汀志》,福建人民出版社1990年版,第100页。
⑥ (明)邵有道纂修:《汀州府志》卷6《归化县》,《天一阁藏明代方志选刊续编》39,上海书店1990年版,第393页。
⑦ (宋)胡太初修,赵与沐纂:《临汀志》,福建人民出版社1990年版,第100页。

清流站。《站赤》载:"清流县站,马六匹,正马三匹,贴马同。轿三乘,正户三户,贴户五户。"亦故驿。清流站址即今清流县城,距玉华站约40里。

石牛站。《站赤》载:"石牛站,马六匹,正马三匹,贴马同。轿三乘,正户三户,贴户二十一户。"亦故驿,即宋"石牛驿县南会同里,宋端平间创"①,在"县南七十里,以旁有石牛而名。宋置,至今因之。《舆程记》:由清流县九龙驿舟行至驿九十里,又西南六十里而达长汀县之馆前驿,往来必经之道也"。② 石牛站址即今宁化县石牛镇,距清流站约60里。

馆前站。《站赤》载:"馆前站,马一十匹,正马五匹,贴马同。轿三乘,正户三户,贴户二十一户。"馆前站"在归阳里,去府城东八十里,元时设名馆前站"。③ 馆前站址即今长汀县馆前镇,距石牛站约40里。

临汀站。《站赤》载:"临汀县站,马一十匹,正马五匹,贴马同。轿五乘,正户五户,贴户二十四户。"故驿,"临汀驿,在县东五里。淳熙间,郡守赵公汝劼创"。④ 临汀站址即长汀县城,距馆前站约70里。

《站赤》所载福建汀州路各站已尽。从所列站赤来看,除馆前站属于元时新设站赤外,其他各站都是在原有驿馆基础上建成的。而且与南宋时情况形似,有记载的站赤也是直到汀州府治就戛然而止。

从月的迷失修筑站赤的动机和记载看,其目的是从隆兴能够直达潮州,以保证中央政府对潮州的有效控制,因为潮州虽然地处粤闽交界东南沿海最僻之处,但在南宋就已成为闽广交通要道,"潮州属广东,若取本路递角,则自江西至广州而后达潮,其路为迂。故多由福建路转达,取其便速也"。⑤ 元代潮州在建置上隶属江西行省,为便于管理,与汀赣的交通就变得重要起来。而在元初,由江西行省的治所龙兴(原名隆兴,今江西南昌)至潮州,取道抚州(今江西临川),经福建邵武、延平(今南

---

① (明)邵有道纂修:《汀州府志》卷6《宁化县》,《天一阁藏明代方志选刊续编》39,上海书店1990年版,第372页。
② (清)顾祖禹:《读史方舆纪要》卷98《宁化》,中华书局2005年版,第4486页。
③ (明)邵有道纂修:《汀州府志》卷6《长汀县》,《天一阁藏明代方志选刊续编》39,上海书店1990年版,第366页。
④ (宋)胡太初修,赵与沐纂:《临汀志》,福建人民出版社1990年版,第98页。
⑤ (清)徐松:《宋会要辑稿》《方域》11之38,中华书局1957年影印本,第7519页上。

平)、泉州,再转潮州,全程 2350 里。至元二十五年(1288)九月,改由抚州经汀州(今福建长汀)、梅州直至潮州,全程 1600 里,较原路缩短了 750 里。① 另一个原因是元代潮州已有"初入五岭,首称一潮;土俗熙熙,有广南闽峤之语"②,具有重要的战略地位,成为元军西征交趾安南,东征爪哇、琉球的重要集结地和后勤补给基地。③ 而且从上述三华站所设的水、马、轿三站齐全规模来看,这段驿道相当繁忙,应该也不是仅以汀州为目的地。因此隆兴到潮州的驿道肯定会从汀州往南继续延伸,那么长汀以南的站赤设置情况是如何的呢?

《临汀志》记载:"临汀为郡,治长汀。上接剑、邵,下抵漳、梅、潮,旁联赣。其趋邻郡皆道路,若水路,则长汀溪达上杭,直至潮州入于海。"④ 又记:"置驿传食,置邮传命,古也。惟郡境遐左,仅有道得梅者出,他无所谓毂交蹄劙,故驿败不复修。"⑤ 这两条资料表明从汀州到粤北有路可通,陆路有驿道通梅州,所谓破败驿站在《临汀志》中也有记载:"刘奢铺。在(上杭县)南九十里。旧有驿。"⑥

水路则自长汀下汀江,经上杭入广东境韩江,是汀州至潮州重要驿道。

由汀州往南的驿站也可考。《临汀志·邮驿》记载:自长汀县以南所置驿站有温泉驿、成功驿、双溪驿、上洪驿(废),上杭县有刘奢(旧)驿。可见,南宋时长汀以南就已经设有驿站。但是,《临汀志》没有记载其具体位置和里程,当是因为元代以前汀州虽然人口增多,经济得以发展,于南宋年间就已经开发汀江作为通往粤北的捷道,但一直没有纳入国家驿道之中,故而这些驿站可能是来往客旅在途中落脚较为频繁的地方自行修建的,属于经济发展的产物,与国家政治军事无关,政府没有建设,因而在志书中没有记载,可从《临汀志》记载得到证实:

"汤泉,在长汀县南四十五里,曰何田市。周数十丈,能熟生物。绍

---

① 中国道路交通史编审委员会:《中国道路交通史》,人民交通出版社 1994 年版,第 389 页。
② 赵万里辑:《元一统志》卷 9《潮州路》,中华书局 1966 年版,第 683 页。
③ 颜广文:《元代隆兴至潮州新驿道的开辟及对赣闽粤三省省界开发的影响》,《中国边疆史地研究》1998 年第 2 期。
④ (宋)胡太初修,赵与沐纂:《临汀志》,福建人民出版社 1990 年版,第 7 页。
⑤ 同上书,第 98 页。
⑥ 同上书,第 101 页。

兴间，县丞江灏力请于郡，层石池之，钩流渠之，又疏寒泉以破其烈，异向为两浴室，使男女有别。旁结庵，名'无垢'，环绕皆汤，惟佛殿后正中有井泉清冽，后因作露台于其上，泉遂堙塞，识者惜之。长汀尉李格为之记。一在长汀县南百瑞安仁保，由石窦中涌溢如拖绅，溉田甚衮。"①又"河田市，在长汀县南四十五里，旧名留镇"。② 温泉驿当是得名于何田市内有一温泉，绍兴间长汀官员已在此建有馆舍。

"成功墟，在长汀县西南百二十里。"③ 墟市所在应是成功驿地址。

"双溪岭，在（上杭）县东五十里。"④ 双溪驿址今上杭县界，以上杭县界侧双溪岭得名。

"刘奢铺在县城南九十里，旧有驿。"⑤ 刘奢驿址与刘奢铺同，今为上杭县峰市。

有学者依据《临汀志》载："诸台邮凡三十五所，而自郡达于县境则无有，乃自创邮十七所，通为五十二所。"⑥ 认为温泉诸驿属自创之列，所以《站赤》不载。⑦ 实则有误。自宋代开始，我国邮驿制度有一个大的变化，驿和传的职能分离，驿馆负责接待，铺传则专门负责文书传递任务。⑧ 对此，《临汀志》记载得很明白："置驿传食，置邮传命，古也。"因而，汀州"自创邮十七所"，是传递信息的递铺，而非驿站。汀州不见记载的驿站实在是民间经济活动产物。

元代，月的迷失开通隆兴至潮州驿道正是利用了这些民间驿站，由于同样的原因，因而在《站赤》中也没有记载，而实际上它们都是存在的。正是通过这些民间驿站，才同粤北交通，接入韩江，直达潮州，"东北至汀州鱼矶镇六百五十里。元无陆路"。⑨ 关于潮境内站赤的记载也证实了这些驿站确实贯通了隆兴至潮州的驿道：

三河站。《站赤》载："三河站，船九只，正户九户，贴户四十五

---

① （宋）胡太初修，赵与沐纂：《临汀志》，福建人民出版社1990年版，第42页。
② 同上书，第110页。
③ 同上书，第14页。
④ 同上书，第48页。
⑤ 同上书，第101页。
⑥ 同上书，第98页。
⑦ 颜广文：《元代隆兴至潮州新驿道的开辟及对赣闽粤三省省界开发的影响》，《中国边疆史地研究》1998年第2期。
⑧ 曹家齐：《唐宋时期南方地区交通研究》，华夏文艺出版社2005年版，第3页。
⑨ （宋）乐史：《太平寰宇记》卷158《潮州》，中华书局2007年版，第3035页。

户。"三河站在大埔县"三河镇,在县西。有巡司,洪武九年(1376)置。又三河驿,亦置于此"。① 因为设于汀江、梅江、小溪三河汇合点得名,距刘奢驿约100里。

产溪站。《永乐大典》卷5343《潮州府》载:"元混一区宇,制度更新,陆置马站,水置船站。……今录站铺于左:在城水马站,马一十六匹,船五只;三河站船三只;产溪站船三只……"② 产溪站在海阳县,"又北七十里有产溪驿。《舆程记》:自凤城驿西至揭阳县之桃山驿七十里,又西七十里为潮阳县之灵山驿,又自产溪驿而北,凡百里至大埔县之三河驿。"③

潮州路在城站。《站赤》载:"在城站,船一十三只,正户一十三户,贴户一百一十八户。马一十六匹,正马八匹,贴马同。轿四乘。"潮州路在城站规模相当宏大:"三阳驿,为堂前后有二,为庑前后有四,柱石坚固,垣墙周密,面阳开户,气象轩豁,背山凿池,景仰幽胜,汤沐饮食之需,供帐服用之具,件件精实。"④

这样,自闽北至潮州的驿道就很清楚了:三华60里至白莲,再60里至明溪,再85里至玉华,再40里至清流,再60里至石牛,再40里至馆前,再70里至临汀,再50里至温泉,再70里至成功,再30里至双溪,再90里至刘奢,再100里至三河,再100里至产溪,再70里至潮州。

元代汀州驿道建设改善了汀州交通落后的局面,改变了"汀州于福建为绝区"。"汀为州,南邻百粤,深林茅竹之间。""闽部所隶八州,而汀为绝区"的闭塞面貌,使其真正"南通交广,西(北)达江右,实瓯闽之奥壤也",充分展现了汀州"西邻赣吉,南接潮海,实江西二广往来之冲"⑤ 的地理优势,成为闽粤赣三省交界区的重镇和交通枢纽,促进了以汀州为中心的闽粤赣边经济区的形成。

---

① (清)顾祖禹:《读史方舆纪要》卷103《大埔县》,中华书局2005年版,第4729页。
② (明)解缙等编:《永乐大典》卷5343《潮州府》,中华书局1986年版,第2461页下。
③ (清)顾祖禹:《读史方舆纪要》卷103《海阳县》,中华书局2005年版,第4716页。
④ (元)黄刚大:《三阳驿壁记》,(明)解缙等编:《永乐大典》卷5345《潮州府三》,中华书局1986年版,第2486页下。
⑤ (宋)王象之:《舆地纪胜》卷132《汀州》,文海出版社1971年影印本,第699页上。

第四节 宋元汀州的水路交通

汀州地处山区，四境群山耸立，东有玳瑁山、博平岭，西有武夷山南段，中有彩眉山脉，南有南岭支脉，陆路交通十分不便。但是汀州境内水系丰富，众多河流为汀州的对内和对外水上交通提供了条件，其中闽西最大河流汀江和闽江三大支流之一的九龙溪就成为汀州对外交通的主要航道。汀州境内对外水上交通主要有自九龙溪至福州航道和自汀江至潮州航道。

汀州境内水系众多，河流密布，但"山峻水急"①，"汀界闽粤西南徼，崇岗复岭，深溪窈谷。山联脉于章贡，水趋赴于潮阳。千山腾陵余五百里，然后融结为卧龙山；四水渊汇几数百折，然后环绕而流丁。于是山之斗绝者宽舒而端重，水之湍激者清泚而深沉"②。滩礁错杂，水势湍急，并不是好的航道，甚而至于有"恶溪"之称③，故而利用程度并不高，"舟车不通而商贾窒"④。

见于记载的闽西水路最早被利用是隋末。《宁化县志》记载：

"先是，隋大业之季，群雄并起。东海李子通率众渡淮，据江都，称吴帝。改元明政，遣使略闽地。其时土寇蜂举，黄连人巫罗俊者，年少负殊勇，就峒筑堡卫众，寇不敢犯，远近争附之。罗俊因开山伐木，泛筏于吴，居奇获赢，因以观占时变，益鸠众辟土，武德四年（621），子通败死。时天下初定，黄连去长安天末，版籍疏脱。贞观三年（629），罗俊自诣行在上状，言黄连土旷齿繁，宜可授田征税。朝廷嘉之，因授巫罗俊一职，令归剪荒以自效。而罗俊所辟荒界，东至桐头岭，西至站岭，南至杉木堆，北至乌泥坑。干封间乃改

---

① （宋）胡太初修，赵与沐纂：《临汀志》，福建人民出版社1990年版，第20页。
② 同上书，第35页。
③ 饶宗颐先生认为，柳宗元《愚溪对》中所指"恶溪""盖指汀江而言"。参见饶宗颐《恶溪考》，收入黄挺编《饶宗颐潮汕地方史论集》，汕头大学出版社1996年版，第172页。
④ （宋）胡太初修，赵与沐纂：《临汀志》，福建人民出版社1990年版，第20页。

黄连为镇。"①

巫罗俊者，除《宁化县志》记载外，不见于其前诸史籍。其来源，清王捷南在《闽中沿革表》中说："明李世熊《答巫以侯书》辨巫罗俊事颇详。书言谱修于明初，旧志盖据巫氏谱也。"② 清人杨澜对巫罗俊之事"初诧不经，后考巫氏家谱，谓神即巫祖定生，开辟黄连镇者"。③ 定生即巫罗俊之字。可知巫罗俊之事迹乃是根据巫氏家谱所记。其"开山伐木，泛筏于吴"作为黄连早期开发的记载应是可以参考的。巫罗俊木材外运的路线有多条，"巫罗俊伐木通吴于淮土三峰寨的寨背长溪放木，经赣江筏运至扬州。尔后，继有下清流往沙溪到福州，以及从治平经曹坊入汀江至梅县等筏运"。④ 说明汀州的航运很早就开始发展了。

一　九龙溪航道的开发

九龙溪是闽江上游三大支流之一沙溪的一段（通常将现贡川镇以上河段称九龙溪，贡川镇以下河段称为沙溪），其源头河——水茜溪发源于建宁县严峰山南麓，向南流至建宁县溪口与泉湖溪汇合后称东溪，后向西南流至宁化县合水口与西溪汇合，再东南流至清流境内称龙津河，自沙芜进入永安西部称九龙溪。因其下游有著名的"九龙十八滩"，尤其险恶，古有"九龙十八滩，十船进入九船翻"之说。⑤

汀州于开元年间（713—741）设立，隶属福州中都督府，自此纳入国家政权管辖之内。由于国家政令的传达，对辖境实施有效统治，征调贡赋徭役都离不开便利的交通，所以尽管限于地理条件，汀州的交通还是慢慢发展起来。由于交通需求以京都和福州为主，汀州北上必经九龙溪，因而九龙溪成为汀州最早被利用的河流。

九龙溪是汀州到福州的主要通道，是福盐运往汀州的主要通道，也是汀州早期开发对外的主要水路。其行程由宁化"县溪其源有六，会于东

---

① （清）李世熊：《宁化县志》，福建人民出版社 1989 年版，第 9 页。
② （清）王捷南：《闽中沿革表》卷 5《长汀县》，道光十九年刻本。
③ （清）杨澜：《临汀汇考》卷 4《山鬼淫祠》第 4 册，光绪四年刻本，第 42—43 页。
④ 刘善群主编：《宁化县志》卷 10《交通·筏运》，福建人民出版社 1992 年版，第 300 页。
⑤ 福建省三明市地方志编纂委员会编：《三明市志·筏运》，方志出版社 2002 年版，第 1184 页。

渡，过清流及沙县而东"①，"大溪自县前顺流至清流县六十里，中有七孤龙，逶迤七曲，舟师惮之，所盛载亦三板小船，比长汀者稍大。顺流不半日至清流"。再自清流"下梦溪，过九龙滩，入沙县浮流口，通南剑州、福州"②，"县后顺流至九龙八十里……抵永安，下延平，以至于福"。③到永安后，"此又历十一滩至沙县界"④，至沙县再往下，"平流十里……为往来通道。"⑤可以直达福州。但是，这条通道滩礁交错，沿途险象环生，宁化至清流段，"中有七孤龙，逶迤七曲，舟师惮之"。清流至永安段，"其水滩碛甚多，内有九龙、梦龙、伤龙、安龙、三龙、长龙、马龙、三吾龙、五日龙等滩，言其嵚崚如龙也。"⑥其中"九龙潭，在县西，即龙溪之滩也。曰长龙，曰安龙，曰伤龙，曰马龙，曰三悟龙，曰五白龙，曰兴龙，曰暮龙，曰下长龙，乃溪水最险处。未至长龙，有铁石矶。从清流县来者，必舣舟于此，厚缚竹叶，遮蔽船头，别募土人持篙前立。遇龙处，水之高低常数丈，舟从高坠下，钻入浪中，跃起，即有巨石当头，相去才尺许，土人以篙轻挂即转前滩，水既悬奔，又转折于乱石之间。两山夹峙，险隘荫翳，一瞬迟误，便为齑粉，天下之险无逾于此矣"。⑦

正因为九龙溪航道险恶，所以无论船只上行还是下行，必在九龙滩将货物卸下，空船而过："九龙滩，在清流县，乃溪水最险处，纲船过者必遵陆，空舟而行。"⑧"九龙滩险甚，向时盐运溯沿皆止于此。"⑨而后从陆路搬运过九龙背："每船至九龙背……龙背有陆路十余里，可抵龙尾，

---

① （宋）胡太初修，赵与沐纂：《临汀志》，福建人民出版社1990年版，第8页。
② 同上书，第54页。
③ （明）邵有道纂修：（嘉靖）《汀州府志》卷1《水路》，《天一阁藏明代方志选刊续编》39，上海书店1990年版，第102—103页。
④ （清）顾祖禹：《读史方舆纪要》卷97《延平府·永安县》，中华书局2005年版，第4476页。
⑤ （清）顾祖禹：《读史方舆纪要》卷97《延平府·沙县》，中华书局2005年版，第4468页。
⑥ （宋）乐史：《太平寰宇记》卷100《南剑州》，中华书局2007年版，第2000页。
⑦ （清）顾祖禹：《读史方舆纪要》卷97《延平府·永安县》，中华书局2005年版，第4476页。
⑧ （宋）王象之：《舆地纪胜》卷132《汀州·景物下》，文海出版社1971年影印本，第699页下。
⑨ （宋）胡太初修，赵与沐纂：《临汀志》，福建人民出版社1990年版，第8页。

惧险者多舍舟登陆路以行至龙尾,复登舟。"① 盐运纲船更是如此:"宁化县,运福盐。每年运四中纲,到清流岭下交卸,别雇船搬运入县。"② 此"九龙背"和"清流岭"实为一处,即"艰隔岭,在清流县东一百十里。下有九龙滩,醝运往来,陆逾是岭二十五里,乃复登舟"。③

唐代,政治需要是九龙溪开发利用的主要因素。《元和郡县志》记载:汀州"西北至上都取建州路六千二百九十五里"。④ 具体线路是从汀州府出发,陆路北行二百一十里至宁化县清流驿,水路沿九龙溪而下,"自东顺流而下百里,过九龙滩,由永安、沙县合建宁水,会于延平交剑潭……又自延平交剑潭溯流而上一百二十里至建宁府。又七十里至建阳县。"⑤ 由建阳接上入京驿道,"从长安至江浙福建的驿路,由长安经洛阳、汴州、泗州、扬州、苏州、杭州、越州(治所在今浙江绍兴)、衢州(治所在今浙江衢州)直达福建泉州。"⑥ "又自睦分道西行至衢(今衢州)、建(今福建建瓯)、福(今福州市)、泉(今泉州市)、漳州(今漳浦)。"⑦ 这也是唐代福建唯一通往中原的驿道,福建各州通往中原必经此路,即所谓"取建州路"。可见,唐代汀州通往中原必经九龙溪实是无奈之举。

九龙溪航道险恶,"闽诸滩,惟汀之清流九龙滩最号奇险"⑧,"泛清流,下九龙滩,如高屋建瓴,从山巅跌船下幽谷,奇险甲于天下"⑨。九龙滩通行的具体方式可从后人文记中略窥端倪:"安沙而上,则山益高峻,皆危岩绝壁,斩然两开,中泻碧流。石磴高处,上下相去丈许,急湍飞腾,瀑注如白龙蜿蜒而下,如此者凡九,故名九龙。其间稍亚于龙者为

---

① (明)邵有道纂修:(嘉靖)《汀州府志》卷1《水路》,《天一阁藏明代方志选刊续编》39,上海书店1990年版,第102—103页。
② (宋)胡太初修,赵与沐纂:《临汀志》,福建人民出版社1990年版,第28页。
③ 同上书,第54页。
④ (唐)李吉甫:《元和郡县图志》卷29《江南道五·汀州》,中华书局1983年版,第722页。
⑤ (明)陈桂芳修纂:嘉靖《清流县志》卷1《疆域》,福建人民出版社1992年版,第6页。
⑥ 臧嵘:《中国古代驿站与邮传》,中国国际广播出版社2009年版,第94页。
⑦ 王育民:《中国历史地理概论》,人民教育出版社1985年版,第407页。
⑧ (清)周亮工:《闽小记》卷3《九龙滩》,上海古籍出版社1985年版,第158页。
⑨ (清)蓝鼎元:《鹿洲初集》卷12,《景印文渊阁四库全书》第1327册,(台北)商务印书馆1983年版,第758页下。

滩，滩凡十八余。所买清流之舟，仅容两人，主仆分载。自延平至清流皆逆流。舟子终日伛偻负舟水中，至九龙，则尽一时所集之舟，合数百指之力，两岸翼以百丈绳，倒挈其舟，猿挂而上。每上一龙，辄至移时，盖以诸舟合力而轮升也。"① 邑人多有诗文记其险，明赖世隆《九龙行》为详。② 又有"清流船谣：九龙滩畔清流船，上如上天下沉渊。船真作纸艄为铁（闽有纸船铁艄公之谚），差峇有时还触石。船触石兮可奈何，嗟尔客游一何多"。③ 如前所述，元自虚来，就是九龙滩艰险难行的极好注释。

唐代，往来九龙溪的普通百姓应该不少。《临汀志》记："安济庙，在清流县南梦溪洞口，即九龙阳数潜灵王庙也。自唐有之，莫详创始封爵之由。庙前有滩，险甚，往来之舟，非祷于祠下不敢行。"④ 安济庙"自唐有之"，祭祀"九龙阳数潜灵王"，是往来九龙滩船只的保护之神，"往来之舟，非祷于祠下不敢行"，说明唐代九龙滩通航的时间不短，往来九龙滩的船只和行人为数不少，因为从对一位神灵的信奉到为之立庙建祠，应该有一段酝酿、准备时期，而且要有相当的财力才能完成。从这个角度来讲，安济庙的建成应该有官方参与，因为唐代汀州的经济并不发达，往来九龙滩的普通百姓可能没有财力在如此偏僻险峻的地方建庙，往来汀州的商贾直到南宋都很少，"舟车不通则商贾窒"⑤，在唐代就更少了，显然也无力建庙。而政府要从九龙滩运输国家调配物资，上贡物资的外运，盐茶之类百姓必需物资的内运都要从此经过，官方对船只的安全更为关心，在航线险恶、行船风险极大、人力无法抗拒的情况下，借助于神灵庇护则成为最直接的措施。如果是这样，应该说在唐代官方已经开始了对九龙滩的开发。

五代时期，安济庙所祀神灵正式被政府册封。《临汀志》记："闽通文二年（937）四月，封明威校尉。永隆二年（940）正月，封兴瑞将军。九月，封阳数潜灵王。"⑥ 闽通文二年（937）四月至永隆二年（940）九月，短短三年五个月，连续册封，封号自"明威校尉"升至"兴瑞将

---

① （明）高攀龙：《高子遗书》卷10《二时记》，《景印文渊阁四库全书》第1292册，（台北）商务印书馆1983年版，第616页下至617页上。
② （明）陈桂芳修纂：《清流县志》，福建人民出版社1992年版，第141页。
③ （清）施闰章：《学余堂文集·诗集》卷20，《景印文渊阁四库全书》第1313册，（台北）商务印书馆1983年版，第548页上、下。
④ （宋）胡太初修，赵与沐纂：《临汀志》，福建人民出版社1990年版，第66页。
⑤ 同上书，第20页。
⑥ 同上书，第63页。

军",再进封"阳数潜灵王",可见闽朝廷对其重视,反映出在五代时期九龙溪航道已经比较繁忙。

在北宋时期九龙溪航道有很大的发展。北宋立国之初,为了"惩创五季,而矫唐末之失策"①,采取了一系列加强中央集权的措施。其中之一便是格外重视漕运,把"河渠转漕"视作"最为急务"②。这就使得北宋漕运迅速发展,漕运量从唐代的百余万石跃为六百余万石,漕运网四通八达,管理体系不断健全,漕运方式更加完善。在此时期九龙溪航道在汀州对外交通起到了更加重要的作用。《临汀志》引《郡县志》曰:"(宁化)县界水发源有六:东经清流,至南剑福州入海,漕运通焉。"③ 此处所引《郡县志》系南宋范子长所著《皇朝郡县志》,据学者研究,所记史实最晚及于绍熙五年(1194)。④ 在汀州恶劣的地理条件下,漕运航道的开通绝非短时间能够实现的,九龙溪航道既然能够在南宋前期开始通漕运,表明至少在北宋时期就开始了相当规模的开发。

在宋代,"安济"是一个意义很广泛的封号。

其一为收容病患者并予以救治的机构,名"安济坊",设于崇宁元年(1102),"徽宗崇宁元年八月二十日,诏置安济坊"。⑤

其二为"利贯金石,强济天下"⑥的桥梁,如著名的赵州桥,北宋哲宗赵煦皇帝于元祐年间(1086—1094)赐名为"安济桥":"未至城五里,渡洨河石桥,桥从空架起,工极坚,南北长十一丈,阔四之一,实隋将李春所造。元祐间赐名安济,有张果老驴迹……"⑦ 福建境内也有"安济桥",北宋刘弇(1048—1102)有诗《题建州富沙门楼安济桥十绝呈太守

---

① (宋)叶适:《水心集》卷13《法度总论二》,《景印文渊阁四库全书》第1164册,(台北)商务印书馆1983年版,第73页下。
② (宋)王曾:《王文正笔录》,《景印文渊阁四库全书》第1036册,(台北)商务印书馆1983年版,第268页下。
③ (宋)胡太初修,赵与沐纂:《临汀志》,福建人民出版社1990年版,第46页。
④ 李勇先:《范子长及其〈皇朝郡县志〉》,载四川大学古籍整理研究所、四川大学宋代文化研究中心编《宋代文化研究》第11辑,线装书局2002年版,第238页。
⑤ (清)徐松:《宋会要辑稿》《食货》60之3,中华书局1957年影印本,第5866页上。
⑥ (宋)李昉:《太平御览》卷58《地部二十三》,中华书局1985年影印本,第261页下。
⑦ (宋)周辉:《北辕录》,载(元)陶宗仪《说郛》卷56,《景印文渊阁四库全书》第879册,(台北)商务印书馆1983年版,第89页上。

黄彦发》①，其中《安济桥五绝》之五有"更欲邦人识济川"句。

其三为庙宇赐额或神灵封号。11世纪70年代，对神祇的赐封突然增多，到12世纪初期即宋徽宗在位年间，赐封猛增，此后在整个12世纪，赐封活动一直持续。《宋史》卷105的记载证实了这一趋势："故凡祠庙赐额、封号，多在熙宁、元祐、崇宁、宣和之时。"② 其封号原则："自今诸神祠无爵号者赐庙额，已赐额者加封爵。初封侯，再封公，次封王，生有爵位者从其本封。妇人之神封夫人，再封妃。其封号者初二字，再加四字。如此，则锡命驭神，恩礼有序。"③ 赐封制度使朝廷有两种途径承认神祇延续不绝的灵迹：其一，从封侯，封公，最后封王；其二，增加封号的字数，从两字、四字，最后六字。朝廷通过这两种途径晋升神祇的官爵地位。王古并未说明是向神祇还是向祠庙赐封官爵名号。所有宋代文献都表明神祇与其祠庙是合二为一的，这可能是因为两者性质相近。经过一段时间，封赐制度看来尚欠足够的灵活性，到1129年，有一则诏书下令将封号再增加两字。④ 这样宋代封号的最高规格就达到了八字。

神祇和庙额封赐"安济"始于北宋年间，直至南宋不断：

> 安济夫人庙：本朝开宝（968—976）中，贞州有渔者钓得一木刻妇人，背刻丁氏二字。既归，神事之，辄有灵验。立庙江上，舟过其下者必祀而后济。州为保奏封安济夫人，庙在长芦崇福禅院之西。⑤
>
> 灵顺昭应安济王庙：庙在江南西路隆兴府新建县吴城山龙祠，真宗大中祥符六年（1013）封顺济侯，称呼小龙。神宗熙宁九年（1076）七月昭封顺济王。是年王师征交趾，舟行多见其观者。昭遣知太常礼院林希祭谢。希还，言祭时有蛇坠庙祝肩入石香合中，行礼之际，微露其首，祭毕，周旋案上，徐入帐中，形色屡变，观者竦异。徽宗崇宁三年（1104）十月封英灵顺济王，四年（1105）十一

---

① （宋）刘弇：《龙云集》卷9，《景印文渊阁四库全书》第1119册，（台北）商务印书馆，第138页下。
② （元）脱脱等：《宋史》卷105，中华书局1977年版，第2562页。
③ 同上书，第2561页。
④ 《八琼室金石补正》卷117《渠渡庙赐灵济额牒》，转引[美]韩森《变迁之神：南宋时期的民间信仰》，浙江人民出版社1999年版，第79页。
⑤ （宋）吴曾：《能改斋漫录》卷18，《景印文渊阁四库全书》第850册，（台北）商务印书馆1983年版，第842页下。

月诏加灵顺昭应安济王。①

（大观）四年（1110）封英灵顺济龙王为灵顺昭应安济王。②

舒州宿松县小孤山，惠济庙圣母已封安济夫人，连年调发军马，津运钱粮及舟楫经涉江湖，军民逐时祈祷，皆有灵应，加封助顺安济夫人。③

宋代闽粤赣边区汀、虔（赣）、梅诸州都建有安济庙：

汀州：

汀州清流县九龙滩土地神祠，崇宁三年（1104）九月，赐庙额"安济"。④

安济庙：在清流县南梦溪洞口，即九龙阳数潜灵王庙也。自唐有之，莫详创始封爵之由。庙前有滩，险甚，往来之舟，非祷于祠下不敢行。宋朝赐今额。嘉祐中，枢密直学士蔡公襄知泉州，有布衣上谒，自称宁化九龙进士。公与坐，莫测其为神，及送之庭除，忽不见，始异之。取刺而观，于中得诗五十六字，寻加访问。明年，递诗于庙，尸祝不虔，失其真迹。大观间，县尉张龟龄尝序其事。今林木森阴，观者必敬。诗云：远远青青叠叠峰，峰前真宰读书翁。半岩冷落高宗雨，一洞凄凉吉甫风。溪隐豹眠寒雾露，井涸凤宿旧梧桐。九龙山下英雄秉，尽属君王宇宙中。⑤

虔（赣）州：

灵顺昭应安济王别祠，在赣州（虔州）赣县，徽宗政和二年（1112）七月赐庙额"神惠"。⑥

政和二年（1112），江南西路转运副使臣临、臣根、提点刑狱臣景修、提举学事臣闻、提举常平臣迈，言惟虔州地卑薄，章、贡水出

---

① （清）徐松：《宋会要辑稿》《礼》21之23，中华书局1957年影印本，第862页上。
② （元）马端临：《文献通考》卷90《郊社考·杂祠淫祠》，中华书局1986年影印万有文库十通本，第824页中。
③ （宋）周必大：《文忠集》卷98，《景印文渊阁四库全书》第1148册，（台北）商务印书馆1983年版，第59页上。
④ （清）徐松：《宋会要辑稿》《礼》20之19，中华书局1957年影印本，第774页上。
⑤ （宋）胡太初修，赵与沐纂：《临汀志》，福建人民出版社1990年版，第66页。
⑥ （清）徐松：《宋会要辑稿》《礼》20之135，中华书局1957年影印本，第832页上。

其中，泄发不时，辄冒城郭，败庐舍。民之仰食于田者户十万，俗呰窳无提防畎浍之储，岁时丰凶，以雨为节。故十县方千里，常以旱甘水溢为忧。惟灵顺昭应安济王庙，在洪州吴城山，别祠之隶虔者三，负城之西北隅者尤绝显异。政和元年（1111）四月，水至城下丈余，雨昼夜不止，吏民惴恐，臣景修率官祷祠下，辄应。越六月，民稼在田，天则不雨，有艰食之忧。臣景修又祷，则又应。暨冬，盐筴之役兴，而常旸涸流，舟不得漕。臣根又祷，则又应。臣等窃伏思雨旸天事，虽有智者莫能力致，今乃取必于神如责券探囊，无不如意。民既足食乐生，重犯法，得以其力出赋租给公上，而吏亦因此省治讼，兴事功。是神有功于国甚著，有德于民甚厚。虽三被封爵之崇，二像设不严，名号不新，无以揭虔妥灵。愿诏有司，议所以褒崇，俾民奉承，永远无怠。臣等谨昧死请制，日可其以"神惠"为庙号。初，提点刑狱张公治虔，嘉神之休，徯上之赐，而致民之思也。乃即故基筑宫而大之，土木之功，崇庳叶中；丹垩之饰，华质合度。于是神降庙之筵门，委蛇蜿蜒，顾享牲酒，屈伸中仪。及庙成而命书至，邦人骏奔相属于道。公遂命藻记其事……。有显号徽称以昭明也。属之祠官，世世不绝，谓之报功。宋受命极天所覆，罔不臣妾，上方以道德怀柔百神，肆虔之为州，去京师数千里，二神之受职如躬坛场之间，手圭币之荐者。虽王之威神，南放洞庭，西及淮汭，可谓盛大，亦不敢以遐方为间服天子为宠灵。而部使者又能悉条其功，请命于朝，夸大显融，垂示无极，是三者皆可书也。①

梅州：

恶溪神祠：在梅州程乡县（原注：旧号助国宣化永昌王），徽宗崇宁三年（1104）六月赐庙额安济。②

（梅州）安济王行祠，在城东隅。其庙在恶溪之滨，崇宁三年（1104）赐额。③

"鳄溪"条注云：以鳄鱼得名，旧传为恶溪。韩公《刺潮谢表》

---

① （宋）汪藻：《浮溪集》卷18，《景印文渊阁四库全书》第1128册，（台北）商务印书馆1983年版，第162页上至163页上。
② （清）徐松辑：《宋会要辑稿》《礼》20之115，中华书局1957年影印本，第822页上。
③ （宋）王象之：《舆地纪胜》卷102《梅州·古迹》，文海出版社1971年影印本，第576页上。

云"过海口，下恶水，涛泷壮猛。"是自广、惠而循、潮，顺流而下。今程乡松口俗号"恶溪庙"，安济庙乃其所也。①

"安济"之得名，温仲和曰："南宋以前，当以溪流限额，而求安济。故祀此水之神，以安济为名。而或封侯或封王，又素著显灵之验也。"② 饶宗颐认为："名曰安济，乃以镇水患而名。"③ 二者见解极为中肯。宋代闽粤赣边区陆路交通落后，横亘在闽粤赣边界的崇山峻岭作为天然的屏障，大大阻碍了闽、粤、赣边区的物资交流，不同流向的闽江、汀江、赣江就成为这一地域的必然通道，而人力无法抗拒其艰险难行的航道，安济王庙的庇护则成为最直接的措施。

北宋朝廷赐封汀州清流"安济庙"佐证了北宋时期九龙溪航道已得到开发。宋代九龙溪航道的规模已经可以通漕运了。漕运是封建王朝通过水道将各地粮食等物运至京城（或其他地点），以满足官俸、军饷和宫廷的消费。它有几个特点："第一，漕运不是一般意义上的'水转谷'或'水转运'，而是特指朝廷的水上转运，即'官道之运输'；第二，漕运是朝廷通过行政手段自上而下的粮物征调，而非各地自下而上的粮物朝贡，与先秦时期有明显的区别；第三，漕运是统一封建王朝的粮物运输，只有高度集权的政治制度方可确保这种大规模有组织的常年物质运输，也只有庞大的封建中央政权才需要这种大量的、源源不断的粮食供应。"④ 漕运的性质是满足政治的需要，其规模较大，所运输的物资也很重要。唐朝随着经济的快速发展，特别是商业和手工业的繁荣，漕运已经开始输送包括粮食在内的所有物资："若广陵郡船，即于伏背上堆积广陵所出锦、镜、铜器、海味；丹阳郡船，即京口绫衫缎；晋陵郡船，即折造官端绫绣；会稽郡船，即铜器、罗、吴纱、绛纱；南海郡船，即玳瑁、珍珠、象牙、沉香；豫章郡船，即名瓷、酒器、茶釜、茶铛、茶碗；宣城郡船，即空青石、纸笔、黄连；始安郡船，即蕉葛、蚺蛇胆、翡翠。船中皆有米，吴郡

---

① （宋）王象之：《舆地纪胜》卷100《潮州·景物上》，文海出版社1971年影印本，第570页上。
② （清）温仲和：（光绪）《嘉应州志》，（台北）成文出版社1968影印本，第286页。
③ 饶宗颐：《安济王考》，载黄挺编《饶宗颐潮汕地方史论集》，汕头大学出版社1996年版，第181页。
④ 吴琦：《"漕运"辨义》，《中国农史》1996年第4期。

即三破糯米、方文绫。凡数十郡。驾船人皆大笠子、宽袖衫、芒屦,如吴、楚之制。"① 而在北宋时期,漕运更是异常繁荣,发挥越来越广泛的社会功能,已转变为统治者手中的调节器,除运输粮食外,实则还运输盐茶等各种重要物资。

在南宋时期九龙溪航道继续起重要作用。两宋之际的靖康之乱使得北方汉人再次大量南迁,主要迁入地就是汀州,汀州迎来了第二个人口增长高潮,元丰年间(1078—1085)汀州有主户66157户,客户15297户,总计81454户②,到隆兴二年(1164)有主客户共计174517户③,增长了一倍还多。汀州在此期间于元符元年(1098)增置清流县,绍兴三年(1133)升莲城堡为莲城县。人口的增加带来社会的发展,汀州的漕运量有所增加,运送盐纲是其主要任务。

绍兴二十二年(1152)前汀州六县都运食福盐:"前知汀州陈升奏言:'且以汀州一郡论之,每岁额管运福盐二百五十万斤,计二十五纲,依近降指挥,许税户经州投状,入产在官,抵保搬运。其纲凡一经度岭,两次易舟,方至本州岛界……自后汀州并于漳州搬运盐货。'"④ 同时还运送其他重要物资,"本州岛合发朝廷纲运官军衣赐全籍"。⑤应该指出,虽然南宋时期汀江航运有较大发展,但在绍定五年(1232)汀州改运潮盐以前⑥,九龙溪是汀州漕运的唯一通道,其往来繁忙可想而知。因此淳熙年间(1174—1189)在九龙溪边又建立"白马将军行祠,在清流县南拱辰坊。乃灵显庙中一神也。淳熙间创,为纲运之护"。⑦ 此即为明证。即使在改运潮盐之后,汀州仍然有两个县运福盐:"宁化县,运福盐。每年运四中纲,到清流岭下交卸,别雇船搬运入县。一中纲计七百一十七箩,每箩净盐一十七贯二百文重,分东西廊发卖。""清流县,运福盐。每年四中纲,每纲六万斤。每月发卖诸团里民户食盐计七千八百包,每包二百

---

① (后晋)刘昫:《旧唐书》卷105《列传》54《韦坚传》,中华书局1975年版,第3222—3223页。
② (宋)王存:《元丰九域志》卷9《福建路·汀州》,中华书局1984年版,第404页。
③ (明)解缙等编:《永乐大典》卷7890《汀州府》第4册,中华书局1986年版,第3621页下。
④ (清)徐松:《宋会要辑稿》《食货》26之33,中华书局1957年影印本,第5250页上。
⑤ (宋)胡太初修,赵与沐纂:《临汀志》,福建人民出版社1990年版,第27页。
⑥ 同上书,第28页。《临汀志》载:"绍定五年,准尚书省札,从本路郑转运之请,许本州岛及诸县艰于运福盐者改运潮盐。"
⑦ 同上书,第67页。

五十八文，钱会各半。"① 九龙溪在汀州对外交通中仍然起重要作用。

虽然九龙溪航道极其险恶，却是福盐搬运的唯一通路，"涉历艰难，动经年岁不到"。② 其艰苦可想而知："搬运到汀州的食盐，在沿海起后，溯闽江而上至南剑州……而另一路至汀州各邑，则搬运极为艰难，需自南剑州另行装船从沙溪溯流西行至归化县境，再从陆路肩挑人驮至汀州。经这一路运输的盐货，沿途搬载损失很大，以至盐包破败，混入沙石杂草，汀州各邑食用者，怨声载道，并且因运费高昂，盐价偏高，消费者负担不起。这样，汀州之民不得不拒食福盐，去广南潮州及本路漳州就近私贩，此种私贩之争自北宋治平年间（1064—1067）以来就很严重"。③

汀州从九龙溪搬运福盐路途艰险，损失很大，因而盐价偏高，引起汀州走私贩盐日趋严重的社会问题，但九龙溪航道既是向省会福州输送物资的要道，又是福盐搬运的唯一通路，是当时汀州往福州最便捷的通道：（宋蔡襄）"于皇佑四年（1052）曾蒙朝廷除知福州，右具如前：福建一路州军，建剑汀州邵武军连接两浙江南路，乘船下水，三两日可至福州城下"。④ 因而其利用程度较高，并且长期占据汀州水路交通的重要地位。

元代，由于隆兴至潮州驿道的开通，汀州通往中原有了新的通道，九龙溪航道的重要性有所降低，但还是得到了新的开发。至正廿七年（1367）五月，陈友定为水运军粮，凿九龙滩石，以通舟楫，"凿石去障，水运汀粮，舟始得通"。⑤

九龙溪航道直到明朝仍在利用，依然便捷如故。万历三十年（1602），礼部尚书兼翰林院学士冯琦监造出使琉球的大船，遍访大木制作船上大桅，"而今所取用大桅，则偶闻得之汀州府宁化县山中；议者据该县申文，咸以为深阻艰难，而必不可出矣。时逼岁暮，抚臣又在杜门；臣等忧惶无计，亟恳求之。幸而抚臣行道勘验，而延平府推官徐久德还报，得其不难之状；入今岁正月，尽得其实，决计取用。虽尾围稍小，未尽如式；幸有前萧子衙一木可以帮之。次桅，则得之侯官县天仙庙木，中

---

① （宋）胡太初修，赵与沐纂：《临汀志》，福建人民出版社1990年版，第28—29页。
② 同上书，第27页。
③ 郑学檬：《中国古代经济中心南移和唐宋江南经济研究》，岳麓书社2003年版，第335页。
④ （宋）蔡襄：《端明集》卷21，《景印文渊阁四库全书》第1090册，（台北）商务印书馆1983年版，第504页上。
⑤ （明）陈桂芳修纂：（嘉靖）《清流县志》卷1《疆域》，福建人民出版社1992年版，第23页。

空丈余；姑取裁用之。然此虽云得之甚艰，运之则又甚易；据运官称：上下山坂、涉历险滩，运行如飞，若有神助"。①当时"议者据该县申文，咸以为深阻艰难，而必不可出矣"。但是"时逼岁暮"，只好"决计取用"，不料"运之则又甚易"，"据运官称：上下山坂、涉历险滩，运行如飞，若有神助"。九龙溪航道的利用可见一斑。

总之，宋元时期九龙溪航道在汀州对外交通中有着不可替代的作用。

二 汀江航道的开发

汀江是福建西部最大的河流，福建省唯一通往外省的内河航道，属于韩江上流，其干流发源于武夷山南段东侧的宁化县治平乡及长汀境内木麻山北坡，前者由庵杰乡大屋背村入境，出龙门始称"汀江"，过新桥、穿城关，越河田，绕三洲，由濯田乡美西村出境，又从武平县河口乡返回县境内，曲流东南，经宣成乡羊牯村出境，入上杭过峰市汇入广东韩江，全长220公里。汀江流域因处于武夷山南麓与玳瑁山之间，沿岸多山，地形复杂，河道滩礁交错，水流湍急，全线有大小急滩144处，下游峰市至石市段的棉花滩，水流穿越礁岩直泻，流态紊乱，被航行者视为禁区。②

汀江又称鄞江，是汀州往沿海的最便捷通道，其行程由长汀下水，"鄞江溪自县十里而南会于麻潭，又十五里会于南溪，又二十五里会于大潭直至上杭县"③，鄞江溪即汀州的"正溪，自宁化界李地发源，出石含，历谢地、新桥、湘洪峡，迤逦至东庄潭分为二派。其一派流有年桥，一派流济川桥。至高滩角复合。阴阳家谓之随龙水是也"④，顺水而下三百里到上杭县城，其间滩流湍急，乱石纵横如牙，"自济川桥下顺流至三洲驿前一百里，自三洲顺流至蓝屋驿前又一百里，自蓝屋顺流至上杭县城外，又一百里。滩势湍急，止通三板小船，所载不过八九担。若自长汀顺流而下，两日可至上杭。溯流而上，五日乃至长汀。"⑤ 鄞江入上杭县境称"大溪，发源自长汀，众泉汇合入县界，又与旧州、语口水会，至县治之

---

① （明）夏子阳等：《使琉球录》卷上《题奏》，《台湾文献丛刊》287种，台湾银行1970年排印本，第210页。
② 龙岩地区地方志编纂委员会编：《龙岩地区志》，上海人民出版社1992年版，第108—109页。
③ （宋）胡太初修，赵与沐纂：《临汀志》，福建人民出版社1990年版，第7页。
④ 同上书，第42页。
⑤ （明）邵有道纂修：（嘉靖）《汀州府志》卷1《水路》，《天一阁藏明代方志选刊续编》39，上海书店出版社1990年版，第101页。

南山下，西流五十步而南，经潭口至潮入海"。① 旧州，"在上杭县北十五里。昔传自新罗迁郡治于此，号'长汀村'。今犹名"②。语口，即"语口铺，在县南三十里"③，是汇合上杭县境内河流而入潮州，"长汀溪入县境与六乡之水会，直至潮州"。④

汀江航道位于武夷山南麓和玳瑁山脉之间，多有滩险："五百滩，自汀抵潮，其滩险有五百。"⑤ 尤其是上杭以下河道尤其险峻，"自县前至大孤头，可七八十里。乘三板小船，一日可至。此以下，滩势愈峻，上流舟师不敢下，至是必易舟以行，又数十里，至石上⑥属上杭界登岸。过岭至神前，仍舟行至潮州。"⑦ 大孤头，即"大孤滩，县南四十里。立石槎牙，舟难上下，行者必易载而渡。《志》云：县境群滩凡数十处，其近城者有马尾滩，以滩水散流若马尾然也。又有逃船滩，在县西，滩势甚险，舟行至此，必避溪旁，多为之备，然后敢过。又有大笼钩滩，屈曲若笼钩然。县北四十余里有目忌滩，水极湍急，舟人见之，辄增畏忌。又北有镬风滩，滩有二水，一直一横，浪滚如镬。此数滩于群滩中为尤险"⑧，是所谓"五百滩"最险处，"过大姑险绝处，不可屈指。前所经九龙诸滩以上水，虽艰而稳。此皆顺流，且身在舟中，滩流湍急，从高而堕其下，复乱石纵横如牙。舟别无舵，舟人仅以两桨干旋之。每下一滩，舟辄刺入白浪，浪裹而复出，穿于石罅中"。⑨

---

① （宋）胡太初修，赵与沐纂：《临汀志》，福建人民出版社1990年版，第48页。
② 同上书，第114页。
③ 同上书，第100页。
④ 同上书，第9页。
⑤ （宋）祝穆：《方舆胜览》卷13《汀州》，《景印文渊阁四库全书》第471册，（台北）商务印书馆1983年版，第674页下。
⑥ "石上"，学者引此文多为"店上"，参见徐晓望《晚明汀州两江流域区域市场比较》，周雪香编著《多学科视野中的客家文化》，福建人民出版社2007年版，第269页；周雪香《明清闽粤边客家地区的社会经济变迁》，福建人民出版社2007年版，第27页。（清）蓝鼎元《鹿洲初集》卷12记："由三河大埔踰石上，入上杭，水浅舟小，满载不过三四人，鞠躬桎足，行者苦之。"又《读史方舆纪要》卷98《上杭县》平西驿条："《舆程记》：自汀州府三洲驿水行九十里，至蓝屋驿。又南至县，自县南四十里至大孤市，又七十里过峰头，又二十里为石上镇，属广东潮州府界，自石上又六十里即大埔县。"则为潮州府有石上镇。据改。
⑦ （明）邵有道纂修：（嘉靖）《汀州府志》卷1《水路》，《天一阁藏明代方志选刊续编》39，上海书店出版社1990年版，第102页。
⑧ （清）顾祖禹：《读史方舆纪要》卷98《上杭县》，中华书局2005年版，第4488页。
⑨ （明）高攀龙：《高子遗书》卷10《之时记》，《景印文渊阁四库全书》第1292册，（台北）商务印书馆1983年版，第616页下至617页上。

此处"……登岸。过岭至神前"。即登陆上杭峰头，陆行十里至神前，再从水路平缓至潮州，"午后至峰头，又当从陆。雨不止，家人束装劳惫，可念启涂。雨霁，从山陆行十里，复当从水。易一舟，稍广，平水随流，昼夜不泊，十七日遂抵潮"。①

唐代，汀江就已经见于记载。《元和郡县志》记："白石溪水，在县南二百步，下流入潮州界。"②汀州初设在杂罗，在今上杭临城镇九州岛村③，后因其地多瘴气而迁至长汀白石村，"按州初置在杂罗，以其地瘴，居民多死。大历十四年（779），移理长汀白石村，去旧州理三百里。福州观察使承昭所奏移也"。④"白石溪水"即汀江。不能确定唐代汀江是否通航。

北宋初年则有明确记载汀江开始通航。《太平寰宇记》载："溪水，在州东四十里，地名石涵内流出。从城过，直至广南潮州。通小船。"⑤这可能与汀州南部人口增长有关。前文所述，虽然汀州在宋代以前就已经在汀州南部设置上杭场和武平场，但是从唐大历四年（769）设立之始，直到五代末期至北宋初年赣南人口达到饱和后，才开始有大量成批的北方流民途经赣州进入汀州，导致汀州人口激增，这是汀州人口第一次增长高潮，因而在淳化五年（994）升上杭、武平二场为县。这一时期进入汀州的北方移民应该主要是从长汀以南的隘口而来，并主要居住在汀州南部。人口的增长必然带来需求的增长，汀州因此有了对外交通的需求，最重要的是对盐的需求。

食盐流通自古受地理环境、交通条件和习俗的影响。自唐至德元年（756）十月第五琦被肃宗任命为江淮租庸使与山南五道度支使作榷盐法⑥，开始实行分区划界的食盐专卖。汀州在唐代运食福盐。宋代因之，但曾于太平兴国二年（977）获准运潮盐："太宗太平兴国（977）二年二

---

① （明）高攀龙：《高子遗书》卷10《三时记》，《景印文渊阁四库全书》第1292册，（台北）商务印书馆1983年版，第617页下。
② （唐）李吉甫：《元和郡县图志》卷29《江南道五·汀州》，中华书局1983年版，第723页。
③ 刘可明：《对龙岩古代县名的考证》，《福建史志》1999年第4期。
④ （宋）乐史：《太平寰宇记》卷102《汀州》，中华书局2007年版，第2034页。
⑤ 同上书，第2036页。
⑥ （宋）司马光编著，（元）胡三省音注：《资治通鉴》卷219，中华书局1956年版，第7001—7002页。

月十八日，三司言：'虔、汀二州接近广南界，斤为钱五十，汀州于潮州般请，虔州于南雄州般请。其青白盐旧通商之处，即令仍旧。'从之。"① 可能实行不久，就随福建盐开禁通商而终止："（太平兴国）八年（983）三月，金部员外郎奚屿言：'奉诏相度泉、福、建、剑、汀州、兴化、邵武军盐货，请许通商，官为置场，听商旅以金银钱帛博买，每斤二十五钱，可省盘盐脚钱溪崄散失'。从之。"② 或有一说汀州曾食江浙盐，后亦禁止："初得福建即禁盐，太平兴国八年（983）开其禁，后复禁之。建、剑、汀尝食两浙盐，后改就本路。"③

汀州最晚在天圣四年（1026）已经专卖福盐。是年十一月，福建路转运司报告说："福州、长乐、福清、连江、罗源、宁德、长溪六县，每年租额盐五百（零）一万五千九百六十三斤，给本州岛闽、侯官等十二县及县下场，并剑、建、汀州、邵武军四处搬请出卖。"④ 自此直到绍兴二十二年（1152）前，汀州六县都运食福盐："前知汀州陈升奏言：'且以汀州一郡论之，每岁额管运福盐二百五十万斤，计二十五纲，依近降指挥，许税户经州投状，入产在官，抵保搬运。其纲凡一经度岭，两次易舟，方至本州岛界，再雇夫脚，始到城下盐场。脚乘縻费稍重，所认纳上供钞盐钱及诸司增盐等钱并原借助纲官钱，自来立定盐价，每斤一百八十文足，方可及数。乃致民间多是结集般贩漳、潮州私盐前来货卖。欲望委本路监司究心措置，将各州、军合运官盐名色、所收盐息、价钱纽见数目，别立作一项盐税，止于官司置簿排号，许客人税户先于所属纳盐本钱，请领贴据下仓交盐，自行兴贩，于所隶州军送纳税钱。如是，则无私贩之弊，无犯法之民，侵失之奸可革，险阻之虞可除。诏令锺世明一就看详措置。自后汀州并于漳州搬运盐货。'"⑤ 随后汀州搬运食盐情况在《临汀志》中有详细记载：

旧额运福盐每年八中纲，实搬到盐四中纲，多至六中纲。后以涉

---

① （清）徐松：《宋会要辑稿》，《食货》23 之 21，中华书局 1957 年影印本，第 5185 页上。
② （清）徐松：《宋会要辑稿》，《食货》23 之 22，中华书局 1957 年影印本，第 5185 页下。
③ （元）马端临：《文献通考》卷 15《征榷二·盐铁》，中华书局 1986 年影印万有文库十通本，第 154 页下。
④ （清）徐松：《宋会要辑稿》，《食货》23 之 21，中华书局 1957 年影印本，第 5185 页上。
⑤ （清）徐松：《宋会要辑稿》，《食货》26 之 33，中华书局 1957 年影印本，第 5245 页上。

历艰难，动经年岁不到，多欲更革。前长汀县宰刘元英为检院申请，欲令汀民与长汀、宁化、清流并照上杭、武平、莲城体例，改运漳盐。郡守赵崇模申请谓搬运漳盐，系遵陆路，恐脚夫有改，反为一方之扰，莫若改运潮盐。绍定五年（1232），准尚书省札，从本路郑转运之请，许本州岛及诸县艰于运福盐者改运潮盐。本州岛具申朝廷，乞行下诸监司移文潮州，立定体例，候本州岛搬载盐纲，须是从官纳钱请清盐，不许场务邀阻，多收税钱。续准运司牒本州岛，催促一面搬运，责认本司净息，准拟供给吐浑月粮、衣赐，不可顷刻乏。兴本州岛遵禀，牒长汀县根括诸里船梢水手条具河路滩险，陆路扛搬因依陆续支钱发遣船户往潮州界撮买应办郡计，并非从官给卖。其盐经由潮州潭口场纳税，过上杭县，从官检秤核实，方到本州岛交卸。每纲一十船，共搬盐四百箩，每箩二十贯足钱重。每一贯钱重，官支买盐、脚载、纳税、盘矶、扛搬等钱共三百足，外搬盘上岸及包盐箬叶、秤索合干人食钱等费在外。本州岛从来盐价，每斤一百六十钱重，卖钱一百八十文足。自后逐次裁减，每两卖钱六文足，每斤卖钱九十六文足。岁约运三纲，纲吏多阻滞，以致违限，或止两纲，或两年通五纲。①

汀州般请福盐"其纲凡一经度岭，两次易舟，方至本州岛界"，"涉历艰难，动经年岁不到"，路途遥远，搬运艰难，而且食盐质次价高且供应量不足，故"多欲更革"。绍兴二十二年（1152），经前知汀州陈升奏请，上杭、武平、莲城可搬运漳州盐。嘉定十六年至十七年（1223—1224）知州赵崇模奏议改运潮盐。绍定五年（1232），准许本州岛及诸县艰于运福盐者改运潮盐。实际改运潮盐的只有州城和长汀、上杭二县，武平、莲城仍然运漳盐，宁化、清流则运福盐。时任长汀县宰的宋慈在改运潮盐决策中也起了重要作用：（宋慈）"辟知长汀县。旧运闽盐，踰年始至，吏减斤重，民苦抑配。公请改运于潮，往返仅三月，又下其估出售公私便之。"②

绍定以前，汀江航运发展的主要原因是闽粤赣边的私盐贩卖。闽粤赣

---

① （宋）胡太初修，赵与沐纂：《临汀志》，福建人民出版社1990年版，第27—28页。
② （宋）刘克庄：《后村先生大全集》卷159《墓志铭·宋经略》，《四部丛刊初编·集部》，北京书同文数字化技术有限公司2001年电子版。

边私盐贩卖根本原因是宋代不合理的调运路线和禁榷。① 北宋和南宋前期，汀赣二州属于不同的食盐销区。汀州食本路福盐，由闽江溯流经南平、邵武、过九龙滩运至；赣州食淮盐，须过长江、溯赣江运至，从不同渠道运到汀、赣二州的盐均质次价昂：

汀州，"……故（福）盐到汀州，不胜其淆杂，不胜其贵，所以汀人只便于食私盐。自循、梅、潮、漳来，颇近，又洁白，价又廉。"②

赣州，"初，江、湖漕盐既杂恶，又官估高，故百姓利食私盐。"③

汀赣二州接壤，相互往来便利：

"赣州府。水，六十里，于都县；百二十里，会昌县；八十里，瑞金县，十担小船；四十里古城。陆路，五十里，汀州府，下水。而赣汀的陆路则要便捷一些：陆路自赣州六十里，岑口冈又六十里，沉香村宿。又六十里瑞金县，四十里古城，五十里汀州下船。"④

汀州在通往赣州的要道上设置驿站："古城铺，在（长汀）县西四十五里。旧有驿。"也说明汀赣二州间的往来频繁。

汀赣二州又都与潮州往来便利：

"汀在西南境，介于虔梅之间，铜盐之间道所在。"⑤

"虔于江南地最旷大，山长谷荒，交广闽越铜盐之贩道所出入。"⑥

正是在这种背景下，汀赣二州出现了许多私盐贩，往来于汀江之上，汀江变成贩运私盐的捷道。私盐贩卖严重影响了官盐的销售，减少了官府盐利收入，因而地方政府采取很多措施解决这个问题，汀州在绍定五年（1232）改运潮盐。汀州改运潮盐促进了汀江航道的开辟。汀州知府赵崇模为改陆运漳盐为水运潮盐，开辟上杭至峰市段航道。长汀知县宋慈又辟长汀至回龙段航道，使潮盐从回龙驳运至长汀。自是"自汀至潮，凡五

---

① 郑学檬：《中国古代经济重心南移和唐宋江南经济研究》，岳麓书社2003年版，第337页。

② （宋）真德秀：《西山先生真文忠公文集》卷13《得圣语申省状》，《四部丛刊初编·集部》，北京书同文数字化技术有限公司2001年电子版。

③ （宋）李焘：《续资治通鉴长编》卷196，中华书局1992年版，第4739页。

④ （明）黄汴：《天下水陆路程》，引自《天下水陆路程三种》，山西人民出版社1992年版，第243—244页。

⑤ （宋）祝穆：《方舆胜览》卷13《汀州》，引自郑强《移创州学记》，《景印文渊阁四库全书》第471册，（台北）商务印书馆1983年版，第674页上。

⑥ （宋）祝穆：《方舆胜览》卷20《赣州》，《景印文渊阁四库全书》第471册，（台北）商务印书馆1983年版，第727页下。

百滩,至鱼矶逾岭,乃运潮盐往来路"。① 这样就使得汀江航道大为改善,汀江韩江之间的航运日趋繁荣,汀江上的船只,出现了"上河八百,下河三千"的盛况,"潮盐"和其他广货溯汀江源源而来,由汀州城内济川桥畔的汀江码头上岸,一部分销往汀州各县,一部分转运赣南,而汀州的土产如木材、毛竹、纸张等顺汀江源源运销广东和各地。于是汀州城一跃成为闽粤赣三省边区的商贸重镇。②

汀江航道的繁忙还可以从长汀县创建"三圣妃宫"保佑过往船只得以证实。三圣妃宫,"在长汀县南富文坊。及潮州祖庙。灵惠惠助顺显卫英烈侯博极妃,昭觃协助灵应慧佑妃,昭惠协济灵顺惠助妃,嘉熙间创。今州县吏运盐纲必祷焉"。③ 据谢重光先生考证,长汀"三圣妃宫",奉祀的第一位女神正是妈祖。妈祖是航海及一切水上航行的保护神,自五代宋初在莆田成神受到信仰后,很快顺海路传播开来,妈祖信仰不迟于南宋庆元年间(1195—1200)传入潮州。④ 妈祖信仰传入汀州,则是因为绍定五年(1232)汀州改运潮盐后,关系国家漕运,地方官员出于对漕运纲船安全的考虑,嘉定年间(1208—1224)先后两次开辟汀江航道,使汀江航道得到改善,往来人员和船只也大为增多。由于汀江航线险恶,行船风险极大,在人力无法抗拒情况下,借助于神灵庇护则成为最直接的措施。妈祖作为有祷必应的海上保护神,自然得到官府和民间的共同信仰,于嘉熙间(1237—1240)在长汀创建"三圣妃宫"奉祀。

元代,汀江航道正式成为国家驿道。至元二十一年(1284),江西行省广东道宣慰使月的迷失开辟驿道自隆兴(今江西省南昌市),经抚州(今江西省临川市),入邵武(今福建省邵武县),下汀州(今福建省长汀县),然后顺汀江直下潮州(今广东省潮州市)。⑤ 全程"径道一千六百余里,""立站一十七处"。⑥

---

① (宋)胡太初修,赵与沐纂:《临汀志》,福建人民出版社1990年版,第9页。
② 谢重光:《福建客家》,广西师范大学出版社2005年版,第30页。
③ (宋)胡太初修,赵与沐纂:《临汀志》,福建人民出版社1990年版,第64页。
④ 谢重光:《福建客家》,广西师范大学出版社2005年版,第31页。
⑤ 颜广文:《元代隆兴至潮州新驿道的开辟及对赣闽粤三省界开发的影响》,《中国边疆史地研究》1998年第2期。
⑥ (明)解缙等编:《永乐大典》卷19418《经世大典·站赤三》第8册,中华书局1986年版,第7209页下。

隆兴至潮州驿道陆路到长汀，下汀江，经温泉驿、成功驿、双溪驿，到上杭县刘奢（旧）驿，即今上杭峰市。这条驿道的开辟，使闽粤赣三省交界山区有了最便捷的出海通道。

总的来讲，宋元时期汀州交通有了较大发展，但是由于自然条件影响，通行仍然比较困难，以致当时官吏因交通困难而避行汀州："福建行省所辖八路，每遇朝廷遣使颁降圣旨诏条前来本省，必须经由建宁、南剑二路，亦有就开读者，次至福州行省，其兴化、漳、泉、汀州等路，不系使臣经由去处，例从行省差人开读。今体闻差来使臣，每每自福州亲至兴化、泉州开读，方回赴江西者，经过邵武亦就开读，汀、漳二路未尝亲去，且泉至漳，系是邻境，相离四站，驿程不及三百里，舍而不往者，盖有其由：泉南，乃舶货所聚之地，不无希望，汀、漳系烟瘴幽僻之方，遂惮其行。"① 直至明代仍艰涩难行："闽为天下大藩，……分设福宁、建宁二道……二道所隶，惟漳、汀极南为最远，以东西之地各至此而极也。漳、汀之界，其地多高山，林木蓊郁，幽遐瑰诡，艰于往来，掌福宁者巡止漳州，掌建宁者巡止汀州，二郡之不通如手足之痿痹，气之不贯也。"②

通过上述分析，得出如下观点：

（1）五代末期至北宋初年是汀州人口增长的第一个高潮，其时途径赣州的北方移民主要从汀州南部进入，并聚集在汀州南部，于淳化五年（994）升上杭场、武平场为县。

（2）两宋之际是汀州人口增长的第二个高潮，由于宋代通往闽北的驿道开通，有大批移民自汀州北部进入，并聚集在汀州北部，并于元符元年（1098）增置清流县。其时，依然有移民从汀州南部进入，并于元符年间（1098—1100）置莲城堡。

（3）九龙溪航道在唐代就已经开发利用，历经两宋，是汀州境内最重要的漕运通道。九龙溪的开辟要早于汀江，在唐宋时期其重要性要高于汀江。

（4）南宋绍定以前，汀江处于自然开发状态，其开发主要原因是私

---

① （明）解缙等编：《永乐大典》卷19419《经世大典》第8册，中华书局1986年版，第7217页下。

② （明）李档：《新设漳南道记》，载曾曰瑛修，李绂纂（乾隆）《汀州府志》，方志出版社2004年版，第840页。

盐贩卖。南宋后期,国家力量是汀江开发的主力,汀江航道得到改善,成为通向省外的漕运通道,为元代隆兴至潮州驿道的开通奠定了基础。

(5)元代隆兴至潮州驿道的开通改善了汀州交通,充分展现了汀州的地理区位优势,成为闽粤赣三省交界中的重镇和交通枢纽,促进了以汀州为中心的闽粤赣边经济区的形成。

第四章　宋元汀州的经济变迁

第一节　宋元时期汀州农业和手工业变迁

一　北方移民迁入对生产方式的影响

第一章讨论汀州人口时提出，直到唐末，汀州原住闽越族和山都木客，以及先期迁入汀州的武陵蛮，其人口数量远远大于汀州汉族人口。这些非汉族群基本保持各自独特的生产方式。

闽越族是汀州建置初期的居民主流。《史记·货殖列传》记载了闽越族的农业生产方式："楚越之地，地广人稀，饭稻羹鱼，或火耕水耨，果隋蠃蛤，不待贾而足，地势饶食，无饥馑之患，以故呰窳偷生，无积聚而多贫。是故江淮以南，无冻饿之人，亦无千金之家。"①《汉书·地理志》也称："或火耕水耨，民食鱼稻，以渔猎山伐为业，果蔬蠃蛤，食物常足。故呰窳偷生，而亡积聚。饮食还给，不忧冻饿，亦亡千金之家。"②从"火耕水耨"、"以渔猎山伐为业"来看，当时闽越族经济形态特点是农业和渔猎相结合，农业经济占据主导地位，表现为落后的火耕水耨生产形态。到西汉早期，仅在靠近内地的闽北和政治中心的福州才发展为锄耕和犁耕农业，其他地方仍为火耕水耨的经济生产形态。③ 由于交通的原因，闽北是中原王朝经营福建最早进入的地区，也是北方移民进入福建的第一站，闽北成为福建境内最早发展为锄耕和犁耕农业的地区，显然是北方移民带来先进的生产技术和生产工具的直接后果。以后这种情况在福建

---

① （汉）司马迁：《史记》卷129《货殖列传》，中华书局1959年版，第3270页。
② （汉）班固：《汉书》卷28下《地理志下》，中华书局1962年版，第1666页。
③ 吴小平：《从考古看闽越人的农耕经济状态》，《厦门大学学报》（哲学社会科学版）2003年第2期。

的其他地区屡有发生。

山都木客是古越族后裔。山都木客的生活方式,"住深山中,巢居,好食山涧中鱼、虾、蟹类等小动物"①;其生产方式,"能斫杉枋,聚于高峻之上,与人交市,以木易人刀斧"②,"出市作器,工过于人。……自言秦时造阿房宫,采木流寓于此"。③ 显然,山都木客继承了古越族"水行而山处"④ 的特点,其经济生产形态则以林业为主。

唐末五代汀州生活为数众多的武陵蛮,武陵蛮的生活方式,"织绩木皮,染以草实,好五色衣服,裁制皆有尾形。……衣服褊褋,言语侏离,饮食蹲踞,好山恶都"⑤,"所处险绝,人迹不至……衣裳斑斓,语言侏离,好入山壑,不乐平旷"⑥;其生产方式,"年年斫罢仍再锄,千秋终是难复初。又道今年种不多,来年更斫向阳坡"。⑦ 武陵蛮的经济生产形态属于去瘠就腴、随山种插、迁徙无定的游耕农业。

生活在汀州的闽越族、山都木客和武陵蛮经过长期的接触、交流、融合,生活和生产方式逐渐融为一体,在两宋之际形成了一个新的民族,这就是畲族。畲族"皆刀耕火耘,崖栖谷汲,如猱升鼠伏"⑧,基本上是住在比较封闭的山谷间,沿袭了山都木客"住深山中,巢居"和武陵蛮"好山恶都"、"所处险绝,人迹不至"的居住特点。在经济生产形态方面,则融合了闽越族"火耕水耨"和武陵蛮"斫山为生"的特点,形成"刀耕火耘"的畲田模式;同时又糅合闽越族"以渔猎山伐为业"和山都木客林业为主的生产方式,形成倚重山林副业和狩猎经济的特点。

根据唐宋时人对于畲田的描述,所谓畲田,从其分布和性质来说,则

---

① 谢重光:《畲族与客家福佬关系史略》,福建人民出版社2002年版,第53页。
② (宋)李昉:《太平御览》卷48《地部十三》,中华书局1985年影印本,第235页下。
③ (明)邝露:《赤雅》卷1《木客》,中华书局1985年版,第15页。
④ (东汉)袁康:《越绝书》卷8《外传记地传第十》,上海古籍出版社1985年版,第58页。
⑤ (晋)干宝:《搜神记》,参见汪绍楹校注本,中华书局1979年版,第169页。
⑥ (南朝)范晔,(唐)李贤等注:《后汉书》卷86《南蛮》,中华书局1965年版,第2829页。
⑦ 《五灯会元》卷6《南岳玄泰禅师》。此文记载的是唐代衡山一带山区以斫山烧畲为生的山民生活,其时衡山遍布莫徭,此即为南迁武陵蛮的一支。参见谢重光《客家文化述论》,中国社会科学出版社2008年版,第63页。
⑧ (宋)刘克庄:《后村先生大全集》卷93《四部丛刊初编·集部》,北京书同文数字化技术有限公司2001年电子版。

畲田往往是"山麓之陆田",畲田上所种作物都是旱地作物,实即山民在初春时期,先将山间树木砍倒,等倒下的树木"干且燥"之后,便在春雨来临前放火烧光,"藉其灰以粪",用作肥料。焚烧后的第二天便"乘土热",甚至是"火尚炽"的情况下,即以种播之,然后用锄斧之类的农具掩土,覆盖种子,以后不做任何田间管理,包括中耕除草就等待收获了。在畲田农业中最重要的工具是畲刀而非牛耕,所谓"田仰畲刀少用牛"。① 畲刀主要用来砍伐树木,与之具有相同作用的便是斧头;其次便是锄,锄主要用来去除烧过之后所留下的根株,以及斫土覆盖播下的种子,而不是用来中耕除草。②

由于畲田在耕种后即处于自然生长状态,因而时刻面临干旱、野草、虫害等灾难威胁,收成没有保障。而雨水是最重要的,因为这关系到播种之后种子能否顺利萌发,生长茂盛。但雨水是人力无法控制的,因而畲田所种作物以旱作物为主,宋范成大《劳畲耕·并序》记载:"春种麦、豆作饼饵以度夏,秋则粟熟矣……麦穗黄剪剪,豆苗绿芊芊。饼饵了长夏,更迟秋粟繁。"③ 可见,麦、豆和粟是畲田作物中最重要的。春种麦、豆作饼饵以度夏,秋则粟熟矣。这三种粮食作物构成了畲民全年的主要食物。因为依靠自然降水,畲田一般是不种水稻的,却可以种植旱稻,也即后来所说的"畲稻"。

总的来讲,汀州畲族农业还非常原始,采集狩猎经济还占有相当大的比例。农业虽然在经济生活中日益占据重要地位,但由于采取的是刀耕火种的畲田模式,不懂得犁耙、施肥、灌溉、深耕、细作等较先进的生产技术,生态大遭破坏,地力不易保持,所以必须常常更换耕地,不得不采用"随山种插,移徙不定"的游耕方式,其生产方式非常落后。因此当大量拥有精耕细作的先进生产方式和锄犁等先进生产工具的北方移民进入汀州后,这种落后的畲田模式就迅速地被改变了。

五代末期至北宋初年是汀州接受北方移民的第一个高潮,也是汀州人

---

① (唐)元稹:《酬乐天得微之诗知通州事因成》,《全唐诗》卷416《元稹》21,中华书局1960年版,第4593页。

② 本段文字引自曾雄生《唐宋时期的畲田与畲田民族的历史走向》,《古今农业》2005年第4期。

③ (宋)范成大:《石湖诗集》卷16,《景印文渊阁四库全书》第1159册,(台北)商务印书馆1983年版,第713页下。

口增长的第一个高潮，太平兴国五年（980）户口已经达到24007户。①大量汉族移民的迁入使汀州农业生产方式发生了根本性改变。汀州开始修筑水利设施，改变了依靠自然降水的被动局面，并且开始种植包括水稻在内的水旱多种作物。

二　宋元汀州农业基本情况

直到唐末，汀州原土著人口和先期迁徙而来的武陵蛮数量远远大于汉族人口，因此汀州农业主要表现为以刀耕火种为主要特征的畲田方式。"唐宋以后，汉人来者益多，越民之强悍者被迫进山，因得峒寇、峒獠之名，又以其烧山地为田，种旱稻，刀耕火种，因名为畲，赣粤两省则写为畬，即种畲田之人也。"②基本上是"依山而居，迁徙无常，刀耕火种"。③又由于山多地少，中山面积7250.87平方公里，占总土地面积的38.06%；低山面积7713.49平方公里，占40.49%；丘陵面积3100.44平方公里，占16.28%；合计占土地总面积的94.83%。平地面积只有985.20平方公里，占5.17%④，故有"八山一水一分田"之称。由此决定了客家人的传统经济基础只能是山地农业，也决定作为山民的客家人，比起平原地区的人群，在农耕方面，必然付出多而回报少，换言之，其生存之道必然更加坎坷艰辛。⑤虽然条件艰苦，但是随北方移民大量迁入，宋元时期汀州的农业依然有所发展。

在农业方面，宋代汀州主要成绩，一是水利的兴修；二是新作物的引进。⑥

由于汀州田地多在山谷之间，要使农业生产得以顺利进行，最主要的条件就在于是否有水源。这也是畲田的特征之一："星居占泉眼，火种开山脊"⑦，水利建设的好坏成为衡量本地开发程度的标志。汀州百姓利用山地丘陵的起伏，修筑了不少陂塘井渠，"先民殚精农业，随水势之高下

---

①　（宋）乐史：《太平寰宇记》卷102《汀州》，中华书局2007年版，第2035页。
②　傅衣凌：《福建文化》1944年第2卷第1期。转引自曾雄生《唐宋时期的畲田与畲田民族的历史走向》，《古今农业》2005年第4期。
③　（明）戴璟等：《广东通志初稿》卷18，书目文献出版社1998年版。
④　据龙岩市政府网（http://www.mxnw.com.cn/nyzy/4.htm）报道。
⑤　谢重光：《客家文化述论》，中国社会科学出版社2008年版，第298页。
⑥　同上书，第97页。
⑦　（唐）刘禹锡：《莫猺歌》，（清）彭定球等编：《全唐诗》卷354《刘禹锡一》，中华书局1960年版，第3962页。

引以灌田，其法约有数端，最普遍者为陂圳，梘车次之，塘又次之。横截溪流遏水而入圳者曰陂，或用石或用松，随地所宜而为之。承陂水而引之田者曰圳，或绕山麓，或迤路旁，有长数里者。陂圳之制不同，圳承陂水"。①

至迟南宋时汀州的水利建设已很普遍。《临汀志》所载，长汀县有郑家陂、西田陂、南拔桥陂、官陂、中陂、张家陂、何田大陂；宁化县有大陂、吴陂；上杭县有梁陂、高陂；武平县有圣公泉、龙泉井、黄田陂；莲城县有南团陂三、北团陂六、席湖围陂三、姑田团陂五、河源下里陂七。其中有些陂的规模相当大，长汀的中陂"横截鄞坑水，下灌民田，广袤数十里"；何田大陂"抱山数曲。三水合流出何田市心，疏为数十圳，分溉民田，皆成膏沃，不减白渠之利"；南拔桥陂是石陂，"以石障堤，引水入官濠东流"；宁化县的大陂，"居民协力障溪以成，至今为利"；吴陂，"有居民吴氏出力为之，灌溉甚广"；上杭县的梁陂，"有田数百亩顷，荒旱相仍，乡民梁姓者募众为石陂，方广数十丈，为经久利"；高陂，"其长寻余，其高倍蓰，浸灌甚广"。塘的建设也在南宋开始，"金船塘，阔三丈余，长十倍有奇，形如巨舰，澄深四时不涸"。②

陂塘是宋代汀州水利建设的标志，对汀州农业发展"为经久利"，历代都发挥重要作用。以长汀为例，宋时所建的郑家陂、西田陂、南拔桥陂、官陂、中陂、张家陂、何田大陂7陂，到清乾隆时仍有郑家陂、南拔桥陂、官陂、中陂、张家陂5陂在使用③；又莲城，宋时建南团陂三、北团陂六、席湖围陂三、姑田团陂五、河源下里陂七共计24陂，而明嘉靖《汀州府志》记载连城有27陂，只有3陂下均分别注明"元初筑"④，说明其余24陂就是宋时所筑之陂。这些宋时所筑之陂到清代仍在使用。⑤

---

① （民国）张汉等修，丘复纂：《上杭县志》卷11《水利志》，上海书店出版社2000年版，第134页上。

② 以上引文俱出《临汀志山川》。参见胡太初修，赵与沐纂《临汀志》，福建人民出版社1990年版，第37—56页。

③ （清）曾曰瑛修，李绂纂：（乾隆）《汀州府志》卷5《城池·水利附》，方志出版社2004年版，第82页。

④ （明）邵有道编纂：（嘉靖）《汀州府志》卷3《水利》，《天一阁藏明代方志选刊续编》39，上海书店1990年版，第277—278页。

⑤ （清）曾曰瑛修，李绂纂：（乾隆）《汀州府志》卷5《城池·水利附》，方志出版社2004年版，第88页。

把汀江水害变为水利，是宋时期汀州水利建设的重要内容，也是汀江流域开发的基础。客家一些民间故事曲折反映了这方面的内容。

例如关于客家母亲河的传说，叙述汀州古时有条名叫化龙的蛟龙在龙潭湖为虐，它盘踞在深不可测的大潭中，"脾性暴戾，动不动就跃上天去，呵气成云，降下阵阵暴雨，造成洪水泛滥成灾，危及百姓们的生命和生产。人民怨声载道，但又无奈其何，只好每年聚众跪拜，献祭品，祈求蛟龙的宽容，免于生灵涂炭"。实际反映出汀州开发之初先民们面临的恶劣自然条件，以及先民们匍匐在恶劣自然条件面前束手无策的悲惨处境。后来移民一批一批地到来，带来了先进的技术，先进的生产力，有了制伏河水泛滥为灾的力量，有一个叫驯龙的青年，克服千难万险，驯服汀江里作恶的蛟龙，把它逐入大海，使汀江平稳地发挥为民灌溉之利。

定光佛建定光陂也反映了汀州水利建设成就。定光陂在长汀十里铺，它"像和尚袈裟的领口那样，从斜刺里横披过去，致使江水无论怎样汹涌澎湃，到了古陂面前，只好老老实实地顺流而去"。相传宋朝年间，十里铺未建陂前，这一带田高水低，汀江之水不能灌溉农田。村民们靠天吃饭，遇到天旱，只有流离乞食，田园逐渐荒芜。这时从赣南来了一位和尚，法号定光，路经十里铺，见此惨象，暗暗发下心愿，要为这里的群众除旱造福。他用鞭石法，筑成石陂，把水拦住，使水比田高，便于农民引水灌溉，解除了这一带的旱情。从此，十里铺一带外出逃荒的群众纷纷回来重建家园，农民收成一年比一年好。几年工夫，一个荒凉的小村庄变成大村庄。人们为了纪念定光和尚为民筑陂造福的功绩，将此石陂命名为定光陂。透过客家母亲河的传说和定光陂的故事，我们看到了客家先民修水利开基创建家园的史影。①

农作物品种的增加是作物栽培方面的成就。《临汀志》记载：汀州"谷之属，秔、糯、粟、麻、豆、菽"。② 表明随北方移民的迁入，粟、豆、菽等北方作物已随之引种汀州。畲禾是宋代汀州农业引进的又一新作物。畲禾又称"菱禾"、"畲稻"，即旱稻。李德裕在岭南道中所看到的"五月畲田收火米"，据《本草纲目》解释："西南夷亦有烧山地为畲田，种旱稻者，谓之火米。"今壮语中仍有称旱稻为"火米"的，其意之一为

---

① 上述两段文字引自谢重光《唐宋时期汀江流域的开发》，《客家》2007年第3期。
② （宋）胡太初修，赵与沐纂：《临汀志》，福建人民出版社1990年版，第37页。

"地谷"或"旱田谷",是相对水稻而言。① 《舆地纪胜》记:"畬禾,不知种之所自出。植于旱山,不假耒耜,不事灌溉逮秋自熟,粒粒粗糙,间有糯。亦可酿,但风味差,不醇。此本山客畬所种,今居民往往取其种而莳之。"② "山客畬"是畬民的别称,畬禾原是畬民的特产,不但梅州畬民种畬禾,汀州畬民亦种之。杨澜《临汀汇考》卷4《物产考》载:"汀人……又有畬米,又名畬米。畬客开山种树,掘烧乱草,乘土暖种之,分粘不粘二种,四月种,九月收。"③ 畬米"实大且长,味甘香"④,品质优良,很快为当地汉人引进培植,且迅速传到其他地区汉人中,如福州的"晏畬"、莆田的"白畬稻"、漳州的"畬稻",都是畬禾的别称,是各地汉人向畬民"乞其种"⑤ 培植成的。在长汀的方志中,干脆就把畬禾列为本地重要物产了。⑥ 于此我们可以体会到,汀江流域的开发,闽西社会的进步,实际上都是土著与移民互相学习、互相融合、共同辛勤劳动的结果。⑦

宋代,汀州已开始种植甘蔗和蓝等经济作物。《临汀志·土产》记:"货之属,金、银、铜、铁、蜡、蜜、糖、蕈、靛、纸、红椒。"⑧

糖即蔗糖,宋代福建甘蔗种植已很普遍⑨,《本草图经》说:"甘蔗,今江浙、闽广、蜀川所生,大者亦高丈许。叶有二种:一种似荻,节疏而细短,谓之荻蔗;一种似竹,粗长,榨其汁以为砂糖,皆用竹蔗。泉、福、吉、广州多作之。"⑩ "蔗有两种:赤色,名昆仑蔗,白色,名荻蔗。出福州以上,皮节红而淡,出泉、漳者,皮节绿而甘。其干小而长者,名菅蔗,又名蓬蔗。居民研汁煮糖,泛海鬻吴越间。糖有二种:曰黑糖,曰

---

① 曾雄生:《唐宋时期的畬田与畬田民族的历史走向》,《古今农业》2005年第4期。
② (宋)王象之:《舆地纪胜》卷102《梅州》,文海出版社1971年影印本,第575页下。
③ (清)杨澜:《临汀汇考》卷4《物产》第4册,光绪四年刻本,第15页。
④ (民国)黄恺元修,邓光瀛、丘复纂:《长汀县志》卷35《杂录·畬客》第四册,长汀县博物馆1983年重刊本,杂录第58页。
⑤ (清)郭柏苍:《闽产录异》,岳麓书社1986年版,第4—5页。
⑥ 《长汀县志》卷10《物产志》就列入了畬禾,曰:"有畬禾,山上种,分粘不粘两种,四月种,九月收,一名畬米。"参见(民国)黄恺元修,邓光瀛、丘复纂《长汀县志》第2册,长汀县博物馆1983年重刊本,物产第10页。
⑦ 谢重光:《客家文化述论》,中国社会科学出版社2008年版,第98页。
⑧ (宋)胡太初修,赵与沐纂:《临汀志》,福建人民出版社1990年版,第37页。
⑨ 朱维干:《福建史稿》(上),福建教育出版社1985年版,第197—198页。
⑩ (宋)苏颂:《本草图经》卷16,安徽科学技术出版社1994年版,第546页。

白糖。有双清、有洁白，炼之有糖霜，亦曰冰糖。有蜜片，亦曰牛皮糖。"① 宋代汀州糖已列入货属之列，甘蔗的产量应该相当可观。

靛，又称靛或靛青，是一种深蓝色染料，用"蓝"的叶子制成。"蓝"是闽粤赣边客家地区一种极重要的经济作物，分大蓝、小蓝两种。"大蓝叶如莴苣而肥厚微白。今为淀者多是小蓝，高一、二尺许，叶细而密。以叶渍汁和石灰澄沥成淀，用以染缯。沥淀时掠出浮末为淀花，阴干即青黛也。耕山者种蓝，颇获其利。"② 明清时期在闽粤赣边乃至浙南、赣西北等地山区搭棚而居的棚民，大多就是这种耕山种蓝者。③ 宋代汀州既然已经有靛的生产，蓝的种植应该不在少数。

三 宋元汀州手工业的发展

宋代汀州手工业已经起步，特别是纸的生产值得关注。《临汀志·土产》记："货之属，金、银、铜、铁、蜡、蜜、糖、蕈、靛、纸、红椒。"④ 实际上，汀州纸的生产在北宋初期就已经发展得很好。

《太平寰宇记》载："古图经云：进黄蜡，蠲纸。"⑤ 蠲纸即蠲府纸，始自唐代，"唐有蠲府纸，凡造此纸户，与免本身力役，故以蠲名"。至宋代成为一种名纸，"士大夫喜其（蠲纸）有发翰墨之功，争捐善价取之，一幅纸能为古今好尚，殆与江南澄心堂等"。⑥ 洁白坚滑，为东南第一，"东南出纸处最多，此当为第一焉，由拳皆在其下"。⑦ 蠲纸以嫩竹为原料，"北宋初年，江浙一带和福建已经都用嫩竹造纸，竹纸的产量和质量都有大幅度提高"⑧，汀州当不例外。而且汀州有丰富的竹类资源，"竹之属，苦、筀、筋、甜竹、淡、紫、赤、黄、斑竹、江南、慈"。⑨ 这是汀州纸业的物质基础。汀州在北宋初期就能够生产高质量的蠲纸，说明汀州纸业已经有相当高的水平。

纸业的发展带动雕版印刷业发展，自宋代起就形成了以长汀为中心的

---

① （明）何乔远：《闽书》卷150，第5册，福建人民出版社1994年版，第4455—4456页。
② （同治）《赣州府志》卷21《物产》，成文出版社1970年版，第430页下。
③ 谢重光：《客家文化述论》，中国社会科学出版社2008年版，第292页。
④ （宋）胡太初修，赵与沐纂：《临汀志》，福建人民出版社1990年版，第37页。
⑤ （宋）乐史：《太平寰宇记》卷102《汀州》，中华书局2007年版，第2036页。
⑥ （宋）周辉：《清波别志》卷上，（清）鲍廷博：《知不足斋丛书》18集，第14页。
⑦ （宋）程启：《三柳轩杂识》，载杨渭生等编著《十至十四世纪中韩关系史料汇编》上册，学苑出版社2002年版，第713页。
⑧ 陈美东主编：《简明中国科学技术史话》，中国青年出版社2009年版，第364页。
⑨ （宋）胡太初修，赵与沐纂：《临汀志》，福建人民出版社1990年版，第36页。

雕版刻书区域，清人杨澜《临汀汇考》云："长汀四堡乡，皆以书籍为业，家有藏版，岁一刷印，贩行远近。……宋陈日华《经验方》云：方夷吾所编《集要方》，予刻之临汀，后在鄂渚得九江守王南强书云，老人久苦淋疾，百药不效，偶见临汀《集要方》中用牛膝者，服之而愈。按宋时闽版推麻沙，四堡刻本近始盛行，阅此知汀版自宋已有。"① 但四堡刻书业的兴盛还是在明清汀州造纸业大兴之后。据研究，明中叶后四堡刻书业迅速崛起，至清初已成为中国南方重要的坊刻中心之一。②

宋代汀州纺织业也有所发展。《临汀志》记："帛之属，绫（土）、绸（土）、布。苎、葛、蕉、麻、蘩花、吉贝。"③ 虽然汀州"不宜蚕桑"，但是却另有"苎、葛、蕉、麻、蘩花、吉贝"之类纺织原料，"苎麻是一种纺织的好原料，纤维长，织成的布经久耐用；再用蓝靛染成青、皂、蓝色布匹，极受客家人的欢迎"。④ 杨澜《临汀汇考》曰："麻，《玉篇》：枲属也。皮织为布，子可食。……苎一科数十茎，旧根至春复生，岁四收。解其皮，净剥之，织为布。苎布，宁化四乡皆有，乡无不织之妇。惟泉上有细等纱縠者。""葛，引蔓缠绕之草，织以为布……今宁化有之，名蕉麻。"⑤ 因而汀州的纺织业才会出现"比屋而绩，故其布多品"⑥ 的局面。

元至元十八年（1281），汀州路六县被赐为囊加真公主分地。公主为忽必烈女儿，封鲁国公主，嫁与斡罗陈万户。元贞元年（1295），再醮给蛮子台，即斡罗陈之弟（封济宁王）。汀州在公主的统治之下，经济民生受到盘剥。《临汀汇考》记："元世祖女囊加真公主下嫁斡罗陈。以汀州路长汀、宁化、清流、武平、上杭、连城为公主赐地。六县之达鲁花赤听其陪臣自为之。而汀州四万户，丝以斤计者，岁二千二百有奇，钞以锭计者，岁一千六百有奇，谓之岁赐。政烦赋重，盗又数起。"⑦ 正是因为"政烦赋重"，兼之"盗又数起"，汀州经济几乎受到毁灭性打击，于是过客作诗感伤地说："七闽穷处古汀州，万垄千岩草木稠。岚气满林晴亦

---

① （清）杨澜：《临汀汇考》卷4《物产》第4册，光绪四年刻本，第8页。
② 谢重光：《客家文化述论》，中国社会科学出版社2008年版，第304页。
③ （宋）胡太初修，赵与沐纂：《临汀志》，福建人民出版社1990年版，第36页。
④ 谢重光：《客家文化述论》，中国社会科学出版社2008年版，第299页。
⑤ （清）杨澜：《临汀汇考》卷4《物产考》第4册，光绪四年刻本，第6页。
⑥ （宋）胡太初修，赵与沐纂：《临汀志》，福建人民出版社1990年版，第35页。
⑦ （清）杨澜：《临汀汇考》卷1《方域考》第1册，光绪四年刻本，第15页。

雨，泉声近驿夜如秋。云中僧舍时闻犬，兵后人家尽卖牛！但得龚黄为太守，边方从此永无忧！"① 并进而哀叹："呜呼！汀民安所得龚黄之守而苏之！"可见元代汀州经济凋敝之严重。虽然诗歌陈述的是汀州经济衰败，但在此情况下，汀州农业和手工业随之凋敝不言而喻。

总的来说，宋代汀州农业和手工业虽然受自然条件的限制，但还是有了一定程度的发展。

第二节 宋元汀州矿冶业兴衰

一 宋元汀州矿冶业概况

汀州有矿业之始，目前所见记载时间最早是《新唐书》："长汀，中下，有铜有铁。宁化，中下，本黄连，天宝元年（742）更名，有银有铁。沙，中下，本隶建州，武德四年（621）置。后省入建安，永徽六年（655）复置，大历十二年（777）来属。有铜有铁。"②《新唐书》还记载，唐代全国"凡银、铜、铁、锡之冶一百六十八"③，但未在福建设冶。《元和郡县志》、《旧唐书》、《资治通鉴》都无汀州矿业记载。

记载时间稍晚的唐大历四年（769），见于《民国上杭县志》："是年，汀州刺史陈剑奏析龙岩胡雷下堡置上杭场，以理铁税。"④ 在"以理铁税"后小字标注："四字据永志改"，永志即永定县志。永定县置于明成化十四年（1478）。其他志书均谓"析龙岩胡雷下堡置上杭场"，无"以理铁税"。⑤ 可知"以理铁税"四字是后世作志者添加的，不知何据。以后志记载补前志，似不可信。再以唐置九场三镇而言，乃是因墟市而设场，其九场不以矿业而置。⑥ 据此推测，唐大历四年（769）设上杭场不一定是

---

① （元）卢琦：《汀州道中》，（清）曾曰瑛修，李绂纂：《汀州府志》卷44《艺文六》，方志出版社2004年版，第1002页。

② （宋）欧阳修，宋祁：《新唐书》卷41《志第三十一·地理五》，中华书局1975年版，第1065页。

③ 同上书，第1383页。

④ （民国）张汉等修，丘复纂：《上杭县志》卷2《疆域志》，上海书店出版社2000年版，第35页下。

⑤ 《临汀志》、《八闽通志》、（嘉靖）《汀州府志》、（乾隆）《汀州府志》等记载大体如此，均无"以理铁税"。

⑥ 朱维干：《福建史稿》（上），福建教育出版社1985年版，第126—130页。

因为矿产开发。

记载时间再稍晚的是五代闽国时期。《钱通》引《十国纪年·闽史》曰"王审知为闽王,梁贞明元年(915),汀州宁化县出铅,置铅场。二年铸铅钱,与铜钱并行"。① 但是,由于《十国纪年》早亡,也无法证实汀州是否已经有矿业开发。从其他资料中大概可以推测出五代时期汀州的矿业开发情况。

《宋会要辑稿》有对北宋前期坑冶置废时间的记载②,无具体设置时间的坑冶均标注"旧置"。据学者考证,标注"旧置"的坑冶应在北宋立国之前即已存在。③ 北宋前期汀州"旧置"的坑冶有:金,"汀州安丰场,旧置"。④ 铜,"汀州黄焙、龙门场、旧置"。⑤ 则是在宋前汀州地区已经开始矿业开发。与前引《十国纪年·闽史》记载对照,汀州在五代时期开始一定规模的矿业开发应该是事实。

汀州进行大规模矿业开发是在北宋。目前所见记载宋代矿冶业的文献中,所载资料年代最早的是《文献通考》和《续资治通鉴长编》,其统计年代均为天禧二年(1018)。《续资治通鉴长编》资料引自《三朝国史》,《三朝国史》为北宋太祖、太宗、真宗三朝正史,共150卷,其中志60卷,仁宗天圣八年(1030)修成;并引《两朝志》作比较。《两朝志》指《两朝国史》的"志",《两朝国史》为仁宗、英宗两朝正史,共120卷,元丰五年(1082)成书。其次《宋会要辑稿》,其所记坑冶元额系《中书备对》祖额,统计于元丰二年(1079)或元丰三年(1080)。《宋史》资料引自《文献通考》。⑥

北宋元丰前汀州见于文献记载的各种矿产有:

金

《文献通考》⑦(下文简称《通考》):"金产登、莱、商、饶、汀、南

---

① (明)胡我琨:《钱通》卷21,《景印文渊阁四库全书》第662册,(台北)商务印书馆1983年版,第652页上。
② (清)徐松:《宋会要辑稿》《食货》33之1—5,中华书局1957年影印本,第5374—5376页。
③ 徐东升:《北宋矿冶诸问题考辨》,《中国社会经济史研究》2009年第4期。
④ (清)徐松:《宋会要辑稿》《食货》33之1,中华书局1957年影印本,第5374页下。
⑤ 同上书,第5375页上。
⑥ 徐东升:《北宋矿冶诸问题考辨》,《中国社会经济史研究》2009年第4期。
⑦ 本节所引《文献通考》矿冶资料均来自(元)马端临《文献通考》卷18《坑冶》,中华书局1986年影印万有文库十通本。为行文方便,不再逐一注释,仅标注页码。

恩六州,冶十一。"①

《续资治通鉴长编》(下文简称《长编》)引:"《两朝志》有登、莱、商、饶、汀、南恩六州,却无歙、抚、南安。"②

《元丰九域志》记:"上杭,州南一百八十里,四乡,钟寮一金场。"③

《宋会要辑稿》(下文简称《会要》)记:"安丰场,旧置;上杭县钟寮场,庆历元年(1041)置。"④

各路坑冶所出额数:"汀州,元额一百六十七两,元年收一百五十一两。"⑤

《中书备对》诸路坑冶金数:"莱州金四千一百五十两,房州金六十六两。登州金三十九两,商州金三十九两,饶州金三十四两,沅州金一百三十二两,汀州金一百六十七两,邕州金七百四两。"⑥

元丰前汀州有金矿二场。上述材料表明,天禧二年(1018)前汀州没有产金记载,虽然此时已有北宋前"旧置"的安丰场,但在《通考》中无记载。《宋会要辑稿》记庆历元年(1041)置上杭县钟寮场,《通考》记载治平(1064—1067)中产金六州有汀州,这与《两朝志》的记载相吻合,因而是可以相信的。《会要》中还对产金量"元额"有专门说明:"以《中书备对》诸坑冶务祖额并元丰元年(1078)收数修入,《九域志》土贡场务附焉。治平以前所置场务已见旧《会要》者不载,旧《会要》所无而不详何年月置者,亦收入。坑冶场务兴废不定,逐年所入多寡不同,亦有当年无收者。此其大略也。"⑦"元额"即为《中书备对》之"祖额",据学者考证,《中书备对》祖额统计于元丰二年(1079)或三年(1080)。⑧元丰元年(1078)产金量为一百五十一两,元额一百六

---

① 本引文前有"自太平兴国二年",后有"仁宗、英宗每下赦书"之言,据此可推测此记载坑冶数应为太平兴国(976—984)至乾兴年间(1022)数量。参见《文献通考》,中华书局1986年影印万有文库十通本,第179页中。
② (宋)李焘:《续资治通鉴长编》卷97,中华书局1992年版,第2262页。
③ (宋)王存:《元丰九域志》卷9《福建路·汀州》,中华书局1984年版,第405页。
④ (清)徐松:《宋会要辑稿》《食货》33之1,中华书局1957年影印本,第5374页下。
⑤ 同上书,第5377页下。
⑥ (元)马端临:《文献通考》卷18《坑冶》,中华书局1986年影印万有文库十通本,第189页上。
⑦ (清)徐松:《宋会要辑稿》《食货》33之6,中华书局1957年影印本,第5377页上。
⑧ 徐东升:《北宋矿冶诸问题考辨》,《中国社会经济史研究》2009年第4期。

十七两,与《中书备对》记载相吻合,汀州金产量增加表明北宋前期汀州金矿的开采处于上升期。

银

《太平寰宇记》载:"古图经云:进黄蜡、蠲纸、出铜并银。长汀县有黄焙场、安丰场,并宁化县有龙门场,俱出铜银。"①

《文献通考》载:"天禧二年(1018),全国3监3务51场,汀州有三场:黄焙、龙门、宝安。治平中(1064—1067),银产登、虢、秦、凤、商、陇、越、衢、饶、信、虔、郴、衡、漳、汀、泉、福、建、南剑、英、韶、连、春二十三州,南安、建昌、邵武三军,桂阳监,冶八十四。"

《元丰九域志》记:"望,长汀,三乡,留村一镇,上宝一银场,归木、挨口二银务,莒溪一铁务。望,宁化,州东北一百八十里,三乡,龙门新旧二银场,长永大庇二银坑。"②

《宋会要辑稿》记:"汀州,龙门场,乾德三年(965)置;归禾务,太平兴国七年(982)置;龙门新场,雍熙三年(986)置;税口务,天禧三年(1019)置;张源坑,乾兴元年(1022)置,康定二年(1041)罢;宝安场,元年置,皇佑元年(1049)罢;永丰场,宝元元年(1038)置,庆历三年(1043)罢;凤凰场,庆历二年(1042)置,三年(1043)罢;连源场,三年置,六年罢;长汀县上宝场,七年置;宁化县长永坑,皇佑元年(1049)置;上杭县赤水场,元年置,熙宁九年(1076)罢;大庇坑,四年置;宝应坑,熙宁四年(1071)置,五年罢;太平场,八年八月置,十二月罢。"③

各路坑冶所出额数:"汀州,元额四千七十五两,元年收二千三百二十两。"④

北宋矿业机构有监、务、场、坑、冶等。"监"是"主监官"的驻地,凡是铸钱的场所,都置监,个别监(如桂阳监)是相当军一级行政区划;"务"是矿冶税务所或矿产收购站;"场"是采矿场;"坑"是矿坑,每个场可管辖若干个坑。而称"场"者,多是官营或半官营的矿藏

---

① (宋)乐史:《太平寰宇记》卷102《汀州》,中华书局2007年版,第2036页。
② (宋)王存:《元丰九域志》卷9《福建路·汀州》,中华书局1984年版,第405页。
③ (清)徐松:《宋会要辑稿》《食货》33之2,中华书局1957年影印本,第5375页上。
④ 同上书,第5378页下。

丰富、矿质优良的采矿地，并多设有冶炼所，即是有一定规模的矿冶生产单位。"冶"是金属冶炼厂，经常是一个"冶"所需的矿石，由几个场来供应。大抵置监之处必有冶，设务之处多有场。①

《通考》和《会要》记元丰前汀州新置银场务共16处，10场4坑2务。元丰前汀州银矿有10场4坑，说明汀州银的矿藏丰富、矿质优良。汀州乾德三年（965）设置第一个银场，太平兴国七年（982）就设置归禾务②，这说明银产量很高。天禧三年（1019）又置税口务，是银产量继续提高的结果。元丰元年（1078）收二千三百二十两，一两年后元额四千七十五两，可见产量提升之快。

铜

《文献通考》："天禧二年（1018），全国1务35场，汀州有三场：曰钟僚，余皆与银场同。治平中（1064—1067），铜产饶、信虔、建、漳、汀、泉、南剑、韶、英、梓十一州，邵武军，冶四十六。"

《宋会要辑稿》记："汀州、黄焙、龙门场、旧置；上杭县钟寮场，太平兴国二年（977）置，庆历二年（1042）罢；宝胜坑，宝元元年（1038）置，皇佑五年（1053）罢；金山场，治平四年（1065）二月置，十月罢；潦村坑，熙宁元年（1068）置，二年罢。又上宝、凤凰山、赤水、永丰场。"③

"汀州，元额三万五千四百九十五斤，元年收一万六千四百七十二斤。"④

汀州铜矿共计8场2坑，绝大部分属于富矿，产量较高，元丰元年（1078）收一万六千四百七十二斤，元额三万五千四百九十五斤，开采处于上升期。

铁

《文献通考》："天禧二年（1018），全国4监12冶20务25场，汀州有四务：汀州莒溪、古田、龙兴、罗村。治平中（1064—1067），铁产登、莱、徐、兖、凤翔、陕、仪、虢、邢、磁、虔、吉、袁、信、澧、

---

① 夏湘蓉等编著：《中国古代矿业开发史》，地质出版社1979年版，第86—87页。
② 归禾务、税口务，（宋）王存：《元丰九域志》卷9《福建路·汀州》作归木务、挨口务，中华书局1984年版，第405页。《临汀志》作拔口场务。
③ （清）徐松：《宋会要辑稿》《食货》33之3，中华书局1957年影印本，第5375页下。
④ 同上书，第5380页上。

汀、泉、建、南剑、英、韶、渠、合、资二十四州，兴国、邵武二军，冶七十七。"

《元丰九域志》记："望，长汀，……莒溪一铁务。"①

《宋会要辑稿》记："汀州，长汀县莒溪务，咸平二年（999）置。"②

各路坑冶所出额数：无。

《通考》、《元丰九域志》和《会要》均无汀州铁场坑记载，也无产量记载。但是，咸平二年（999）置长汀县莒溪务，天禧二年（1018）即增为四务，由此可推测汀州产铁，而且产量大，增长快。

铅

《文献通考》："天禧二年（1018），全国36场务，汀州有三：并与银铜场同名。治平中（1064—1067），铅产越、衢、信、汀、南剑、英、韶、连、春九州岛，邵武军，冶三十。"

《宋会要辑稿》记："龙门场长水坑、龙门新场赤水坑。"③

各路坑冶所出额数："汀州，元额一百六斤，元年收四十九斤。"④

汀州铅产量不大，元丰元年（1078）收四十九斤，元额一百六斤，但是也处于上升期。

总的来说，北宋元丰前是汀州矿业开发的兴盛期。资料可见，各种矿业机构共有安丰场、钟寮场、龙门场、归禾务、龙门新场、税口务、张源坑、宝安场、永丰场、凤凰场、连源场、上宝场、长永坑、赤水场、大庇坑、宝应坑、太平场、黄焙、宝胜坑、金山场、潦村坑、上宝、莒溪务、古田务、龙兴务、罗村务、长水坑、赤水坑等28处，其中大部分属于富矿，一经开发，产量提升很快。

北宋前期汀州矿冶的兴盛与当时大环境分不开。北宋的统一结束了五代以来割据混乱的局面，使经济得到恢复和发展，各个行业，特别是农业和手工业持续发展，对金属的需求日益增长，因而在全国范围开始了大规模的矿业开发。同时矿冶技术的提高也促进了矿冶业的发展，黄盛璋先生

---

① （宋）王存：《元丰九域志》卷9《福建路·汀州》，中华书局1984年版，第405页。
② （清）徐松：《宋会要辑稿》《食货》33之4，中华书局1957年影印本，第5376页上。
③ （清）徐松：《宋会要辑稿》《食货》33之15，中华书局1957年影印本，第5381页下。
④ 同上。

认为，这种提高是促进宋代矿冶生产发展的重要原因之一。① 在采掘方面，已采用了"烧爆法"，即利用热胀冷缩原理对矿石火烧、水泼而使其剥落，其效率数倍于人工挖掘。在冶炼方面，炼银的"吹灰法"，炼钢的"灌钢法"和炼铜的"胆水浸铜法"等，也得到了应用。② 因而北宋时期出现了极其繁荣的矿业开发："黄旗紫盖，天运有属。酸泉器车，地灵自肖。冶场之盛，名在斡官者，纷纷其可覆：轮山、蒙山、石堰、岑水、昭宝、富宝、宝成、宝瑞、双瑞、嘉瑞、大挺、大济、永兴、新兴、兴国、兴利、大富、广富、通利、通济。监、务、坑、井，殆几万计。"③

就汀州而言，首先，由于五代末期至北宋初年大批北方流民进入汀州，导致人口成倍增加，新来的移民没有充足的土地资源供利用，不得不从土地资源之外寻求新的经济来源，汀州丰富的矿藏资源为其提供了绝好的物质基础，因而使得人们"尤取资于坑冶"。④ 其次，熙丰年间的矿业政策也刺激了矿冶业发展。王安石变法的主要目的是富国与强兵。富国就要发展生产，增加税收和货币流通量。强兵就要改善武器的质量，对矿冶开采的数量和规模，冶炼技术的提高都要加强。所以，加强矿冶生产是富国与强兵不可或缺的组成部分。王安石变法期间制定的矿冶法，其中之一就是"依熙宁法，以金银坑冶召百姓采取，自备物料烹炼，十分为率，官收二分，其八分许坑户自便货卖。江西运司相度，江州等处金银坑冶亦乞依熙、丰法"⑤，即官府只收取坑户百分之二十的产品作为税收，其余皆许坑户自由发卖，因而刺激了更多人投身矿冶业。再次，官府鉴于"山林险阻，连亘数十里，无赖架黠轻死冒利之人比于他路为多"⑥，把募民开矿作为招抚流亡的一种手段，为矿冶业提供了大批劳动力。这样汀州的矿业兴盛就成为必然之势。

---

① 黄盛璋：《对宋代矿冶发展的特点及原因的研究》，《科学史集刊》第十集，科学出版社1982年版，第25页。
② 陈衍德：《宋代福建矿冶业》，《福建论坛》（社会科学教育版）1983年第2期。
③ （宋）洪咨夔：《平斋文集》卷1《大冶赋》，《四部丛刊续编·集部》，北京书同文数字化技术有限公司2001年电子版。
④ （明）黄仲昭修纂：《八闽通志上》卷20《食货》，福建人民出版社1991年版，第13页。
⑤ （清）徐松：《宋会要辑稿》《食货》34之16，中华书局1957年影印本，第5396页下。
⑥ （清）沈瑜庆、陈衍纂：《民国福建通志》总卷1《通纪·宋一》，凤凰出版社2011年版，第37页上。

北宋矿业虽然兴盛，但从仁宗朝开始就已经出现兴废不常的现象：

> 然大率山泽之利有限，或暴发辄竭，或采取岁久，所得不偿其费，而岁课不足，有司必责主者取盈。仁宗、英宗每下赦书，辄委所在视冶之不发者，或废冶，或蠲主者所负岁课，率以为常，而有司有请，亦辄从之无所吝，故冶之兴废不常，而岁课增损系焉。……其后，以赦书从事，或有司所请，废冶百余。既而山泽兴发，至治平中，或增冶或复故者，总六十八。今之论次诸冶，以治平中所有云。①

此一时期，汀州矿冶也有部分倒闭现象：

银，"张源坑，乾兴元年（1022）置，康定二年（1041）罢；宝安场，元年置，皇祐元年（1049）罢；永丰场，宝元元年（1038）置，庆历三年（1043）罢；凤凰场，庆历二年（1042）置，三年（1043）罢；连源场，三年置，六年罢；上杭县赤水场，元年置，熙宁九年（1076）罢；宝应坑，熙宁四年（1071）置，五年罢；太平场，八年八月置，十二月罢。"②

铜，"上杭县钟寮场，太平兴国二年（977）置，庆历二年（1042）罢；宝胜坑，宝元元年（1038）置，皇祐五年（1053）罢；金山场，治平四年（1067）二月置，十月罢；潦村坑，熙宁元年（1068）置，二年罢。"③

共计倒闭12处，元丰间汀州实有矿业机构16处。

北宋末叶，由于官府控制，剥削的加强以及各地矿源久经开采发生产量递减成本递增的现象，矿冶业由盛转衰，"（政和二年（1112）十二月）十六日，尚书省言：勘会东南坑冶，虽专置提点坑冶、铸钱两司分领管勾，比岁以来，课利大段亏少，致趁办铸钱年额常是不敷，有岁计。其逐司提点官坐视阙乏，全不用心措置。兼坑冶苗脉兴发，采矿烹炼，盛衰不常。近据虔州具到所管坑冶五十余处，其潭州状称，所管坑冶共止九处，

---

① （元）马端临：《文献通考》卷18，中华书局1986年影印万有文库十通本，第179页下。
② （清）徐松：《宋会要辑稿》《食货》33之2，中华书局1957年影印本，第5375页上。
③ 同上。

内五场久无课利,只有四铜场并皆坑窟,取土厥深远,下手兴工采打不行"。① 汀州矿冶生产开始衰落。但是,新矿场仍时有兴发,以《临汀志》中汀州矿业机构的名称作一比较:

长汀县,上宝场,今废。拔口场务。今废。

莲城县,金鸡场,今废。吕溪场、郭家山场、宝成场。
上杭县,永兴场、兴济场、端利场、嘉兴场、通利场。钟寮场、金山场、利济场、龙山场、石门场、语口场、锦丰场、浮流务。自钟寮场至浮流务八所,今并废。
武平县,铁场。今废。②

如上所述,南宋宝祐年间(1253—1258)汀州实有矿业机构仅剩8场,为吕(莒)溪场、郭家山场、宝成场、永兴场、兴济场、端利场、嘉兴场、通利场,全部位于上杭、莲城二县,不见于元丰前记载,应系元丰后兴发新场。所记"今废"12场务,共有金鸡场、利济场、龙山场、石门场、语口场、锦丰场、浮流务、铁场8场务不见于元丰前记载,应为元丰后兴发,开庆前倒闭的矿场。可以肯定元丰后至开庆前新见场务16处。而元丰前汀州实存16处场务在此期间全部倒闭,正所谓"惟是矿冶废歇之久"。③

南宋汀州矿冶业的衰败是全国矿冶业整体衰败的缩影,其原因首先在于宋政府对矿藏资源的疯狂开采,导致矿脉枯竭而减产。北宋中期,朝廷已经面临巨大的内外压力:"至真宗,内则升中告成之事举,外则和戎安边之事滋,由是食货之议,日盛一日。仁宗之世,契丹增币,夏国增赐,养兵两陲,费累百万。"④ 而且统治者崇尚奢靡,"乘舆之器,享燕之用,内赏赐群臣,外交通四夷,必不可毋用金银"。⑤ 民间也日渐侈靡,"景祐中(1034—1038),登莱饥,诏弛金禁,听民采取,俟岁丰复故。然是时

---

① (清)徐松:《宋会要辑稿》《职官》43之127,中华书局1957年影印本,第3337页下。
② (宋)胡太初修,赵与沐纂:《临汀志》,福建人民出版社1990年版,第96—97页。
③ 同上书,第31页。
④ (元)脱脱等:《宋史》卷173《食货上一·农田》,中华书局1977年版,第4156页。
⑤ (宋)李觏:《直讲李先生文集》卷16《富国策第三》,《四部丛刊初编·集部》,北京书同文数字化技术有限公司2001年电子版。

海内承平已久，民间习俗日渐侈靡，糜金以饰服器者不可胜数，重禁莫能止焉"。① 因而不得不加强矿冶业。但是矿藏有限，奢索无边，到北宋末年，政府开始把矿冶业当作弥补亏空与填塞欲壑的手段，"广搜利穴，榷赋益备"②，加强了监管力度，把矿产收归政府管理，禁止私人经营。同时加大剥削力度，使大批已开发的矿源很快趋于枯竭，"钦宗靖康元年（1126），诸路坑冶苗矿微，或旧有今无"。③

其次，残酷压迫和剥削使大量劳动者脱离了矿冶业，致使生产者缺乏。南宋时期，官府对坑冶户管理十分严格："又照得旧来铜坑，必差廉勤官吏监辖，置立隔眼簿、遍次历，每日书填某日有甲匠姓名几人入坑，及采矿几箩出坑，某日有矿几箩下坊碓磨，某日有碓了矿末几斤下水淘洗，某日有净矿肉几斤上炉火平炼，然后排烧窑次二十余日。每铜矿千觔，用柴炭数百担，经涉火数敷足，方始请官监视上炉匦成铜。其体红润如烟脂，谓之山泽铜，鼓铸无折，而铸出新钱灿烂如金。近年既不差官，及无隔眼簿遍次历，检踏官吏既加虐迁，而坑户复非土著，又不及时支给本钱，所以坑户皆无籍之徒，一听官吏搭克所得一半本钱，销解发之外，尚觊余利赡养，则其淆伪可知。"④ 而且对坑冶户重加盘剥，"夫以天造地设，显界坑冶，而属吏贪残，积成蠹弊。诸处检踏官吏大为民殃，有力之家悉从辞避，遂致坑源废绝，矿条湮闭。间有出备工本为官开浚，元佃之家已施工力，及自用财本起创，未享其利，而哗徒诬胁，检踏官吏方且如追重囚，黥配估籍，冤无所诉。此坑冶所以失陷。"⑤ 这样，坑冶户得不到实际的经济利益，矿冶生产便失去了持续发展的动力。这就是"宋代福建矿冶业无法累进地发展的根本原因"。⑥

正是因为受到这样残酷的压迫和剥削，从正常的劳作中又无法得到合理报酬，因而出现了盗采走私矿物现象。盗采走私矿物现象在北宋就已经出现："（熙宁）八年（1075），令近坑冶坊郭乡村并淘采烹炼人并相为保，保内及于坑冶，有犯知而不纠，或停、盗不觉者，论如保甲法。……

---

① （元）脱脱等：《宋史》卷185《食货下七·坑冶》，中华书局1977年版，第4524页。
② 同上书，第4531页。
③ （元）马端临：《文献通考》卷18《坑冶》，中华书局1986年影印万有文库十通本，第180页上。
④ （清）徐松：《宋会要辑稿》《食货》34之24，中华书局1957年影印本，第5400页下。
⑤ 同上。
⑥ 陈衍德：《宋代福建矿冶业》，《福建论坛》（社会科学教育版）1983年第2期。

大观二年（1108），诏金银坑发虽告言而方检视私开淘取者，以盗论。"①
《宋史·食货志》记载：绍兴十一年（1141）以铸钱司韩球言"产矾之所若潭州浏阳之永兴场，韶州之岑水场，皆置场给引，岁有常输。惟漳州之东，去海甚迩，大山深阻，虽有采矾之利，而潮、梅、汀、赣四州之奸民聚焉。其魁杰者号大洞主、小洞主，土著与负贩者皆盗贼也。"② 这里说的"潮、梅、汀、赣四州之奸民"，就是富有反抗精神的闽粤赣之交客家基本住区的百姓，所谓"土著"，是漳州毗邻潮、梅、汀、赣四州的西部山区百姓，基本上也是客家人。由于官府矿业政策严苛，税赋繁重，民不堪命，素有反抗精神的客家人便组织起来，自行开采和销售，其"大洞主、小洞主"是大、小矿主，"土著与负贩者"是销售者和搬运工。这些"亡命之徒"自行经营矿业，规避了官府管制和重敛，获利较多，因而矿冶业在客家地区经济中的地位就更重要些。③绍兴十三年（1143），江淮荆浙福建广南路都大提点坑冶铸钱韩球言："窃见诸路提举茶盐司昨申降指挥，于从来紧要私盐所行道路专置巡盐使臣一员，量置土军。缘所置巡盐使臣止管巡察私盐外，别无兼领事务，所有应干铜、铅并产锡地分若有私采盗贩，皆是违犯禁榷之物，正与私盐事体一同。欲乞将应专置巡盐使臣，并一就责委兼管巡捉私贩铜、铅等事务，余并依见行条法。"④汀州隶属福建路，当然也不例外。崇宁年间（1102—1106）汀州人口81454户⑤，隆兴二年（1164）汀州人口174517户⑥，增加了1倍还多。绍兴年间（1131—1162）正是南渡后汀州人口急剧增加的时期。这一时期也是汀州矿冶业由盛转衰时期。从"潮、梅、汀、赣四州之奸民"来看，当是因为汀州的矿冶业倒闭严重，大量从事矿冶业的百姓转而到相邻地区而出现矿物走私现象。走私矿物已经蔓延到周边地区，则汀州本地的走私之严重可想而知。

---

① （元）脱脱等：《宋史》卷185《食货志·坑冶》，中华书局1977年版，第4525—4527页。
② （元）脱脱等：《宋史》卷185《食货志·坑冶》，中华书局1977年版，第4537页。
③ 谢重光：《客家文化述论》，社会科学出版社2008年版，第298页。
④ （清）徐松：《宋会要辑稿》《食货》34之31，中华书局1957年影印本，第5404页上。
⑤ （元）脱脱等：《宋史》卷89，中华书局1977年版，第2209页。
⑥ （明）解缙等编：《永乐大典》卷7890《经世大典·站赤三》第4册，中华书局1986年版，第3621页下。

由于资料匮乏，很难对元代汀州矿冶业作出具体描述。但是元初各路的矿冶手工业由于蒙古上层统治阶级占据，阻止开采；或由于过境军马驿扰，受到了严重破坏，以至于大部分停罢，或不能正常生产。① 因此，在《元史·食货志》、《新元史·食货志》及有关文献中，查不出元代各种矿产的总年产量。在《元代全国金属矿分布地区表》② 上，汀州不属于金属矿分布地区。据此推测，元代汀州矿冶业应该基本处于停滞状态。

二 北宋时期汀州矿冶业的中心地位

北宋，矿冶业是汀州的支柱产业，其在汀州经济中的中心地位显而易见。

北宋元丰前是汀州矿业开发的兴盛期。资料可见各种矿业机构共有安丰场、钟寮场、龙门场、归禾务、龙门新场、税口务、张源坑、宝安场、永丰场、凤凰场、连源场、上宝场、长永坑、赤水场、大庇坑、宝应坑、太平场、黄焙、宝胜坑、金山场、潦村坑、上宝、莒溪务、古田务、龙兴务、罗村务、长水坑、赤水坑等28处，其中大部分属于富矿，一经开发，产量增长很快。

南宋汀州矿业机构的减少，反映出矿冶业在汀州经济结构中地位的下降。元丰前汀州矿业机构中有2银务4铁务，均为税收机构，宝佑间则只有8场，没有设务，表明汀州矿产量下降，已经没有设置税务机构的必要，汀州矿冶经济也随之逐步衰败。第一，体现在矿冶业从业人员减少。元丰前汀州有场务16所，而宝祐间仅剩8所，矿冶业从业人员必定大为减少。第二，随矿冶业的衰败，大量和矿冶业相关的行业，诸如林业、日常生活相关商品交换随之没落。

这一点可以从汀州商税变化得到证实。

据《宋会要辑稿》《食货》16之21载：熙宁十年（1077）在城商税务收钱5823.784贯文，宁化县务收钱6837.820贯文。

《临汀志》记：

> 州城商税务，祖额收钱一千三百五十九贯一百八十三文。政和八年（1118），收钱一千四百一十六贯五百六十四文。新额收钱四千九

---

① 夏湘蓉等编著：《中国古代矿业开发史》，地质出版社1979年版，第120页。
② 同上书，第122—124页。

百九十九贯一百六十七文。绍兴二十二年（1152）九月十六日，准运司牒文准都省付下汀州奏，城下务自绍兴十六年（1146）至二十年（1150）所收商税比祖额并增，依法取酌中一年收钱。遂取绍兴十八年（1148）收钱数立为新额，计上项递年收钱六千二百六十三贯八百三十八文，每日遇晚随所收多寡以十分为率，解赴知通衙交纳，州库六分，通判衙四分。

祖额似为崇宁元年（1102）所立。① 熙宁十年（1077）到崇宁元年（1102），正是北宋矿业由盛转衰的时期，徽宗建中靖国元年（1101），以宣德郎游经提举措置江淮荆浙福建广南铜事。游经上书说全国可以实施"胆水浸铜法"的铜场有11个，只有3个已尝措置，其余未及经理。汀州赤水场就是其中之一。② 从熙宁十年（1077）到崇宁元年（1102），不过25年，汀州商税就从5823.784贯文降到1359.183贯文，仅及熙宁旧额的23.24%。虽然商税额多少与多种因素有关，诸如税种、税目、税率及场务的设置等，但是汀州商税的锐减却和矿冶业衰败有直接关系。元丰前汀州实存的16所场务，相继在北宋末之后因资源枯竭等原因而被废罢、关闭，至南宋末则已成荒山古迹，"今系衔如昔，而名存实亡矣"。③ 政和八年（1118）收钱1416.564贯文，到绍兴十八年（1148）收钱4999.167贯文，已达到政和商税额的3.5倍，增长原因一是人口增加导致商品经济发展。崇宁年间（1102—1106）汀州人口81454户④，隆兴二年（1164）汀州人口174517户⑤，增加了一倍还多。绍兴十八年（1148）正是南渡后汀州人口急剧增加的时期。二是南渡后，为抗击金兵，筹集军费，南宋政府开征新税色目，提高税率。直到开庆年间（1259），递年收钱6263.838贯文，亦不过只达到熙宁旧额的117.55%，略过北宋全盛时的

---

① 方建：《开庆临汀志研究》，载邹逸麟、周振鹤主编《历史地理》第21辑，上海人民出版社2006年版，第380页。
② （清）徐松：《宋会要辑稿》《食货》34之25，中华书局1957年影印本，第5401页上。
③ （宋）胡太初修，赵与沐纂：《临汀志》，福建人民出版社1990年版，第96页。
④ （元）脱脱等：《宋史》卷89，中华书局1977年版，第2209页。
⑤ （明）解缙等编：《永乐大典》卷7890《经世大典·站赤三》，中华书局1986年版，第4册，第3621页下。

水平。而此时汀州人口已达 223433 户①，熙宁十年（1077）户口才不过 81454 户②，增加了 174.3%，而商税额却只增加了 17.55%。二者增加额度之比几达 10 倍，显然不合常理，而且还有南宋朝廷开征新税色目，提高税率因素。显然，没有重大变故是不可能出现这种情况的，而此时期汀州社会相对稳定，唯一合理的解释就是矿冶业的衰败导致汀州商税大幅下降。由此可见北宋时汀州矿冶业在汀州经济中所占份额之大，其中心地位可见一斑。

汀州的供贡情况也反映了矿冶业的中心地位。《临汀志》记：

> 祖宗旧制，以汀州地有坑场，银货易得；不宜蚕桑，衣赐难办，令本州岛岁出银六千六十五两，为建昌、抚州代输上供银；令建昌岁出绢四千五百三十七疋，紬三百三十五疋，绵二千两，抚州岁出绵七千五十两，应副本州岛官衣赐，通融相济，及本州岛代输二郡上供朝廷，籍为定额。③

"地有坑场，银货易得；不宜蚕桑，衣赐难办。"表明北宋时汀州矿冶业占据经济主要地位，而其他行业如农业（蚕桑）、手工业（衣赐）则非常落后，必须依靠矿冶业的收入补贴。"为建昌、抚州代输上供银"则表明汀州矿冶业的产量非常大，"籍为定额"则说明当时汀州的矿冶业正处于兴盛期，以至于官府认为可以作为永久的产业，因而将其"籍为定额"上报给朝廷，这些很好证实了北宋汀州矿冶业的中心地位。

这是南宋淳熙七年（1180）汀州郡守江瑺的奏疏，其下半部分可以作为汀州矿冶业经济中心的反证：

> 为建昌、抚州岁出绵绢，只到本州岛，一更兵火，乘此失约。本州岛既无本色绵绢可给衣赐，不免纽折价钱支给，而代输二郡上供之银，常自若也。乞将汀州每岁见发上供银数内豁除代输建昌、抚州银

---

① （宋）胡太初修，赵与沐纂：《临汀志》，福建人民出版社 1990 年版，第 22 页。
② 此为元丰间（1078—1085）户口，熙宁十年（1077）户口无考，但肯定要少于元丰间户数。以此作比，更能说明人口增加之多。参见（宋）王存《元丰九域志》卷 9《福建路·汀州》，中华书局 1984 年版，第 405 页。
③ （宋）胡太初修，赵与沐纂：《临汀志》，福建人民出版社 1990 年版，第 31 页。

六千六十五两，下江西运司径行督责逐州起发，仍于本州岛岁发数内销熔。其本州岛合用官兵春冬衣赐，管认自行措置支给。①

江璹向朝廷申请豁除汀州代输建昌、抚州银，原因是"一更兵火，乘此失约"。这应该不是主要原因。汀州并不是在"一更兵火，乘此失约"后，立即要求豁除代输银，而是继续为其代输，"常自若也"，直到淳熙七年（1180）才要求豁除代输银，显然因为北宋时期汀州矿冶业兴盛，能够负担二州代输银，而从北宋末期汀州的矿冶业迅速衰败，矿产量急剧下降，到淳熙年间（1174—1189）汀州已无力为建昌、抚州代输岁银，而不得不"管认自行措置支给"，自行解决官吏兵将衣赐问题。这就证明南宋时期汀州矿冶业的中心地位已不复存在。不仅如此，南宋矿冶业的衰败甚至使其成为南宋汀州经济的负担，"惟是矿冶废歇之久，岁额白金买偿，价日以踊，虽痛革扰，犹以为病云"。② 说明汀州原有金矿废歇，但是固定岁额之白金仍然要供贡，只得以钱买偿，因而成为汀州经济之"扰病"。

综上所述，北宋是汀州矿冶业的鼎盛期，南宋汀州矿冶业则处于没落阶段，元代处于停罢状态。作为北宋时期汀州的支柱产业，矿冶业为大量人口提供了直接从事或间接服务于矿冶业的机会，使大批来自不同文化背景的移民拥有共同经济来源，在共同的经济社会中结成命运共同体，促进了各族群间的相互交流。

第三节 宋元汀州盐业变迁

一 汀州食盐的运销

宋盐运销方式分为官般官卖与通商两大类，据学者分析，具体又可分为官般官卖制（官专卖）、钞盐制（商运商销）、分销制或扑卖制（官运商销）、收算制（自由贸易）四种。一般情况下，官办官卖，课利主要归地方（漕司及州县）；推行钞法，课利主要归朝廷。③

唐代汀州运食福盐。宋代因之，但曾于太平兴国二年（977）获准运

---

① （宋）胡太初修，赵与沐纂：《临汀志》，福建人民出版社1990年版，第31页。
② 同上。
③ 戴裔煊：《宋代钞盐制度研究》，中华书局1982年版，第56—66页。

潮盐："太宗太平兴国二年二月十八日，三司言：'虔、汀二州接近广南界，斤为钱五十，汀州于潮州般请，虔州于南雄州般请。其青白盐旧通商之处，即令仍旧。'从之。"①

实行不久，可能就随福建盐开禁通商而终止："（太平兴国）八年（983）三月，金部员外郎奚屿言：'奉诏相度泉、福、建、剑、汀州、兴化、邵武军盐货，请许通商，官为置场，听商旅以金银钱帛博买，每斤二十五钱，可省盘盐脚钱溪崄散失'。从之。"②

还有一说，汀州曾食江浙盐，后亦禁止："初得福建即禁盐，太平兴国八年（983）开其禁，后复禁之。建、剑、汀尝食两浙盐，后改就本路。"③

最晚在天圣六年（1028）汀州已经专卖福盐。是年十一月，福建路转运司报告说："福州、长乐、福清、连江、罗源、宁德、长溪六县，每年租额盐五百（零）一万五千九百六十三斤，给本州岛闽、侯官等十二县及县下场，并剑、建、汀州、邵武军四处搬请出卖。"④

直到绍兴二十二年（1152）前汀州六县都运食福盐："前知汀州陈升奏言：'且以汀州一郡论之，每岁额管运福盐二百五十万斤，计二十五纲，依近降指挥，许税户经州投状，入产在官，抵保搬运。其纲凡一经度岭，两次易舟，方至本州岛界，再雇夫脚，始到城下盐场。脚乘糜费稍重，所认纳上供钞盐钱及诸司增盐等钱并原借助纲官钱，自来立定盐价，每斤一百八十文足，方可及数。乃致民间多是结集般贩漳、潮州私盐前来货卖。欲望委本路监司究心措置，将各州、军合运官盐名色、所收盐息、价钱纽见数目，别立作一项盐税，止于官司置簿排号，许客人税户先于所属纳盐本钱，请领贴据下仓交盐，自行兴贩，于所隶州军送纳税钱。如是，则无私贩之弊，无犯法之民，侵失之奸可革，险阻之虞可除。'诏令锺世明一就看详措置。自后汀州并于漳州搬运盐货。"⑤

绍兴二十二年（1152）后汀州福盐、漳盐并行。随后汀州搬运食盐

---

① （清）徐松：《宋会要辑稿》《食货》23 之 21，中华书局 1957 年影印本，第 5185 页上。
② 同上。
③ （元）马端临：《文献通考》卷 15《征榷二·盐铁》，中华书局 1986 年影印万有文库十通本，第 154 页下。
④ （清）徐松：《宋会要辑稿》《食货》23 之 34，中华书局 1957 年影印本，第 5191 页下。
⑤ （清）徐松：《宋会要辑稿》《食货》26 之 33，中华书局 1957 年影印本，第 5250 页上。

情况在《临汀志》中有详细记载：

> 旧额运福盐每年八中纲，实搬到盐四中纲，多至六中纲。后以涉历艰难，动经年岁不到，多欲更革。前长汀县宰刘元英为检院申请，欲令汀民与长汀、宁化、清流并照上杭、武平、莲城体例，改运漳盐。郡守赵崇模申请谓搬运漳盐，系遵陆路，恐脚夫有改，反为一方之扰，莫若改运潮盐。绍定五年（1232），准尚书省札，从本路郑转运之请，许本州岛及诸县艰于运福盐者改运潮盐。本州岛具申朝廷，乞行下诸监司移文潮州，立定体例，候本州岛搬载盐纲，须是从官纳钱请清盐，不许场务邀阻，多收税钱。续准运司牒本州岛，催促一面搬运，责认本司净息，准拟供给吐浑月粮、衣赐，不可顷刻乏。兴本州岛遵禀，牒长汀县根括诸里船梢水手条具河路滩险，陆路扛搬因依陆续支钱发遣船户往潮州界撮买应办郡计，并非从官给卖。其盐经由潮州潭口场纳税，过上杭县，从官检秤核实，方到本州岛交卸。每纲一十船，共搬盐四百箩，每箩二十贯足钱重。每一贯钱重，官支买盐、脚载、纳税、盘矶、扛搬等钱共三百足，外搬盘上岸及包盐箬叶、秆索合干人食钱等费在外。本州岛从来盐价，每斤一百六十钱重，卖钱一百八十文足。自后逐次裁减，每两卖钱六文足，每斤卖钱九十六文足。岁约运三纲，纲吏多阻滞，以致违限，或止两纲，或两年通五纲。①

绍定五年（1232）之后，汀州福盐、漳盐、潮盐并行。汀食潮盐自此始。实际改运潮盐的只有州城和长汀、上杭二县，武平、莲城仍然运漳盐，宁化、清流则运福盐。

综上所述，历宋一代，汀州除在太平兴国八年（983）到天圣四年（1026）间实行过短期商卖外，其他时段不管是运福盐、漳盐还是潮盐，都实行官般官卖。

二 汀州的私盐贩卖

闽粤赣边私盐贩卖根本原因是宋代不合理的调运路线和禁榷。② 宋朝

---

① （宋）胡太初修，赵与沐纂：《临汀志》，福建人民出版社1990年版，第27—28页。
② 郑学檬：《中国古代经济重心南移和唐宋江南经济研究》，岳麓书社2003年版，第337页。

政府实行"榷盐法",即食盐专卖制度,指某一特定地区只能销售由政府指定的盐场出产的食盐,而且食盐销售由政府控制。为垄断盐利,宋封建政府除了从生产领域加强对食盐控制外,还严格而明确划分了盐的供应、运销的范围,非经官府允许,不得擅行侵越。如果说中国古代受交通条件和地理环境限制,合理划定食盐销区,有利于产销,那么,仅仅出于控制盐利或掠夺财富为目的而人为规定某种盐的行销地界,不考虑搬运条件的限制,势必出现许多弊端,造成人力物力上的巨大浪费。①

北宋和南宋前期,汀赣二州属于不同的食盐销区。汀州食本路福盐,由闽江溯流经南平、邵武、过九龙滩运至,"缘福盐溯流而至南剑,又自邵武溯流而上汀州,其搬运甚难。故盐到汀州,不胜其淆杂,不胜其贵,所以汀人只便于食私盐,自循、梅、潮、漳来颇近,又洁白,价又廉"②;赣州食淮盐,须过长江、溯赣江运至,"虔州地接岭南,官盐卤湿杂恶,轻不及斤,而价至四十七钱,岭南盗贩入虔,以斤半当一斤,纯白不杂,卖钱二十,以故虔人尽食岭南盐"③,"初,江、湖漕盐既杂恶,又官估高,故百姓利食私盐"④。但是从不同产区、不同渠道运到汀、赣二州的盐质次价昂,百姓不愿购买官盐。造成这种局面的根本原因是"榷盐法",不过,汀赣二州的情况不完全相同。

赣州运淮盐主要是国家层面的经济原因。宋代,由于经济重心逐步南移,东南六路成为主要的漕运区。江西是重要的粮食和茶叶产地,但是食盐匮乏;而江淮又是漕运必经之道。所以,政府规定漕船每运江西大米、茶叶至淮南,必须装回淮盐贩卖,《宋会要》载:"江南东、西、荆湖南三路,上供觞斗,旧皆逐路载至真、楚、泗三州,复载盐以回。"⑤ 这样,既为京都输送粮食茶叶等物品,又解决了淮盐的销路问题,还使漕运河道得以充分发挥作用。这就是宋朝政府明知"榷盐法"损害百姓利益,而且逼迫许多人从事私盐贸易,也不得不维持这项政策的原因。

汀州运福盐主要原因则是因为地区经济落后。汀州在福建路属于上四

---

① 史继刚:《浅谈宋代私盐盛行的原因及其影响》,《西南师范大学学报》(哲学社会科学版)1989 年第 3 期。

② (宋) 真德秀:《西山先生真文忠公文集》卷 13《得圣语申省状》,《四部丛刊初编·集部》,北京书同文数字化技术有限公司 2001 年电子版。

③ (宋) 李焘:《续资治通鉴长编》卷 213,中华书局 1992 年版,第 5178 页。

④ 同上书,第 4739 页。

⑤ (清) 徐松:《宋会要辑稿》,《食货》42 之 19,中华书局 1957 年影印本,第 5571 页上。

州，历宋一代都是福建贫困地区，官府开支一直依靠课盐税而维持：

> 绍兴十七年（1147）建、剑、汀、邵在闽中号上四郡，每岁上供诸费皆仰盐以办。①
>
> 淳熙十三年（1186）四川安抚制置赵汝愚言：汀州民贫，而官盐抑配视他州尤甚……盖上四州财赋绝少，所恃者官卖盐耳。②
>
> 景定三年（1262）臣僚言：福建上四州山多田少，税赋不足，州县上供等钱银、官吏宗子官兵支遣悉取办于卖盐。③

官般官请实际上成为宋代地方政府增加财政收入的重要手段，上四州因而搬请福盐。汀州搬运福盐可能也有漕运的因素，有些迹象表明汀州曾经向福州运送过粮食："（高宗时）知福州张守乞放两浙米舡札子曰：建剑汀邵等州军，令不得闭籴及约束沿路关津税务，不得邀阻。终以所产不多，少有客贩前来。"④

官般官请抬高了官般盐的价钱，而且官府为获取更多收入，故意在盐中添加杂物："本州岛地势最高，去海绝远，祖宗旧法，系以运盐了办岁计，近岁诸县阙少本钱，官吏苟简，所运盐纲，尽不及祖额，其运盐船户，大为奸弊，多以灰土杂之，其盐已甚恶矣。"⑤ 同时中央官员也参与四州的食盐销售，与地方政府争利："转运司虽拘榷盐纲，实不自卖。近年创例自运盐两纲，后或岁运十纲至二十纲，与上四州县所运岁额相仿。而纲吏搭带之数不预焉。州县被其攘夺，发泄不行，上供常赋无从趁办，不免敷及民户，其害有不可胜言者"⑥，"又每盐纲内例有转运司增盐、通

---

① （宋）熊克：《中兴小纪》卷33，《景印文渊阁四库全书》第313册，（台北）商务印书馆1983年版，第1123页下。

② （元）脱脱等：《宋史》卷183《志第》136《食货下5》，中华书局1977年版，第4464—4465页。

③ 同上书，第4466页。

④ （明）黄淮、杨士奇等编纂：《历代名臣奏议》卷246，《文渊阁四库全书》第440册，（台北）商务印书馆1983年版，第80页下。

⑤ （宋）赵汝愚：《论订赣盗贼划害奏》，载（明）黄淮、杨士奇等编纂《历代名臣奏议》卷319《弭盗》，《景印文渊阁回库全书》第441册，（台北）商务印书馆1983年版，第826页下。

⑥ （元）脱脱等：《宋史》卷183《志第》136《食货下5》，中华书局1977年版，第4466页。

判厅经总制盐，诸县已难敷卖，而本州岛复有自运岁额盐，又分命诸县变卖，故有转运司盐，有本州岛盐，有通判厅盐，有本县盐，或以委令丞，或以委巡尉，文书旁午，杂然并出，其民诚不胜其扰矣"。① 诸多原因导致官盐销售艰难，出现"鬻而不售，则科于民"② 的官府"抑配"现象。

"抑配"导致"郡邑无以支吾，因有计口科盐之事，一斤之盐至出数斤之直"③，结果是"且官盐莫之售，私盐莫之禁，故公家之用匮"。④ 正因如此，汀州私盐贩卖络绎不绝，屡禁不止。

实际上，闽粤赣边区私盐贩卖从赣州始。宋初，赣州及其周围地区可能主要食用广盐。太平兴国二年（977），宋太宗宣布："江南诸州盐先通商处悉禁之。"⑤ 江西被纳入榷禁范围，大部分州军划入了淮盐的官卖区域，虔州则于南雄州搬运广盐。这次食盐专卖，维持了七年之久。宋代虔州等地私盐的发端，大概是以这次食盐专卖为背景。官卖制代替"自由贸易"制，原先以贩卖食盐为业的盐商，顿失生计，他们中的不少人继续以贩盐为业是可以想见的，只不过由合法盐商转变成了私盐贩者。⑥

汀州也有很多私盐贩。宋人李焘对汀赣二州私盐贩产生原因作了深入分析：

> 初，江、湖漕盐既杂恶，又官估高，故百姓利食私盐，而并海民以鱼盐为业，用工省而得利厚，由是盗贩者众。又贩者皆不逞无赖，捕之急则起为盗贼。而江、淮间虽衣冠士人，狃于厚利，或以贩盐为事。江西则虔州地连广南，而福建之汀州亦与虔接，盐既弗善，汀故不产盐，二州民多盗贩广南盐以射利。每岁秋冬，田事既毕，往往数

---

① （宋）赵汝愚：《论订赣盗贼划害奏》，载（明）黄淮、杨士奇等编纂《历代名臣奏议》卷319《弭盗》，《景印文渊阁四库全书》第441册，（台北）商务印书馆1983年版，第827页上。

② （宋）李心传：《建炎以来系年要录》卷88，《景印文渊阁四库全书》第327册，（台北）商务印书馆1983年版，第680页下。

③ （宋）佚名：《两朝纲目备要》卷1，《景印文渊阁四库全书》第329册，（台北）商务印书馆1983年版，第702页上。

④ （宋）熊克：《中兴小纪》卷33，《景印文渊阁四库全书》第312册，（台北）商务印书馆1983年版，第1123页下。

⑤ （宋）陈均：《九朝编年备要》卷3，《景印文渊阁四库全书》第328册，（台北）商务印书馆1983年版，第73页下。

⑥ 罗雄飞：《宋代汀、赣诸州私盐问题探析》，《中国社会经济史研究》2005年第3期。

十百为众,持甲兵、旗鼓,往来虔、汀、漳、潮、循、梅、惠、广八州之地。所至劫人谷帛,掠人妇女,与巡捕吏卒斗格,至杀伤吏卒,则起为盗,依阻险要,捕不能得,或赦其罪招之。岁月浸淫滋多。①

汀州出现私盐贩还有多重原因:

首先,汀州地理位置优越,与赣州往来便利。"汀在西南境,介于虔梅之间,铜盐之间道所在。"② 汀赣二州接壤,相互往来便利:"赣州府,水,六十里,于都县;百二十里,会昌县;八十里,瑞金县,十担小船;四十里古城。陆路,五十里,汀州府,下水。而赣汀的陆路则要便捷一些:陆路自赣州六十里,岑口冈又六十里,沉香村宿。又六十里瑞金县,四十里古城,五十里汀州下船。"③ 汀州在通往赣州的要道上设置驿站:"古城铺,在县西四十五里。旧有驿。"④ 也说明汀赣二州间的往来频繁。

汀州又与潮州往来便利,宋初期就已经通过汀江往来,"自汀至潮,凡五百滩,至鱼矶逾岭,乃运潮盐往来路"。⑤ 鱼矶,"鱼矶石壁,在上杭县溪湍□中。壁间一妇逐鹅,隐然如画。长老相传,谓之'仙女逐金鹅'"。⑥ 即"莲花石,在上杭县南兴化乡。屹起大溪中,高广寻丈,波浪湍急,舟过其下,差之毫厘则有覆溺之患。状如莲花,故名。《舆地纪胜》:'莲花石,状如莲花,屹然起大溪中。石壁间有山嶂隐然,如画一鹅,妇人逐之'"。⑦ 因有大石横亘水中,来往船只能在此卸载,转陆行过岭,因而形成集市,至迟在北宋太平兴国年间(976—984)已经建镇:"(潮州)东北至汀州鱼矶镇,六百五十里。元无陆路。"⑧ 镇的本意作镇戍防御解释,北魏初期逐渐演化为通行于边地的一种特殊行政建制单位,其后东西魏及周、齐、隋五朝延续不变。至于唐代,镇只是边地军事系统中的低级驻守单位。宋代,镇不再具有军事职能,成为民事聚落,"诸镇

---

① (宋)李焘:《续资治通鉴长编》卷196,中华书局1992年版,第4739页。
② (宋)祝穆:《方舆胜览》卷13《汀州》,引自郑强《移创州学记》,《景印文渊阁四库全书》第471册,(台北)商务印书馆1983年版,第674页下。
③ (明)黄汴:《天下水陆路程》,引自《天下水陆路程三种》,山西人民出版社1992年版,第243—244页。
④ (宋)胡太初修,赵与沐纂:《临汀志》,福建人民出版社1990年版,第99页。
⑤ 同上书,第9页。
⑥ 同上书,第114页。
⑦ (宋)胡太初修,赵与沐纂:《临汀志》,福建人民出版社1990年版,第49—50页。
⑧ (宋)乐史:《太平寰宇记》卷158《潮州》,中华书局2007年版,第3035页。

置于管下人烟繁盛处设监官，管火禁，或兼酒税之事"①，是以拥有一定人口的聚落作为设置依据的。设镇目的是为了便于控制和管理聚落事务。所以只有当一个商业聚落的民政事务和商税收入在数量上发展到了不建镇就无法进行管理的时候，镇的设置才会成为必要。按照政府所掌握的标准，一般以聚落人口达到100户作为允许在该聚落建镇的最低人口限度，人口在千户左右的镇市即有可能升置为县。② 因此，从鱼矶镇的设立可以认为，北宋初汀江往来的人口和商业已经有了相当程度发展，这为汀州和潮州间的私盐往来打下基础。

其次，汀州盐来源充足。汀州私盐主要来自潮州，潮州产盐量极大，乃至于无处收纳："（雍熙）四年（987）正月二十五日，潮州上言：'有盐六十四万余石，岁又纳三万三千石，所支不过数百石，徒劳修仓盖覆，仅同无用之物。'帝以所奏下三司，言：'广南诸州凡有积盐二百三十余万石，约三十年支费方尽，又岁纳十万石。其广州等处煎盐，望权罢数年。'从之。"③ 潮盐急于寻找销路，汀州位处韩江上游，水路交通便利，成为潮盐最好的去处。汀州还从福建下四州贩私盐："建剑汀州邵武军官卖盐价苦高，漳泉福州兴化军鬻盐价贱，故盗多贩卖于盐贵之地。"④

再次，汀州地瘠人贫，贩盐可以获取厚利。贩盐利高，连江淮地区一些地位较高的群体也加入贩盐行列："江淮间虽衣冠士人，狃于厚利，或以贩盐为事。"⑤ 汀州地区的百姓坐拥交通地理优势，自然更是踊跃："故汀人每至冬春间，千百为群兴贩"⑥，"二州民多盗贩广南盐以射利。"⑦甚而至于出现以此为业者："盖剑汀诸郡为上四州，地险山僻，民以私贩为业者，十率五六。"⑧ 可见，私盐贩运在汀州经济中占有相当大的比例。

---

① （元）脱脱等：《宋史》卷167《职官志》，中华书局1977年版，第3979页。
② 郁越祖：《关于宋代建制镇的几个历史地理问题》，《历史地理》第6辑，上海人民出版社1988年版，第94—125页。
③ （清）徐松：《宋会要辑稿》，《食货》23之22，中华书局1957年影印本，第5185页下。
④ （元）脱脱等：《宋史》卷183，中华书局1977年版，第4461页。
⑤ （清）徐干学：《资治通鉴后编》卷70，《景印文渊阁四库全书》第343册，（台北）商务印书馆1983年版，第319页下。
⑥ （宋）真德秀：《西山先生真文忠公文集》卷13《得圣语申省状》，《四部丛刊初编·集部》，北京书同文数字化技术有限公司2001年电子版。
⑦ （宋）李焘：《续资治通鉴长编》卷196，中华书局1992年版，第4739页。
⑧ （宋）李心传：《建炎以来系年要录》卷85，《景印文渊阁四库全书》第326册，（台北）商务印书馆1983年版，第186页上。

这就是汀州虽然不产盐,但仍然把私盐贩卖当作汀州产业来讨论的原因。

正是因为上述原因,汀赣二州出现许多私盐贩,盗贩日起,往来汀江,汀江变成贩运私盐的捷道。私盐贩卖严重影响官盐的销售,减少了官府盐利收入,"且官盐莫之售,私盐莫之禁,故公家之用匮"①,因而自北宋仁宋后期,直至南宋后期,私盐贩卖一直是闽粤赣边区的严重社会问题,官民冲突不断:

> 嘉祐年间(1056—1063),"初,江、湖漕盐既杂恶,又官估高,故百姓利食私盐。……江西则虔州地连广南,而福建之汀州亦与虔接,(虔)盐既弗善,汀故不产盐,二州民多盗贩广南盐以射利。每岁秋冬,田事既毕,往往数十百为群,持甲兵、旗鼓,往来虔、汀、漳、潮、梅、惠、广八州之地。所至,劫人谷帛,掠人妇女,与巡捕吏卒斗格;至杀伤吏卒,则起为盗,依阻险要,捕不能得。或赦其罪招之,岁月浸淫滋多,而虔官粜盐岁才及百万斤。朝廷以为患"。②
>
> 治平年间(1064—1067),"旧自海陵漕盐至江湖,常恐滥恶而价高。岭盐善而价贱,虔汀二州民多盗贩岭盐,持甲兵往来,或杀伤捕卒,则聚而为盗"。③
>
> 嘉定年间(1208—1224),"故汀人每至冬春间,千百为群兴贩,因而行劫官司。一遣人追捕,便至拒捍杀人,此盗贼所以起也"。④

除了官民冲突之外,地方官员还利用榷盐之便滥杀平民。绍兴三十一年(1161),"时汀之长汀县鬻盐峻急,民走转运司诉之。漕臣王时升庇其事,举人刘亮诣户部诉之。事下汀州。会州遣巡检官张士先于乡下督盐钱,其党赖福高等惧亮不能自直,因苛留士先,乞州释亮,两易之,且击其从兵有死者。知县事陈梦远乃诬以啸聚,守臣孙祖善亟遣正将谢宣措置。宣遂戮福高等千余人,焚毁数百家。学谕叶椿率邑人诉于祖善,梦远

---

① (宋)熊克:《中兴小纪》卷33"绍兴十七年二月壬子条",《景印文渊阁四库全书》第313册,(台北)商务印书馆1983年版,第1123页下。
② (宋)李焘:《续资治通鉴长编》卷196,中华书局1992年版,第4739页。
③ (宋)陈均:《九朝编年备要》卷16《嘉祐七年二月更江西盐法》,《景印文渊阁四库全书》第328册,(台北)商务印书馆1983年版,第415页上。
④ (宋)真德秀:《西山先生真文忠公文集》卷13《得圣语申省状》,《四部丛刊初编·集部》,北京书同文数字化技术有限公司2001年电子版。

言椿与贼交结，系之州狱，欲致之重辟。录事参军刘师尹争不能得，致仕而去。州上其事于朝，且令宣乘势扫荡，亮持牛酒犒军，宣执诛之。至是言者奏祖善等贼杀不辜，又言通判向士俊必欲傅致叶椿诸人之罪。时梦远已属吏，诏并罢祖善等三人"。①

上述可见，宋代汀州的私盐贩卖在汀州的社会经济生活中占据重要地位。汀州虽然在绍定后开始搬运潮盐，解决了缺盐问题，但由于人口增多，土地开发殆尽，又出现地狭人稠现象，再加上矿冶业衰败，私盐贩卖反而成为汀州经济生活中更重要的部分，正如杨澜在《临汀汇考》中所说："迨至绍定间郡守李华始申请汀州更运潮盐，自后汀人不复食福盐，盐寇乃绝，惟虔州患苦盐法如故，而汀境食米不敷，半仰给于邻境之肩贩，常有遏籴之恐，于是乃许虔民担米来汀，贸盐而返，以有易无，二州民胥赖之。"② 是后代汀赣间进行钱粮贸易的滥觞。以汀州为中心的私盐贩卖参与者成分复杂，闽粤赣边区各民族都参与其中，由此引起的社会矛盾一直延续到元代。在这样一个长期的大范围的活动中，生活在以汀州为中心的闽粤赣地区各个族群相互之间增进了交流融合，逐渐形成了一个新的拥有不同文化的族群。

第四节 宋元汀州商业发展

宋代，汀州的农业、手工业取得了较大发展：一方面，是农副产品和手工业产品的增加导致交换需求产生；另一方面，由于北宋矿冶业是汀州的支柱产业，大量非农业人口日常生活需求依赖与外界交换。这些因素在客观上要求扩大汀州的物资交换市场。于是汀州城乡名目繁多的集市贸易蓬勃发展起来。

一 宋代汀州的集市

汀州虽然境内山岭纵横，地理条件十分复杂，但是很早就有了商业萌芽。

宋代，地方市场有三个层次，即墟市、镇市和县市。墟市也叫草市，

---

① （宋）李心传：《建炎以来系年要录》卷188，《文渊阁四库全书》第327册，（台北）商务印书馆1983年版，第680页下。

② （清）杨澜：《临汀汇考》第3册，卷3《典制》，《景印光绪四年刻本》，第33页。

是商品交换过程中最原始的低级市场，一般拥有固定的日期，"岭南村墟聚落，间日会集裨贩，谓之墟市"。① 镇市是比墟市高一级的市场建制。北宋开国后，于建隆三年（962）十二月癸巳诏置县尉，削夺镇将干涉地方政权。接着，"诸镇省罢略尽，所以存者特曰监镇，主烟火兼征商"。② 由朝廷正式确认其为县市与草市之间的市场建制。宋代，镇是以拥有一定人口的聚落和一定的税收额作为设置依据的，宋人高承所谓："民聚不成县而有税课者，则为镇，或以官监之。"③ 一般以聚落人口达到 100 户作为允许在该聚落建镇的最低人口限度，人口在千户左右的镇市即有可能升置为县。④ 县市是以县治设市，或在县城之内，或在县城之外。不论县城大小，一般都有一个县市。

汀州集市层次非常完整，见之于文献记载最早的是汀州的镇市。至迟在北宋太平兴国年间（976—984），汀州就已经有了镇市。《太平寰宇记》载："（潮州）东北至汀州鱼矶镇，六百五十里。元无陆路。"⑤ 鱼矶镇位于上杭境内的汀江边，因汀江中有鱼矶石壁横亘水中，来往船只能在此卸载，转陆行过岭，因而形成集市，故名。鱼矶镇是汀潮间往来的必经之处，鱼矶镇的设立可以认为，北宋初汀江往来人口和商业已经有了相当程度的发展，为汀州和潮州间的贸易往来提供了基础。

北宋元丰年间（1078—1085），汀州镇市有所发展，"望，长汀，三乡，留村一镇"。⑥ 留村镇也称留镇，"河田市，在长汀县南四十五里，旧名留镇"⑦，"宋时为商旅辏集处"。⑧ 位于赣汀潮间的要道上。交通是商业发展基本条件之一，留镇所处位置使其在汀州商业发展的过程中一直存留，直到清乾隆年间（1736—1795）仍在汀州商业中占有一席

---

① （清）徐松：《宋会要辑稿》《食货》17 之 13，中华书局 1957 年影印本，第 5090 页上。
② （宋）谈钥：《嘉泰吴兴志》卷 10《管镇》，民国三年刊，吴兴先哲遗书本。
③ （宋）高承：《事物纪原》卷 7《州郡方域部·镇》，《景印文渊阁四库全书》第 920 册，（台北）商务印书馆 1983 年版，第 184 页下。
④ 郁越祖：《关于宋代建制镇的几个历史地理问题》，《历史地理》第六辑，上海人民出版社 1988 年版，第 94—125 页。
⑤ （宋）乐史：《太平寰宇记》卷 158《潮州》，中华书局 2007 年版，第 3035 页。
⑥ （宋）王存：《元丰九域志》卷 9《福建路·汀州》，中华书局 1984 年版，第 405 页。
⑦ （宋）胡太初修，赵与沐纂：《临汀志》，福建人民出版社 1990 年版，第 110 页。
⑧ （清）顾祖禹：《读史方舆纪要》卷 98《长汀县》，中华书局 2005 年版，第 4483 页。

之地。①

宋代汀州的墟市和县市发展得非常快。《临汀志·坊里墟市》记载：

> 长汀县　墟市十：县市，在长汀县水东。杉岭市，在长汀县西五里。何田市，在长汀县南四十五里，旧名留镇。成功墟，在长汀县西南百里。谬屋墟，在长汀县西南八十五里。南温墟，在长汀县西南百二十里。归仁墟，在长汀县东七十里。三州墟，在长汀县南六十五里。单溪墟，在长汀县南百二十里。蘘荷墟，在长汀县南百四十里。
>
> 宁化县　墟市六：县市，在宁化县水南。中沙墟，在宁化县北三十里。石壁墟，在宁化县西四十里。乌村墟，在宁化县东北五十里。安乐墟，在宁化县西南九十里。滑石墟，在宁化县西南七十里。
>
> 清流县　墟市七：县市，在清流县南。白石墟，在清流县北五里。吴地墟，在清流县东北四十里。廖源墟，在清流县东南五十里。清口墟，在清流县东北四十里。浮竹墟，在清流县东北八十里。长仞墟，在清流县东北三十里。
>
> 莲城县　墟市三：县市，在莲城县南。吕（营）溪墟，在莲城县南六十里。北团墟，在莲城县北三十五里寨前。
>
> 上杭县　墟市二：县市，在上杭县南。浊石墟，在上杭县北八十里。
>
> 武平县　墟市三：县市，在武平县南。东坑墟，在武平县东三十五里。大洋墟，在武平县西四十五里。②

据学者研究，宋代汀州墟市比其他福建各州军较为完整。③ 南宋汀州共有集市31处，大部分位于长汀以北地区，其中长汀10处，宁化6处，清流7处，而长汀以南的莲城、上杭、武平三县总共才7处，表明汀州的大部分人口集中在汀州北部。长汀县是州治所在地，是汀州的政治文化中心，地处赣南进入汀州的要道上，又由水路沿汀江直达潮州，因而又成为汀州的经济中心，所以境内的集市最多。宁化则是汀州最早开发的县，民

---

① （清）曾曰瑛修，李绂纂：(乾隆)《汀州府志》卷5《街市》，方志出版社2004年版，第74页。
② （宋）胡太初修，赵与沐纂：《临汀志》，福建人民出版社1990年版，第13—15页。
③ 彭友良：《两宋时代福建集市贸易的发展与城镇的兴起》，《福建学刊》1988年第4期。

间有"未有汀州府,先有宁化县"之称,人口和税收历来是汀州辖县中最多的,所以境内墟市也较多。

比较特殊的是清流县。清流县是汀州辖县中设置较晚的,元符元年(1098)析宁化、长汀二县地置,比设置上杭、武平晚了几近110年。到南宋,清流境内的墟市却有7处之多,甚至超过宁化。个中缘由与汀州的交通发展有直接的关系。由于汀州隶属于福州,京都又在北方,因而汀州往北过清流,顺九龙滩而下入闽江是其主要的交通需求。这就决定了清流必然会成为汀州主要贸易线路上的要点。清流境内除县市外的6个墟市,有五个位于清流县城以北,其中白石墟仅在清流县北五里,表明清流墟市的物资交换主要面向闽北,而且物资吞吐量非常大。这恰好证实由于宋代通往闽北的驿道开通,由此线路进入汀州的移民开始大量增加,并聚集在汀州北部,使汀州北部的人口激增,因而增置清流县。而清流县墟市的设置,还证实自宋代以后由清流往闽北的驿道一直在使用,才会导致元代隆兴至潮州的驿道沿此线路开辟。

再看看长汀县集市。长汀县集市密度也相当高,县治有县市,县西五里又设杉岭市,在县治以南设置了7个墟市。这表明长汀墟市的吞吐量也很大,物资交换则主要是针对长汀以南的汀江流域,而县西五里设立杉岭市,则意味同赣南的贸易也是汀州商业很重要的一个方面。

二 宋代汀州的桥梁与贸易

汀州境内水系发达,河流四布,桥梁建设成为汀州交通不可或缺的部分,其中许多桥梁位于"要津",如:

> 龙津桥 在清流县东。旧以舟渡,绍兴间,提刑吴公逵行郡经从,谓是乃邑之喉衿,束以石桥,将秀民辈出。
>
> 白石桥 在清流县北五里。后以水圮,仅存石矼亦颓其一。桥据要津,春水则病涉,宝祐间,邑人赵必逵募缘重创。
>
> 嵩溪桥 在清流县东五十里嵩溪铺,乃往来孔道。岁久颓毁,宝祐间,令林应龙重创。
>
> 徐长者桥 在莲城县北三十里,乃邑人入京孔道。先是病涉,里人徐二公捐家赀鼎创石桥,累年乃成,郡守卢公同父书匾。①

---

① (宋)胡太初修,赵与沐纂:《临汀志》,福建人民出版社1990年版,第17—18页。

桥梁的建设改善了汀州交通状况，促进了境内的商业发展。同时，有些桥梁直接成为贸易场所，如：

> 济川桥　在长汀县东济川门外。旧以木为之，架二楼其上，列肆两旁，日夕阗阗，俗号水东桥。郡守陈公轩有诗云："十万人家溪两岸，绿杨烟锁济川桥。"庆元间，郡守赵公伯桧捐见钱百五十万，叠石为四矶，架舆梁以济。后石矶倾损，郡人以列肆障蔽非便请于郡。淳祐间，郡守卢公同父助俸募缘，撤而新之，仍亲书桥匾。
>
> 有年桥　在长汀县东永康坊。……淳熙间，郡守赵云不便，复架舆梁而屋之。嘉定间，郡守邹公非熊重创，改今名。
>
> 龙津桥　在清流县东。旧以舟渡，绍兴间，提刑吴公逵行郡经从，谓是乃邑之喉衿，束以石桥，将秀民辈出。淳熙间，令吴松始议为石桩六，飞屋四十二间，靡钱三百二十万有奇，越五年，功未及半，以寇、疫辍。绍熙间，令曾造输俸率先，仅足石矶。嘉泰间，令吴补之架屋二十五间，匾曰"龙津"。东创阁曰"快倚"，西创阁曰"凌烟"云。桥岸创庵曰"济川"。①

济川桥、有年桥、龙津桥都属于廊桥。廊桥亦称屋桥、风雨桥，由上下两部分结合而成，上部为廊屋，下部为桥。又分为亭阁式和鼓楼式两种：亭阁式风雨桥，桥面上亭阁秀立，雅致玲珑；鼓楼式风雨桥建在较宽的河面上，在大桥长廊之上，加盖几座鼓楼式建筑，十分美丽壮观。② 廊桥一般是当地民众休息，交流交易的场所。如泰顺北涧桥上，有一个个分割均匀的摊位，桥头形成一条小小的店铺街，底层当店铺，二层供主人居住，必定是租金最贵的地方。③

长汀济川桥就是典型的贸易场所，"列肆两旁，日夕阗阗"是最好的证明。元丰六年（1083）到任的汀州郡守陈轩写诗赞曰："十万人家溪两岸，绿杨烟锁济川桥。"虽然有夸张之意，但是北宋时期汀州的商业发达，经济繁盛应该确有其事。济川桥又号"水东桥"，明代以此为基础，

---

① （宋）胡太初修，赵与沐纂：《临汀志》，福建人民出版社1990年版，第16—18页。
② 王小兰：《桥》，中国人民大学出版社2007年版，第39页。
③ 引自百度百科（http://baike.baidu.com/view/160981.htm）。

发展成为一个集市,"水东街市,在济川桥东"①,"直抵太平桥,江广货物贸易于此"。② 这也证实济川桥确实是贸易场所。有年桥和龙津桥的情况,限于材料,无法定论。但以廊桥普遍有交易情况和长汀济川桥来推测,有年桥和龙津桥也应会作为交易的场所,特别是清流县龙津桥"乃邑之喉衿",人员往来众多,在此发生物资交易的可能性非常大。

三 宋代汀州贸易与民间信仰传播

由于汀州要从九龙滩运输国家调配物资,包括上贡物资的外运,盐之类百姓必需物资的内运也要从此经过,因而九龙溪航道在汀州对外的交通中占据重要的位置。这其中当然也会有一些商人往来九龙溪之上。为了保护生命和财产安全,在航线险恶,行船风险极大,人力无法抗拒的情况下,借助于神灵庇佑则成为最直接的措施。清流安济庙就是在这样的背景下出现的:

> 安济庙,在清流县南梦溪洞口,即九龙阳数潜灵王庙也。自唐有之,莫详创始封爵之由。庙前有滩,险甚,往来之舟,非祷于祠下不敢行。③

五代时期,安济庙被政府正式册封。《临汀志》记:"闽通文二年(937)四月,封明威校尉。永隆二年(940)正月,封兴瑞将军。九月,封阳数潜灵王。"闽通文二年(937)四月至永隆二年(940)九月,短短三年五个月内,连续册封,自明威校尉而兴瑞将军而阳数潜灵王,可见闽朝廷对其重视。这反映出五代时期九龙溪航道已经比较繁忙了。

北宋时期,政府对九龙溪航道更加重视,并因此赐封"安济庙",以求得往来九龙溪航道上的官府船只和百姓船只安全。

南宋初年九龙溪航道开始通漕运,其往来繁忙可想而知。因此淳熙年间(1174—1189)在九龙溪边又建立"白马将军行祠,在清流县南拱辰

---

① (明)黄仲昭修纂:《八闽通志上》卷14《街市》,福建人民出版社1991年版,第273页。
② (明)邵有道编纂:(嘉靖)《汀州府志》卷3《坊街巷市》,《天一阁藏明代方志选刊续编》39,上海书店1990年版,第216页。
③ (宋)胡太初修,赵与沐纂:《临汀志》,福建人民出版社1990年版,第66页。

坊。乃灵显庙中一神也。淳熙间创，为纲运之护"。①

安济庙和白马将军行祠的建立从侧面反映了九龙溪航道的繁忙，如果将之与清流县墟市位置和密度结合起来看，那么往来于九龙溪航道的船只促进汀州商业的发展就显得一目了然。

妈祖信仰传入汀州也反映了汀州商业的发展。宋代长汀的妈祖信仰是伴随汀江航道的开发传入汀州的。绍定五年（1232）前汀州主要食福盐。由于路途遥远，陆运艰难，关卡繁多，费时费力，盐价昂贵，民甚苦之。所以汀州及相邻的江西虔州（今赣州）人民往往成群结队至广南盗贩私盐。南宋理宗绍定年间（1228—1233），著名法医学家宋慈出任长汀县令，经过调查研究并取得郡守李华支持，决定改道从潮州沿韩江、汀江运盐，直抵长汀。新的运盐路线缩短了路程，又把原来的水陆联运全部改为水运，节时省力，降低了盐价，公私称便。自此汀江、韩江间的商业航道正式打通，汀州与潮州的经济、文化联系大大加强。

不难想象，汀州盐运改道潮州之后，负责运盐的州县吏和船工们经常由汀江、韩江往来于汀州、潮州之间。他们在潮州了解妈祖作为海上航运保护神有祷必应的传说，结合在运盐中经常要遇到急流险滩、风波不测情况，很自然接受了妈祖信仰，并且产生了依照潮州的某座妈祖庙在长汀自建一庙以求得妈祖庇护的愿望。在这种背景下，长汀的妈祖庙建了起来。大概他们当时在潮州接触较多的是合祀三妃的"三圣妃庙"，所以在汀州仿造的庙宇仍取三妃合祀的形式，称为"三圣妃宫"；新庙建成时还可能从作为模仿对象的潮州三妃庙分香或分灵至新庙奉祀，故而潮州的这座三圣妃庙便成为长汀三妃宫的祖庙。长汀三圣妃宫应是汀州最早的妈祖庙，它是经由汀江至韩江航运路线的沟通，由潮州传至汀州的。这座庙的建立，反映出由于汀江航道的进一步开发促进了汀州商业的发展。

---

① （宋）胡太初修，赵与沐纂：《临汀志》，福建人民出版社1990年版，第67页。

第五章　宋元汀州的社会变迁

宋元时期，汀州经济处于大转型时期，社会处于大动荡时期，族群处于大融合时期，相伴随的是汀州文教也进入大发展时期。

文教发展对于民族或民系的意义，罗香林先生曾经说过："文教是民族或民系为求满足个己唯生欲望而努力创造或活动的结果，也是民族或民系为求实现个己理想境地而努力创造或活动的结果；它是民族或民系至可宝贵的灵魂，也是民族或民系所以资养无形的财产；它是推策或范围人类生活的一种势力，也是人类所以度活所以行动的一种工具。"① 他进一步阐述了文教发展对于客家民系形成的意义："吾人如不欲探究那种所以推荡客家民系向前进展的人为环境势力则已，不然，则于客家的文教当细为分析，妥为校考，究其构成的所由，阐其影响的所届。"② 并强调说："要想了解：客家民系的所以构成，客家民系的活动景况，客家民系的将来趋势，都不能不注意客家文教的研究。"在此思想指导下，罗香林先生计划将"客家文教分十三项讨论，十三项者：一，社会组织，二，人民行业，三，一般风俗，四，爱国与保族的思想，五，普通信仰与特殊宗教，六，气骨与体面的观念，七，屋宇与祖坟的建筑，八，技击与械斗，九，学术，十，文艺，十一，艺术，十二，科名，十三，人物，是也"。③

由于中国经济重心和政治中心的进一步南移，宋代福建一跃而为"近里"④，随着经济社会迅速发展，文教取得了很大成就。《宋史》所列《儒林传》和《道学传》中闽人17人，居全国第一；《宋元学案》立案学

---

① 罗香林：《客家研究导论》，载广东省兴宁市政协文史资料研究委员会编《兴宁文史》第27辑《客家研究导论·罗香林专辑》，2003年版，第197页。
② 同上书，第24—25页。
③ 同上书，第197页。
④ （宋）刘克庄：《后村先生大全集》卷93《四部丛刊初编·集部》，北京书同文数字化技术有限公司2001年电子版。

者988人，福建有178人，居全国第一；《宋史》闽人位宰辅之职，居全国第三；《全宋词》福建北宋词人14人，居全国第六位，南宋词人63人，居全国第三位，若以著名词人而论，福建29人，也居全国第三位；《宋诗纪事》福建诗人128位，居全国第二位。① 因而史载："宋受天命，然后七闽、二浙与江之东西，冠带诗书，翕然大肆；人才之盛，遂甲于天下。"② "今世之言衣冠文物之盛，必称七闽。"③

相比而言，汀州文教虽有相当程度发展，但取得的成绩很一般。据统计，《宋史》记载的闽籍人物共有147人，汀州无一；宋代福建共有进士6713名，汀州59名，仅占0.88%，全闽最后一名；宋代福建共中状元31人，其中文状元21人，武状元10人，汀州无一；宋代福建各州军的进士密度，兴化军最高，每百平方公里24.7人，汀州最低，每百平方公里仅有0.3人。④ 尽管如此，宋元时期汀州文教就自身而言还是有了很大发展。本节将就汀州的各种教育机构、理学、普通信仰与特殊宗教等方面进行考察。

第一节 宋元汀州教育发展

闽西地区地处客家大本营，也是客家族群形成和发展的重要地区。宋代客家初步的中心地域就是在闽西。⑤ 文化传播是客家族群形成的重要因素，尤其是儒家文化在闽粤赣边区的传播，对于多族群的整合起了重要的凝聚作用。⑥ 本节将就汀州的各种教育机构进行考察，以揭示汀州教育机构的发展概况对汀州族群融合的促进作用。

一 宋元汀州的官学

宋代汀州的教育机构以地方官学为主。汀州官学创始于仁宗天圣年间

---

① 刘锡涛：《宋代福建人才地理分布》，《福建师范大学学报》（哲学社会科学版）2005年第2期。

② （宋）洪迈：《容斋四笔》卷5《饶州风俗》，上海书店出版社1984年版，第312页。

③ （宋）陈起：《江湖小集》卷33，《景印文渊阁四库全书》第1357册，（台北）商务印书馆1983年版，第264页下。

④ 刘锡涛：《宋代福建人才地理分布》，《福建师范大学学报》（哲学社会科学版）2005年第2期。

⑤ 谢重光：《客家文化述论》，中国社会科学出版社2008年版，第116—129页。

⑥ 邹春生：《王化和儒化：9—18世纪赣闽粤边区的社会变迁和客家族群文化的形成》，博士学位论文，福建师范大学，2010年。

（1023—1030）：

> 郡有学自天圣始。改卜凡四，修建凡再。然规模犹隘，盖局于地势而不得为也。诸邑学建置有先后，邑大夫亦皆能恢而栋宇，益而廪饩，以与秀士共之。夫美教化，明人伦，成德材以为时用，皆莫尚于学。宾奖则气象振，作成则气类合，其责盖有在矣。①

郡学曾经重新四次选址而迁，两次扩建，但"规模犹隘"。其中较有影响的一次改迁为绍兴三年（1133）：

> 绍兴三年（1133），郡守郑公强以州学不当置城外，遂度城内州东地改卜焉。大成殿岿然中峙，缭以两廊，分列六斋，正录直学以下各有位。殿之后，建讲堂曰"明伦"。堂之后，建藏书阁曰"稽古"。又其后绝高处建阁，高阁宸奎，规模加壮。仍自为之记，且作诗云："卜筑石山作郡庠，卧龙腾矞拜龙骧。"②

郑强迁建郡学，正式确立了殿、堂、斋、阁的布局，其后的多次改建基本都仿此而建。如南宋理宗嘉熙二年（1238），"郡守戴公挺、教授张实甫以庙、学混处为非是，相学左射圃地，爽恺广袤，仿太学规模，营创今学。前三斋曰'潜心'、'时习'、'修身'，后三斋相比，曰'克己'、'中立'、'志道'，并南向。斋各有楼，中创堂曰'文会'。正录位左右之列，学门两旁，以位职事者。"虽然戴挺"营创今学"是仿太学规模，基本没有跳出郑强所创的布局。又如"开庆初（1259），郡守胡公太初谓气象犹卑隘，屋且老，慨然大更新之。首事于大成殿，御书、稽古二阁，明伦、芳桂二堂，皆增高辟广，柱石梁栋极雄伟。重书'稽阁'匾，易芳桂堂名曰'致极'，取《中庸》'致广大、极高明'之义。自为记。更祭器之库，大讲堂之鼓，正录位斋舍门庑，以次整葺。浚井开渠，泮池堙塞凿而深之，板桥屡坏造石桥以跨焉"。③ 此次修建，连殿、堂、斋、阁的名称都沿袭郑强

---

① （宋）胡太初修，赵与沐纂：《临汀志》，福建人民出版社1990年版，第102页。
② 同上。
③ 同上书，第102—103页。

所建。

仁宗朝县学也开始兴建，庆历四年（1044）诏："诸路州、府、军、监除旧有学外，余并各令立学。如学者二百人以上，许更置县学。"① 徽宗朝县学开始普及，崇宁元年（1102），尚书右仆射兼门下侍郎蔡京奏请兴学贡士，朝廷随之发布一系列诏令，揭开了崇宁兴学的序幕，"天下诸县皆置学"。② 汀州各县随后设置县学：

  长汀县学，"学在兴贤门外。绍兴迁郡庠于廊内，以旧学为县学。"③

  宁化县学，"惟赖世隆《学记》曰'宁自天圣始有学'。"④

  清流县学，"在县北，即皇华驿故址。旧在县南。宋元符知县刘叙建。"⑤

  莲城县学，"学在县东。绍兴间，令陈南复卜地兴创。"

  上杭县学，"学旧在县东五十步，今城隍庙基是。嘉定间，令赵彦班以其地湫隘，徙县东二百步。"

  武平县学，"学在县东兴贤坊"⑥，"宋乾道间，唐廷坚初建养士院。"⑦

宋代，汀州除州学外，每县均办县学，州县学的普及率达到100%。据统计，宋代各路所设县学，两浙路最多，80所，普及率为98.8%；福建路第二，45所，普及率为93.8%。⑧ 另据统计，南宋全国州县学普及率为44%。⑨ 这当然有北方地区由于战乱而导致各州县学校失修原因，但是就福建路而言，汀州的县学建设也是排在前列的。

---

① （元）脱脱等：《宋史》卷167《志第120·职官七》，中华书局1977年版，第3976页。
② （清）徐松：《宋会要辑稿》《崇儒》2之8，中华书局1957年影印本，第2191页上。
③ （宋）胡太初修，赵与沐纂：《临汀志》，福建人民出版社1990年版，第103页。
④ （清）李世熊：《宁化县志》，福建人民出版社1989年版，第367页。
⑤ （明）陈桂芳修纂：（嘉靖）《清流县志》卷3《学校》，福建人民出版社1992年版，第59页。
⑥ （宋）胡太初修，赵与沐纂：《临汀志》，福建人民出版社1990年版，第104页。
⑦ （清）赵良生重纂《武平县志》卷5《莅治志》。
⑧ 郭九灵：《宋代县学述论》，《岱宗学刊》2008年3月。
⑨ 刘海峰、庄明水：《福建教育史》，福建教育出版社1996年版，第14页。

二 汀州的贡院

汀州还设有贡院：

> 贡院，旧在长汀县东，以三舍法废。旋复科举，试于开元寺，人士寖盛，局蹐靡容，迫期补葺，公私烦拨。绍熙①二年（1191），赵公充夫卜创于兴贤门内，东庑三，西庑二，计百二十楹。焕章阁学士谢公为之记。壬子科郡倅赵公善晤董试，留题二诗，甚脍炙人口。略云："天约闲云结嫩阴，苦无诗酒懒登临。一声鸡唱日初午，满地花寒秋已深。"刻于柱。嘉泰四年（1204），郡守陈公暎、教授谢藻以水西流非利，改而东之，国子录林公昷为之记。旧就试者，自纳竹案，试则争哄撼几，淳祐间，郡守郭公正己更置木案，士以为便。宝祐间，郡守周公晋以大门及试官厅位圮陋，撤而新之。②

贡院有时也称作试院，用途是作为科举考试的专用试场。宋代选拔承袭唐代科举取士，但降低了参加科举的门槛，"取士不问家世"。③ 北宋中叶以前，科举制盛行，学校培养人才必须经过科举考试合格才可以授官，使学校成为科举的附庸。因而在宋初，自京师至郡县，虽然都建立了学校，但都有名无实，在校学生也寥寥无几，有学官而无听讲的学生，"及科场罢日，则生徒散归，讲官倚席"④。自仁宗朝起，发动了三次兴学高潮。第一次是范仲淹发动的，由宋仁宗下诏各地设立州县学。第二次兴学是由王安石主持，内容之一是在官学中实行分级教学，即所谓"三舍法"。第三次兴学在崇宁年间（1102—1106），主要是把三舍法推行到地方学校。⑤ 所谓"三舍法"，"就是按照学生的程度，进行分舍分级教学，

---

① 原文作"绍兴"。据《临汀志·郡县官提名》，赵充夫知汀州自绍熙元年至三年（1190—1192），"兴"当是"熙"之误。参见胡太初修，赵与沐纂《临汀志》，福建人民出版社1990年版，第119页。

② 同上书，第106页。

③ （宋）郑樵：《通志》卷25《氏族略第一》，《景印文渊阁四库全书》第373册，（台北）商务印书馆1983年版，第254页上。

④ （元）马端临：《文献通考》卷42《学校考三》，中华书局1986年影印万有文库十通本，第395页上。

⑤ 参见（宋）胡太初修，赵与沐纂《临汀志》，福建人民出版社1990年版，第102页。

学生升舍，必须经过严格的月考、岁考，成绩优良的才能以次升舍。初入太学的为外舍生，不限名额，后来定为七百人。外舍生学习一年，成绩优良的升入内舍，名额二百人。内舍生学习二年，成绩优良的升入上舍，名额一百人。内舍升上舍的考试，更是严格，成绩分为三等。升入上舍的学生，学习两年后举行毕业考试，学行卓异的，由主判、直讲荐之中书，不要经过乡试、省一试就可以直接授官。其学正、字录、字谕以上舍生为之。三舍考试评定成绩均用等第法。"① 实际就是取代了科举制，并于崇宁三年（1104），正式诏罢科举，"取士并由学校升贡"。② 因而贡院也就失去了存在的必要，贡院纷纷被废。

汀州贡院设立具体时间不确，但是依据上引"贡院，旧在长汀县东，以三舍法废"，"崇宁三年（1104），诏行三舍法"③，可以断定汀州贡院设立应在崇宁三年（1104）以前。自崇宁三年（1104）废贡院，直到"绍熙二年（1191），赵公充夫卜创于兴贤门内"，才重创贡院，其建筑规模很大，"东庑三，西庑二，计百二十楹。"楹是古代计算房屋的单位，房屋一列为一楹。一列至少两间或更多，以最保守的算法，一列两间，汀州贡院的房屋也多达二百四十间。建成之后，地方官员针对贡院出现的问题进行修葺，"更置木案"，"撤而新之"。从汀州贡院规模和不断修葺大体可以看出汀州地方官员对于地方教育的重视，同时也可大体揣度出汀州科举考生的人数之多。地方官员还"以水西流非利，改而东之"，表明他们还注意到贡院的风水对于科考的影响，也体现了对于教育的重视。

三 汀州的贡士庄

南宋，汀州还设立了贡士庄。贡士庄是宋代专门为科举考生筹资设立的教育经费组织，宋代各地建立贡士庄，除了要为政府宣扬重视知识分子的政策，另一个目的是解决本地因贫困而不能赴京参加考试考生的旅费问题。目前所见资料，宋代各地共建有贡士庄31处，其中汀州五处，是所见州军中最多的。④ 汀州贡士庄设置的具体情况如下：

---

① 罗传奇：《王安石的三舍法》，《江西教育科研》1985年第4期。
② （宋）陈均：《九朝编年备要》卷27《更科举法》，《景印文渊阁四库全书》第328册，（台北）商务印书馆1983年版，第730页下。
③ （宋）胡太初修，赵与沐纂：《临汀志》，福建人民出版社1990年版，第142页。
④ 金甦、毛晓阳：《宋代贡士庄考论》，《福建师范大学学报》（哲学社会科学版）2010年第4期。

兴贤庄，嘉定六年（1213），郡倅黄公大全权郡，拨钱买章得之、罗陆拾田创。系本学催纳，每年钱三十一贯零四十足，十七界会三十九贯。三年通计钱九十三贯一百二十足，十七界会一百一十七贯，六邑新旧举人均分。

万桂庄，嘉定十四年（1221），郡守傅公康估籍吴缨田创。原在州学催，今隶知录厅催，州公库纳。每年收到钱一百二十九贯四百三十九文，内十八界会六十一贯八百文。三年通计三百八十八贯三百八文门，内十八界官会一百八十五贯四百文。三分之二送新举一十二人，三分之一送旧举人。随人数均分。

清流县贡士庄，宝祐六年（1258），令林应龙从学职，请拨萧应龙定苦井坑田、李七六横坑田。前令林昌泰拨阿叶原佃阳皋户田。林应龙自为记。

莲城县万桂庄，嘉熙二年（1238），郡守戴公挺拨姑田陈弟四、陈丙娘、杨祖远、陈十六、陈岩归田创。主簿张应卯为记。

上杭县兰省庄，嘉熙四年（1240），令谢观国拨兴化乡王得一田创。每年收见钱二十一贯文足，三年总计六十三贯足。镂板榜于学。①

从上引材料来看，汀州设立五处贡士庄，全国最多，而且全部由郡县官或拨钱，或拨田设立，反映了汀州地方官员对地方教育的重视；同时，五处贡士庄的设立也反映了汀州经济落后，科举考生无力负担考试所需费用的实际情况。

四 汀州的书院

宋代汀州还有三所书院，二所私人讲学读书处。书院兼有学校和学术研究机构两重性质。宋代书院由民间自发创立，有自由讲学的风气；后来书院逐渐改由官办，但比起州县学，形式还是自由些，教学和研究的内容也多样些。书院的状况，更能看出一个地区文教是否兴盛，学术是否繁荣。②

汀州最早的书院是洞天书院，由太守林岊创立，《临汀志》记载：

---

① （宋）胡太初修，赵与沐纂：《临汀志》，福建人民出版社1990年版，第106—107页。
② 谢重光：《客家文化述论》，中国社会科学出版社2008年版，第437页。

"仙隐洞,在长汀县云骧阁下。石径沿溪,嵌崎深窈。外有两石夹一小石,天然成门,内颇宽博。嘉定间,郡守赵公崇模开辟,以发天秘,创溪堂及数小亭其间。继而郡守林公岊创洞天书院及白鸥亭。今并废,惟有《白鸥亭记》脍炙人口。"① 林岊,"嘉定十七年(1224)十二月,以右朝散大夫知,再任。绍定二年(1229)除直敷文阁,差知漳州。旬试六邑之士。创书院二所②,与郡士讲订甚多,州及六县,学皆有祠并记"。③ 林岊到汀州上任是在嘉定十七年(1224)十二月,继而"创洞天书院及白鸥亭",则是洞天书院初创于南宋宝庆年间(1225—1227)。这里提到"创书院二所",另一所书院名称并无相关记载。林岊到任后,"自(旬)试六邑之士","与郡士讲订甚多",以致"州及六县,学皆有祠并记",对汀州教育起到了推动作用。

卧龙书院,"在清堂之左。旧名'卧龙堂'"④,创立于南宋绍定六年(1233),郡守李华"考图访古,知郡后山麓故有卧龙亭者,盖因山取名,岁久圮矣。独陈公元舆之诗在,犹脍炙人口,触境兴怀,庀工肇役,相郡西偏为堂三楹,前荣后室,翼以两庑,扁仍亭旧,曰卧龙书院。而刻诸葛忠武侯遗像于其间,图八阵奇正之势,书'王业不偏安,汉贼不两立'语于左右壁,而朝夕瞻敬,以寓愿学思齐之意,盖不徒存故迹侈后观也。"⑤ 李华创立卧龙书院,一是表达其个人"愿学思齐之意",二是想借书院之设,倡导礼乐教化,引导民风向善。

宋代,莲城县有二所讲学读书处。一是莲城县冠豸山上的仰止亭,为文亨罗氏所建,主体建筑是三层八角形书斋,背倚壁立千仞的灵芝峰,前瞰文川河,环境幽雅,闽学鼻祖杨时的传人罗从彦曾应邀来此讲学。罗从彦字仲素,号豫章,南剑州沙县人。据文川罗氏族谱,罗从彦应莲城县罗氏宗亲之聘,于建炎二年(1128)至绍兴元年(1131)的4年间,前来仰止亭讲学。当年罗从彦手书的"壁立千仞"四个大字,就镌刻在灵芝

---

① (宋)胡太初修,赵与沐纂:《临汀志》,福建人民出版社1990年版,第41页。
② 原文为"初,书院二所",文义不通。《福建通志》谓"创书院二所,日与郡士商榷讲肄",据改。参见(清)郝玉麟等修《福建通志》卷32,《景印文渊阁四库全书》第528册,(台北)商务印书馆1983年版,第550页下。
③ (宋)胡太初修,赵与沐纂:《临汀志》,福建人民出版社1990年版,第119页。
④ 同上书,第85页。
⑤ (宋)陈元晋:《渔墅类稿》卷5《汀州卧龙书院记》,《景印文渊阁四库全书》第1176册,(台北)商务印书馆1983年版,第810页下。

峰上。罗从彦五世孙罗良凯追踪先祖，也来仰止亭读书，手书"名山拱秀"四字，刻于乃祖石刻下方。另一处在莲城冠豸山五老峰下，莲城的本地俊彦丘鳞、丘方叔侄，结庐于此攻读，曾与罗从彦五世孙罗良凯时相过从。叔侄两人师从名儒，精研理学，先后于嘉定十三年（1220）和宝庆二年（1226）成为特奏名进士，创下叔侄进士的佳话。丘氏后人为了彰显祖先这段辉煌经历，将此读书处辟为书院。《八闽通志》记载："丘氏书院，在（连城）县东莲花庵之左，宋进士丘鳞读书之所也。今废。"①《汀州府志》记载："丘氏书院，在莲峰山，丘鳞未第时此肄业。"② 可能不久就被重建③，数百年来，历尽沧桑，弦歌不辍。

五 宋代汀州教育发展的意义

宋代普遍设立地方官学目的，在于使"人人有士君子之器，虽田亩之贱，山林之幽，亦为仁义之所渐摩，礼乐之所陶染，咸入于善，置兔而不忘敬，敦苇而不忍践，岂有暴乱萌于心，奸宄害于事者哉？此建学之效也"。④ 可见，宋代统治者兴办学校，实则是把教化作为施政重要手段，以化民成俗，使之不犯上作乱，以达到社会安定的目的。而汀州"是僻远而难治者也"⑤，位置的僻远使得中央政府对汀州统治极为薄弱，时人谓："闽之为郡八，就难理曰汀；汀之为邑六，孰难理？曰长汀。曷难乎汀？曰其山峭屼，其川怒湍，其民悍坚。曷难乎长汀？曰汀为闽尤，长汀为汀尤。"⑥ 因而教化的作用越发显得重要，汀州的地方官员对学校的教化作用也有充分的认识："夫美教化，明人伦，成德材以为时用，皆莫尚于学。"⑦ 认为兴教办学，化成民风是职责所在："宠奖则气象振，作成则

---

① （明）黄仲昭修纂：《八闽通志下》卷45，福建人民出版社1991年版，第26页。
② （明）邵有道编纂：（嘉靖）《汀州府志》卷7《学校》，《天一阁藏明代方志选刊续编》39，上海书店1990年版，第420页。
③ 《八闽通志》始修于明成化二十一年（1485），成于弘治二年（1489），而（嘉靖）《汀州府志》成书于嘉靖六年（1527）从《八闽通志》始修至（嘉靖）《汀州府志》成书，仅历时42年，可见丘氏书院重建时间不长。
④ （宋）朱长文：《乐圃余藁》卷6《苏州学记》，《景印文渊阁四库全书》第1119册，（台北）商务印书馆1983年版，第28页下。
⑤ （宋）胡太初修，赵与沐纂：《临汀志》，福建人民出版社1990年版，第1页。
⑥ （宋）杨万里：《诚斋集》卷77《长汀县重修县志记》，《景印文渊阁四库全书》第1161册，（台北）商务书馆1983年版，第54页下至55页上。
⑦ （宋）胡太初修，赵与沐纂：《临汀志》，福建人民出版社1990年版，第102页。

气类合,其责盖有在矣。"① 并想方设法改善办学效果,如"郡守赵公崇模于学门右创朱文公、杨考功二先生祠,使学者知所慕向"②,(长汀县宰)"又于堂之北敞二十余楹为元公、二程、二张、朱子祠,以乡贤郑蔡州立中、杨考功方配焉,使学者知所归向"。③ 又如"兴学改水":

> 先是,(长汀)县庠先达辈出其间,询之耆老,皆曰古有水圳环抱,自兑抵震而归于巽,正得阴阳经纬之宜。后为居民堙塞,汀士廉得故道,具告于州县,居民狃于侵冒,沮溃其成。陈宰极力主盟,未就绪而秩满,首以是役告于新宰赵崇濂,赵亦以风化为重,克竣厥事。筑废陂于兴贤门外,障而东之,水由故道行矣。④

早期长汀县学"先达辈出其间","然观近世以来,每科得人亦稀"⑤,地方官员进行调查,"询之耆老",得知因为居民堙塞水圳,破坏了县学的"阴阳经纬之宜"。为了改善县学风水,使县庠能够重新人才辈出,两任县宰"极力主盟",最终"克竣厥事"。教育的兴盛有多种因素的影响,风水改变只是想当然的权宜手段,不可能促进教育兴盛,"或谓水破南午,阴阳家为非宜,虽障而东,气势未复"。地方官员也认识到真正有效的手段还是"士君子益讲学砺行,以需时用,嗣是当连牍比书矣"。⑥ 但是,"兴学改水"却反映了地方官员对于振兴教育的重视。汀州在经济极为落后的条件下,仍然每县都设立学校,原因在此。

综上所述,宋代汀州虽然经济极为落后,但教育机构设置完备。汀州的教育机构以地方官学为主,州有郡学,每县均办有县学,还设有贡院和五处贡士庄,反映出在经济落后的条件下,地方官员对当地教育的重视。汀州还有三处书院和二所私人讲学读书处等私学。其原因则是因为汀州在福建属最晚开发的地区,地理环境山峻水急,国家权力无法完全控制汀州社会,因而教化成为重要的辅助手段。古代汀州是客家族群形成的重要

---

① (宋)胡太初修,赵与沐纂:《临汀志》,福建人民出版社1990年版,第102页。
② 同上。
③ 同上书,第103页。
④ 同上。
⑤ 同上书,第147页。
⑥ 同上。

发源地，宋代汀州完备的教育机构对汀州社会风气的改变起到促进作用，也对该地区客家族群的形成具有十分重要的作用。

第二节 宋元汀州理学发展

中国自汉代始，即以儒学治天下："《春秋》深探其本……正（君）心以正朝廷，正朝廷以正百官，正百官以正万民，正万民以正四方。四方正，远近莫敢不壹于正……而王道终矣。"① 儒学遂成为主流。至宋代，统治集团制定"偃武修文"的文化政策，更是把修礼乐、重儒学作为稳固封建道德秩序的手段，以达到"王道终矣"之目的。理学就是在适应封建中央集权进行一体化统治的需要下发展起来的。

理学在福建的表现形态是闽学。早在闽学酝酿形成之初，福建客家地区就受到这一学术流派的影响。闽学的鼻祖是杨时，罗从彦是杨时的著名弟子。据文川罗氏族谱，罗从彦应连城县罗氏宗亲之聘，于建炎二年（1128）至绍兴元年（1131）的4年间，前来仰止亭讲学。②

一 汀州理学人物

罗从彦并不是最早在汀州留下影响的理学人物。今查《临汀志》及《闽中理学渊源考》，将莅临汀州和汀州籍的理学人物罗列如下：

（一）莅汀理学人物

> 方峤，"字次山，景佑元年（1034）进士……守汀州。"③ 元丰年间汀州在任，"元丰元年（1078），以朝奉郎职方郎中知（汀州）。"④
>
> 黄彦臣，"字叔灿，龙溪人。弱冠登治平四年（1067）进士……历知长汀、南安二县，倅泉、广二州，守莆、汀、剑、建四郡。"⑤

---

① （汉）班固：《汉书》卷56"董仲舒传"，中华书局1962年版，第2502—2503页。
② 谢重光：《客家文化述论》，中国社会科学出版社2008年版，第440页。
③ （清）李清馥：《闽中理学渊源考》卷9《福建文献汇编》第62册，商务印书馆2011年版，第155页。
④ （宋）胡太初修，赵与沐纂：《临汀志》，福建人民出版社1990年版，第117页。
⑤ （清）李清馥：《闽中理学渊源考》卷13《福建文献汇编》第62册，商务印书馆2011年版，第205页。

绍圣年间汀州在任，"绍圣四年（1097），以朝奉大夫知（汀州）。"①

陈知柔，"字体仁，永春人。性超迈聪颖，刻志坟籍。绍兴十二年（1142）进士……教授建州、汀州。两奉祠。"②

林之奇，"字少颖，侯官人。……登绍兴二十一年（1151）进士，调莆田簿，改尉长汀。"③

何镐，"字叔京，邵武人。父兑……尝受程氏中庸之学于东平马公伸……复悉以其所闻者语镐。既受其说，则益务贯穿经史，取友四方，博考旁资，以相参伍……由此南州之为程学者，始又知有马氏之传焉……再调汀州上杭丞，数行县事。"④ 乾道年间在任，"乾道七年（1171），丞何镐因民屋葺之。"⑤

陈一新，"字又之，永春人。少受学陈休斋知柔，文章志行，迥出流辈。登绍兴元年（1131）进士……教授汀州。"⑥ 庆元年间汀州在任，"陈一新，迪功郎。（庆元）二年（1196）四月四日到任，五年四月十五日满替。"⑦

陈谟，"字中行，材气高迈，贯穿经史，开门受徒，户屦常满。登庆元二年（1196）进士……知梅州多惠政，民为立祠。改汀州。民以彩旗迎于界上，有曰：'忻迎鄞水新贤守，知是梅州旧使君'。"⑧

陈沂，"字伯澡，仙游人。沂……始笃志文公之学，徧参刘爚、廖德明、李方子、杨至诸先生之门。而陈淳，又沂终身所卒业者。凡一时及门之士，皆推沂为嫡嗣。"⑨ 开禧年间汀州在任，"陈沂，从事郎。开禧三年（1207）七月到任，嘉定三年（1210）十月满替。"⑩

---

① （宋）胡太初修，赵与沐纂：《临汀志》，福建人民出版社1990年版，第117页。
② （清）李清馥：《闽中理学渊源考》卷12《福建文献汇编》第62册，商务印书馆2011年版，第191页。
③ 同上书，第125页。
④ 同上书，第309页。
⑤ （宋）胡太初修，赵与沐纂：《临汀志》，福建人民出版社1990年版，第89页。
⑥ （清）李清馥：《闽中理学渊源考》卷12《福建文献汇编》第62册，商务印书馆2011年版，第192页。
⑦ （宋）胡太初修，赵与沐纂：《临汀志》，福建人民出版社1990年版，第123页。
⑧ （清）李清馥：《闽中理学渊源考》卷12《福建文献汇编》第62册，商务印书馆2011年版，第189页。
⑨ 同上书，第360页。
⑩ （宋）胡太初修，赵与沐纂：《临汀志》，福建人民出版社1990年版，第134页。

傅康,"字仲孚,晋江人……知汀州,徙南剑。创祠堂,祀周敦颐、张载、程灏、程颐、司马光、陈瓘、杨时、罗从彦、李侗、朱熹、廖德明、黄干诸君子。"① 嘉定年间汀州在任,"傅康,嘉定十三年(1220)十二月二十六日知,十六年(1223)正月二日满替。刚正有风力……拨吴缨估籍田,创万桂庄,以惠赴省者。"②

郡守赵崇模,嘉定十六年(1223)到任,"创朱文公、杨考功祠于学右,拨田以供释菜。"③

著名理学家孙叔谐,嘉熙二年至四年(1238—1240)在任。④

吕中,"字时可,晋江人。淳祐七年(1247)进士……徙汀州。在汀期年,演易为十图。"⑤

著名理学家林光庭,淳祐十二年(1252)至宝祐二年(1254)任汀州通判。⑥

胡太初,宝祐六年(1258)至景定元年(1260)在任,"大修郡学,重建明伦、极致堂、御书、稽古阁,肇行乡饮酒礼,六邑士友毕会。"⑦

王简翁,宝祐六年(1258)到任,"汀士风不振久矣,原于乡校废坠,文风未盛,简翁下车之初,首动念焉。越一年,力陈三修之文,赞决郡守。兴修芹泮与夫修城壁,修图志,无非关系风俗之大。守如其请,一一修明。由是行乡饮有地,御外侮有禁,风俗有籍,皆简翁之力也。"⑧

就上述材料而言,早在北宋元丰年间(1078—1085),就有理学中人到汀州做官,直至南宋后期,莅临汀州为官的理学人物络绎不绝,他们利用手中权力,兴学校,讲修养,崇先儒,推行理学之功甚大,崇尚理学成

---

① (清)李清馥:《闽中理学渊源考》卷31《福建文献汇编》第62册,商务印书馆2011年版,第409页。
② (宋)胡太初修,赵与沐纂:《临汀志》,福建人民出版社1990年版,第119页。
③ 同上。
④ 同上书,第122页。
⑤ (清)李清馥:《闽中理学渊源考》卷33《福建文献汇编》第62册,商务印书馆2011年版,第427页。
⑥ (宋)胡太初修,赵与沐纂:《临汀志》,福建人民出版社1990年版,第123页。
⑦ 同上书,第120页。
⑧ 同上书,第123页。

为闽西客家地区学术思潮主流,并很快培养出本地籍理学人物。

(二) 汀州籍理学人物

汀州罗氏家世学派①:

罗彧,太平兴国三年(978)进士,"字仲文,长汀县人。少聪悟,尝慕荀文若之为人,因名焉。登甲科,授将仕郎大理评书。……上嘉其劳,特除诸路提点使,赐锦衣金带旗二云'明时折桂'、'衣锦还乡',以示褒赏,仍知本州岛事。"②

罗祝,元丰三年(1080)进士,字叔和,长汀县人。闭户读书,人罕识面。……贯穿经史,虽注疏亦皆研究。元祐间,朝廷行十科,祝以明经中第,调漳州法曹。……尝手释六经及注《唐书》,尤精于律数,终明州观察推官。③

罗烈,建炎二年(1128)进士,"字子刚,长汀县人。刻意学问,年几冠,经史百氏之书,靡不通贯。……喜注述,有《博文新说》十卷,《古文类证》数万言,注《杜甫诗事》类千余条行于乡。"④

汀州雷氏家世学派⑤:

雷协,政和二年(1112)进士,"字彦一,宁化县人,尧从第。充贡上庠,以学《易》知名,虽僻书隐传皆涉猎。"⑥

雷观,"宁化县人。靖康间以太学上书……其言激切,士论题之。"⑦

---

① 本节汀州籍理学人物以《闽中理学渊源考》所列入选。《闽中理学渊源考》载:"按:汀州宋代著姓者,有罗氏、伍氏、雷氏、邱氏、赖氏,世有贤才。《闽书》所谓:罗伍邱雷,亦世其户者也。今考《选举志》:罗氏彧,太平兴国三年进士;罗氏祝,元祐中明经;罗氏烈,建炎二年进士。而罗氏祝闭户穷经,儒术尤著。今本闽书录出。"参见(清)李清馥《闽中理学渊源考》卷13《福建文献汇编》第62册,商务印书馆2011年版,第214页。
② (宋)胡太初修,赵与沐纂:《临汀志》,福建人民出版社1990年版,第147页。
③ 同上书,第149页。
④ 同上书,第150页。
⑤ 按:宁化雷氏,宋元丰以后族派,科第踵出。彦一先生尤以易学知名。至靖康间雷讳观者为太学生……今考其表著载焉。参见(清)李清馥《闽中理学渊源考》卷13《福建文献汇编》第62册,商务印书馆2011年版,第214页。
⑥ (宋)胡太初修,赵与沐纂:《临汀志》,福建人民出版社1990年版,第149页。
⑦ 同上书,第160页。

提刑杨澹轩先生方学派①:

杨方，隆兴元年（1163）进士，"字子直，长汀县人。清秀笃孝，行己拔俗，中乙科。平昔心师朱文公，调弋阳尉。还，特取道崇安参请数月，面受所传而归。"②

丘鳞，"字启潜，连城人。少师事杨澹轩方。嘉定十三年（1220）特奏名，调赣县尉。有廉声。……侄丘方，字正叔。宝庆二年（1226）进士，任宁都县丞。兴学课士，有政声。同受业于澹轩先生。"③

《闽中理学渊源考》不载汀州籍理学人士：

张良裔，宁化县人，绍兴五年（1135）进士，"自幼端重不媚时好。宣和间，三经考学行，良裔独好二程先生之学，虽屡黜不变。"④

黄烈，绍兴十二年（1142）进士，"老成长厚，乡党推重。"⑤

吴雄，长汀县人，淳熙五年（1178）进士，"笃学，尤深于《易》……自注《孝经》一编。"⑥

郑应龙，长汀县人，庆元二年（1196）进士，"从杨澹轩（即杨方）授春秋登第。"⑦

这些汀州籍的理学人物中，"其比较著称的，在宋有长汀杨方，宁化张良裔"。⑧杨方获得朱熹真传，在朱门弟子中算是杰出的，"澹轩先生为朱门高弟，其时，同学诸子，罕出其右。及学成归鄞江，考道问德，与朱子往复辩论，折中至当，载在'语录'者，章章可考"。⑨当理学被列为

---

① 按：长汀斯时惟澹轩先生及紫阳之门，外此寥寥，亦风气初开之始也。《传》称其清修笃孝，行己拔俗。到官操履刚正，廉介不可干以私。至论学之详，朱子集中往复诸书可检也。参见（清）李清馥《闽中理学渊源考》卷27《福建文献记篇》第62册，商务印书馆2011年版，第342页。
② （宋）胡太初修，赵与沐纂：《临汀志》，福建人民出版社1990年版，第151页。
③ （清）李清馥：《闽中理学渊源考》卷27《福建文献汇编》第62册，商务印书馆2011年版，第342页。
④ （宋）胡太初修，赵与沐纂：《临汀志》，福建人民出版社1990年版，第151页。
⑤ 同上。
⑥ 同上书，第152页。
⑦ 同上。
⑧ 罗香林：《客家研究导论》，广东省兴宁市政协文史资料研究委员会编：《兴宁文史》第27辑《客家研究导论·罗香林专辑》，2003年版，第239页。
⑨ 黎士弘：《邱二先生书院记》，（清）曾曰瑛修，李绂纂：《汀州府志》卷41《艺文三》，方志出版社2004年版，第869页。

"伪学"遭到禁止时,杨方被视为"赵汝愚、朱熹党,罢居赣州,闭门读书"①,以立场坚定、修养纯粹知名于世。清初汀州名儒雷铉在一封书信中说,杨方在朱子门下,参与办白鹿洞书院、帮助校订周敦颐《太极通书》等重要工作,受到朱熹本人的器重。他的事迹和思想品格,对于汀州后学是一种很好的表率,几百年来一直起到鼓舞人心的作用。②

杨方之后,汀州理学中人,如丘鳞、丘方叔侄承袭其说,也是汀州理学中人的佼佼者,"二先生从之学,尽得其传。至启潜先生,御寇有功,辟知邵武军建宁县承直郎,日与刘德言、梁文叔、冯作肃、吴大年、叶直翁、吴仲玉诸先儒切磋友善,讲道不倦,遡其所从,皆朱门嫡传也",乃至被后人赞为"夫以二先生明体达用之学,使得大展其经纶,直可与韩、范、司马诸君子后先媲美"。这些人本身是客家人,研习理学,登科中举后,或在家乡传播理学,"倡明圣道,引诱善类,汀人始知诗书礼乐之学。自是,士子争自濯磨,敦伦纪,励名节,称先则古,代有闻人",或曾在其他客家地区(如循州、赣州等地)为官,促进当地的文教,对闽粤赣边区的理学传播起了推动作用,所谓"理学一灯,渊源有自,真堪不朽矣"!③

南宋中期,理学成为官方主流思想,推动了汀州理学发展。理学在北宋中期形成后,直到南宋中期,历受王安石目为"旧党",秦桧的压制,"庆元党禁"等沉重的打击,始终没能成为官方统治思想主流。④ 直到嘉定十三年(1220)宋宁宗诏谥周敦颐为元公,程颢为纯公,程颐为正公,表明理学的学术地位得到官方的正式承认。宋理宗宝庆三年(1227)下诏:"朕观朱熹集注《大学》、《论语》、《孟子》、《中庸》发挥圣贤蕴奥,有补治道。朕励志讲学,缅怀典型,可特赠朱熹太师,追封信国公。"⑤朱熹的《四书集注》也由于理宗的推崇,取得了学术上的统治地位而成为儒生的必读课本。淳祐元年(1241),宋理宗又下诏周、二程、张、朱等理学家从祀孔庙,是封建社会对文人的最高奖励。至此,确立了理学的

---

① (民国)黄恺元修,邓光瀛、丘复纂:《长汀县志》卷24《儒林传·杨方》第3册,长汀县博物馆1983年重刊本,儒林传第49页。
② 谢重光:《客家文化述论》,中国社会科学出版社2008年版,第440页。
③ 本段所引俱见黎士弘《丘二先生》,(清)曾曰瑛修,李绂纂:《汀州府志》卷41《艺文三》,方志出版社2004年版,第869页。
④ 祝尚书:《宋代科举与理学》,《社会科学研究》2005年第3期。
⑤ (元)脱脱等:《宋史》卷41,中华书局1977年版,第789页。

统治地位,理学取得了天下一尊地位。①

二 汀州理学祠宇修建及学校名称演变

汀州理学发展还表现在任职汀州和汀州籍理学人物在汀州修建理学家的祠宇:

> (汀州郡城内)二先生祠,在州学之右。嘉定间,郡守赵公崇模创。奉徽国文公朱先生、郡人考功杨先生。时朱先生以道学倡于建,杨先生往师焉,为朱门高第。赵并为立祠于学,教授李以称为之记。宝祐间,令李务行创于上杭学之右,权令何衍创于莲城县学之右。②
>
> 六君子祠,在长汀县学。淳祐间,宰陈公显伯创学堂舍,因创焉。奉周濂溪、程明道、程伊川、张横渠、张南轩、朱晦庵像,以郡人郑蔡州立中、杨考功方配。③
>
> 李务行,从政郎。宝祐三年(1255)十二月到任,六年十二月满替。修学,创朱、杨二先生祠于学之西。④

这些祠宇,既是对名宦过去功绩的肯定,又进一步"把乡绅吸引到这种典礼中来,从而把祠作为加强乡村社会观念的手段"⑤,对于社会风气的转变起到长久的潜移默化作用。

汀州理学发展还表现在汀州学校的殿、堂、斋、阁的名称变化上。绍兴三年(1133),郡守郑强建讲堂曰"明伦",建藏书阁曰"稽古"。"明伦"二字出自《孟子·滕文公上》:"夏曰校,殷曰序,周曰庠;学则三代共之,皆所以明人伦也,人伦明于上,小民亲于下。"意思是说无论是乡学还是国学,共同的目的都是阐明并教导人们懂得人与人之间的伦理道德标准。这实际上指明了历代建学的宗旨,因而成为学校讲堂的通名。"稽古"二字出自《尚书·尧典》:"曰若稽古,帝尧曰放勋,钦、明、文、思、安安,允恭克让,光被四表,格于上下。""稽古"指考察古代

---

① 陈丽、李馥明:《宋代理学官学化原因探析》,《洛阳大学学报》1999 年第 3 期。
② (宋)胡太初修,赵与沐纂:《临汀志》,福建人民出版社 1990 年版,第 60 页。
③ 同上书,第 61 页。
④ 同上书,第 135 页。
⑤ [美]韩明士(Robert Hymes)语,参见所著《书院与乡村社会问题》,收入[美]田浩(Hoyt Cleveland Tillman)编《宋代思想史论》,杨立华、吴艳红等译,社会科学文献出版社 2003 年版,第 454 页。

事迹，明辨是非；"考察"的结果是择善而从，不宜而改，并总结经验规律以资启用。这是指明读书的目的。

嘉定十三年（1220）理学的学术地位得到官方正式承认。汀州学校的殿、堂、斋、阁随之以理学概念命名：

> （郡学）嘉熙二年（1238）……营创今学。前三斋曰"潜心"、"时习"、"修身"，后三斋相比，曰"克己"、"中立"、"志道"。
>
> 开庆（1259）初……易芳桂堂名曰"致极"，取《中庸》"致广大、极高明"之义。
>
> （长汀县学）淳祐间（1241—1252）……为斋三：曰"尚志"、"阅礼"、"修性"。
>
> （宁化县学）宝祐间（1253—1258），宰林公玉重创讲堂，列四斋：曰"时习"、"养心"、"服膺"、"致知"。学门前创魁星亭，内绘古今名儒，匾曰"仰高"。
>
> （清流县学）嘉熙间（1237—1240），令林奕建斋四："据德"、"依仁"、"游艺"、"居敬"。
>
> （上杭县学）嘉定间（1208—1224），令赵彦珽以其地湫隘，徙县东二百步。殿堂门庑，规模备具。创堂一，曰"明伦"。为斋四：曰"崇德"、"广业"、"居仁"、"由义"。①

从汀州理学人物祠宇的修建和学校的殿、堂、斋、阁的名称演变可以看出，理学在汀州已经有了一定发展。但与福建其他地区相比，汀州的理学还是很薄弱的。

三 汀州理学的发展水平

宋代，福建地区是理学鼎盛之地，至朱熹昌大闽学之时，大部分地区已是人文兴盛，教化大明，遂有"海滨邹鲁"之称：

> 宋初，福州"海滨四先生者，忠文陈公襄、助教周公希孟、祭酒郑公宏中、教授陈公季慈，同时倡学于闽者也。……诗云：'路逢

---

① 上引悉见宋胡太初修，赵与沐纂《临汀志》，福建人民出版社1990年版，第102—104页。

十客九青衿，半是同窗旧弟兄。最忆市桥灯火静，巷南巷北读书声.'朱子见当时诸儒辈出，大书'海滨邹鲁'四大字，扁于西关谯楼。则海滨四先生实操道化之始，以丕变旧俗云。"①

其后，南剑州则有闽学鼻祖杨时"得中州正学之的，上肩周程统绪"，领弟子罗从彦及再传弟子李侗为"南剑三君子"，"下启罗李朱愿代相传之奥。于是圣学彰明较著，而邹鲁濂洛之微言大义萃于闽山海峤矣！……自是而后，遂有海滨邹鲁之称。"②

邵武，"人文旧号小邹鲁。…其执经问业者，尤多于时。修文授经，砥名立行，后先炳蔚，与建安诸郡未易优劣也。"③

泉州，"宋兴，此邦人文渐著，贤哲踵生……诸大儒之泽矣。"④

漳州，"至朱子守郡，教化大明，风俗一变。"⑤

延平，"一郡英贤，后先倡学，盛矣。……后之至斯土者，如登东鲁庙堂，高山景慕，低回不能去云。"⑥

而汀州则学风未昌，人物寥寥：

长汀自宋徐氏守忠从学胡安定，深于经学，受知仁宗，厥后寥寥。故论者谓：海滨四先生倡学，及杨罗李朱之学兴，汀中负笈者甚少。⑦

虽然汀州人徐守忠早在仁宗朝就因"深于经学"而"受知仁宗"，但是并没有对汀州风气形成大的影响：

至长汀一郡，如徐氏守忠，宋初时受知于欧阳文忠、胡安定、李太伯诸贤，而清修佚德，亦皆有人。然彼时声气未孚，绍述者尚寥寥

---

① （清）李清馥：《闽中理学渊源考》卷10《福建文献汇编》第62册，商务印书馆2011年版，第157页。
② 同上书，第7页。
③ 同上书，第309页。
④ 同上书，第282页。
⑤ 同上书，第304页。
⑥ 同上书，第307页。
⑦ 同上书，第204页。

有几。①

"声气未孚",谓学风没有普及。故而"绍述者",即承袭前人遗风者,"寥寥有几"。直到杨方负笈朱子之门,学成而归,才开始带动汀州风气的转变:

> 至及朱子之门者,只杨氏子直一人而已,盖亦风气初开之始也。②

虽然汀州自杨方"风气初开",但从学者不多,"汀中负笈者甚少"情况依然没有太多改变:

> 吾独慨闽自龟山道南后,群英萃兴,号为邹鲁名邦。汀距延,咫尺间,何从学者寥寥?唯杨先生谒朱子,受所传于前;二先生从杨学,绍所闻于后。③

汀州落后的经济和闭塞的交通阻碍了理学在汀州的发展。罗香林先生说:"宋明二代,闽、赣、浙、粤,理学最盛,客家学子,虽大体无意以纯粹学术自见,然为潮流所激,其因兴趣所近,出而研治理学的,殊不乏人;不过终为地方交通诸条件所限制,没卓然成家的大师吧(罢)了。"④

总之,宋代汀州理学虽然有了一定发展,并且已经开始影响汀州风气的转变,但是与其他地区相比依然落后,诚如谢重光先生所说:"当时福建东部的福州、兴化军、泉州等沿海地区和西部的建州、南剑州等较早开发地区,文教都很进步,科举成绩相当可观,所谓'闽人务本亦知书,

---

① (清)李清馥:《闽中理学渊源考》卷10《福建文献汇编》第62册,商务印书馆2011年版,第309页。
② 同上。
③ 黎士弘:《丘二先生》,(清)曾曰瑛修,李绂纂:《汀州府志》卷41"艺文三",方志出版社2004年版,第869页。
④ 罗香林:《客家研究导论》,广东省兴宁市政协文史资料研究委员会《兴宁文史》第27辑《客家研究导论·罗香林专辑》,2003年版,第239页。

若不耕樵必业儒'①，耕读结合、耕读传家之风已然形成，但日后成为纯客家地区的汀州，以及杂有相当数量客家人的漳州，科举成绩如此不堪，恰恰反映出两地当时经济和文教的落后，还是'蛮荒'之地，离崇文重教之风的形成还远呢！"②

第三节 宋元汀州民间信仰发展

民间信仰属于宗教范畴，是其最为复杂的一部分，被当作与佛教、道教、儒教并列，构成中国传统社会第四传统的东西受到学术界瞩目。③ 关于民间信仰的定义，《平凡社大百科事典》称："民间信仰是指没有教义、教团组织的，属于地方社会共同体的庶民的信仰，它也被称为民俗宗教、民间宗教、民众宗教或传承宗教（世世代代流传下来的信仰）。"④ 韩森则对民间宗教下如此定义："相对于知书达理的士人们所信奉的经文宗教（儒释道），它主要是为不识字的民众所信奉、所参与的一种宗教。民间宗教存在于社会的基层，其教义大多由民众口头相传，并无付诸文字的经文。"⑤ 可见，民间信仰与经文宗教相对，其信众多为社会基层的庶民，没有教义或经文教义。

那么，中国古代民众如何确定崇拜对象呢？实际上，中国古代民众对神灵的崇拜，并不在于它属于哪一教哪一派。前世帝王、贤人异才、山神、水精，一切都可以纳入信仰范围。他们选择信奉对象出于实用主义原则："惟灵是从。"中国世俗民众的宗教信仰是多变的，他们很容易从对某一神祇的崇拜，转向另一据说是更为灵验的神祇。这也许正体现了我国传统文化强调权宜的哲学精神。⑥

---

① （宋）刘克庄：《后村先生大全集》卷12《泉州南郭诗》，《四部丛刊初编·集部》，北京书同文数字化技术有限公司2001年电子版。
② 谢重光：《客家文化述论》，中国社会科学出版社2008年版，第422页。
③ Patricia Buckley Ebrey and Peter N. Gregory, "The Religious and Historical Landscape", Ebrey and Gregory eds., *Religion and Society in Tang and Sung China*, Honolulu: University of Hawaii Press, 1993, p. 12.
④ ［日］平凡社：《平凡社大百科事典》第14册，东京平凡社1985年版，第558页。
⑤ ［美］韩森：《变迁之神：南宋时期的民间信仰》，浙江人民出版社1999年版，第1—2页。
⑥ 同上书，第3页。

晚唐五代直至宋代，福建地区处于快速发展时期，北方汉人的迁入带来了大量不同的神灵信仰，这些神灵信仰与当地各种不同土著神灵信仰逐步混杂在一起，中国世俗民众"惟灵是从"的信仰选择使福建地区民众很容易从对某一神祇的崇拜，转向另一据说是更为灵验的神祇，甚而出于实际需要创造出新的神灵，福建民间信仰掀起一场声势浩大的造神运动。

一　晚唐五代时期福建民间信仰的发展

唐五代时期，北方移民迁入福建，主要分布在福州、泉州、建州三州的各县，如唐高宗总章二年（669），"泉潮间蛮獠啸乱，居民苦之"，高宗命玉钤卫左郎将陈政为岭南行军总管，统兵入闽平乱。陈政卒，其子元光代领部众，开设漳州，被任为刺史。他带领部众"剪荆棘，开村落，收散亡，营农积粟，兴贩陶冶"①，随其入闽的府兵58姓全都在漳州落籍定居。又如唐朝末年，王绪、王潮、王审知南下入闽，部众达数万人之多，"然一时浮光士族多与之俱南"②。后王审知父子据有全闽，随行光州人众基本定居泉州。究其原因，一方面是因为闽东沿海是福建地区较早开发的地区，另一方面则是交通的原因。前文述过，闽北是中原王朝经营福建最早进入的地区，闽赣之交的杉关路和分水关路以及闽浙之交的柘岭路，是福建与中原交通的最早通道，因而也成为唐末五代时期北方移民进入福建的首选通道。而在进入闽北后，又可或水路沿闽江而下，或顺元和二年（807）陆庶开筑的自福州至延平的西门路而下，向福建东部沿海迁徙。福建东部沿海迁入移民较多，尤其安史之乱和藩镇割据阶段的移民以泉州最多，还与这一带的沿海交通日趋发达有关。

中原汉人迁徙入闽，给福建地区带来了先进的生产工具和生产技术，同时也传入了北方的信仰文化。三国以来，一些著名道士相继入闽修炼和传教，如三国时左慈、葛玄、介琰等分别隐居在闽东的霍童山和建安的方山等地。两晋南北朝时，郑隐、邓伯元、葛洪等也先后入闽，隐居名山胜地修真。这一时期，佛教开始传入福建，并于西晋太康年间（280—289）在福州建立福建历史上的第一座佛教寺院——绍因寺。此后，佛教在福建

---

① （明）何乔远：《闽书》卷41《君长志·陈元光传》第2册，福建人民出版社1994年版，第1012页。

② 《八闽通志》卷86、四库本《福建通志》卷66、（乾隆）《福州府志》卷75都引此语出自《九国志》，但笔者翻检《万有文库第二集七百种·九国志附拾遗》（王云五主编，商务印书馆1937年版）、《二十五别史·九国志》［（明）钱士升，齐鲁书社2000年版］，并未见有此语。

越传越广，寺院越建越多，仅福州一地，至唐文宗时，已建寺院76座。①这一期间，北方民间信仰的神也纷纷传入福建。西晋至唐朝中期这一段时间，是北方道教、佛教和民间神祇在福建地区由初步传入到立足，并有所发展阶段。

伴随经济、文化和政治的发展，唐后期开始，直至两宋，福建的民间信仰掀起一场声势浩大的造神运动，鬼神迷信弥漫整个社会，《八闽通志》记载："闽俗好巫尚鬼，祠庙寄间闾山野，在在有之。"②《宋史》记载：福建"其俗信鬼尚祀，重浮屠之教。"③福建的民间信仰进入整合时期：一方面，对北方传入的某些神加以异化，使之更加适合福建的人文、地理环境；另一方面，经过两晋至唐中期对北方传入的道教、佛教和民间信仰的吸收消化后，到这时期，民间根据福建具体自然地理条件和社会历史文化背景，创造出具有浓厚地方特色的神。他们根据自己的意愿，赋予神灵某一种职能，希冀神灵帮助解决现实生活中的具体问题。这些神中，有来源于佛教的僧侣和道教的道士，反映了对佛教、道教的吸收和消化。而那些对官吏、先贤的神化和崇拜，则说明这一时期福建的政治、经济和文化发展，官吏有所建树，地方乡贤、名人辈出。在整合过程中，势必造出众多神灵，这是福建民间信仰发展过程的必然趋势，也是当时具体的自然地理条件和社会文化背景所决定的。④

二 宋王朝崇道与民间信仰的发展

宋统一福建后，福建进入经济文化全面繁荣时代，福建人口从宋初的45万户，上升到南末160万户、约五六百万人。⑤人口的剧增，使得大片荒山被开垦，农作物产量大大提高，物产丰饶，商业繁荣。时人叶适谓之"闽浙之盛，自唐而始，且独为东南之望，然则亦古所未有也"⑥，"惟昔瓯粤险远之地，为今东南全盛之邦"。⑦在文化上，建阳书坊号称天下

---

① （宋）梁克家：《三山志》卷33《寺观类·僧寺》，方志出版社2003年版，第582—586页。

② （明）黄仲昭修纂：《八闽通志》卷58《祠庙》，福建人民出版社1991年版，第365页。

③ （元）脱脱等：《宋史》卷89《地理志·福建路》，中华书局1977年版，第2210页。

④ 颜章炮：《晚唐至宋福建地区的造神高潮》，《世界宗教研究》1998年第3期。

⑤ 徐晓望：《福建历史上几个人口数字考证》，《福建论坛》1987年第4期。

⑥ （元）马端临：《文献通考》卷11《户口考二》，中华书局1986年影印万有文库十通本，第118页下。

⑦ （宋）张守：《毗陵集》卷6《谢除知福州到任表》，中华书局1985年版，第82页。

"图书之府",学校遍布城乡,读书应试成为社会风气,人才辈出。据统计,宋代福建秀才人数全国第一,进士多达 7038 人,约占全国进士人数的 1/5,被《宋史》收入的闽籍"儒林"与"道学"者有 179 人,居全国各省之首。① 因而史载:"宋受天命,然后七闽、二浙与江之东西,冠带诗书,冠带诗书,翕然大肆;人才之盛,甲于天下。"② "今世之言衣冠文物之盛,必称七闽。"③ 福建的民间信仰在此时期得到了大发展。

东汉六朝时期,道教一直是民间宗教,经常受官方压制,而道教徒也屡屡掀起大规模反抗斗争。但是从唐代开始,在官府的扶植下道教逐步发展成为全国性的大宗教。其主要原因是统治者把道教当作巩固统治的理论基础,唐朝统治者祀老子李耳为祖先,宋朝统治者则祀赵真君为祖先,《龙溪县志》说:"唐祀老子,宋祀赵真君,各从其姓而祖之也。"④ 唐宋时期,由于皇帝自认是道教仙灵的子孙,众多皇帝迷恋道教,如唐朝高祖李渊、高宗李治、玄宗李隆基、宪宗李纯、武宗李炎等;宋真宗赵恒自称天降道书予己,宋徽宗自称"教主道君皇帝",他们还宠用道士,张果、时法善、罗公远、林灵素等道士在宫廷中自由进出。唐宋时期,道教还渗入政治,宋朝廷规定:各地守令遇到自然灾害,都要到庙中祈仙。⑤

汀州民间信仰也得到大发展。以道教而言,首先是增建了大量道教宫观。《临汀志》记载:郡城内有天庆观、武当道场,长汀县有金华观、仙隐观、黄仙人庵,宁化县有凝真观、仙隐观,上杭县有麟符观,武平县有洞元观,清流县有登真观,莲城县有福仙观⑥;《八闽通志》还记载了两所《临汀志》未载的两宋年间汀州道观,宁化有蓬莱仙观,清流县有东岳宫。⑦

---

① 林国平、彭文宇:《福建民间信仰》,福建人民出版社 1993 年版,第 8 页。
② (宋)洪迈:《容斋四笔》卷 5《饶州风俗》,上海书店出版社 1984 年版,第 312 页。
③ (宋)陈起:《记湖小集》卷 33,《景印文渊阁四库全书》第 1357 册,(台北)商务印书馆 1983 年版,第 264 页下。
④ (乾隆)《龙溪县志》卷 11《古迹》,转引自徐晓望《福建民间信仰源流》,福建教育出版社 1993 年版,第 184 页。
⑤ 徐晓望:《福建民间信仰源流》,福建教育出版社 1993 年版,第 185 页。
⑥ 胡太初修,赵与沐纂:《临汀志·寺观》,福建人民出版社 1990 年版,第 70—81 页。
⑦ 《八闽通志》卷 78《寺观》记载:"归化县,东岳宫在县南归上里。宋时建。"又《八闽通志》卷 16《地理·乡都·汀州府》记载:"归上里在县西南三十里。归下里在县东南八十里。(上二里各统图十二,旧清流县地。)"可知宋代清流县有东岳宫。参见(明)黄仲昭修纂《八闽通志》,福建人民出版社 1991 年版,第 841、311 页。

《临汀志》记载了六位道教人物的事迹。

富国先生　姓王氏，名中正，字平叔，长汀县人。初名捷，咸平中，贾贩至南康，遇羽衣士自言赵姓，一见如平生欢。约再会茅山，得铅汞黄金之术，……《西郡志》云："谥富国先生，塑像景灵宫，为圣祖辅。"

梁野人　名戴，长汀县人，兵部郎颃之弟，自号野人。……梦金人长丈余，持其左手，以一金钱按其掌心，嘱曰："子欲钱，但缩左手袖中，振迅则随用而足。若妄费，漏言，则钱不复出矣。"戴曰："诺。"……自后，杳不知所往矣。

黄先生　名升，字正道，长汀县人。少不禁荤酒，能呼钱之沉没江河沟壑间者，积之既多，悉以周济贫乏。又能内求口中，运真气炼之一昼夜成白金，名曰阴炼。……绍圣戊寅，以符箓授其子，端坐而死。后十年，里人有见其与蔡道人者并行江乡市中，追之弗及，岂所谓尸解者耶？①

晏仙人　失其名，清流县人。生明溪田家，年甫冠，樵苏山间，忽闻有旁耳而语者，回盼见一道人，余半桃以遗之。晏食已，……即不复烟火食，所嗜惟果食清泉，而朱颜漆发，肌肤泽润，步履如飞，且能言人祸福。乡人异之，悉呼为晏仙人。……自食桃之后，阅十五年，逝之日乃生之日也，惜其家人不晓，以释氏荼毗法化之。

曹道翁　不知何许人，宣和间始至（清流）县，邂逅道庵初成，遂与居焉。仪状甚野，青巾短褐，对人兀坐，终日不谈。居数年，稍合药济人，得者辄愈。……知翁已死，发土启棺，榇无一物，乃悟其尸解。今塑像庵中。

张道成　乃长汀县人，号欵庵。少依梁教师学黄老术，得业于赣之宁都金精山，住宁化凝真观，后弃去，遍游方外。②

《八闽通志》记载：

---

① 上引3条参见胡太初修，赵与沐纂《临汀志·仙佛》，福建人民出版社1990年版，第162—164页。

② 同上书，《临汀志·道释》，第169—170页。

  刘女高化刘安上女。育于雍熙初,九龄与羽人谈道得度。及笄,许妻何氏子,刘氏送之,忽有一白鹅自空而坠,刘女乘之而去。陈轩诗曰:"白鹅乘去人何在?青鸟飞来信已遥;若使何郎有仙骨,也须同引凤凰萧。"①

  除此而外,宋代汀州还有一些道教人物记载。例如何仙姑与定光佛斗法的故事:

  据武平《何氏族谱》记载,何仙姑父亲何大郎曾任宁化知县,定居在宁化石壁村,后唐天成元年(926)迁居武平南安岩,后晋天福二年(937)生女何仙姑。何仙姑自幼喜清静、不饮酒、不茹荤、隐遁在南安岩中修真,成为神仙。乾德二年(964),郑自严游历武平,选中南安岩为寺院,到处募化建造寺院。有人劝何仙姑另找地方修炼,仙姑不答应,说:"我生于此,长于此,静修于此,岂能舍岩而他住?"有一天,何仙姑出观看洪水,郑自严乘机入岩趺坐。仙姑回岩后,发现有大蟒猛虎盘伏在郑自严周围,十分驯服,就将所见告诉父亲。何大郎钦其神异,遂施岩为佛殿,并捐献地三十三亩八分,腴田四千七百秤,塘田四十六亩为寺院供养。乡人在建造佛殿供定光佛居住外,还构楼以祀仙姑。②

  这些道教人物在汀州都有一定影响,其中富国先生王捷的影响力甚至扩大到朝廷。《临汀志》记载咸平(998—1003)中,王捷在南康遇赵姓羽衣士,得铅汞黄金之术,且密缄小环神剑遗之,戒曰:"非遇万乘勿轻出。"后王捷屡走京师,供奉官谢德权异之,以闻。上命皇城司刘承珪问状,中正请面奏,承珪为改今名。对龙图阁下,具陈灵异,如唐吉善行由同秀之说,具献所为白金。遂特授许州参军,留居城隍司廨舍。景德(1004—1007)、祥符(1008—1016)间,灵异叠见,诏置诸圣祖殿,每归功中正,屡增显秩。遇大典礼、大徭役,率为金以进。……诏书褒谕,累官金紫光禄大夫,检校礼部尚书,右神武卫大将军,赐第甘泉坊以卒,赠镇南节度使。……谥富国先生,塑像景灵宫,为圣祖辅命中书侍郎景灵宫使,向敏中奉词以告。《渑水燕谈》云:"捷少商,江淮遇人受黄金术,

---

  ① (明)黄仲昭修纂:《八闽通志》卷69《人物·汀州府》,福建人民出版社1991年版,第646页。
  ② 王增能:《谈定光古佛——兼谈何仙姑》,参见政协武平县文史资料工作组编《武平文史资料》第8辑,1987年版,第53—63页。

后流岭南，逃京师，挝登闻鼓，上命之官，更名中正，寓中官刘承珪家。珪数闻中正与人语声云：我司命直君也。'中正尝以药金银助国，谓之烧金王先生。建祠元宁院。"《西郡志》云："谥富国先生，塑像景灵宫，为圣祖辅。"①

王捷生前从一介布衣，屡增显秩，最终赠镇南节度使；死后谥富国先生，塑像景灵宫，为圣祖辅；生前死后享受殊荣，主要由于两个原因：

一是会炼金术。王捷得铅汞黄金之术，炼金献给朝廷，解决了当时巨大的财经困难。北宋中期，朝廷已经面临巨大的内外压力："至真宗，内则升中告成之事举，外则和戎安边之事滋，由是食货之议，日盛一日。仁宗之世，契丹增币，夏国增赐，养兵两陲，费累百万。"② 而且统治者崇尚奢靡，"乘舆之器，享燕之用，内赏赐群臣，外交通四夷，必不可毋用金银"。③ 因而王捷会不断加官晋爵，直至做到镇南节度使。

二是号称宋廷所祀圣祖赵真君之徒。《临汀汇考》载："乃真宗尊信道教，澶渊既盟之后，封禅事作，天书屡降，一国君臣如病狂。然原阙祸，姑实由王捷。捷言，于南康遇道人姓赵氏，授以丹术，此道人即圣祖也。刘承珪以闻，赐名中正，召见龙图，即东封加圣祖号为司命天尊，授中正左武卫将军，史称真宗英悟之主，天书已荒诞不经，复信一妄男子之言，为杳渺无稽之名。系以自诬其祖诞，益甚矣。遂启徽宗效尤，而王捷者，汀州人也。"④ 因而得以死后配祀景灵宫，为圣祖辅。

由此可见，宋代汀州道教无论从道观建设还是从道教人物看，都已经有了相当程度的发展。

三　定光佛信仰的产生和传播

郭志超先生说："人口聚居、经济发展、府县设治、寺庙创建以及民间宗教广为流行，是一个依次推演的公式。"⑤ 汀州设立后，境内长期生活大量百越民族，又不断迁入武陵蛮。百越民族和武陵蛮是客家先民的重要组成部分，传统信巫尚鬼，对客家民系的宗教信仰产生了深远影响，使

---

① 胡太初修，赵与沐纂：《临汀志·仙佛》，福建人民出版社1990年版，第162—163页。
② （元）脱脱等：《宋史》卷173《食货上一·农田》，中华书局1977年版，第4156页。
③ （宋）李觏：《直讲李先生文集》卷16《富国策第三》，《四部丛刊初编·集部》，北京书同文数字化技术有限公司2001年电子版。
④ （清）杨澜：《临汀汇考》卷2《人物考》第2册，光绪四年刻本，第3页。
⑤ 郭志超：《闽客民间宗教差异的历史文化解析》，载福建省炎黄文化研究会、中国人民政治协商会议泉州委员会编《闽南文化研究》下册，2004年版，第894页。

得客家宗教具有多神信仰的特色,不但民间信仰的神灵形形色色,多到难以数计,而且客家地区固有的民间信仰又影响传入客地的道教和佛教,使它们打上了巫鬼迷信的烙印,成为巫化或民间信仰化的民俗道教和民俗佛教。

就道教和佛教在客地的地位和影响来说,道教地位和影响应在佛教之上。这是因为道教与巫鬼迷信的结合更深,其理念和行事更契合客家人的深层心理需求。而正宗佛教弃世厌俗的解脱理论却与客家人现实功利需求背道而驰。所以客家人对于佛教,只是把诸佛菩萨当作各路神灵之一,祈求其保护庇佑,并不理解和接受佛教的出世、解脱思想。也因为如此,客地的佛教,基本上都已被民间信仰化,被改造成佛道合一的民间信仰色彩浓厚的民俗佛教。故从表面上看,有时某地的佛寺多于道观,但这并不能改变客地道教重于佛教的事实,因为客地一年到头接连不断的各种打醮、做福法事活动,实质上都是道教的或巫道结合的。①

虽然客家地区有众多民间信仰和被巫化的或民间信仰化的民俗道教及民俗佛教,但是它们的本质,正如罗香林先生所说:"客家普通信仰与一般汉人无异,如对于祖宗的崇拜与信仰,对于神鬼的传说与迷信,对于释道二教的信仰与仪式,对于占卜相命的迷信与影响,虽程度,深浅不同,然性质,到底还没两样。"② 然而,于此之外,他认为客家地区的信仰"亦有其特殊的现象,即其人每有绝喜融会各种其前固有宗教","尚有一种似乎不带政治企图而又颇含革新意味的宗教"。③ 北宋初期以汀州为中心形成的定光佛信仰就是这样一种在客家地区产生的"颇含革新意味的宗教"。

宋代,汀州经济社会虽有一定发展,但还是比较落后,在思想文化领域,迷信盛行,民俗信巫、尚鬼、重祀。唐书说"临汀多山鬼淫祠"④,《临汀志》说汀州"俗尚鬼信巫"。⑤ 地方官员和当地文人曾经试图改变汀州的淫祀和迷信或采取强制性手段,如"宁化富民与祝史之奸者,托

---

① 谢重光:《客家文化述论》,中国社会科学出版社 2008 年版,第 310—311 页。
② 罗香林:《客家研究导论》,广东省兴宁市政协文史资料研究委员会编:《兴宁文史》第 27 辑《客家研究导论·罗香林专辑》,2003 年版,第 216 页。
③ 同上书,第 218 页。
④ (宋)欧阳修、宋祁:《新唐书》卷 200,中华书局 1975 年版,第 5719 页。
⑤ (宋)胡太初修、赵与沐纂:《临汀志》,福建人民出版社 1990 年版,第 143 页。

五显神为奸利，诬民惑众，侈立庙宇，至有妇人以裙襦畚土者。晔廉得之，窜祝史，杖首事者，毁其祠宇……民有疾，率舍医而委命于巫，多致夭折，乃大索境内妖怪左道之术，收其像符祝火之，痛加惩禁"①；或通过教化，如唐代莆田人林披出任汀州别驾，"以临汀多山鬼淫祠，民厌苦之，《无鬼论》"②；"郡人广西帐干吴雄，作《正俗论》二千余言绝其事"。③ 但收效甚微，只是短期内曾使"流俗丕变"，随后汀州民众信巫尚鬼之俗依然盛行，如长汀县南驻扎寨有助威盘瑞二王庙，"长老相传，汉末人以身御敌，死节城下，时有显应，众创庙宇，号'石固'。一日，庙前小涧涨溢，忽有神像乘流而至，自立于石固之左。众异之，号'石猛大王'。后以息火功封左王为'石猛助威'，右王为'石固盘瑞'。宋朝元丰间创今庙"④，直至南宋末年祭祀如旧。可见官府的行政手段和通常的儒家教化并不能十分有效地改变落后的风俗信仰，必须有一种比较先进又易为民众接受的新信仰取而代之。定光佛信仰就是在这种背景下形成和传播开来的。

（一）定光佛之辨

定光佛名称由来已久，即佛教中属于过去、现在、未来三世佛之过去佛，或称"燃灯佛"、"锭光佛"。按，灯有足者曰"锭"，所以，"燃灯佛"、"锭光佛"、"定光佛"都是指过去佛，俗称"定光古佛"、"古定光佛"等。

《大智度论》卷9载：

> 如然灯佛生时，一切身边如灯，故名然灯太子，作佛亦名然灯，旧名锭光佛。⑤

《太子瑞应本起经》载：

> 至于昔者，定光佛兴世。……锭光佛时，释迦菩萨名儒童，见王

---

① （宋）胡太初修，赵与沐纂：《临汀志》，福建人民出版社1990年版，第143页。
② （宋）欧阳修、宋祁：《新唐书》卷200，中华书局1975年版，第5719页。
③ （宋）胡太初修，赵与沐纂：《临汀志》，福建人民出版社1990年版，第143页。
④ 同上书，第63页。
⑤ 《大正藏》第25册，（台北）大藏出版社1989年版，第124页中。

家女曰瞿夷者，持七枝表莲灯，以五百金钱买五茎莲奉佛。又见地泥泞，解皮衣覆地，不足乃解发布地，使佛蹈之而过。佛因授记曰："是后九十一劫，名贤劫，汝当作佛，号释迦文如来。"①

唐末五代时期，战乱频仍，社会动荡不安，百姓困苦不堪，生活在水深火热之中的善男信女对现世生活失去信心，就把希望寄托在救世佛祖身上，祈求救世佛早日降世，超度他们到西方极乐世界。从三世佛的观念来看，定光佛是过去佛，释迦佛是现在佛，弥勒佛乃未来佛，二佛均为救世救民而降生人间。释迦既是现在佛，遇到乱世时，只好转而祈求释迦之外的定光佛和弥勒佛。这二佛，自然就容易成为乱世中人民渴望下生救度人民的救世主，因而在这一时期，各种救世佛转世救度众生的神话传说也随之产生，定光佛转世是其主要代表。

隋初天台山有定光禅师。天台智者智𫖮15岁时，曾在梦中见这位定光禅师向其招手，后杖锡至此，遇定光禅师，遂驻天台。此禅师后亦被称为"定光佛"。这是最早的以高僧为定光佛化身之处。②

宋太祖为转世定光佛。《曲洧旧闻》卷1说道：

五代割据，干戈相侵，不胜其苦。有一僧，虽佯狂而言多奇中。尝谓人曰："汝等望太平甚切，若要太平，须待定光佛出世始得。"至太祖一天下，皆以为定光佛后身者，盖用此僧之语也。"③

同书卷8又载：

予书定光佛事，友人姓某，见而惊喜曰："异哉！予之外兄赵，宗王也，丙午春同居许下，手持数珠日诵定光佛千声。予曰：'世人诵名号多矣，未有诵此佛者，岂有说乎'。外兄曰：'吾尝梦梵僧告予曰：世且乱，定光佛再出世，子有难，能日诵千声可以免矣，吾是以受持'"。予时独窃笑之。予俘囚十年，外兄不知所在，今观公书此事，则再出世之语昭然矣，此予所以惊而又悟外兄之梦为可信也。

---

① （吴）支谦译：《太子瑞应本起经》卷上，载《大正藏》第3册，（台北）大藏出版社1989年版，第472—473页上。
② 杨梅：《中国古代的定光佛信仰》，《世界宗教研究》2006年第4期。
③ （宋）朱弁：《曲洧旧闻》卷1，《景印文渊阁四库全书》第863册（台北）商务印书馆1983年版，第288页上。

予曰："定光佛初出世，今再出世，流虹之瑞，皆在丁亥年，此又一异也，君其识之，公其并书之。"①

这两则记载以宋太祖和宋高宗均出生于丁亥年，进而附会宋高宗也是定光佛转世，实则附会唐朝中期所谓的"定光佛预言"：

> 咸亨元年（670），扬州僧珍宝，问山采药，见一人三丈五尺，面阔九寸，如金佛，救众生。珍宝即藏。语宝言："我是定光佛菩萨，故来救众生。今年太山崩坏，须鬼兵万万九千。须告众无福人：但看三月四月五月，风从太山来，即得病，二日即死。若写一通，免一身。写二通，免一家。写三通，免一村。我是定光佛菩萨，故来化众生。传流者，寿命一百年。不信者，灭门。写者，过一难。若不信者，但定光佛菩萨指为定。"②

长耳和尚为定光佛转世。《十国春秋》记载：

> 僧行修，泉州人，本陈氏子。生而异香满室，长耳垂肩。迨七岁犹不言，或曰哑邪，忽应声曰："不遇作家，徒撞破烟楼耳！"长游方外，至金陵瓦官寺，祝发受具，参雪峰义存。武肃王天宝时，行修至四明山中独栖，松下说法，天花纷雨，又趺坐龙尾岩，结茅为盖，百鸟衔花飞绕。宝大元年（924），来杭之法相院，依石为室，禅定其中，乏水给饮，卓锡岩际，清泉迸出。乾祐初（948—），忠懿王以诞辰饭僧永明寺。行修遍体疥癞，径据上座，王见大不敬，遣之去。斋罢，僧延寿告王曰："长耳和尚，定光佛应身也。"王趣驾参

---

① （宋）朱弁：《曲洧旧闻》卷1，《景印文渊阁四库全书》第863册，（台北）商务印书馆1983年版，第337页下。
② 据5.2713录文。《预言》最后一句"但定光佛菩萨指为定"，其意似不可解。陈祚龙以为"定光佛菩萨指"应为"定光佛菩萨指示"之漏文［参见《新集中世三宝感通录》，载《敦煌学海探珠》下册，（台北）商务印书馆1979年版，第336页］，但5.2713一卷中共写此三通，文字完全相同，此处亦非漏字可知。那么，此"定光佛菩萨指"当别处求解。窃以为乃隋天台山定光禅师掌故流传之影响。定光禅师曾于智颛幼时于其梦中举手相引，所以智颛后来归于天台。这一典故后来为天台宗津津乐道，也应该随着天台宗的发展流播开来。宋释惠洪《冷斋诗话》卷10《作诗准食肉例》中提到陈灌夜读《洛浦录》："乃大有所悟，敛目长息曰：此句唯觉范可解。然渠在海外，吾无定光佛手，何能招之！"（陈新点校本，中华书局1988年版，第93页）也是指此因缘。不过，在此《定光佛预言》中，似乎是被民间当成具有一定神秘色彩的动作或形象。上注转引自杨梅《中国古代的定光佛信仰》，《世界宗教研究》2006年第4期。

礼，行修默然，但云永明饶舌。俄顷，跏趺而化。久之益脂肤津泽，爪发复长，月必三净。寺僧恐其久而毁也，乃髹涂其骸体。后赐号宗慧大师。①

《涌幢小品》载：

　　定光佛，初为和尚，号法真，耳长九寸，上过于项，下可结颐，吴越王宾礼之。居定光院，既寂，漆遗蜕，目翕口微开张，以院为寺，正殿居中，龛蜕居左，覆以楼，殿屡毁，不及楼。②

《西湖百咏》卷下记载：

　　长耳相，在法相院。石晋天福（936—944）中，泉南长耳和尚行修真身在焉。有碑载：修为定光佛后身。修平日募人作福，或问之，曰：能遮百丑。③

民国《武平县志·艺文志》引《湖濡杂记》：

　　佛名行修，耳长数寸。吴越王于梁开平时，据两浙之地，佛瓢适至。永明禅师告之曰："此长耳和尚，定光古佛应身也。"是定光之号，五代时有之，不自宋昉也。而宋因灵异加尊焉。④

猪头和尚为定光佛转世。《泊宅编》记载：

　　婺州有僧嗜猪头，一啖数枚，俗号猪头和尚，莫测其人。祥符寺

---

① （清）吴任臣、徐敏霞、周莹点校：《十国春秋》卷89，中华书局1983年版，第1289页。
② （明）朱国祯：《涌幢小品》卷28"长耳和尚"条，中华书局1959年版，第658页。
③ （宋）董嗣杲：《西湖百咏》卷下，《景印文渊阁四库全书》第1189册，（台北）商务印书馆1983年版，第261页下。
④ （民国）《武平县志》卷10《艺文志·重建三宝殿碑记》，转引自王增能《谈定光古佛——兼谈何仙姑》，参见政协武平县文史资料工作组编《武平文史资料》第8辑，1987年版，第53—63页。

转藏成，僧俗设斋以落之，一僧丐斋。众见其褴褛不加礼，拂袖而去，或曰此猪头和尚也。使人邀请，指大藏曰："我不转，此藏亦不转。"众闻其语异，相率自追之。僧曰："要我转，更三十年去。"竟不顾而去之。三衢之守馔猪头召师食，自窗牖窥之见，一鬼从旁食，师无预焉。守以告之，师寻坐亡，衢人奉香火良谨，有祷辄应。一日见梦于人曰："吾将还乡矣。"盖自师之出至是，恰三十年，寂无施金转藏者。故老忆师言，相与备礼，迎师真身归至藏院。郡人辐凑，日获数千。此寺斋供遂为长堂。予时侨寓，亲覩盛事，因阅师辞世颂，知是定光佛也。①

《竹溪鬳斋十一藁续集》卷10载：

金华大师名志，蒙生金华徐氏。初以永福怀悟为师，三乘教典不学，而通常披锦绣衣，去来阛阓中，里人呼以小舅师，亦自称曰姊夫。得钱于市即买猪头以食，故号为猪头和尚。时言吉凶皆验。……人莫之测，周，其乡三十年。景德丙午，始居衢之吉祥院，即今天宁也。衢人尊信之，甫旬，浣沐浴，书偈而化，危坐七日，异香不息。遂以真身为阁奉之，远近奔凑，事之如生。旱涝之祷随应。……师又云："古貌昂藏，法中之王。猪头千个，未始片尝。陶吾真性，吾即定光。"②

临济宗杨歧派第五世高僧宗杲也曾被作为定光佛应身。宗杲（1089—1163），俗姓奚，字妙喜，宣州宁国（今安徽宁国市）人，13岁从学乡师，17岁入惠云寺为僧徒，次年为僧衲于景德寺（浙江灵隐寺）。宣和六年（1124）于杭州参拜圆悟法师，顿然悟道。靖康元年（1126）朝廷赐予紫衣及"佛日"之号。绍兴七年（1137）任径山寺（浙江余姚县境内）住持，学徒达700人。绍兴十一年（1141）因对秦桧不满而被夺衣牒充军衡州（今湖南衡阳市），后迁梅州（今广东梅州市）。传说宗杲抵衡州前夕，太守及市民都梦见定光佛入城，"从之者万余人，当时甸

---

① （宋）方勺：《泊宅编》卷中，《景印文渊阁四库全书》第1037册，（台北）商务印书馆1983年版，第521页上。

② （宋）林希逸：《竹溪鬳斋十一藁续集》卷10《慧通大师真身阁记》，《景印文渊阁四库全书》第1185册，（台北）商务印书馆1983年版，第662页下。

然以为定光佛降世矣。"① 绍兴二十六年（1156）遇赦，恢复僧服，住径山寺。孝宗赐其为"大慧禅师"，并御书"妙喜庵"二字赐之。宗杲示寂后，九华山僧徒尊其为"锭光佛"，认为他是佛经中所记载"锭光佛"示观，故铸铁佛坐像供奉。

综上，唐末五代时期被视为定光佛转世应身且事迹较显者有天台定光禅师（隋初，天台）、行修（长耳和尚，唐末五代间）、宋太祖、猪头和尚（宋初）、南宋高宗、宗杲（南宋）等。而在闽西，也有一位不同于以上各说的定光佛。

（二）闽西定光古佛

闽西流传的定光古佛在历史上实有其人，俗姓郑，法名自严，同安县人。关于其生平事迹记载较多，其中叙述较为详细的，按年代顺序依次为北宋沈辽《云巢编》卷6《南岩导师赞》（1068）、南宋周必大《文忠集》卷80《汀州定光庵记》（1203）、《临汀志·仙佛》"敕赐定光圆应普慈通圣大师"条（1259）、元刘将孙《养吾斋集》卷28《定光圆应普慈通圣大师事状》；另有北宋释惠洪（1071—1128）《林间录》卷下"南安岩俨和尚"条、民国《武平县志》的卷20《古迹志·金石》"元至治自严尊者碑"条也对闽西定光佛做了粗略记载。

诸记载中，沈辽（1032—1085）生活在郑自严死后不久时代，《南岩导师赞》也是目前所见对定光佛事迹最早的记载，可信度较高；周必大《汀州定光庵记》比较纪实，写作年代又早，也是比较可靠的；《临汀志》成书时间比周必大之《汀州定光庵记》约晚半个世纪，是由时任汀州太守的胡太初主修，州学教授赵与沐主纂，所记各项事实应该稽考了当时当地尚存的乡邦文献和口碑资料，以当地人言当地事，也具有较高的可信度；刘将孙是庐陵人，又曾在汀州为官，其《定光圆应普慈通圣大师事状》对定光佛事迹记载最为详细，应该也是可信的；释惠洪（1071—1128）本身即僧人，生活年代与郑自严圆寂的时间较为接近，《林间录》的记载当为纪实。

民国《武平县志》"元至治自严尊者碑"条记载："略曰：自严尊者，元仁宗时曾应诏入都，灵异卓著。南归杭州，遇山出蛟，以帝赐金钟覆

---

① （清）周赞：《重修九华山志》，转引自杨梅《中国古代的定光佛信仰》，《世界宗教研究》2006年第4期。

之。入闽，喜此岩有'一峰狮子吼，万象尽归依'语，启道场，敕赐藏经。尊者接诏归，有句云：'九重天上恩纶赐，顺得昙花满路香'。旋示寂于杭。闽人塑遗像于寺及岩中。"此记载时隔久远，年代久迁，所记灵异卓著云云，属于神话传说，超出历史事实范围，不可为据。

下面就以上可信记载对定光佛生卒年月及行状事迹做详细分析。为了便于分析，兹先迻录各记载于下：

1. 南岩导师赞

堂堂导师，生于闽粤。韶龀出家，妙相奇骨。为一大事，应期而出。佛修行时，乃始落发。初参西峯，器识旁达。周旋五年，行解微密。行化大和，名闻已彻。大江之浜，有蛟为孽。无有善泅，舟舫联没。师为黜伏，龙洲始埕。至于黄梅，夏暑道暍。土人来告，氙溪方绝。其众汹汹，无以盥啜。为投妙偈，洪流乃决。遂造武平，彼豪致谒。我邑南岩，有如耆崛。请师晏坐，少驻巾钵。夜有巨蛇，骧首来夺。正眼一视，蛇乃蟠结。复有戾虎，咆哮猖獗。师不为骇，虎亦驯率。天人悦焉，请建玄刹。师缘默契，布金营苾。乃脱伽黎，衲帽直裰。戮力偩工，神鬼剞劂。不日化成，小大欣悦。四方归依，奔走竭蹶。时苦大旱，田畡焦渴。乞偈致雨，笑许其说。顷之澍雨，利均块圠。牧牛于野，数困虎咥。牧人群诉，为之轸恤。时有青猴，往来式谒。蕃息十年，大资耕墢。已而猴死，夜梦来谒。从师乞名，请建庙室。名曰金成，享之?粝。垂庥彼牧，其祀方秩。师所导化，洞言凶吉。或请于师，天机勿泄。时师肯首，因是结舌。遂不复言，人无以伐。彼守屭屭，谓我颠越。捕系廷下，面加讯折。神色宴然，不自辨辩别。褫帽投火，火方烈烈。火灭帽完，守怒愈疾。遂以为妖，涂之污血。有炽其薪，帽益光洁。彼乃悔罪，讼其凡劣。惟彼南康，盘山嵲嶭。佛陀波利，昔所布萨。爰有石泉，一旦污蔑。石泉之下，神?先述。后五百年，此泉当窒。有白衣来，乃定光佛。彼众发?，奔走迎屈。师以舟往，雨华胶轇。江流之下，乃有断枘。舟楫所触，必沉于汩。往来为害，师为一拨。顺流而去，巨舟斯豁。山已无泉，龙象蹙额。师扣之锡，其泉乃溢。留正三载，法筵益设。河源圣船，久废波涅。屡竭人力，其谁能拔？南海建塔，将运群物。不有巨舸，厥费屑屑。或请于师，师以恻怛。授以偈往，洪流夜发。载浮于江，塔工斯毕。彼徒不道，假于贾褐。厥载未济，暴风轩突。不知津涯，败我溟渤。遂良出守，敬闻名实。

稽首门下，就弟子列。具厥神化，献于帝阕。乞名题寺，均庆是揭。潭龙不害，年登人逸。王贽奉使，方冬无雪。恳请未终，琼瑶交戛。数日未止，淖我使节。王复来讯，乃大霁澈。自时厥后，恭事惕怵。有或不虔，莫不相诘。始自七闽，上达京阕。公卿士夫，悼稚耆耋。咸来致礼，以祈度脱。大中乙卯，正月六日。正其生时，稽首辞诀。八十有二，泊然于灭。图画毫相，端严昭晰。瞻仰如在，孰有孰弗。妙行圣上，巍峨纤悉。世所传闻，万分之一。我赞以偈，文辞鄙拙。有如泰山，挥以毫末。南山可砺，北海可竭。南岩道妙，并明日月。①

2. 汀州定光庵记

　　佛以慧日照三千大千世界，顾岂滞于一方？然日出旸谷，浴于咸池，拂于扶桑，躔度必有所舍，其明难与它等。此定光庵所由兴也。按临汀郡治，于城内东北隅有卧龙，本朝定光圆应佛普通慈济大师真身所栖之地。净戒慈荫，灵感威济，大师附焉。殆犹日之躔度欤！按定光泉州人，姓郑，名自严。年十七为僧，以乾德二年（964）驻锡武平县之南安岩。攘凶产祥，乡人信服，共创舍，赐额均庆。淳化二年（991），距岩十里别立草庵居之。景德初（1004—），又迁南康郡之盘古山。祥符四年（1011），汀守赵遂良机缘相契，即州宅创后庵，延师往来。至八年（1015），终于旧岩。先有宁化僧慧宽，姓叶氏，能驯暴虎，号伏虎大师。居州东五十里，庵号普护。建隆二年（962）将入寂，定光往视之，云后二百年当与兄同处一庵。至元祐中（1086—1093），守曾孝宗始增葺后庵，正名定光。淳熙二年（1175），守吕翼之遂迎定光真身于南安岩，而为之主；又迎伏虎真身于广福院，而为之主。二百年之谶果验。自尔州无水旱疾疫，号为乐土。南安旧岩屡乞师还，守不能遏。百夫肩舆，屹然弗动，老稚悲泣而退。庆元二年（1196），郡守陈君晔增刱拜亭及应堂。嘉泰二年（1202），其季映复守兹土，每集僚吏致敬，患其陋隘，乃哀施利钱二千余缗，以明年三月十七日鸠工，为正殿三间，博四丈二尺，深亦如之；寝殿三间，博三丈，深居其半。三年，堂廊庑等总阙阙十有八间，官无一毫之费，逮六月讫工。谓予姻且旧，求记文。予惟二君皆以才能为二

---

　　① （宋）沈辽：《云巢编》卷6，《景印文渊阁四库全书》第1117册，（台北）商务印书馆1983年版，第589页下至591页上。

千石，政成俱擢广东提点刑狱而去，孜孜旧治，凡可徼福加惠汀民者无不用其至，予故乐为之书，以代邦人大小冯君之歌。若夫惟从之典，灵异之迹，图牒载之，前辈书之，兹不复云。①

3. 敕赐定光圆应普慈通圣大师

郑姓，法名自严，泉州同安县人。……师生而异禀，幼负奇识。年十一，恳求出家，依本郡建兴寺契缘法师席下。年十七，得业游豫章，过庐陵，契悟于西峰圆净大师，由此夙慧顿发，遂证神足，盘旋五载。渡太和县怀仁江，时水暴涨，彼人曰："江有蜃为民害。"师乃写偈投潭中，水退沙壅，今号龙洲。又经梅州黄杨峡，渴而谒水，人曰"微之"，师微笑，以杖遥指溪源，遂涸，徙流于数里外，今号干溪。乾德二年（964）届汀之武平，睹南岩石壁峭峻，岩冗嵌崆，怃然叹曰："昔我如来犹芦穿于膝，鹊巢于顶而后成道，今我亦愿委身此地，以度群品；若不然者，当使殒碎如微尘。"发誓已，摄衣趺坐。数夕后，大蟒前蟠，猛虎旁睨，良久，皆俯伏而去。乡人神之，争为之畚土夷堑，刊木结庵。民有祈祷，辄书偈付与，末皆书"赠以之中"四字，无愿不从。淳化间，去岩十里立草庵牧牛，夜常有虎守卫，后迁牧于冷洋径。师还岩，一日倏云："牛被虎所中。"日暮有报，果然。师往彼处，削木书偈，厥明，虎毙于路。复感一青□猴，为牧三年，后忽抱木毙，师梦来乞名，与名曰"金成王"，仍为建庙。民有询过去未来因者，师皆忠告，莫不悚然。同道者惧其大甚，师曰："只消吾不语耳。"遂不语。一年，岩院输布，师以手札内布中，监临郡倅张公晔见词，闻于郡守欧阳公程，追摄问状，师不语。守、倅愈怒，命焚其衲帽，火烬而帽如故；疑为左道，以彘血蒜辛厌胜，再命焚，而衲缕愈洁，乃遣谢使归。自是白衣而不褐。初，南康盘古山波利禅师从西域飞锡至此，山有泉从石凹出，禅师记云："吾灭后五百年，南方有白衣菩萨来住此山。"其井涌泉，后因秽触泉竭，舆议请师主法度以符古谶，师许之，乃泛舟而往。江有槎桩，常害人船，师手抚之曰："去！去！莫为害。"当夕无雨，水暴涨，随流而逝。至山，观井无水，遂以杖三敲云："快出！快出！"至中夜，闻有落泉溅崖之声，诘旦涌出满溢。

---

① （宋）周必大：《文忠集》卷80，《景印文渊阁四库全书》第1147册，（台北）商务印书馆1983年版，第829页上至830页上。

终三年，复返南岩。祥符初，有僧自南海郡来告曰："今欲造砖塔，将求巨舰载砖瓦，惠州河源县沙洲有船插沙岸，无能取者，愿师方便。"师曰："此船已属阴府。"僧复致恳，师乃书偈与僧，僧持往船所，船应手拔。运塔砖毕，有商假载木，俄恶风飘荡，莫知所往。四年，郡守赵公遂良闻师名，延入郡斋，结庵州后，以便往来话次。遂良曰："庵前枯池，劳师出水。"投偈而水溢，今名"金乳"。复曰："城南有龙潭害民，望师除害。"亦投偈而祸去。于是遂良表闻于朝，赐"南安均庆院"额。遂良授代以晴请，运使王贽过岩以雪请，皆如答应。真宗朝，尝斋于僧，对御一榻无敢坐者。上命进坐，僧答曰："佛祖未至。"少顷师至，白衣衲帽，儒履擎拳，即对御就坐。上问："师从何来，甚时届道？"答曰："今早自汀州来。"问守为谁？曰："屯田胡咸秩。"斋罢，上故令持伊蒲供赐咸秩，至郡尚燠。咸秩惊悚，表谢。上乃谓师为见世佛，御赐周通钱一贯文，至今常如新铸。咸秩悯雨，差吏入岩祈祷，师以偈付来吏，甫至郡而雨作，岁乃大熟。胡解印入觐，历言诸朝列丞相王公钦若、参政赵公安仁、密学刘公师道皆寄诗美赠。八年正月六日申时，俄集众云："吾此日生，今日正是时，汝等当知妙性廓然，本无生灭示有去来，更言何事？"言讫，右胁卧逝，春秋八十有二，僧腊六十有五。众收舍利遗骸骼塑为真相。遗偈凡百一十七首，其二十二首乃亲书墨迹临刊，文义雅奥，不可思议而得也。师见在，民呼曰"和尚翁"，亲之也。师灭度，民皆曰"圣翁"，尊之也。名公巨卿，大篇短章致赞叹意，无虑数百篇。东坡苏轼云："定光石佛，不显其光，古锥透穿，大千为囊。卧像出家，西峰参道，亦俗亦真，一体三宝。南安石窟，开甘露门，异类中住，无天中尊。彼逆我顺，彼顺我逆，过即追求，虚空乌集。驱使草木，教诲蛇虎，愁霖出日，枯旱下雨。无男得男，无女得女，法法如是，谁夺谁与？令若威怒，免我伽梨，既而释之，遂终白衣。寿帽素履，发鬓蟠蟠，寿八十二，与世同波。穷崖草木，枯腊风雨，七闽香火，家以为祖。萨埵御天，宋有万姓，乃锡象服，名曰定应。"山谷黄鲁真云："石出山而润自丘壑，松不春而骨立冰霜。今得云门挂杖，打破鬼窟灵床。其石也将能万里出云雨，其松也欲与三界作阴凉。此似昔人，非昔人也，山中故友任商量。"熙宁八年（1075），郡守许公尝表祷雨，感应，诏赐号"定应"。崇宁三年（1104），郡守陈公粹复表真相荐生白毫，加号"定光圆应"。绍兴三年（1133），虔寇猖獗，虔化宰刘仅乞灵于师，师于县塔上放五色毫光，示现真相，贼遂溃。江西漕司以闻，绍兴二年（1132），嘉"普通"二字。乾道三年（1167），又嘉"慈济"，累封至八字大师。民依赖之，甚于慈父。自淳熙元年（1174），郡守吕公翼之迎真相入州后庵，以便祈祷，从民请也。后均庆屡请还岩，郡不能夺，百夫舆至中途，莫能举，遂留于州。绍定庚寅，磔寇挺起，干犯州城，势甚炎炎，师屡显现。贼驻金泉寺，值大雨水不得渡，晨炊粒米迄不熟，贼众饥困。及战，师于云表，见名旗，皆有草木风鹤之疑，遂惊愕奔溃，祈哀乞命。汀民更生，皆师力也。嘉熙四年（1240），州人士列状于郡，乞申奏赐州后庵额。有旨，赐额曰"定光院"。续又乞八字封号内易一"圣"字，仍改赐"通圣"。今为"定光圆应普慈通圣大师"。详见《行实编》。定光，泉州人，姓郑名自严。乾德二年（964），驻锡武平南岩。淳化二年（991），别立草庵居之。景德初（1004—），迁南康郡盘古山。祥符四年（1011），汀守赵遂良即州宅创后庵延师。至八年终于旧岩。见周必大《新创定光庵记》。定应大师，《鄞江集》云："初，波利尊者自西土来住碧石，即有谶曰：'后五百岁，有白衣菩萨自南方来居此山。'"即是定光佛也。至定光大师乃应谶。①

4. 定光圆应普慈通圣大师事状

定光圆应普慈通圣大师，法名自严，俗姓郑氏，泉州同安人也。祖仕唐为四门斩斫使，父为同安令。师生而奇异，年十一出家，依建兴寺契缘法师席下。十七得业，游豫章至庐陵，于西峯宝龙参圆净禅师，云豁顿得法慧藏。修五载，悟证具足。繇是神通时现，所至灵异。离庐陵，过太和，怀仁江中孽蜃江水暴涨，即投偈，渊中水落洲出，迄今称龙洲。遂行汀赣间，择地卜道场，望盘古山作颂，志三百年后一佛为法。月去之，至汀之武平，睹梁山爱其峰峦，听水声甚适，曰留遗后人颂，亦作二百年后禅关诺。宋乾德二年（964）三月，入南安岩，杖锡驻焉。书偈云：八龙归顺起峰维，虎啸岩前左右回。好与子孙兴徒众，他时须降鹤书来。凭高遐嘱，见十二峰列岩右，复作偈曰：天柱落龙飞，堆金积玉归。一岩狮子吼，十二子相随。乃自誓曰：如来犹芦穿膝鹊巢顶，然后成道。我今亦愿委身此地证佛，所证不者，陨碎为尘。初至岩数夕，蛇虎交至，了不为动。山神启曰：吾眷属为师守此久，师既来，吾将何适？师曰：此荆棘荒

---

① （宋）胡太初修，赵与沐纂：《临汀志》，福建人民出版社1990年版，第164—166页。

秽，非汝栖止。山前地宽平，吾为汝卜居焉。是夕，乡人咸见秉炬负载，老幼扶携，自岩而出。……雨旸嗣续，疾病妖孽，趋祷奔赴，师随其因缘，吉凶善否，已往未来，无不忠告。隐微毕露，惊耸感动，云合辐凑。或惧其太甚，师曰："只消吾不语。"于是闭口不复言，如是者一年。民有代岩院输布者，监官张倅晔阅布，布中有师手札，以白之郡守欧阳程，谓为幻惑。逮师问状，师至不言如故。守倅益怒，使褫其衣，焚其帽。火烬而？不焦，愈以为左道，血浇蒜薰，益之以火，而衲缕逾洁。乃谢遣使去，师于是白衣而不褐。如是者又三年，乃复言。然犹白帽道衣，屈指擎拳终其身。当时称白衣岩主。景德初，南康波利禅师道场迎住山（原缺）年，复返南岩。大中祥符四年（1011），汀守赵遂良表其异，敕下赐汀州武平县石岩院额为"均庆"。又四年除夕，为偈付嘱侍者大詹小詹。后六日为八年（1015）正月六日。申时入寂，集众云："吾此日生，今日正是时。汝等当知妙性廓然，本无生灭。示有去来，更疑何事？"言讫，偃右胁而逝，年八十二，僧腊六十五。众收舍利遗骼塑像岩中。熙宁八年（1075），守许当之祷雨感应。初赐均庆禅院开山和尚，号"定应大师"。至崇宁二年（1104），守陈粹言：白衣菩萨木雕真相，绍圣三年于额上连眉间生白毫百余茎，毫末各有舍利。至四年（1106），面上右边及后枕再生白毫。有旨加号"定光圆应"。仍许遇圣节进功德疏，回赐度牒一道。绍兴三年（1133），以江西转运司奏：虔州南安岩定光圆应大师于虔之虔化县塔上放五色毫光，惊破剧贼李敦仁，收复二县。乃赐"普通"二字。乾道三年（1167），再以福建转运司奏汀州祈祷，列上实迹，复加赐八字师，号为"定光圆应普通慈济大师"。嘉熙四年（1240），敕以师像留州治后庵，赐后庵额曰"定光"。仍于封号内易一圣字，云师超迈奇特，不为言语文字，不以机锋谈说为道。其说心偈云："万法本无心，于心何处寻？成就一切义，无古亦无今。"……每偈后必书"赠以之中"四字而投笔，出口呼吸立应。神于天地，而妙于阴阳。其效验不可胜纪。最其所共传者，惠州河源县洲上有巨舰查沙岸，祥符初南海郡僧造砖塔，叩于师曰："此舰甚济事，然不可取，愿师方便。"师曰："此船已属阴府矣。"僧再三恳请，师书偈与之。僧持往船所，应手拔出，运砖毕事。有巨商假之运米，即为恶风漂去，不知所往。尝经梅州黄杨峡，行渴求水，土人曰无。师微笑以杖遥指溪源，溪遂涸，徙流数里外，至今为干溪。又尝化禅果院佛殿。日既卜，匠请曰："材虽备而溪曲多山，牵挽数日方可达，殆不能应期。"师往视之,曰:"果然!当奈何?"乃以拄杖指山,咄曰:"权过彼岸。"山即随杖中断。时赵守遂良闻师名,延之郡斋,结庵州后,以为往来憩息地。因旱祷枯池,曰:"劳师出水。"投偈而水溢,名曰金乳,取偈中语也。有潭鱼为民害,亦投偈遣之。赵守为请院额以此。宋真宗皇帝尝斋千僧,对御一榻无敢坐者。上命进坐一僧,荅曰:"此以待佛祖。"师从天窗飞锡往赴,顷之白衣衲?,儒履结拳,径就此坐。上问:"何来?"曰:"汀州。"复问:"何时离彼?"曰:"今早。"问:"守为谁?"曰:"屯田胡咸秩。"上异之,斋罢命赐斋汀守臣。至郡授郡守斋,温然如坐上者。即奉表谢。验其日与斋会同,当时御赐周通钱一千,后虽久如新铸。胡守以闵雨请,师自岩中书偈付吏,吏至郡雨随至。胡归朝,历历言之。……当淳化间,师去岩十里许,结茅庐以牧牛,夜尝有虎监之。继迁牧于泠洋径,师住岩中,一日倏云虎伤牛,日暮报至如言。师至其处削木书偈,厥明虎毙于路。复有一青狝猴,为之牧居三年,猴忽抱木死。夜入梦乞名,师与之名曰"金成王",仍为之立庙。赵守之请入郡庵也。正对语次,蛙闹喧听,守意色不乐。师迎谓曰:"易耳。"顾左右取砖石诵偈投之,自尔悄然。师往来宿郡东横版桥,有沈安者每迎至馆宿。因以蛙蚊喧声为告,师曰:"虾蟆勿哗,蚊蚋别去。"应声如言。其游戏物怪者每如此,若其所自来者,则有证不诬。南康盘古山波利禅师从西域腾锡,开山有泉,从石凹出。尝有记云:"吾灭后数百年,南方有白衣菩萨来住此山,井当涌泉。"已而秽浊,源忽澄清,而期适及。闻师白衣之异,请主法席,以应昔记。师许之,遂往。江有槎桩,不知年岁,每害人船。师手抚之曰:"去!去!莫为人害。"是夕无雨而涨,桩随流逝。及至山,见井泉竭,以杖立叩,云:"快出!快出!"中夜闻落泉溅崖之声,旦而涌溢。有识者云:"盘古定光佛出,则师之应世五百年前波利者知之矣。"先是,汀有叶师慧宽得大禅悟,号伏虎禅师,道场在长汀平原山。建隆三年(962)示化。与师相去五六十年,师尝语云:吾灭百年后,伏虎师兄道化当行同吾利物。及淳熙间,郡守吕翼之曲从民志,迎武平真相入郡后庵,以便祈祷。均庆屡请还岩,郡不能夺。及行,百夫舁之至中途,竟莫能胜。复载归郡,则轻驶如初。乃迎平原广福伏虎师像并坐。而侑迄今,延平临汀所在精庐,二师迭为宾主,必不相舍。梅阳有魏师,开山阇维之地生桐株。郡人雕以为像,师尝赞之,如有旧故。则师之一会有俨然如灵山者矣。此皆师未化前事也。若其化后,香火之盛,栋宇之崇,其威光显赫不可殚载。岩介乎闽广之间,前五里为梅州境,幽篁旷野,极目无居人,寇盗之所出没。然数郡士女结白衣缘,赴忌日会,肩骈踵接,岩寺屹然,道不拾遗,无敢犯者。其默化阴隲有功于国盖甚大。绍兴戊午,罗动天破武平县,入岩致敬。其徒悉剽四方所施珍玩。动天者不知也。夜梦师曰:速归吾物,当有招安,不然即诛夷矣。旦搜部伍中物,悉以归寺。果受招而散。辛酉贼刘四姑乘势入于寺内,贼付监院僧永茂,命以医疗。贼去,茂以送官。其徒大恨,即缚茂,期剖其心。一夕,贼无不患赤目,梦师戒责,旋释茂而去。绍定庚寅,磜寇挺动犯州城,势迫甚于往时。师已移驻郡治之后庵,贼屯金泉寺,忽大雨水不可渡,晨炊粒米不熟。贼抱饥以战,望云间有师名旗,惊愕奔溃。此其见于御捍表者。他如起疫疠,解冤诅,盲者视,跛者履,猎者悔过,机械者息心,梦寐肸蠁,迁善远罪起死回生,无远弗届。师素慈悲广大,人与为缘。有一农家相与结契,指一柿树曰:"吾与汝契此柿无核,若有核时吾契亦已故。"其存也,无小大皆称之曰"和尚翁",亲之也。……庐陵西峰凡病而祷者,捧纸香上,良久可得药。药五色红黄者即愈,褐者缓黑者不可为。或轻如炉灰,或实如粟粒。此又耳目之近,东西州之远所可证者。故阖郡自示寂以来通称之曰"圣翁",敬之也。自江以西,由广而南,或刻石为相,或画像以祠,家有其祀,村有其庵……于是"赠之以中"之用,可概识矣。……至元丁丑以来,岩当孔道,巨寇出没,寺悉毁撤。有比丘宝兴来自龙济,重新如初。旧向或谓其不利,宜改,……有巨石在法堂右,正碍登陟,数年前兴欲击去之。才意欲之。而未言也。旦而视其上,示履迹三,一全而二半,如印印泥在顽石上。……将孙……乃教临汀会官……予也盖不得辞,顾传闻于三百年之后,不能不借神通以寓诸形容者,则于其迹求之于其事言之,而所可见者仅如是也。是则予之陋也。若师之所为,在世出世者,师且不言,笔墨文字何足以识之?①

5.《林间录》卷下

南安岩俨和尚,世传定光佛之应身也,异迹甚多,亦自有《传》。然《传》不载其得法师名字,但曰西峰而已。西峰在庐陵,真庙时,有云豁

---

① (元)刘将孙:《养吾斋集》卷28,《景印文渊阁四库全书》第1199册,(台北)商务印书馆1983年版,第267页上至272页下。

禅师者，奉先深公之高弟。深见云门，当时龙象无有出其右者，独清凉明禅师与之齐名，谓之深明二上座。俨和尚多以偈示人，偈尾必题四字，曰"赠以之中"。世莫能测。临终谓众曰："汝等当知，妙性廓然，本无生灭，示有去来，更疑何事？吾此日生，今正其时。"乃右胁而卧。予曰："方其入灭，乃曰吾此日生，今正其时。"①

根据上述记载，拟作如下分析：

1. 郑自严生卒年月

关于郑自严生卒年月，王增能先生据武平《何氏族谱·序》"北宋乾德二年（964），郑自严卓锡武平南安岩，时年四十八岁"的记载推算认为，"公元917年为定光古佛诞生年，确属明白无误"。② 林国平先生依据郑自严圆寂于淳化八年推算，断定其出生于后唐同光二年（924），但又说"查历史年表宋代淳化年号只有五年，并不存在上述各志书提到的'淳化八年'之说，也无《福建高僧传》所说的'淳化乙卯'年。'淳化八年'和'淳化乙卯'年很可能是'大中祥符八年（乙卯）'之误"。③ 谢重光先生则以《临汀志》和《舆地纪胜》所载，"以其卒于祥符八年，春秋八十二推算，其生年应是五代闽国龙启二年（934）。换言之，即定光大师活动的时间是五代中叶至北宋前期。这一时期，恰好是闽粤赣边大量接受南迁移民酝酿形成客家民系的关键时期"。④

笔者赞同谢重光先生意见，《南岩导师赞》载"大中乙卯，正月六日。正其生时，稽首辞诀。八十有二，泊然于灭"；《汀州定光庵记》载"祥符四年（1011），汀守赵遂良机缘相契，即州宅创后庵，延师往来。至八年（1015），终于旧岩"；《敕赐定光圆应普慈通圣大师》载"祥符初……四年……八年正月六日申时，俄集众云：'吾此日生，今日正是时，汝等当知妙性廓然，本无生灭示有去来，更言何事？'言讫，右胁卧逝，春秋八十有二，僧腊六十有五"；《临汀志·寺观门》"南安岩均庆禅院"条记载"祥符八年（1015）正月六日，师卧右胁示寂岩中"。其中

---

① （宋）释惠洪：(1071—1128)《林间录》卷下，《景印文渊阁四库全书》第1052册，（台北）商务印书馆1983年版，第858页上、下。
② 王增能：《谈定光古佛——兼谈何仙姑》，参见政协武平县文史资料工作组编《武平文史资料》第8辑，1987年版，第53—63页。
③ 林国平：《定光古佛探索》，《圆光佛学学报》1999年第3期。
④ 谢重光：《客家民俗佛教定光佛信仰研究》，《佛学研究》2000年，第118—127页。

"大中乙卯"、"祥符八年"（1015）已确指，与诸条相证，定光圆寂年月为大中祥符八年（1015）无疑。以"春秋八十有二"推算，郑自严应生于公元934年，即五代闽国龙启二年。

2. 定光佛事迹传说

为了理清闽西定光佛的事迹传说，笔者依据上述各条记载，编制"定光佛事迹"如表5-1所示。

表 5-1　　　　　　　　　　　　定光佛事迹

	南安导师赞	汀州定光庵记	敕赐定光圆应普慈通圣大师	定光圆应普慈通圣大师事状
除蛟伏虎	有蛟为孽，师为黜伏。正眼一视，蛇乃蟠结。师不为骇，虎亦驯率		师乃写偈投潭中，水退沙壅，今号龙洲大蟒前蟠，猛虎旁睨，良久，皆俯伏而去。龙潭害民，亦投偈而祸去	怀仁江中蟄蜃江水暴涨，即投偈，渊中水落洲出蛇虎交至，了不为动
疏航导水	为投妙偈，洪流乃决。江流之下，乃有断桄。师为一拨，顺流而去。师扣之锡，其泉乃溢。授以偈往，洪流夜发		以杖遥指溪源，遂涸，徙流于数里外。江有槎桩，师手抚之曰："去！去！莫为害。"……随流而逝 观井无水，遂以杖三敲云："快出！快出！"至中夜，闻有落泉溅崖之声，诘旦涌出满溢。师乃书偈与僧，僧持往船所，船应手拔 投偈而水溢	师微笑以杖遥指溪源，溪遂涸，徙流数里外。乃以挂杖指山，咄曰："权过彼岸。"山即随杖中断 投偈而水溢，名曰金乳江有槎桩，不知年岁，每害人船。师手抚之曰："去！去！莫为人害。"是夕无雨而涨，桩随流逝。见井泉竭，以杖立叩，云："快出！快出！"中夜闻落泉溅崖之声，旦而涌溢
祈雨祷旸	乞偈致雨，笑许其说。顷之澍雨，利均垠圢。恳请未终，琼瑶交戛		遂良授代以晴请。运使王赟过岩以雪请，皆如答应 师以偈付来吏，甫至郡而雨作郡守许公尝表祷雨，感应	师自岩中书偈付吏，吏至郡雨随至

续表

	南安导师赞	汀州定光庵记	敕赐定光圆应普慈通圣大师	定光圆应普慈通圣大师事状
庇护民众	垂麻彼牧,其祀方秩		民有祈祷,辄书偈付与,无愿不从	雨旸嗣续,疾病妖孽起疫疠,解冤诅,盲者视,跛者履,猎者悔过,机械者息心,梦寐盼蟹,迁善遂罪,起死回生。药五色红黄者即愈,褐者缓黑者不可为
预言吉凶		洞言凶吉	民有询过去未来因者,师皆忠告	师随其因缘,吉凶善否,已往未来,无不忠告
法术高强	火方烈烈,火灭帽完。有炽其薪,帽益光洁		火烬而帽如故,而衲缕愈洁削木书偈,厥明,虎毙于路	火烬而口不焦益之以火,而衲缕逾洁师书偈与之。僧持往船所,应手口出有潭鱼为民害,亦投偈遣之顾左右取砖石诵偈投之,自尔悄然
神通广大			斋罢,上故令持伊蒲供赐咸秩,至郡尚燠 师于县塔上放五色毫光,示现真相,贼遂溃 百夫舆至中途,莫能举	上昇之,斋罢命赐斋汀守臣。至郡授郡守斋,温然如坐上者 百夫舆之至中途,竟莫能胜。复载归郡,则轻驶如初 贼无不患赤目,梦师戒责贼抱饥以战,望云间有师名旗

从表 5-1 可以看出:

（1）在北宋时期记载中,定光佛事迹记载最详细为降蛟伏虎、疏航导水、祈雨祷旸等,稍次为法术高强,再次为庇护民众、预言吉凶,而无神通广大记载；在南宋时期的记载中,定光佛各种事迹记载并无太大变化,只是增加了神通广大的记载；元代记载中,降蛟伏虎、疏航导水依然是定光佛主要的事迹,祈雨祷旸则比前代记载少,法术高强记载更多,最大的变化是神通广大和庇护民众记载大量增加。

（2）五代末期至北宋初年是汀州第一次大规模接纳北方移民的时期,

是汀州开始大开发的时期。当是时，汀州草莱初辟，移民面临各种艰苦的挑战，首先面对的就是极其艰苦的自然条件和险恶环境，因而作为客家先民的代表，定光佛最先表现出来的神异就集中体现在降蛟伏虎、疏航导水、祈雨祷旸等方面，反映了客家先民进入汀州后与自然做斗争，安家立业、发展生产的迫切需求。这一时期，进入汀州的北方移民尚处于立足生存阶段，尚没有形成一定的势力和影响力；同时，国家权力在汀州也相对薄弱，初只有两个县，淳化五年（994）才又升上杭、武平为县，因而也不能完全控制汀州的民间势力。故而在此时期的定光佛记载中没有直面皇帝的神通。

（3）南宋时期，进入汀州的北方移民日益增多，同时迁延日久，在汀州地区的势力和影响力逐步扩大；国家也加紧了在汀州的扩张，于元符元年（1098）增设了清流县，并于元符年间（1098—1100）置莲城堡。二者不可避免地产生交锋，双方在斗争中意识到，地方势力只有得到国家权力的扶持，才能更好地获取民众基础；国家权力在不能消灭地方势力的情况下，把地方势力转化为推进国家力量扩展的支持，才是最好的选择。因而双方选择了合作。这一点从以下两方面得以体现：定光佛与地方官员的交往，并不断满足地方官员解决实际困难的要求，从而赢得了官方承认和扶持，巩固了自己在汀州的地位；反过来，地方官员也不断对定光佛进行扶持，最典型体现在为定光佛请求封赠上，从熙宁八年（1075）至乾道三年（1167），累封至八字大师，最终于"嘉熙四年（1240）……续又乞八字封号内易一'圣'字，仍改赐'通圣'。今为'定光圆应普慈通圣大师'。"① 并进而出现"上乃谓师为见世佛"的故事，并因此得到最高统治者的承认。这就是《临汀志》中出现定光佛亲见皇帝记载的原因。

（4）宋末元初，汀州是抗元主战场，异族入侵，国破家亡，兵燹频仍，民众饱受战乱，最迫切的愿望是神灵护佑自身平安，早日结束寇乱，所以定光佛护国佑民，庇护民生的神异记载大量增加；与此同时，如前文所述，迨至元代，汀州的自然条件、交通建设经过宋代的开发，已经大幅改善，因而在刘将孙的记载中定光佛降蛟伏虎、疏航导水的分量明显降低。

---

① （宋）胡太初修，赵与沐纂：《临汀志》，福建人民出版社1990年版，第166页。

3. 定光佛的封赠

11世纪70年代，朝廷向神祇的赐封突然增多，到12世纪初期，即宋徽宗在位年间，赐封猛增，此后在整个12世纪，赐封活动一直持续。赐封制度使朝廷可有两种途径承认神祇延续不绝的灵迹：其一，从封侯，封公，最后封王；其二，增加封号的字数，从两字，四字，最后六字。朝廷通过这两种途径晋升神祇的官爵地位。到1129年，有一则诏书下令将封号再增加两字①，宋代封号的最高规格就达到了八字。

上引《敕赐定光圆应普慈通圣大师》和《定光圆应普慈通圣大师事状》详细地记述了获封赠过程。定光佛从熙宁八年（1075）首次封赠"定应"，到乾道三年（1167）累封至八字大师最高封号，再到嘉熙四年（1240）续又乞八字封号，内易一"圣"字，仍改赐"通圣"，今为"定光圆应普慈通圣大师"，恰好是宋朝廷赐封增多的这一时段，前后花去一百多年时间。

定光佛获封赠过程反映了国家权力在汀州扩张与以定光佛为代表的客家先民不断壮大的势力发展之间的曲折斗争。

（三）定光佛信仰在汀州的形成

定光佛是伴随客家先民进入汀州的。定光佛生活的年代在五代中叶至北宋前期，以其卒于祥符八年（1015），"春秋八十有二"推算，其生年应是五代闽国龙启二年（934），正是闽赣粤边大量接受南迁移民酝酿形成客家民系的关键时期。而其进入汀州时间是在北宋"乾德二年（964）驻锡武平南安岩"，自此直到"（祥符）八年（1015）终于旧岩"，恰好与第二章第二节提出的第一次大批北方移民进入汀州的结论相吻合。因此有理由说定光佛是伴随客家先民一同进入汀州的，或者说他就是客家先民的一员，参与了客家先民来到汀州后的全部创业和族群整合活动。

定光佛信仰是在汀州形成的。定光佛主要活动地域在汀州，更确切地说是在武平。定光佛"僧腊六十有五"，自"年十七，得业游豫章，过庐陵……盘旋五载。渡太和县……又经梅州黄杨峡"之后，"驻锡武平南安岩"，"祥符四年（1011）汀守赵遂良即以宅后创庵延师"，其间除景德年间有三年"迁南康郡盘古山"外，活动区域基本都在武平，在武平生活

---

① 《八琼室金石补正》卷117《渠渡庙赐灵济额牒》，转引自［美］韩森《变迁之神：南宋时期的民间信仰》，浙江人民出版社1999年版，第79页。

长达四十五年。而在祥符四年（1011）被汀守赵遂良延请到长汀后，在长汀居留的时间并不长。赵遂良于祥符四年（1011）知汀州，祥符六年（1013）胡咸秩继任。赵遂良在任期间，"表闻于朝，赐'南安均庆院'额"，"运使王贽过岩以雪请"，说明定光佛已经回到南安岩。胡咸秩到任后，"闵雨，差吏入岩祈祷"，也说明定光佛在祥符六年前已经回到南安岩。所以，定光佛驻锡长汀的时间最长不过二年，这样看来，"至（祥符）八年（1015）终于旧岩"，定光佛有四十七年驻锡武平，在汀州活动的时间累计四十九年之久，再加上乾德年间主持南康郡盘古山的三年，这五十二年正是定光佛信仰逐步形成而趋向成熟时期。

1. 定光佛对地域社会影响力的形成是在汀州时期

定光佛驻锡汀州之前，"过庐陵，契悟于西峰圆净大师，由此夙慧顿发，遂证神足，盘旋五载"，由此具有高深法力，并在太和"写偈除蛊"，在梅州黄杨峡"徙流于数里外"，始终是处于游历之中，没有在当地驻锡，也没有在当地产生巨大影响。直到"乾德二年（964）届汀之武平"，才发誓"今我亦愿委身此地，以度群品"，并在武平展示其大法力，俯伏大蟒猛虎，民有祈祷，则无愿不从。而且预知未来："民有询过去未来因者，师皆忠告，莫不悚然。"报应分明：虎食其牛，则"削木书偈，虎毙于路"；而青猴"为牧三年"，"与名曰'金成王'，仍为建庙"。因而赢得当地民众信服，"咸起敬信，相与披榛畚土，筑室岩中，遂为一方精舍"。①

定光佛还经过与汀州其他地方势力诸如道教等进行了艰苦斗争，并取得胜利，从而扩大自己的影响。如前述武平《何氏族谱》记载的定光佛与何仙姑斗法获胜，取南安岩作为寺院，仙姑之父何大郎钦其神异，遂施岩为佛殿，并捐献地三十三亩八分，腴田四千七百秤，塘田四十六亩为寺院供养。乡人则建造佛殿供定光佛居住。②

定光佛与道教等地方势力还有合作的一面。《临汀志》记载："师旧与坊人邓正己厚善，呼师为郑道。一日，正己凌晨出，遇狂魂数百遮道丐方便，正己曰：'当请郑道为汝等诵经拔度。'遂筑室为道场。后遇众鬼曰：'即托生矣。'师又亲书迎春祈福道场为牌，至春祈必招揭之，以寒

---

① （宋）胡太初修，赵与沐纂：《临汀志》，福建人民出版社1990年版，第77页。
② 王增能：《谈定光古佛———兼谈何仙姑》，参见政协武平县文史资料工作组《武平文史资料》第8辑，1987年版，第53—63页。

雨为响应。"① 邓正己能够看见鬼魂，可能本身就是道士，而定光佛与之厚善，并能接受邓正己称自己为"郑道"，说明定光佛认识到与地方势力除了斗争外，还必须予以合作，才能在闽粤赣边区获得更大的影响力。

在取得民间影响力之后，定光佛开始对官方势力施加影响，"一年，岩院输布，师以手札内布中，监临郡倅张公昳见词，闻于郡守欧阳公程"。但是地方官员担心定光佛对民众的影响力会冲击到地方政府对民众的统治力，因而对定光佛采取打压态度："追摄问状，师不语。守、倅愈怒，命焚其衲帽，火烬而帽如故；疑为左道，以彘血蒜辛厌胜，再命焚，而衲缕愈洁"，然而定光佛法力高强，不为所害，地方官员只得采取妥协态度，"乃遣谢使归"。因为欧阳程咸平四年（1001）到任，陈彦博景德二年（1005）继任，可以断定此事发生在真宗咸平四年（1001）到景德二年（1005）之间。定光佛在与官方的首次接触中便取得胜利，虽然没有使官方正式承认其势力的合法性，但是却大大提高了在普通民众中的影响力，因为就在定光佛与官方的首次接触中取得胜利之后，便应邀于"景德初（1004-）迁南康郡盘古山""主法度（席）以符古谶"。定光佛在驻锡武平之前，游历江西，由太和县到梅州黄杨峡必须经过南康郡。但由于其时定光佛声名未彰，民众中影响力不够大，因而路过南康郡，也没有寺庙请他行法讲道，没有留下任何神迹。而在武平驻锡后，影响力逐步扩大，特别是取得与官府接触的胜利之后，南康郡盘古山马上"舆议请师主法度（席）以符古谶"，不能不说是定光佛影响力大大提高的表现。而且此事还反映出景德年间（1004—1007）定光佛信仰初步形成，对地域社会的影响力也逐步扩大，并且已经开始向汀州以外地区辐射。

将定光佛对汀州地域社会影响力的形成过程进行历史解读，实际反映了北方移民来到汀州后，遭遇了官方和民间地方势力的重重阻碍，但是他们依靠自身先进的文化和高超的生产技术化解了诸多困难，并在帮助当地民众共同发展的过程中壮大自身，这也是汀州各族群不断交流融合，从而孕育客家民系的过程。

2. 定光佛转变为官方精神领袖是在汀州完成

定光佛对汀州地域社会的影响力巨大，又主动与官方接触，因而很快

---

① （宋）胡太初修，赵与沐纂：《临汀志·古迹》，福建人民出版社1990年版。

得到官方的承认。祥符四年（1011）任汀州郡守的赵遂良认识到其宗教活动的意义和作用，认清了他的行事有益于王道统治的性质，就把他从武平南安岩请到郡衙，"结庵州后，以便往来话次"。所谓"往来话次"，可能有像韩愈与僧大颠交往谈论哲理那样一层意思，但主要的还是随时请定光作法兴利除害，实际上就是利用定光佛在民间的影响力解决社会发展中所遇到的问题。据记载，赵遂良先后请定光出水、除蛟，结果一一奏效，他便"表闻于朝，赐'南安均庆院'额"。

继任者胡咸秩也很快领教了定光的神通，为之惊悚；又看到定光为民祈雨有效，解除了旱情，使当年农业丰收，更加佩服。卸任进京时，便"历言诸朝列"，由是"丞相王公钦若、参政赵公安仁、密学刘公师道皆寄诗美赠"。

定光佛的巨大影响力甚至传到皇帝耳中，"真宗朝，尝斋于僧，对御一榻无敢坐者。上命进坐，僧答曰：'佛祖未至。'少顷师至，白衣衲帽，儒履擎拳，即对御就坐"，"上乃谓师为见世佛"。考定光佛行踪，自乾德二年（964）后基本在闽粤赣边区活动，并未到过京城。这段故事显然是为了表明定光佛神通广大，并因此得到最高统治者的承认。

定光佛寂化后，民间不断制造定光佛神异显应事迹，把定光佛的护国庇民功能不断扩大，因而官方对定光佛的封赠也随之不断升级，"熙宁八年（1075），郡守许公尝表祷雨，感应，诏赐号'定应'。崇宁三年（1104），郡守陈公粹复表真相荐生白毫，加号'定光圆应'。绍兴二年（1132），虔寇猖獗，虔化宰刘仅乞灵于师，师于县塔上放五色毫光，示现真相，贼遂溃。江西漕司以闻，绍兴三年（1133），嘉'普通'二字。乾道三年（1167），又嘉'慈济'，累封至八字大师"，最终于"嘉熙四年（1240）……续又乞八字封号内易一'圣'字，仍改赐'通圣'。今为'定光圆应普慈通圣大师'。"①

至此，定光佛在汀州地区的精神领袖地位完全确立。值得注意的是，定光佛庇护的范围已经辐射到相邻的赣州，虔化县贼寇猖獗时，"师于县塔上放五色毫光，示现真相"，表明定光佛信仰已经传播到赣州，定光佛信仰圈初步形成。

---

① （宋）胡太初修，赵与沐纂：《临汀志》，福建人民出版社1990年版，第166页。

3. 定光佛信仰圈是以汀州为中心形成的

"所谓信仰圈，是以某一神明或其分身之信仰为中心，信徒所形成的志愿性宗教组织，信徒分布有一定的范围，通常必须超越地方社区的范围"；"信仰圈……是有一定界线，有组织的地域性民间宗教活动的范围。"① 在以汀州为中心的定光佛信仰圈内，有众多祭祀定光佛的庙宇和古迹，比较著名的有：

长汀

定光院　在州治后正北。大中祥符间，师与郡守赵遂良厚善，结庵为师往来栖息之所。后师示寂于均庆院。元祐间，郡守曾公孝总重修，塑像于中。淳熙间，郡守吕公翼之迎奉均庆院定光真身、广福院伏虎真身于州治后庵，以便祈祷。嘉泰间，郡守陈公晔谓雨旸之应如响，是佛与守分治汀民也，湫隘不足仰称，遂加广辟。绍定寇叛交讧，岌然孤城能保守者，人力不至于此，士民条显应状，丐郡奏请于朝，加二佛师号，仍赐"定光院"为额。嘉熙间，郡守戴公挺助俸率众鼎创，从民志也。未几，均庆院烬于劫火，郡迎御书及衣钵等入州，创阁于院后安奉之。近南剑人士金饰十八尊者像附置阁上。淳祐间，郡守卢公同父前创拜亭，每岁正月六日乃定光坐化之晨，四方敬信辐辏，名香宝炬，幡盖庄严，难以数计，虽隘巷亦成关市，可见人心之皈向云。

南安廨院　在长汀县东南三里。因郡去南安岩三百里，元祐间（1086—1094），僧道荣创为郡人祈禳之所。绍兴间（1131—1162），郡守詹公尚方有营葺意，忽乡氓叶姓者到县，具言前夕梦一僧携筇叩门，曰："郡修南安廨院，汝能施木，令汝有子。"寤而语之妻。梦协，遂舍木营葺。二十八年（1158），僧惟应创藏殿。淳熙间（1174—1189），僧清心又广辟之。

定光堂　在长汀县西颂条门外。嘉定间创，郡守赵公崇模书额。尼居之。②

---

① 林美容：《祭祀圈到信仰圈——台湾民间社会的地域构成与发展》，刊于张炎宪主编《中国海洋发展史论文集》，（台北）《中研院三民主义研究丛刊》（24）1988年，第101—102页。

② （宋）胡太初修，赵与沐纂：《临汀志》，福建人民出版社1990年版，第71—78页。

长汀县有关定光佛的名胜古迹有狮子岩、龙潭、金乳泉、赤峰嶂、定光陂、南安桥等处。①

  武平
  南安岩均庆禅院 在武平县南八十五里，乃定光圆应普慈通圣大师道场也。先是，一岩嵌空险僻，神怪所宅，虎蟒所会，绝无人迹。宋朝乾德二年（964），师至岩，趺坐其间，旁近望见祥烟腾覆，异而往观，咸起敬信，相与披榛畚土，筑室岩中，遂为一方精舍。师慈悯众生，无求不应。祥符四年（1011），郡守赵公遂良状其灵异闻于朝，赐额"均祥禅院"。转运王公赞行部过岩，以雪请，果大雪。赞遂奏福州开元寺所得太宗皇帝御书百二十幅奉安岩中，岁度僧一人。诏可。仍命郡守胡公咸秩躬护至院。有诗云："迎得御书归洞壑，烟霞一路馥天香。"祥符八年（1015）正月六日，师卧右胁示寂岩中。每岁是日，诸路云集，几不可容。……嘉熙间（1237—1240），烬于劫火。郡奉御书、佛牙、衣钵等安奉于州后，敕赐"定光院"。
  东山禅果院 在武平县南门外。祥符间，定光佛基创。初，化缘建金仙殿，运材关隔，师以挂杖指引其山，曰："权过彼岸。"山即中断，始通挽运。续建法堂、钟楼、后堂、门廊栋宇，视他寺颇壮伟。
  南安廨院 在武平县东北二里。大中祥符间，定光古佛亲创。
  伏虎庵 在武平县七十里。旧传定光拓岩初，民有献牛助耕，师结庵亲牧，夜常有虎柔伏庵外。后师归岩，一日，忽云："虎伤一牛矣。"暮有报如师言。师乃削木书偈云。明日，忽毙于路，因号"伏虎庵"。②

  与定光佛有关的名胜古迹方面，有南安岩、十二蜂、绿水湖、圣公

---

① （宋）胡太初修，赵与沐纂：《临汀志》，福建人民出版社1990年版，"山川"门及《民国长汀县志》卷3《山川》，长汀县博物馆1983年重刊本。
② （宋）胡太初修，赵与沐纂：《临汀志》，福建人民出版社1990年版，第71—78页。

泉、龙泉井等，遍布全县各地。①

庐陵郡城

宋代是庐陵西峰寺的鼎盛时期，其兴盛"繇定光古佛"，故其"法堂题古佛参处"。庐陵一郡及四方士民"皆知事定光，请药药现五色异彩，祈嗣悉应，祷雨旸雨旸若"。定光得法后向其师圆净辞行，"圆净曰：'留福德镇山门'。以是南岩虽盛于临汀，而灵异尤著于庐陵，与仰山等。方寺盛时，每岁孟春六日，人皆祓服，车徒波腾尘沸，十里争道。环为园林，游娱炫丽，地主邀头，歌衢击壤，耳喧目夺"。②传说庐陵还有定光佛母亲的坟墓。③可见，在赣中以庐陵西峰寺为中心，也形成了热烈虔诚的定光佛信仰，其盛况可以与武平南岩比肩，每年正月初六，人们都穿得漂漂亮亮的，到寺中来朝拜和游玩，信仰已与民俗活动融为一体了。④

汀州其他县也有定光佛寺院和古迹，有的虽已经湮灭，但稽文考献，还能见出曾经兴盛的大致情形：

上杭县

旧有奉祀定光佛的寺院，南宋中叶，鲍醇父任上杭县令，"邑有旱溢，公祷于定光佛祠，辄应。"⑤

东安岩　在上杭县北五十里来苏团深山中。旧有定光尝栖息于此，后徙南安。今不斋戒而往者，必遇虎狼。⑥

莲城县

太平庵　在莲城县西南二十里。初有村叟张姓者采樵山间，遇一老僧，墨裙筇杖，语曰："是可卓小庵为祈祷之所，当永无水旱。"语讫，不知所往。张异之，归与乡邻道其事。遂率众创此庵，塑南安祖师像其中。自是随祷辄应。

---

① （宋）胡太初修，赵与沐纂：《临汀志·山川》，福建人民出版社1990年版，第51—53页。

② （元）刘将孙：《养吾斋集》卷17《西峰宝龙祥符禅寺重修记》，《景印文渊阁四库全书》第1199册，（台北）商务印书馆1983年版，第155页下。

③ 据《江西通志》卷110，《庐陵永和市有佛母墓》，修志者据《名胜志》关于宋时有定光僧为南安岩主的记载，认为这一佛母墓当是定光僧母亲之墓。

④ 谢重光：《客家文化述论》，中国社会科学出版社2008年版，第337页。

⑤ （宋）真德秀：《西山先生真文忠公文集》卷46《朝散大夫知常德府鲍公墓志铭》，《四部丛刊初编·集部》，北京书同文数字化技术有限公司2001年电子版。

⑥ （宋）胡太初修，赵与沐纂：《临汀志》，福建人民出版社1990年版，第48页。

定光庵 在莲城县治后西北隅。乾道间，令黄中立创。嘉泰间，令刘晋重创。①

上引材料表明，汀州境内遍布定光佛寺庙或有关古迹，说明定光佛信仰早在南宋就已覆盖汀州地区。不仅如此，定光佛信仰已经传播到福建其他地区，长汀定光院条记载：嘉熙间，均庆院烬于劫火，郡迎御书及衣钵等入州，创阁于院后安奉之。"近南剑人士金饰十八尊者像附置阁上。"说明定光佛信仰在南剑州影响很深。南剑州诸县几乎都有定光佛寺院，说明定光佛信仰已经在南剑州扎根。宋代闽南地区也有定光佛寺院。②故而苏东坡说："七闽香火，家以为祖"③，形象地反映了定光佛信仰在福建的深广影响。

定光佛信仰早在景德初年（1004）即已传到南康郡，绍兴三年（1129）更是显灵于虔化县。而且在赣南广有影响的僧伽大师，"姓吴名文佑，生于五季时，家信丰"，先后居于赣县麂山和于都明觉寺僧伽院，"佯狂不饬细行，饮酒食肉，与市井浮沉"，善预言，奖善罚恶，又能使信众无嗣者有孕生子，显现种种神通，为提高自身地位，还要自称是汀州定光佛弟子，"由是邑人皈依，号为生佛"。④可见定光佛在赣南的影响力之大，表明赣南早已成为定光佛信仰圈的一部分。

元代，定光佛信仰圈继续扩大，在闽北、赣南和粤东、粤北都有较大影响。元人刘将孙在《养吾斋集》中记载说：

自江以西，由广而南，或刻石为像，或画像以祠，家有其祀，村有其庵。

（武平南安）岩介乎闽广之间，前五里为梅州境，幽篁旷野，极目无居人，寇盗之所出没，然数郡仕女，结白衣缘，赴忌日会，间骈

---

① （宋）胡太初修，赵与沐纂：《临汀志》，福建人民出版社1990年版，第80—81页。
② 参见谢重光《客家文化述论》，中国社会科学出版社2008年版，第339—341页。
③ 此语见《临汀志》引述的苏东坡《定光佛赞》。据谢重光先生考证，这篇苏东坡赞词，未见载于各种传世的《苏东坡文集》，应是伪托。但《临汀志》成书于南宋，总结了此前关于定光佛的种种纪实和传闻，书中既有"七闽香火，家以为祖"之语，则可知至迟到南宋晚期，定光佛信仰已传遍整个福建。参见谢重光《客家文化述论》，中国社会科学出版社2008年版，第337页。
④ （同治）《赣州府志》卷60《仙释》，成文出版社1970年版，第1050页上。

踵接，岩寺屹然，道不拾遗，无敢犯者。①

刘将孙还记载说：武平南安岩均庆寺修缮时，汀州、循州、梅州、连州、惠州的官员都积极参与、踊跃捐款。②

闽西定光佛信仰甚至传到江浙，《至元嘉禾志》记载：

> 福严禅院在（崇德）县东北一十二里。考证：唐乾符三年（876）置为千乘院，宋大中祥符元年（1008）改今名。先是，真觉禅师志添云游至京师，徽宗时在潜邸，陈太后病目，真觉咒水治疗有功，许其指占名山住持。真觉乞来此，是为本院第八祖。所赐金环磨衲袈裟一条，上题"遂宁郡王陈美人愿福寿延长施真觉道者当来同成佛果"二十三字。师有草庵歌，元祐乙巳黄山谷为之书，今皆藏在院。又真觉请到汀洲（笔者按：疑为'州'字之误）定光佛，专为祈祷道场雨旸之愆，请祷辄应。旧有七级浮图，久废后重建。③

《至元嘉禾志》于至元二十五年（1288）刊行，此记载谓"请到汀洲（笔者按：疑为'州'字之误）定光佛，专为祈祷道场雨旸之愆，请祷辄应"，虽不能确证江浙是否已有大量定光佛信众，但表明闽西定光佛信仰至迟在南宋末期已传到江浙一带，闽西定光佛信仰的传播范围之广可见一斑。

4. 定光佛信仰的本质是民俗佛教，定光佛是区域族群的民间保护神

民俗佛教是指那些与道教和民间巫术合流，能够为百姓提供祈雨、御寇、禳灾、祛病和种种护佑功能的活佛、祖师，以及能够像道士那样从事各种醮事仪式的民间和尚等所代表的佛教。这些活佛或生佛，在世时有大神通，能够满足信众诸多要求，受到广大信众的崇奉，死后也受到民众祭祀。

---

① （元）刘将孙：《养吾斋集》卷28《定光圆应普慈通圣大师事状》，《景印文渊阁四库全书》第1199册，（台北）商务印书馆1983年版，第270页下。
② （元）刘将孙：《养吾斋集》卷17《汀州路南安岩均庆寺修造记》，《景印文渊阁四库全书》第1199册，（台北）商务印书馆1983年版，第157页上至158页上。
③ （元）徐硕：《至元嘉禾志》卷11，《景印文渊阁四库全书》第491册，（台北）商务印书馆1983年版，第91页下至92页上。

闽粤赣客家地区比较有影响的活佛和祖师，除武平南安岩的定光佛外，还有汀州宁化县的伏虎大师、赣州于都县的僧伽和尚、梅州阴那山的惭愧祖师。但这些活佛和祖师的影响大多只局限于本县或本郡，最多及于邻郡，不如定光佛信仰能够扩及广大的范围。例如惭愧祖师，诚如李士淳说的，"能显灵于一郡，而不幸不大显于天下。"① 依照上述信仰圈的定义，这些活佛和祖师因其影响的范围过于狭窄，尚不能形成信仰圈。以定光佛与伏虎大师为例比较，二者都活动在汀州，都法力高强，并且都受民众信服，也受官方重视。但是在民间，尤其是在官方，定光佛的影响力明显大得多，《临汀志》记载：

> 淳熙间，郡守吕公翼之迎奉均庆院定光真身、广福院伏虎真身于州治后庵，以便祈祷。嘉泰间，郡守陈公晔谓雨旸之应如响，是佛与守分治汀民也，湫隘不足仰称，遂加广辟。绍定寇叛交讧，岌然孤城能保守者，人力不至于此，士民条显应状，丐郡奏请于朝，加二佛师号，仍赐"定光院"为额。②

淳熙初年（1174—1176），郡守吕翼之迎奉均庆院定光真身、广福院伏虎真身于州治后庵，以便祈祷。但在嘉泰间，郡守陈晔认为，雨旸之应如响，"是佛与守分治汀民也"，湫隘不足仰称，遂加广辟。这就很明显地将"雨旸之应如响"的功劳归于定光佛，"湫隘不足仰称"自然也是指的州治后庵不足以匹配定光佛的大功德，因而"遂加广辟"。更能体现定光佛地位和影响力的是绍定寇乱，汀州"岌然孤城能保守者"，士民都认为是定光佛和伏虎大师的保佑所致，"条显应状，丐郡奏请于朝"，然而朝廷仍赐"定光院"为额。这就很好地反映出在官方意识中，定光佛才是可以信赖的精神领袖。

在民间，尤其是对于刚进入汀州的北方移民来说，定光佛更是值得依赖的保护神。客家先民初来此地，首要任务是战胜虎狼成群、瘴疠肆虐的恶劣环境，克服山高地冷、多旱多涝的困难，安家立业，发展生产。定光大师伏虎、除蛟、开井、治水、祈雨、筑陂种种善举，帮助解决了百姓生

---

① （清）李士淳：《惭愧祖师传》，转引自程志远《阴那山志》增订本，广东旅游出版社1994年版，第15页。

② （宋）胡太初修，赵与沐纂：《临汀志》，福建人民出版社1990年版，第70页。

产、生活中最迫切需要解决的问题,所以百姓把他奉为神明、佛祖,视作苦难生活的救星。而且他们初来汀州时,与土著民曾经有激烈的矛盾和斗争。定光大师通过宗教宣传使人们"畏业报而息冤怨",有调和土、客双方矛盾的作用;又通过吸收双方各自原有宗教信仰的有益成分,创造了成为各族群共同信仰的民俗佛教,从而奠定了双方共同接受的意识形态,为族群整合提供了重要条件。[1]

综上所述,定光佛是伴随客家先民进入汀州的,他的主要活动地域在汀州,更确切地说,是在武平,定光佛信仰是在汀州形成的,表现为在汀州时期,定光佛形成对汀州地域社会的巨大影响力,并在此转变为官方精神领袖,形成了以汀州为中心的定光佛信仰圈。定光佛信仰的本质是民俗佛教,定光佛是区域族群的民间保护神。定光佛信仰具有广泛群众基础,适应官民、土客各阶层需要,是属于新形成的客家民系独特的"颇含革新意味的宗教",是客家民系在意识形态方面区别于其他族群、其他民系的重要标志,更是客家民系是在以汀州为核心地域形成的重要佐证。

---

[1] 谢重光:《客家文化述论》,中国社会科学出版社2008年版,第126页。

第六章 宋元汀州客家民系的形成和发展

第一节 动荡中的认同：客家民系在汀州的孕育

宋元时期，汀州社会处于不断动荡之中，学界普遍认为宋代是中国古代"食盐贩私活动的一个高峰"①，"江西、福建地区是宋代武装结伙贩运私盐最为严重的地区"。② 这里所说的"江西、福建地区"，主要是指汀、赣二州及其周围地区，也是宋代"盐贩起义最盛行"③ 的地区。并认为由于实行"榷盐法"导致的私盐贩卖是引起汀州动乱的主要原因。④ 这些都是非常中肯的见解。笔者认为，虽然盐祸是汀州社会动乱的重要原因，但是由于社会经济状况的不断变化，宋元各个时期动乱的起因、规模、后果等方面呈现不同阶段性特点。

一 北宋时期的动荡

北宋真宗年间（998—1022），私盐贩卖问题已经引起关注。景德四年（1007）九月二十七日，福建巡抚、比部员外郎张令图上言："福建路诸寨栅巡兵捕得私鬻茶盐人，多分其财物，纵所犯人逃逸。"⑤ 仁宗时期，汀州私盐贩卖渐趋活跃，已有一定组织性："异时汀州人欲贩盐，辄先伐鼓山谷中，召愿从者与期日，率常得数百人已上与俱行。至是州县督责者

---

① 史继刚：《浅谈宋代私盐盛行的原因及其影响》，《西南师范大学学报》1989 年第 3 期。
② 姜锡东：《关于宋代的私盐贩》，《盐业史研究》1999 年第 1 期。
③ 史继刚：《两宋对私盐的防范》，《中国史研究》1990 年第 2 期。
④ 参见陈占山《宋代潮州与闽粤赣边的寇乱》，《河北师范大学学报》2005 年第 2 期；罗雄飞《宋代汀、赣诸州私盐问题探析》，《中国社会经济史研究》2005 年第 3 期；黄国信《饵"盗"、党争与北宋虔州盐政》，《史林》2006 年第 2 期；黄志繁《"贼民"之间——12—18 世纪赣南地域社会》，生活·读书·新知三联书店 2006 年版。
⑤ （清）徐松：《宋会要辑稿》兵 11 之 5，中华书局 1957 年影印本，第 6940 页上。

保，有伐鼓者辄捕送，盗贩者稍稍畏缩。"① 治平年间（1064—1067），汀州的私盐贩卖已经很普遍了，乃至"在汀日有贩盐被捕"。② 熙宁年间（1068—1077），福建汀州、南剑州等地私盐贩活动频繁，在闽北出现了廖恩领导的农民运动。御史中丞邓润甫注意到"闽越山林险阻，连亘数千里，无赖奸民比他路为多，大抵盗贩盐耳"，并请求"下本路监司，博询众议，措置盐法利害"。③

从上述看，北宋时期汀州私盐贩卖十分普遍，盐贩与官府的冲突虽多，但性质并不严重，绝大多数事态发展程度虽出现了"斗格"和"杀伤"，但只是为逃避官府抓捕的不得已行为，一旦官府"辄捕送"，就"稍稍畏缩"，因而被官府称为"无赖奸民"，并没有发展公开的、大规模、有组织、直接反对政府官兵的叛乱，而被官府称为"寇贼"。官府对私盐贩卖的性质，也只是认定为"盗贩"而已。正是因为官府对私盐贩卖的性质认定不严重，盐贩与官府的对抗也不激烈，所以整个北宋时期，闽粤赣边区虽然存在普遍的私盐贩卖问题，但并没有引起剧烈的社会动荡。

北宋汀州的社会动荡危害轻微还可以从汀州各县城池的修建得以证实。"高城固垒，所以保民。"④ 城池的修建是地方治安好坏的直接反应。从唐大历年间（766—779）汀州刺史陈剑创建郡城，直到北宋末年，汀州除长汀县倚郭有城池，其余各县均无城池，都是延至南宋社会动荡严重时才修建城池，并且由于多次动乱而屡建屡毁：

> 宁化县，城周回二百八十步，分四门。端平间（1234—1236），宰赵时馆修，复累石为之，周围五百丈。
>
> 上杭县，城周一百六十步。端平（1234—1236）间，令赵时钺兴筑，可容二百余户。……淳祐（1241—1252）间，令赵希滠重缩而小之，复圮于水。宝祐（1253—1258）间，令潘景丑再加板筑，址以石，甃以砖，覆以瓦，可备御。

---

① （宋）李焘：《续资治通鉴长编》卷196，中华书局1992年版，第4741页。
② （清）李清馥：《闽中理学渊源考》卷13《少师黄叔灿先生彦臣》，《福建文献汇编》第62册，商务印书馆2011年版，第205页。
③ （元）脱脱等：《宋史》卷183《食货下五》，中华书局1977年版，第4461页。
④ （宋）胡太初修，赵与沐纂：《临汀志》，福建人民出版社1990年版，第10页。

武平县，城周二里八十步。……绍兴间（1131—1162），使相张魏公浚帅本路，差官相视，给费创筑。端平间（1234—1236），令赵汝瀍重嘉修筑，寻隳。

清流县，绍兴间（1131—1162），寇扰无险可恃，邑人大恐，令郑思诚鸠集流散，以兴板筑。

莲城县，绍兴间（1131—1162），令丘钦若创筑。乾道间（1165—1173），令杨立中创三门，岁久复隍。端平间（1234—1236），令米巨宏当寇盗稍平，重嘉修筑。淳祐间（1241—1252），令罗应奇修立瓮门。①

北宋的社会问题并不仅限于私盐贩卖，矿冶业盗采盗贩也是北宋社会动乱的一个部分。关于这一点，学界讨论并不多，谢重光先生关注到这一现象，他指出："'汀赣贼'兴起的另一背景是汀赣地区采矿业的发展。"而使得矿主、矿工和贩卖矿产者起而造反的主要原因是，官府对于矿产征榷管理过于酷刻严厉。②

谢先生的分析指出了矿冶业动乱的根本原因。但笔者认为，要厘清北宋时期的动乱问题，必须结合汀州的经济发展，才能真正揭示北宋汀州动乱的内在原因。

（一）北宋初期矿冶业政策宽松

北宋初期，对矿冶业的政策是比较宽松的。开宝三年（970），太祖曾下诏削减矿冶的岁课：

古者不贵难得之货，后代赋及山泽，上加侵削，下益凋疲，每念兹事，深疚于怀。未能捐金于山，岂能夺人之利？自今桂阳监岁输课银，宜减三分之一。③

这种宽松政策延续到太宗时代。至道二年（996），有关部门建议对一些矿场设立专门机构进行管理，结果被太宗否定：

---

① （宋）胡太初修，赵与沐纂：《临汀志》，福建人民出版社1990年版，第11—12页。
② 谢重光：《客家文化述论》，中国社会科学出版社2008年版，第104—105页。
③ （元）马端临：《文献通考》卷18《矿冶》，中华书局1986年影印万有文库十通本，第179页上。

至道二年（996），有司言定州诸山多银矿，而凤州山铜矿复出，采炼大获而皆良焉，请置官署掌其事。太宗曰："地不爱宝，当与众庶共之。"不许。①

到北宋中期，朝廷经济已经面临巨大的内外压力：

至真宗，内则升中告成之事举，外则和戎安边之事滋，由是食货之议，日盛一日。仁宗之世，契丹增币，夏国增赐，养兵两陲，费累百万。②

矿业政策开始变得严厉起来：

熙宁八年（1075），"令近坑冶坊郭乡村并淘采烹炼，人并相为保，保内及于坑冶有犯，知而不纠或停盗不觉者，论如保甲法。"③

到北宋末年，政府开始把矿冶业当作弥补亏空与填塞欲壑的手段，"崇宁以后，广搜利穴，榷赋益备"④，加强了监管力度，把矿产收归政府管理，禁止私人经营，"大观二年（1108）三月八日敕，诸有冶处并县令兼，与正官一等赏罚"⑤；同时加大剥削力度，使大批已开发的矿源很快趋于枯竭，"钦宗靖康元年（1126），诸路坑冶苗矿微，或旧有今无"。⑥

熙丰之前矿冶业政策的宽松，从事矿冶业的百姓能够从中获得较大利润而没有严重的经济压力，百姓不必违法犯禁。对汀州而言，矿冶业是北宋汀州的支柱产业，元丰前汀州共设置各种矿业机构 28 处，其中 2 银务 4 铁务。在有利可图的宽松政策下，如此多的矿业机构需要大量人口参与，同时为相关产业提供大量的就业机会，这样汀州的大部分人口可能聚集在矿冶业，因而闲置人员不多，纵有部分人参与贩盐，其力量也相当有限。这应该是北宋时期私盐贩卖没有引起激烈动荡的原因之一。

---

① （元）脱脱等：《宋史》卷185《食货志·坑冶》，中华书局1977年版，第4524页。
② 同上书，第4156页。
③ 同上书，第4525页。
④ （元）马端临：《文献通考》卷18《矿冶》，中华书局1986年影印万有文库十通本，第180页中。
⑤ （清）徐松：《宋会要辑稿》《职官》43之123，中华书局1957年影印本，第3335页上。
⑥ （元）马端临：《文献通考》卷18"坑冶"，中华书局1986年影印万有文库十通本，第180页下。

（二）北宋汀州土地资源

土地资源也是与动乱相关的重要因素。人们谈起汀州的问题时，总是提到"地狭人稠"①，以为历宋一代汀州的土地匮乏现象都很严重，实际情况并非如此。宋太平兴国五年（980），汀州户口为 24007 户，人口密度为 1.3 户/平方公里，居福建路末位；元丰元年（1078），汀州户口为 81456 户，人口密度为 4.5 户/平方公里，居福建路末位。② 可见，在元丰年间（1078—1085）之前，汀州人均占有土地还是比较充裕的，而此一时期恰好是汀州矿冶业最为繁盛的时期。当百姓能够通过正常劳作获得充足的生活资源时，他们是不会冒生命危险去违法犯禁，公然与官府对抗的。贩盐应该是汀州百姓正常生产之余为改善生活处境的补充手段，"每岁秋冬，田事既毕"③，才去贩盐，他们并不将此视为谋生必须之道。这就很好地解释了为什么北宋盐贩一旦官府"辄捕送"，就"稍稍畏缩"。

总的来说，北宋时期汀州的各种社会冲突虽然不断发生，但多是一些危害轻微的动荡，由于整体经济环境较好，没有形成长期大规模公然对抗政府的动乱。

二 南宋时期的动乱

北宋末年，金军大举南下。靖康元年（1126），金兵攻破北宋都城开封，赵宋宗室被迫南渡，北方百姓纷纷南迁，天下动荡不已："宣和失驭天下，安土乐业之民皆化为盗贼，更起灭千万计，剑槊不能胜，旗榜不能绥，垂二十年，狙啖势穷，乃稍弭戢。"④

当此之际，政治力量薄弱，经济又趋于衰败的汀州形势也在发生巨大变化，大规模动乱时有发生。据学者统计，从建炎元年（1127）南宋政权建立到绍兴十七年（1147）二十年间，全国共发生动乱 79 起，闽粤赣边共发生动乱 36 起，直接与汀州有关的 14 起，平均不到一年半就发生一起。整个南宋全国共发生动乱 220 起，与汀州有关的动乱 35 起。⑤ 仅举数例以供了解汀州动乱：

---

① （元）脱脱等：《宋史》卷 173《食货上一·农田》，中华书局 1977 年版，第 4193 页。
② 吴松弟：《中国人口史》第 3 卷，复旦大学出版社 2000 年版，第 500 页。
③ （宋）李焘：《续资治通鉴长编》卷 196 "嘉祐七年" 条，中华书局 1992 年版，第 4739 页。
④ （宋）叶适：《水心集》卷 22《墓志铭·故知广州敷文阁待制薛公墓志铭》，《景印文渊阁四库全书》第 1164 册，（台北）商务印书馆 1983 年版，第 396 页上。
⑤ 何竹淇：《两宋农民战争史料汇编》下编，中华书局 1976 年版。

[绍兴元年（1131）三月]福建制置使辛企宗言：李敦仁引兵犯汀州宁化、清流二县。①

[绍兴三年（1133）二月]虔贼周十隆率众犯循梅汀州。己酉，诏统制官赵祥、韩京、申世景、王进合兵捕之。②

[绍兴四年（1134）八月]是日，虔州兴国县南木寨周十隆等千六百人奉德音出降，江西制置司统领官毛佐王赟赵恕往受之，未成，官军掠其妇女。十隆惧，复与其徒奔突水南而去（明年三月己亥佐等并降官），遂掠汀循诸州。③

[绍兴五年（1135）]庚午，都督府前军统制王进为福建路兵马都监，时贼周十隆为神武右军将官赵祥所破，遂犯汀循梅潮等州。朝廷恐其滋蔓闽广，故命进帅所部？江西广东诸将合击之，仍权听福建帅臣节制。④

[绍兴五年（1135）三月]右从事郎权判汀州郭涛，特改合入官。先是，清流县民李丛率众二百为盗，涛合军民之兵掩捕尽殪之。言者奏其事下，帅司核实如章，乃有是命。⑤

[绍兴七年（1137）冬十月]初，虔贼毛顺掠武平县。⑥

绍兴元年（1131）到绍兴七年（1137）七年时间内，汀州几乎年年有动乱，其发生频率之密集、数量之多可见一斑。不仅如此，汀州的动乱无论从参与人口数量、参加人员身份、动乱的性质和影响范围而言，都与北宋时期有了很大的变化，开始具有"大众化、武装化、长期化的特点"。⑦

（一）动乱参与人口众多

南宋时期，闽粤赣边区的私盐贩卖引起的动乱，其参与人数动辄上千，且部属众多：

---

① （宋）李心传：《建炎以来系年要录》卷43，《景印文渊阁四库全书》，（台北）商务印书馆1983年版，第596页上。
② 同上书，卷63，第823页上。
③ 同上书，卷79，第326册，第109页上。
④ 同上书，卷84，第177页下。
⑤ 同上书，卷87，第225页上。
⑥ 同上书，卷115，第564页上。
⑦ 罗雄飞：《宋代汀、赣诸州私盐问题探析》，《中国社会经济史研究》2005年第2期。

>[绍兴十有五年（1145）春正月]闽部八郡山贼自建炎后盘踞岩险，剧寇管天下、伍黑龙、卓和尚、何白旗、丘崇、廖七嫂、满山红之属，数十百部，部数千至数十百人，泉、漳、汀、南剑、邵武界咸被其毒，乡民多筑山岩自保，甚则残败县邑，州门昼闭。①

（二）动乱参与人员成分复杂

北宋时，汀州官民冲突人员构成比较单一，主要是私盐贩的，而在南宋时则有了明显变化：

>（庆元）三年（1197）五月六日，臣僚言："今之盗贼所以滋多者，其巢穴有二：一曰贩卖私盐之公行，二曰坑冶炉户之恣横。二者不能禁制，则盗贼终不可弭。乞于产盐去处，严行禁戢，毋令透漏。如弓兵受赃纵容，一并根究，重行决配。诸路坑冶户管下夫匠，州委通判、县委县丞，各令五家结为一甲，互相觉察，如有违犯，炉户及结甲人同罪，仍于置炉去处揭立板榜，备坐指挥晓示，令本处巡尉逐月巡历，守倅常切觉察。如有违戾，令提刑司按劾。"从之。②

"其巢穴有二：一曰贩卖私盐之公行，二曰坑冶炉户之恣横。"很清楚地表明南宋时动乱的主要参与者已经由单一的私盐贩演变成"贩卖私盐"和"坑冶炉户"了。实际上，当时盐贩和坑冶户结为一体共同对抗官府是一种普遍现象：

>开禧二年（1206）三月二十六日，臣僚言："浙东诸郡濒海则有贩鬻私盐之利，居山则有趁逐坑场之利。利之所在，民争趋之。是以凶黠不逞之徒，黥窜逃亡之卒，乌合蜂聚，什百为众。坑场作过，则逃死于海滨；私贩苟败，则偷生于坑井。深山大泽，互为窟穴。平时望屋而食，稍不如意，则公行剽掠，莫敢谁何。岁歉可乘，相挺而起，岂不重为田里之忧哉！比年以来，盐寇之患，人皆知之，而不知

---

① （宋）薛季宣：《浪语集》卷33《论国服札子遗编》，《景印文渊阁四库全书》第1159册，（台北）商务印书馆1983年版，第543页上。
② （清）徐松：《宋会要辑稿》《兵》13之39，中华书局1957年影印本，第6987页上。

盗贼之可忧者，尤在于此。"①

（三）动乱性质严重，影响范围广

南宋时汀州动乱的性质和影响范围也有了改变。理宗绍定二年（1229）冬，宁化晏彪率众造反，人称晏头陀。"头陀"就是"剪发文面"，是部分畲民的体貌特征。号晏头陀犹如自称畲军。起初这一动乱只是以宁化潭飞磜、招贤里为基地的"盐寇"活动，激起这次造反的根源是官府的榷盐抑配弊政，造反行动深得群众欢迎和拥护，规模迅速扩展，由数百上千发展至万余人，纵横汀、剑、邵武、赣、吉、建昌等州军，前后持续六年之久。晏彪之乱是宋代汀州社会动乱中规模最大的一次，这次动乱促进了畲汉族群的交流。②

汀州动乱造成的危害之严重，还可以从汀州各县城池的建筑与毁坏情况得以展示。

要剖析南宋汀州动乱形成参与人数多、成分复杂、动乱性质严重、影响范围广的原因，仍然要从汀州的经济发展当中找到根源。

首先，矿冶业的衰败。元丰前汀州有矿业机构24处，南宋宝祐年间（1253—1258）仅剩8场，众多矿场"系衔如昔，而名存实亡"。③ 这一方面使得大量原本依附于矿冶业的直接和间接从业者失去工作，另一方面又加重汀州的经济负担，所谓"系衔如昔"，是指"复依旧例，将诸路坑冶金银不分新旧兴废，并遵祖宗旧法，赴内库送纳"④，即矿场已经倒闭，但所纳岁额依旧。"惟是矿冶废歇之久，岁额白金买偿"⑤，即是明证。这样，这些失业百姓为谋生路，不得不加入到贩盐队伍中。

其次，土地资源匮乏。北宋时，汀州人口密度福建路最低，人均占有土地福建路第一位。但是在南渡后，大量移民进入汀州，到南宋中后期人口密度达到12户/平方公里，已接近沿海地区⑥；再加上大量原本依附于矿冶业的人口失业，汀州土地资源的压力巨大，部分人口也不得不加入到

---

① （清）徐松：《宋会要辑稿》《兵》3之34，中华书局1957年影印本，第6818页下。
② 谢重光：《畲族与客家福佬关系史略》，福建人民出版社2002年版，第114—115页。
③ （宋）胡太初修，赵与沐纂：《临汀志》，福建人民出版社1990年版，第96页。
④ （清）徐松：《宋会要辑稿》《职官》27之26，中华书局1957年影印本，第2949页下至2950页上。
⑤ （宋）胡太初修，赵与沐纂：《临汀志》，福建人民出版社1990年版，第31页。
⑥ 吴松弟：《中国人口史》第3卷，复旦大学出版社2000年版，第500页。

贩盐队伍之中。

再次，官府的坑冶户管理十分严格，而且对坑冶户重加盘剥，使矿主、矿工和贩卖矿产者起而造反，"其魁杰者号大洞主、小洞主，土著与负贩者，皆盗贼也"①；并且与盐贩联合作战，"坑场作过，则逃死于海滨；私贩苟败，则偷生于坑井。深山大泽，互为窟穴"。②汀州的坑冶户无海滨可逃，一旦造反，便唯有加入贩盐队伍之中。

可见，随南宋时期汀州经济的恶化，私盐贩卖不再只是百姓生产之余为改善生活处境的补充手段，而成为汀州经济的主流，"盖剑汀诸郡为上四州，地险山僻，民以私贩为业者，十率五六"。③私盐贩卖的丰厚利润和生活资源的匮乏驱使更多的人参与到私盐贩卖的行列中，生活在汀州的各个族群，包括汉族、畲族以及原土著民族，为了共同的利益而团结战斗在一起，这对汀州各族群的交流融合和族群文化的同一化起到了极为重要的促进作用。

矿冶业衰败之后，官府的主要税收也来自盐课，"每岁上供诸费皆仰盐以办"④，"盖上四州财赋绝少，所恃者官卖盐耳"⑤。私盐贩卖昌盛则导致"故公家之用匮"⑥，为了保证足够的税收，官府对私盐贩卖的打击力度加大，而此时期的私盐贩卖已成为汀州大多数百姓赖为谋生之道，为了生存，他们不再"辄捕送"，就"稍稍畏缩"，而是"捕之急则起为盗贼"，并且由于人数众多，力量强大，开始公然对抗政府，规模浩大，"往往数十百为众，持甲兵、旗鼓，往来虔、汀、漳、潮、循、梅、惠、广八州之地"，造成极为严重的后果，"所至劫人谷帛，掠人妇女，与巡捕吏卒斗格，至杀伤吏卒"⑦，"甚则残败县邑，州门昼闭"。⑧汀州动乱

---

① （元）脱脱等：《宋史》卷185《食货下七》，中华书局1977年版，第4537页。
② （清）徐松：《宋会要辑稿》《兵》3之34，中华书局1957年影印本，第6818页下。
③ （宋）李心传：《建炎以来系年要录》卷85，《景印文渊阁四库全书》第326册，（台北）商务印书馆1983年版，第186页上。
④ （宋）熊克：《中兴小纪》卷33，《景印文渊阁四库全书》第313册，（台北）商务印书馆1983年版，第1123页下。
⑤ （元）脱脱等：《宋史》卷183，中华书局1977年版，第4465页。
⑥ （宋）熊克：《中兴小纪》卷33，《景印文渊阁四库全书》第313册，（台北）商务印书馆1983年版，第1123页下。
⑦ （宋）李焘：《续资治通鉴长编》卷196，中华书局1992年版，第4739页。
⑧ （宋）薛季宣：《浪语集》卷33《论国服札子遗编》，《景印文渊阁四库全书》第1159册，（台北）商务印书馆1983年版，第543页上。

也由百姓与政府争利的经济冲突演变为公然与政府对抗,以推翻地方政府势力为目的的叛乱行为,因而在南宋时期,这些百姓被冠之以"汀赣贼"、"盐寇"等称呼。

三 元代汀州的动乱

元代汀州的动乱和宋代相比,不再只是百姓因为经济利益而发生的与政府对抗的叛乱,还加上民族斗争因素,汀州的动乱逐步演变成为带有强烈民族意识的斗争。

宋末元初,包括汀州在内的闽粤赣交界区,是宋臣和宋宗室抗元卫宋的最后一块根据地。德祐元年(1275),文天祥以江西安抚使号召抗元,"使陈继周发郡中豪杰,并结溪洞蛮,使方兴招吉州兵,诸豪杰响应,有众万人"。① 文天祥勤王的部队主要有二部:一是其家乡吉州的地方豪强即"郡中豪杰";二是尚未汉化的南方民族,即"溪峒蛮"。谢重光先生认为:"溪峒蛮"与畲民多属同一种族,只是名称不同而已。例如闽北黄华所部"畲军",还有浙南括苍的畲民妇许夫人等,都可以看成是"溪峒蛮"的一支。"畲军"也并非全由畲民或"溪峒蛮"组成,黄华畲军中还有盐夫,就是明证。盐夫就是贩私盐百姓,与贩私盐的"汀赣贼"属于同一性质,大都是汉人。文天祥最初组织到的万人抗元武装,由赣中赣南的地方武装和"溪峒蛮"共同组成,也是一支畲、汉联军。② 黄志繁也认为,在宋代文献中,"溪峒"如果和"蛮"联系在一起,指的是"畲、瑶"等"不纳王粮"的化外之徒。③ 文天祥勤王"初起时,崎岖山谷,购募义兵,耕氓峒丁,造辕门,请甲仗,不啻数万"。④ 德祐二年(1276),端宗在福建福安即位,汀州成为南宋王朝抗击元军的主要根据地。景炎元年(1276)十月,文天祥率兵进驻汀州继续抗元⑤,后因"汀守(黄弃疾)可疑……丁丑[景炎二年(1277)]正月,由汀州趋龙

---

① (元)脱脱等:《宋史》卷418《列传第177·文天祥》,中华书局1977年版,第12534页。
② 谢重光:《客家文化述论》,中国社会科学出版社2008年版,第192页。
③ 黄志繁:《宋代南方山区的峒寇:以赣南为中心》,《南昌大学学报》2002年第3期。
④ (明)朱国祯:《涌幢小品》卷20,中华书局1959年版,第469页。
⑤ 长汀县地方志编纂委员会编:《长汀县志·大事记》,生活·读书·新知三联书店1993年版,第11页。

岩"。① 文天祥的勤王以吉州、赣州、汀州、漳州、梅州为主要活动范围。景炎三年（1278）十一月，在前往惠州海丰途中被元军张宏范部俘虏于五坡岭。② 文天祥抗元活动是儒家忠君思想的体现，他也以此号召民众抗元卫宋。这无疑对闽粤赣交界区的族群汉化起到了重要的促进作用。但是必须看到，文天祥勤王初起兵，"购募义兵"是其主要兵源，这表明宋末元初闽粤赣交界区的非汉族群的汉化尚处于较低水平，忠君思想还很淡漠，因而需要重资"购募"。这在当时的抗元卫宋活动中体现得很明显。宋末，南宋宗室赵戊岜在赣州组织抗元卫宋斗争，失败后又到汀州"捐重赏募峒丁廖陈六等进取"③，即是一例。此一时期汀州的抗元斗争还没有体现反抗外族入侵的民族气节。

有元一代，汀州动乱不已，早期比较重大的有至元十五年（1278）闽北黄华之变、至元十三年（1276）汀漳剧盗诸剧盗陈吊眼及许夫人所统诸峒畲之变、至元二十五年（1288）汀州钟明亮之变等大规模的武装反叛④，晚期则有至正四年（1344），"汀州寇窃发，多尔济调遣将士招捕之。威信所及，数月即平"⑤；至正六年（1346）五月，"汀州民罗天麟反，讨杀之"⑥；"至正八年（1348）三月，以福建盗起，诏汀、漳二州特立分元帅府以讨捕之"⑦；"至正十二年（1352），盗起海上，势且及汀"⑧；至正十八年（1358），"陈友亮陷汀州路"⑨；"至正二十二年（1362），土贼曹柳顺据曹坊（注：曹坊在汀州宁化县境内），拥众万人，

---

① 《诗文集社》卷2《梅州诗序》。转引自蔡骥《历史上汀江流域的地理环境》，《陕西师范大学学报》（哲学社会科学版）2007年第3期。

② （元）脱脱等：《宋史》卷418《文天祥传》，中华书局1977年版。

③ 刘埙：《水云村稿》卷4《赵抚州传》，《景印文渊阁四库全书》第1195册，（台北）商务印书馆1983年版，第370页上。

④ 谢重光：《客家文化述论》，中国社会科学出版社2008年版，第134—145页。

⑤ （明）宋濂等：《元史》卷139《列传第二六·朵儿只》，中华书局1976年版，第3354页。

⑥ （明）胡粹中：《元史续编》卷13，《景印文渊阁四库全书》第334册，（台北）商务印书馆1983年版，第363页上。

⑦ （明）宋濂等：《元史》卷92《志第四一下·百官八》，中华书局1976年版，第2339页。

⑧ （清）谷应泰：《明史纪事本末》卷6《太祖平闽》，《景印文渊阁四库全书》第364册，（台北）商务印书馆1983年版，第176页上。

⑨ （明）宋濂等：《元史》卷45《本纪第四十五·顺帝纪八》，中华书局1976年版，第941页。

蚕食诸县"。① 由此可见，从至正四年（1344）到至正二十二年（1362），汀州民众几乎就家无宁日。

元朝，"客家与畲族人民对于蒙元统治者的坚决反抗，缘于蒙元军队的残暴及元朝实行的民族歧视政策。"②

元朝，实行严格的种族划分和种族歧视政策，将诸民族分为四等，各等级之间政治、经济权益高下悬殊，以蒙古人居首，色目人次之，汉人又次之，南人最下。汀州各族群基本属于社会最底层的"南人"等级。像其他地区的百姓一样，汀州百姓也遭受残酷的剥削和压迫。

至元十三年（1276）始，汀州路六县成为囊加真公主的封地，"弘吉剌氏之封邑……汀州路长汀、宁化、清流、武平、上杭、连城六县。此至元十三年（1276）所赐也。"③ 在其统治之下，汀州的经济民生受到严酷盘剥。

首先，汀州官员由其自命，六县之达鲁花赤听其陪臣自为之。④ 分邑达鲁花赤，由受封地的亲贵自举，须用蒙古人，称为投下达鲁花赤。⑤ 这些官员到任后，以举主为瞻，无视民生，在分邑诛求无艺，"近年以来，各投下官员恃顽，不同常调，但凡所须物色，悉皆科拔本管人户。"⑥ "科拔"乃势所必然。

其次，赋税苛酷，"至元十八年（1281）所赐汀州路之四万户，丝以斤计者，岁二千二百有奇，钞以锭计者，岁一千六百有奇，此则所谓岁赐者也"。⑦ 由于元军的屠杀掳掠，无数百姓丧生于战火中，汀州的人口也急剧减少，"田园忧五色，市井仅千家"⑧，宝祐年间（1253—1258）汀州人口223433户⑨，元代只剩下42423户⑩，兵灾摧残了社会生产力。兼之

---

① （乾隆）《宁化县志》卷13《寇变志》。
② 谢重光：《客家文化述论》，中国社会科学出版社2008年版，第130页。
③ （明）宋濂等：《元史》卷118《特薛禅传》，中华书局1976年版，第2920—2921页。
④ 同上。
⑤ 朱维干：《福建史稿》上册，福建教育出版社1984年版，第404页。
⑥ （元）完颜纳丹等奉敕，黄时鉴点校：《通制条格》卷2，浙江古籍出版社1986年版，第19页。
⑦ （明）宋濂等：《元史》118《特薛禅传》，中华书局1976年版，第2920页。
⑧ （元）卢琦：《抵宁化县》，载曾曰瑛修、李绂纂（乾隆）《汀州府志》，方志出版社2004年版，第994页。
⑨ （宋）胡太初修，赵与沐纂：《临汀志》，福建人民出版社1990年版，第22页。
⑩ （明）宋濂等：《元史》卷62《地理五》，中华书局1976年版，第1506页。

"政烦赋重"，导致"盗又数起"①，汀州经济受到毁灭性打击。

元朝汀州的地位日益重要，"汀在闽南边鄙，一道控扼重地"。②元政府为了加强统治，派遣重兵进驻。在汀州一带，驻有"汀州万户府"、"邵汀万户府"，另有"汀漳屯田万户府"③，驻兵人数不详，"以兵籍系军机重务，汉人不阅其数。虽枢密近臣职专军旅者，惟长官一二人知之。故有国百年，而内外兵数之多寡，人莫有知之者"。④据《元史》卷91《百官志》记载，上万户管军七千以上，中万户管军五千以上，下万户管军三千以上。另外，汀漳屯田万户府的人员情况，据《元史》卷100《兵志三》记载：至元十八年（1281）"命管军总管郑楚等，发镇守士卒年老不堪备征战者，得百有十四人，又募南安县居民1825户；元贞三年（1297），命于南诏、黎、畲各立屯田，调拨见（现）成军人，每屯置一千五百名，及将陈吊眼等余党入屯，与军人相参耕种。其中，汀州屯有屯户1525名，田225顷，漳州屯有屯户1513名，田250顷"。⑤数量巨大的军队不仅需要汀州百姓供养，而且还"所在侵夺民田，不胜其扰"⑥，进而出现"岁终更代，甚为民病"。⑦

在元朝统治者的残酷压迫剥削下，汀州的各族群联合作战，促进了族群之间的交流。同时，各族群对汉文化的认同也不断加深，各支军队的首领以"复宋"为口号就是其体现。

据郑所南《铁函心史·元鞑攻日本败北歌并序》载：

> 陈吊眼据漳已久……此通诸山洞，山寨八十余所……年号昌泰，未知拥谁为主……然恐籍大宋之名，鼓舞人心，实私为一己之谋，图集事功。⑧

---

① （清）杨澜：《临汀汇考》卷1《方域考》第1册，光绪四年刻本，第15页。
② （元）刘将孙：《养吾斋集》卷30，《景印文渊阁四库全书》第1199册，（台北）商务印书馆1983年版，第281页下。
③ 上引悉见朱维干《福建史稿》（上），福建教育出版社1984年版，第398—400页。
④ （明）宋濂等：《元史》卷98《志第46·兵一》，中华书局1976年版，第2509页。
⑤ （明）宋濂等：《元史》卷100《兵志三·屯田》，中华书局1976年版，第2570页。
⑥ （明）宋濂等：《元史》卷45《本纪四十五》，中华书局1976年版，第937页。
⑦ （明）郎瑛：《七修类稿》卷12《国事类·罗良传》，上海书店出版社2001年版，第121页。
⑧ 转引自蔡骥《历史上汀江流域的地理环境》，《陕西师范大学学报》（哲学社会科学版）2007年第3期。

《元史》卷15《本纪·世祖十二》载：

> 十月庚子，建宁路管军总管黄华叛，众几十万，号头陀军，伪称宋祥兴五年，犯崇安、浦城等县，围建宁府。①

"恐籍大宋之名"，"伪称宋祥兴五年"都是以"复宋"号召百姓，虽然有"实私为一己之谋，图集事功"之嫌，正如谢重光先生言："畲族及畲化汉人的一些领袖人物，似乎不如汉族士大夫那样重视对一姓一朝的忠贞气节，他们主要从实际的政治、经济利益出发，决定自己对宋对元的政治立场。他们初起兵时，在元朝统治者的威胁利诱下，曾有降元之举。② 但随元朝统治者凶残欺诈面目的暴露，他们都重新走上了抗元的道路。黄华复起后'伪称宋祥兴五年'，说明他们正式以宋遗民自居，以反元复宋为号召，在政治上、策略上明显进步了。这次事变之外的其他畲族领袖人物也大多有类似的经历。这个问题，看来不能完全以汉族的民族气节观念看待，而应该从畲族与统治者交往的角度加以审视和认识。"③ 但是，从义军以"复宋"为口号，并且应者云集来看，汀州地区的各个族群其时已经开始认同汉族王朝，人心思宋可视作对汉族儒家文化忠君思想的认同。从这个意义上讲，元代汀州的动乱已经演变为带有强烈民族反抗意识的斗争。

第二节 "疆围日辟，声教浸远"：客家民系的最终形成

宋元时期，汀州社会发生了巨大变化，一是随五代末期至南宋时期汀州人口大量增加，汀州经济经历了大发展中的转型，形成新的社会风气；

---

① （明）宋濂等：《元史》卷20《本纪第十二·世祖九》，中华书局1976年版，第257页。
② 除黄华曾投降外，高日新也降而复叛，参见（明）宋濂等《元史》卷11《本纪·世祖八》，文曰："十八年春正月癸亥，邵武 民高日新据龙楼寨为乱，擒之。……（十月）辛酉，邵武叛人高日新降。"按：高日新于至元十五年与黄华同起事，黄华降完者都时高日新可能也同时投降了，故其十八年"据龙楼寨为乱"是降而复叛，同年十月之降是叛而复降。中华书局1976年版，第229—235页。
③ 谢重光：《客家文化述论》，中国社会科学出版社2008年版，第138页。

二是在这个过程中，汀州各族群在相互斗争、协作中慢慢融合，最终在南宋以汀州为中心形成了一个拥有不同文化的新族群——客家民系。

一　南宋客家民系的形成

先来看看汀州早期的社会风气状况。

汀州建置于唐代，首次修志始于隆兴二年（1164），这是州郡分置430年来的首部方志；再修于庆元四年（1198），均名《鄞江志》；鉴于前志"甚略"、"未备"与"尚疏"，开庆元年（1259），时知汀州胡太初遂命州学教授赵与沐等三修。① 因此唐时汀州风气无明载。但是，元和年间张籍《送汀州元使君》诗却提供了唐代汀州的社会风气信息。诗云："曾成赵北归朝计，因拜王门最好官。为郡暂辞双凤阙，全家远过九龙滩。山乡只有输蕉户，水镇应多养鸭栏。地僻寻常来客少，刺桐花发共谁看。"② 清人杨澜对此诗作了说明："长汀为光龙峒，宁化为黄连峒。峒者苗人散初之乡。大历后始郡县其巢窟，召集流亡，辟土殖谷而纳贡赋。其地环万山中，厥壤宜稻田，有山溪水，足资灌溉，故郡以汀为名，表水利也。于是负耒耜者，皆望九龙山而来。至贞元后，风土之见于诗者，有曰：'山乡祇有输蕉户，水镇应多养鸭栏。'隐然东南一乐土矣。于时得罪南窜如苏弁、裴胄、蒋防、张滂、韩晔、李稠之伦，皆结庐山中，忘其宦况。"③ 则是唐时汀州民风淳朴，"隐然东南一乐土矣。"唐代汀州土旷民稀，以农业为主要经济来源，"于是负耒耜者，皆望九龙山而来"，因为资源充足，与"苗人"即当地土著并无大的冲突，故能和平相处。而当时遭贬的官员们也乐此而忘忧。从上述诗歌可以看出，唐代汀州源源而来的移民依山傍水，利用山谷间肥沃土地和汀江充沛水力资源，辛勤垦殖，不到半个世纪，便在蛮荒瘴疠之地上开发出一个个初具规模的山乡水镇。这里以种水稻为主，还大量种植蕉葛等经济作物，普遍养殖鸭子等家禽家畜，汀州带有山林经济特色的自给自足自然经济略见雏形。山水的幽胜，生活的粗安，使得一批贬官流放到此的中原士大夫暂时忘记了政治失意的痛苦。他们在汀州逗留期间，对于汀州的文化进步起到了不可低估的

---

① 方健：《开庆临汀志研究》，载邹逸麟、周振鹤主编《历史地理》第21辑，上海人民出版社2006年版，第366—367页。

② （唐）张籍：《送汀州元使君》，（清）彭定球等编：《全唐诗》卷385，中华书局1960年版，第4343页。

③ （清）杨澜：《临汀汇考》第1册卷1《方域》，光绪四年刻本，第14页。

作用。①

北宋初期，汀州"风俗同福州"②，"《开元录》云：闽县，越州地，即古东瓯，今建州亦其地，皆蛇种。有五姓，谓林黄是其裔。《十道志》云：嗜欲、服衣，别是一方。"③ 表明汀州在北宋初期虽然人口大量增加，但是风俗习气并没有发生太大变化，与福建风俗基本一致。其原因当是由于五代末期才开始有北方移民大量进入汀州，并居住在汀州，距《太平寰宇记》记载的时间不久④，这么短的时间汀州风俗习气显然不可能发生大的改变；另一方面，汀州虽然增加了不少人口，但户口数量并不多。宋太平兴国五年（980），汀州户口为24007户，人口密度为1.3户／平方公里，居福建路末位。换句话说，就是汀州的人均占有土地为福建路第一，依然土旷人稀。太宗朝前，矿冶业政策较为宽松，移民在汀州很容易找到谋生之道。正是由于土地资源充裕，谋生容易，移民与土著民之间的交往和冲突较少，族群间的融合几乎尚未发生，自然不会形成新的风俗习气。社会经济的发展在形成新的社会风气过程中至为关键。

汀州的社会风气直到元丰年间依然没有太大改变。元丰年间出任汀州太守的陈轩写诗说："居人不记瓯闽事，遗迹空传福抚山。地有铜盐家自给，岁无兵盗戍长闲。"⑤ 诗歌展现了汀州矿业兴旺，物产丰富，百姓安居乐业的一派太平气象。《临汀志》记陈轩"治尚简静，暇日与郡倅郭祥正登山临水，觞咏酬酢百余篇，邦人至今以为美谈"。⑥ 此语当然有饰美之意，却反映了汀州的社会风气状况。试想汀州若是像南宋时，"时有弄兵珥笔为里闾挠者……轻生尚武"⑦，陈轩纵有为政之才，也很难做到"治尚简静"，更遑论"暇日登山临水"，以至于"邦人至今以为美谈"？可见元丰年间汀州的社会风气依然淳朴，"幸赋输之易集，亦狱讼之甚

---

① 谢重光：《福建客家》，广西师范大学出版社2005年版，第25页。
② （宋）乐史：《太平寰宇记》卷102《汀州》，中华书局2007年版，第2035页。
③ （宋）乐史：《太平寰宇记》卷100《福州》，中华书局2007年版，第1991页。
④ 据今人研究，《太平寰宇记》刊于雍熙、端拱之际（984—989），所用资料乃太平兴国（977—984）后期。参见王文楚《太平寰宇记·前言》（影宋残本），中华书局2007年版，第2页。
⑤ （宋）祝穆：《方舆胜览》卷13《汀州·题咏》，《景印文渊阁四库全书》第471册，（台北）商务印书馆1983年版，第675页上。
⑥ （宋）胡太初修，赵与沐纂：《临汀志》，福建人民出版社1990年版，第142页。
⑦ 同上书，第20页。

稀。里闾安循吏之抚摩，景物继诗人之题咏"①，仍是"隐然东南一乐土矣"。黄庭坚写诗赞曰："平生所闻陈汀州，蝗不入境屡丰收。"② 也是反映了元丰前汀州富裕平和的社会状况。这和汀州经济的发展也是相吻合的。

北宋元丰前是汀州矿业最为昌盛的时期，其时汀州户口为81456户，人口密度为4.5户/平方公里，居福建路末位，人均占有土地仍然占福建路第一。但是，此时期的汀州社会风气已经在改变之中。一是当时汀州同时开发许多矿场，由于矿脉枯竭等原因，此闭彼兴的现象屡有发生，所以无论是直接从事于矿冶业还是间接从事与矿冶业相关的其他行业的人员，不断会在各矿场间流动，这无疑会促进汀州各族群间的交流；二是矿冶业的兴旺也会吸引土著民族参与到矿冶业的生产之中，比如中国古代南方冶炼多用木炭③，这样就会使大量远避深山的原住民、先住民通过向矿场提供木材、木炭而参与到族群交流融合的过程中。三是当时汀州矿冶业官营半官营性质和相当的生产规模，决定了当时文化水准较高的汉族会在矿场作业和矿产品流通等方面占主导地位，使汀州族群交流以"汉化"为主要方向。

汀州的社会风气到南宋有了较大的改变。《舆地纪胜》引《鄞江志》曰："民生尚武。"④ 前文所述，《鄞江志》有两修，《舆地纪胜》所引《鄞江志》即为庆元四年（1198）所修。那么，至迟在庆元年间（1195—1120）之前，汀州"民生尚武"的社会风气已形成。这反映汀州已经形成了一种融贯土客的新风习，时人的描述与此十分吻合。《过汀州》诗中有这样的描述："荒山无寸木，古道少人行。地势西连广，方音北异闽。间阎参卒伍，城垒半荆榛。万里瞻天远，常嗟梗化民。"⑤ 据谢重光先生考证，《过汀州》作于南宋乾道四年（1168）以前。⑥ 则是乾道年间（1165—1173）以前汀州的新方言已经形成。南宋庆元二年（1196）任汀

---

① （宋）祝穆：《方舆胜览》卷13《汀州·四六》，《景印文渊阁四库全书》第471册，（台北）商务印书馆1983年版，第675页上。
② （宋）胡太初修，赵与沐纂：《临汀志》，福建人民出版社1990年版，第142页。
③ 夏湘蓉等编著：《中国古代矿业开发史》，地质出版社1979年版，第216页。
④ （宋）王象之：《舆地纪胜》卷132《汀州》，文海出版社1971年影印本，第699页上。
⑤ （明）解缙等编：《永乐大典》卷7895《题咏》引《漫游集》，中华书局1986年版，第4册，第3675页下。
⑥ 谢重光：《福建客家》，广西师范大学出版社2005年版，第41页。

州教授陈一新所作《跋赡学田记》记："闽有八郡，汀邻五岭，然风声气习颇类中州。"① 这里说汀州邻接五岭，其风俗和方音与其他七个州不同，却与中原比较类似，显然，与太平兴国年间汀州"风俗同福州"② 的情况已经彻底改变。生活在南宋中期的陈淳（1159—1223）在《答陈伯澡》中也曾注意到汀赣地区的新风气："己卯春，某也自中都回，经建阳，拉文公墒范九哥同访朱寺正。不知范几时丁母艰，出相见，乃用麻布巾、麻布上项衫，遂以同造朱宅，彼此俱无讳忌。今汀赣客人有服者来往，多是虔布上项衫，非学南俗，无理之甚也。"③ 陈伯澡即开禧三年（1207）至嘉定三年（1210）出任上杭知县的陈沂。陈淳说："今汀赣客人有服者来往，多是虔布上项衫，非学南俗，无理之甚也。"也意味汀州已形成与福建其他地区不同的风气，即"非学南俗"。

新风气具体表现为"习气劲毅而狷介，其君子则安分，义励廉隅，耻为浮侠；其小人则质直果敢，不以侈靡崇饰相高。然经界未行而赋役偏，舟车不通而商贾窒，农罕以耕稼自力，未免有旷土游民；妇不以蚕丝自工，惟事乎治麻缉苎，是以积贮有限，服用无华。外邑山谷之间，亦时有弄兵珥笔为里间挠者，旧志谓无险隘荒陋，轻生尚武，人情不甚相远。"④ 谢重光先生把汀州、赣州与福州、洪州进行对比，认为"赣南、闽西人轻生尚武，好勇敢争，不同于洪州人的知足恬退，质直淳朴，也不同于福州和莆仙人的儒雅尚文，缘饰重礼"。⑤ 与汀州一样生活众多畲族的漳州，风俗气习也与汀州不同，刘克庄一首咏漳州风物的诗写道："庵远人稀行未休，风烟绝不类中州。何须更问明朝路，才出南门极目愁。"⑥ 汀、漳两州虽然境土相连，区域文化面貌和族群人文性格却迥然不同。凡此都充分说明，宋代赣南、闽西确已形成彼此相似而与其他相邻地区迥异的独特区域文化风貌和独特族群人文性格。⑦

---

① （宋）王象之：《舆地纪胜》卷132《汀州》，文海出版社1971年影印本，第699页上。
② （宋）乐史：《太平寰宇记》卷102《汀州》，中华书局2007年版，第2035页。
③ （宋）陈淳：《北溪大全集》卷28，《景印文渊阁四库全书》第1168册，（台北）商务印书馆1983年版，第719页上—下。
④ （宋）胡太初修，赵与沐纂：《临汀志》，福建人民出版社1990年版，第20页。
⑤ 谢重光：《客家文化述论》，中国社会科学出版社2008年版，第110页。
⑥ （宋）刘克庄：《后村先生大全集》卷15《四部丛刊初编·集部》，北京书同文数字化技术有限公司2001年电子版。
⑦ 谢重光：《客家文化述论》，中国社会科学出版社2008年版，第111页。

形成这种新风气的原因，时人多归结为自然地理因素："广谷大川异制，民生其间异俗，曹奢魏褊，楚急齐舒，从古而然"，"汀，山峻水急"①，"非惟两州山川气习固然"。② 自然地理因素对形成风俗习气当然有一定影响，但是谢重光先生认为形成新风气的关键就在于"疆圉日辟，声教浸远"，也就是开发程度提高了，受到以儒家文化为核心的中原文化的影响加强了。③

除此之外，汀州社会经济的发展变化也是形成这种社会风气的重要原因。北宋末期，汀州矿冶业迅速衰败，人地关系极度紧张，汀州大批百姓为生存而走私，汀州成为"铜盐之间道所往来"④，生活在汀州的各个族群，包括汉族、畲族以及原土著民族，为了谋取生存资源，或冲突，或协作，从而加强各族群的交流融合和族群文化的同一化，"最终就形成一种融摄多种文化精华的新文化。所谓义励廉隅、抗志励节、朴实无华，而又悍劲伉健、坚韧不拔、勇于反抗、敢于斗争的社会风尚和族群性格，就是这种新文化的重要内涵"。⑤ 这种社会风气是北宋末期以来汀州经济形势发生变化引起的，汀州"西邻章贡，南接海湄，山深林密，岩谷阻窈，四境摧埋顽狠之徒，党与相聚，声势相倚，负固保险，动以千百计，号为畲民．时或弄兵相挺而起，民被其害，官被其扰，盖皆江右、广南游手失业之人遁逃于此，渐染成习。比数十年间，此风方炽，古岂有是哉！"⑥ "比数十年间，此风方炽"很清楚地表明汀州新风气的形成。这种文化的形成标志着客家民系的最终形成，"既不是汉族移民的固有文化，也不复是闽越族及盘瓠蛮文化的旧观；它同时具有汉族移民与南方各族文化的多种因素。这种新文化就是客家文化，它的载体就是客家民系"。⑦

二 汀州在客家形成过程中的中心地位

汀、赣两州是客家民系在南宋后期初步形成时的主要舞台，因而汀州

---

① （宋）胡太初修，赵与沐纂：《临汀志》，福建人民出版社1990年版，第20页。
② （宋）赵汝愚：《论汀赣盗贼利害奏》，载（明）黄淮、杨士奇等编纂《历代名臣奏议》卷319弭盗，《景印文渊阁四库全书》第441册，（台北）商务印书馆1983年版，第825页下。
③ 谢重光：《客家文化述论》，中国社会科学出版社2008年版，第111—112页。
④ （宋）王象之：《舆地纪胜》卷132《汀州》，引自郑强《移创州学记》，文海出版社1971年影印本，第699页上。
⑤ 谢重光：《客家文化述论》，中国社会科学出版社2008年版，第112页。
⑥ 赵万里辑：《元一统志》卷8《汀州·风俗形势》引《（汀州）图志》，中华书局1966年版，第629—630页。
⑦ 谢重光：《客家文化述论》，中国社会科学出版社2008年版，第116页。

和赣州在客家民系形成过程中的地位和作用一直是人们争论的焦点。关于这个问题，谢重光先生在其著作《客家文化述论》中作了详尽的分析，撮取其要如下：

（1）目前学界对汀州和赣州在客家民系形成过程中的地位和作用看法大致可以概括为三种：一是强调赣南在客家民系形成过程中的突出地位和重要意义，赣南是客家先民自中原南迁的大本营。二是强调汀州州治长汀县在客家民系发展中的地位和作用，认为汀州州城是客家民系形成的中心。三是强调以宁化石壁为中心，包括福建的宁化、清流，江西的石城、宁都等地的闽赣结合都是客家民系形成的中心。

（2）三种观点不能完全成立的原因。一是赣南移民多为唐末五代时迁入，赣南地理封闭性不够，北迁汉人把赣南当作暂居地。二是汀州州城区域太小，无法担当客家民系形成的重任。三是闽赣片实际强调的是宁化石壁，把客家民系形成的区域限制得更为狭窄。

（3）汀州是客家民系形成的核心地域。原因有三：一是武夷山脉对于南迁汉人心理上的巨大屏障作用。二是唐末王潮、王审知兄弟率领的淮南武装移民对于客家、福佬二民系形成的关键作用。三是闽西定光佛信仰的形成和传播，在客家民系的族群整合方面起了巨大的作用。①

谢先生对汀州在客家民系形成中的核心地位无疑已经论证得非常详尽。笔者不揣浅陋，呈出对这一观点的管见，以求大家指点。

汀州与赣州接受移民情况中存在一个很大的不同。赣州在唐末五代时期接受移民时，首先是在内部安置，当内部无法继续容纳时，移民可以通过汀赣间的诸多通道继续前行进入汀州，赣南的政区设置可以证明这一点。唐代虔州"管县七：赣，南康，信丰，大庾，雩都，虔化，安远"②，后在武夷山西侧设置瑞金监，表明赣南的人口已逐步向东涌动，但并没有迹象显示赣南人口已达到饱和，也就不会有大量人口向汀州迁移。直到五代南唐时期，除瑞金监升为县外，又另外增置了三个县，"瑞金县，本瑞金场，南唐升为县；石城县，本石场，南唐改为石城场，旋升为县；上犹县，本南康县地，伪吴天祐中析南康县之一乡半为场，南唐壬子岁（952）改为县；龙南县，本信丰地，伪吴武义中析信丰顺仁乡之新兴一

---

① 谢重光：《客家文化述论》，中国社会科学出版社2008年版，第116—125页。
② （唐）李吉甫：《元和郡县图志》卷28《江南道四·虔州》，中华书局1983年版，第672页。

里为场，南唐壬子岁改为县。"① 石城与宁化相邻，瑞金与长汀相邻，龙南与粤北相邻，上犹与湖南相邻，说明此一时期赣南又接纳了大量移民，人口已扩散到州治的边缘，因而在远离州治的偏远地区已开始设立新县。但是赣南人口仍然没有达到饱和，来自北方的流民仍然可以在赣南找到容身之所，无须继续迁徙，因而也不会有成批的移民进入汀州。北方流民继续涌入，使得赣南在宋初太平兴国八年（983），又新置两个县。"兴国县，太平兴国八年（983）以赣县潋江镇置兴国县；会昌县，太平兴国八年（983）以九州岛镇置会昌县。"② 会昌县与汀州交界，此后直到元代的三百多年间，赣南竟未再新置一个新县。因此我们可以认为直到北宋初赣南的人口才达到饱和状态，自此以后向南迁移的北方流民只能经过赣州继续向闽西或粤北，主要是向闽西迁移。而且五代末期至北宋初年的移民涌入已经使得虔州无法继续接纳，部分流民开始途径赣南成批进入汀州南部，致使汀州人口激增，太平兴国年间（980—989），有主户 19730 户，客户 4277 户，总计 24007 户。③ 因而在赣南人口达到饱和之后不久，汀州即于宋淳化五年（994）升上杭、武平二场并为县。④

从这个意义上讲，唐末五代进入赣南的北方移民始终处于流动之中。而"只有具备一定的移民的数量，并生活在一个相对封闭环境中，才能长期保持并延续北方的文化特征"。⑤ 在拥有上述条件后，还必须在一个的稳定环境中，经过长时段与其他族群的交流融合，才可能孕育形成一个新的民系。显然，流动中的移民是无法完成这一任务的。

另外，赣州开发较早使得赣南的原始族群人口较少，与迁入赣南的北方移民数量差距太大，再加上文化上的巨大落差，赣南的非汉族群在与汉民族的文化交流中，几乎不足以对迁入的汉民产生经济文化上的影响。

汀州则在空间、族群交流和交通中有赣州无法比拟的条件。首先，汀州有充足的空间容纳大量北方移民。五代末期至北宋初年以前，大量进入福建的北方汉人基本居住在福建其他地区。唐末五代时期福建共增置 1 州

---

① （宋）乐史：《太平寰宇记》卷108《虔州》，中华书局2007年版，第2186—2187页。
② （宋）王存：《元丰九域志》卷6《江南路·西路》，中华书局1984年版，第251页。
③ （宋）乐史：《太平寰宇记》卷102《汀州》，中华书局2007年版，第2035页。
④ （宋）王存：《元丰九域志》卷9《福建路·汀州》，中华书局1984年版，第404页。
⑤ 吴松弟：《客家源流南宋说》，《复旦学报》（社会科学版）1995年第5期。

13县1场①，增置的15个州县场中，闽北增置南剑州，福州地区增置三个县，南剑州增置2个县，建州增置1县1场，邵武军增置2个县，泉州增置四个县，漳州增置一个县，而汀州竟然没有增置一个新的政区。由此可以推断，在唐末五代时期，虽然福建地区接纳了大批移民，导致人口快速增长，但汀州人口并没有太多增长，因为"州县建置的基础是人口增加，开发程度提高"②，因而这一时期迁入汀州的北方流民应该不多，汀州的社会发展也是较为落后的。这一点还可以唐时大历四年（769）至咸通五年（864），计105年中所置九场三镇的升置予以证实。

表6-1　　　　　　　　唐代福建所设九场三镇升置

场镇名	升县名	升县时间
梅溪场	闽清	闽国
感德场	宁德	闽国
归德场	德化	闽国
大同场	同安	闽国
桃源场	永春	闽国
武德场	长泰	闽国
小溪场	清溪	南唐
上杭场	上杭	宋淳化五年（994）
武平场	武平	宋淳化五年
永贞镇	永贞	闽国
黄连镇	建宁	南唐
归化镇	泰宁	南唐

资料来源：朱维干：《福建史稿》（上），福建教育出版社1985年版，第126—130页。

唐代福建所设九场三镇，除汀州的上杭场、武平场外，其余七场三镇全部在唐末五代时期升置为县，表明这一时期进入福建的移民基本居住在闽北和闽东沿海地区，其间虽然有大批跟随王潮的光州入闽者进入汀州，所居却在福建其他地方，"光启间，十姓从王缘光州固始入闽，或于三山，于莆，于漳，于潮。"③ 这就为五代末期至北宋初年进入汀州的大批

---

① 参见前文表2-4"唐末五代时期福建新增州县"。
② 谢重光：《客家文化述论》，中国社会科学出版社2008年版，第95页。
③ 郑芝龙：《石井本郑氏宗族谱序》，《台湾文献丛刊》第69种，台湾银行1970年排印本，第1页。

北方移民提供了居留空间。

其次，唐五代时期汀州还生活大量土著民族，其数量远远超过进入汀州的移民数量。这些土著民族在宋代汀州经济的发展时期，与移民之间为争夺资源而发生冲突，为共同利益而团结战斗，族群间频繁的文化交流为客家民系的最终形成起到至关重要的作用。

再次，汀州交通成为汀州封闭性环境的一个组成部分。汀州东面横亘东北—西南走向的戴云山和博平岭，山势雄伟，沿海与内陆山区间几乎没有陆路交通，只能依靠天然河流溪水交通往来；西面则高耸南国著名大山——武夷山脉，有众多隘口可供来往；南面则是南岭余脉，仅有汀江是通往粤北的通道；北面则无陆道，要通过九龙溪进入汀州。在南宋以前，只有从赣南进入汀州是最为便捷的，这就既保证了有大量移民进入汀州，又能拥有一个封闭的环境，从而才能长期保持并延续北方的文化特征，并使之与汀州的非汉族群进行交流融合而产生新的文化，即客家文化。

最后，在五代末期至北宋初年的第一波移民潮和两宋之际的第二波移民潮中进入汀州的移民实际上无处可去。如上所述，汀州周边的福建其他地区由于人口增加，增置了不少州县，相比而言汀州则是人口最少，土地资源最为充裕的地区。而汀州相邻的广东，则如谢重光先生所说："粤东、粤北在唐宋时期的开发程度很低，循州'人多獠蛮'，粤北蛮瑶遍布，粤东梅州始设于五代，实际上只有一县之地，且在北宋熙宁和南宋绍兴时都曾一度废去，直到南宋末年，还保持以一州领一县的格局……所以若论孕育客家民系的温床，只限于唐宋时期的赣南和闽西，其时粤东、粤北尚未发生作用。梅州在客家民系中的重要地位，那是在客家民系发展阶段才逐渐形成的。"①

总之，南宋时期在以汀州为中心的闽赣地区形成了一种融摄多种文化精华的新文化，"它同时具有汉族移民与南方各族文化的多种因素。这种新文化就是客家文化，它的载体就是客家民系"。②

---

① 谢重光：《客家文化述论》，中国社会科学出版社2008年版，第129页。
② 同上书，第116页。

第三节 畲汉联合抗元：客家民系的发展

本章第一节讨论了宋元时期汀州的动乱，指出宋末以文天祥为首的宋臣和一些宋朝宗室在抗击元军时多是重资购募峒丁即当地畲族。而到元初闽北黄华、汀漳剧贼陈吊眼反元时开始以"复宋"号召百姓，应者云集，表明其时汀州地区各个族群已经开始认同汉族王朝，人心思宋可视作是对汉儒家文化忠君思想的认同。从这个意义上讲，元代汀州的动乱已经演变成为带有强烈民族反抗意识的斗争。到元朝后期，畲汉族群联合抗元的性质发生了改变。

一 元代中后期畲汉人民的反抗斗争

朱维干先生指出，从后至元初年（1335）到至正二十七年（1367）间，福建农民起义相继不绝，至元亡而后已。起义可以分为三类：第一类，畲汉联合起义。第二类，汉族人民起义。第三类，江西红巾军入闽，福建人民响应。他认为，福建畲汉联合起义，共有四次：后至元三年（1337）有李志甫起义；志甫收后，继之以吴仲海起义；至正十四年（1354）有陈角车起义；又四年有李国样起义。而起义地点都在南胜（今南靖县）。① 谢重光先生则认为发生在南胜的畲汉联合抗元实际是以李志甫之变为主，其余三次都是李志甫之变的余波，其族属应是客家或畲族。②

李志甫，漳州南靖县（元代称为南胜）人，于元代中后期在漳州、潮州一带聚众抗元③，正史一般称为"反贼"、"山贼"、"南胜贼"、"南靖贼"，方志则多称为"畲贼"，其活动史实见之如下：

> 至元丁丑［即后至元三年（1337）］畲民黄二使④逆命，郡兵追破之，余党李至甫结聚南胜，不能拔。朝廷命重臣征发四省兵以讨

---

① 朱维干：《福建史稿》（上），福建教育出版社1984年版，第463—464页。
② 谢重光：《客家文化述论》，中国社会科学出版社2008年版，第149页。
③ 《元史》卷188《王英传》载："（后）至元三年……李志甫起漳州；刘虎仔起潮州，诏命江西行省右丞燕帖木儿讨之。"盖李、刘同时而起，互相呼应，漳、潮为他们共同的活动范围。
④ 黄二使事迹不详，待考。黄华曾被任为招讨使，若排行第二，或在某一团体位居第二，适可称为黄二使，但黄华与李志甫活动的时间不相衔接。参见谢重光《客家文化述论》，中国社会科学出版社2008年版，第145页。

之，历四载，经百余战，兵老民疲。①

　　罗良，长汀人。至正中，南胜贼李志甫围漳州，良倾赀募兵平之。后以屡平剧盗升光禄大夫，世袭漳州路总管。②

　　公讳良，字彦温……值元季之乱，每叹曰：大丈夫当扫除天下，安集四境。今举世纷乱，安事毛锥为也！因发廪募乡民，从大将击平南胜畲贼李志甫，功居最，奏受长汀尉。未几，畲寇吴仰海，江西贼詹天骥等继发，公奉命讨平之，升漳州新翼万户……其后南胜畲寇陈角车、李国祥，安溪贼李大，同安吴贼肥，漳贼王猛虎，江西贼林国庸后先窃发，西林贼陈世民攻陷南诏、长汀、龙岩、漳浦诸邑，公悉削平，降其众，复其邑。③

　　南靖县　元至治中，以其地险远，难以控驭，遂析置南胜县，在九围矾山之东。(后)至元三年(1337)，畲寇李胜等作乱……邑人陈君用袭杀之，遂徙治于小溪倌山之阳。至正十六年(1358)……改为南靖县。④

　　萧景茂，漳州龙溪人也。性刚直孝友。家贫力农。重改至元四年(1338)，南胜县民李智甫作乱，掠龙溪。景茂与兄佑集乡丁拒之，据观音山桥险，与贼战。众败，景茂被执。贼胁使从己，景茂骂曰："狗盗！我生为大元民，死作隔洲鬼，岂从汝为逆耶！"隔洲，其所居里也。⑤

　　许存衷，漳之右姓也。其居在龙溪郭外若干里。⑥慷慨负气，读书知古今，善骑射。李至甫反，南胜守吏多望风遁去，将帅拥兵不进。存衷率其乡义士数百人导官军直前大呼，连夺其数砦，贼势不

---

　　①（明）郑经岩：《南胜伯赠侯爵赐谥忠洁陈公墓铭》，载《中国地方志集成·福建府县志辑·光绪漳州府志》卷46《艺文六》，上海书店出版社2000年版，第1119页上。

　　②《嘉庆重修一统志》卷2379，上海涵芬楼景印清史馆藏进呈写本，《四部丛刊续编·史部》，北京书同文数字化技术有限公司2001年电子版。

　　③（元）陈志方：《元右丞晋国罗公墓志铭》，载《中国地方志集成·福建府县志辑·光绪漳州府志》卷46《艺文六》，上海书店出版社2000年版，第1118页上。

　　④（明）黄仲昭修纂：《八闽通志上》卷1《地理志·建置沿革·漳州府》，福建人民出版社1991年版，第13页。

　　⑤（明）宋濂等：《元史》卷193《列传第80·忠义一·萧景茂传》，中华书局1976年版，第4388页。

　　⑥（明）龚敩：《鹅湖集》卷4《许存衷归田记》，《景印文渊阁四库全书》第1233册，（台北）商务印书馆1983年版，第659页上。

支。以功巡检定南。①

是月漳州路南胜县民李志甫反，围漳城，守将捌思监与战，失利。诏江浙行省平章别不花，总浙、闽、江西、广东军讨之。②

甲寅朔，漳州义士陈君用袭杀反贼李志甫，授君用同知漳州路总管府事。……丙辰，赦漳、潮二州民为李志甫、刘虎子胁从之罪，褒赠军将死事者。③

从上述材料可以确知以下几点：

（一）李志甫起事于后至元三年（1337），死于后至元六年（1340）

关于李志甫起事时间，《元史·王英传》与《南胜伯赠侯爵赐谥忠洁陈公墓铭》及《八闽通志》均记为后至元三年（1337），《元史·顺帝二》系于后至元四年（1338）六月，《萧景茂传》亦系于重改至元四年（1338），乾隆《龙岩州志》卷5秩官志作"至元戊寅"，也是后至元四年（1338）。综合来看，应该是李志甫起事于后至元三年（1337），后至元四年（1338）掠龙溪而与萧景茂等接战，臣僚报到朝廷也已是后至元四年（1338）了。

李志甫最后被袭杀的时间，《元史·顺帝三》系于后至元六年（1340）。乾隆《龙岩州志》卷12"杂记志"谓至正六年（1346）陈君用袭杀李志甫，《平和县志》亦作至正六年（1346）④，显系误记。

（二）李志甫的部众应是畲族和客家人共同组成

关于李志甫的族属，史志中一是称为"畲民"、"畲贼"、"畲寇"，二是称为"反贼"、"县民"。对于这种分歧，可能缘于李志甫所聚之众大多为畲民，肯定也有少部分汉人，因而时人以"畲"称之。李志甫本身可能是汉人，故有"县民"、"反贼"之称。但是不管称呼如何，李志甫

---

① （元）贡师泰：《玩斋集》卷6，《景印文渊阁四库全书》第1215册，（台北）商务印书馆1983年版，第600页下。

② （明）宋濂等：《元史》卷39《本纪第39·舜帝二》"后至元四年六月"条，中华书局1976年版，第845页。

③ 同上书，第855页。

④ 王相：《平和县志》卷8《选举》下记载："至正六年，授陈君用、陈进卿、方吉夫、张伯玉、张伯璋等敕书：剧贼李志甫，弥年作耗（乱）。既害深于八闽，又毒流于四省。尔陈君用乃能首建忠谋，倡率义勇，不避艰险，力除妖凶，论功第一。从子陈进卿，系肇庆路同知陈善庆之子，发财帛以备戎器，给粮饷以集壮狡。"转引自朱维干《福建史稿》（上），福建教育出版社1984年版，第469页。

之变是一次畲汉联合造反行动却是无疑的。而其中之汉,很可能是客家人。宋元以来,聚居山区的客家人造反,常被诬为"山贼"、"山寇",而南靖县正是客家人与福佬人杂居的县份。龙溪人萧景茂属于福佬人,对畲民的习俗信仰很熟悉,他骂李志甫徒众为"狗盗!",这是针对畲民的盘瓠图腾崇拜而发的骂词,也暗示李志甫及其徒众是畲民。

(三)李志甫被剿灭实质是地方族群斗争的结果

关于李志甫事件的规模和最后被平定情况,多处史料称"诏发四省兵讨之,不克"①,"李至甫结聚南胜不能拔,朝廷命重臣,征发四省兵以讨之,历四载,经百余战,兵老民疲"亦未能克,可见李志甫聚众之多,战斗力之强,转战范围之广。这次"乱事"朝廷虽动用了大军,但没有能够消灭李志甫的势力,最后,还是靠漳州地方豪强及其乡族势力才予扑灭。

参与剿灭李志甫的地方豪强中,陈君用是南胜人[平和县元时属南胜,明正德十五年(1520)析置],萧景茂、许存衷是龙溪人。据谢重光先生研究,五代宋初,漳、泉二州自成一个独立的行政区域,有自己独特的经济状况,有独特的方言、独特的风俗和独特的社会文化心理,彼此凝聚成一个新族群的条件逐渐趋于成熟,再加上大家共同认同中原,认同光州固始的这一催化剂,终于催生出福佬民系这一新的族群。② 因而可以确定陈君用、萧景茂、许存衷都是福佬人。罗良则是长汀人,其所募之兵应该都来自汀州境内,显然大部分应该是客家人。

元朝中叶以后,福建民众已经从心理上屈服于元朝统治,如浦城杨载登第,赋赐宴谢恩诗,称颂说:"混同已正千年统。"③ 又如莆阳陈旅,为《元文类》作序,一则说"自古称混一者,未有如今日之无所不一。"再则说,"建国以来,列圣继作,以忠厚之泽,涵育万物"。④ 在这种背景下,各路州县豪富,都乐得交官结吏,以张声势,使贫雇农望而生畏。戍闽诸万户,或投下达鲁花赤,久在福建,也乐得与豪富往来,接收馈赠。

---

① (乾隆)《龙岩州志》卷5《秩官志·黄佐才》,龙岩市地方志编纂委员会整理,福建省地图出版社1987年版。
② 谢重光:《客家文化述论》,中国社会科学出版社2008年版,第56页。
③ (元)杨载:《杨仲弘集》卷7《赐宴谢恩》,《景印文渊阁四库全书》第1208册,(台北)商务印书馆1983年版,第50页下。
④ (元)陈旅:《安雅堂集》卷4《国朝文类序》,《景印文渊阁四库全书》第1213册,(台北)商务印书馆1983年版,第45页下至46页上。

豪富和官僚勾结得更紧，加深了地主与农民的阶级矛盾，所以，到了元末，一般农民痛恨豪富，比痛恨蒙古色目更深。农民起义，就首先要向汉族地主清算。如至正六年（1346），罗天麟、陈积万攻破连城县治时，"凡名门巨族，鲜不为所鱼肉者"。① 当时斗争的主要特征，"并不是反元的民族斗争，而是把阶级斗争放在极显著的地位"。② 因而当李志甫率众造反时，当地豪强如罗良、陈君用、萧景茂、许存衷等为了保护身家性命，主动组织地方武装，充当剿灭造反军队的主力，和元政府军联合镇压"反贼畲寇"。从这一角度观察，实际是闽南和闽西的地方族群势力为了各自的族群利益，组织武装消灭了李志甫领导的畲汉（很可能是畲、客）联合武装，因而带有地方族群斗争性质。

（四）客家人在元朝中后期已经向博平岭以东地区发展

如朱维干先生所言，元代末期的四次畲汉联合造反都发生在南胜。南胜即今南靖县，位于博平岭东侧，五代宋初以来基本是畲民的天下。而到元朝中后期，李志甫在南胜起兵造反，其部众中已经有客家人。而剿灭李志甫的主将罗良是长汀人，长汀在南宋时也成为客家人的居住区，因此罗良所招募的部队应该主要是客家人组成的。罗良后因功"升光禄大夫，世袭漳州路总管"。③ 他所带的由客家人组成的部队应该也随他驻扎在漳州，久日久之，这些客家人就和博平岭以东的畲族和福佬民系互相融合，或是畲入汉，或是汉入畲，不管是哪种情况，客家民系肯定在博平岭东侧地区开始发展，为福建客家与福佬两个族群在地理上的分布大势形成奠定了基础。福建客家与福佬两个族群在地理上的分布大势是：汀江流域是客家人的天地，而九龙江流域是闽南人的世界。汀江最东的一条主要支流叫作黄潭河，九龙江西边的一条主要支流叫作船场溪，发源于南靖县境的博平岭东麓。黄潭河与船场溪之间，是客家人与闽南人的过渡地带。这一过渡地带西有大帽山（今称玳瑁山），东有博平岭。博平岭以西基本上是客家分布区，但其中的龙岩县（今称新罗区）和漳平县（今改为市）的大部分属福佬人住区；博平岭东侧的南靖、平和、诏安、云霄等县，行政上属于漳州市，但其西部乡镇如南靖的默林、书洋，平和的长乐、九峰、大

---

① （明）黄仲昭修纂：《八闽通志下》卷69《隐逸》，福建人民出版社1991年版，第643页。
② 朱维干：《福建史稿》（上），福建教育出版社1984年版，第468页。
③ 《嘉庆重修一统志》卷435《汀州府二》，上海涵芬楼景印清史馆藏进呈写本，《四部丛刊续编·史部》，北京书同文数字化技术有限公司2001年电子版。

溪、崎岭，诏安的太平、秀篆、官陂、霞葛、红星，云霄的下河、常山等，居民仍以客家人为主，基本是客家乡镇。这个过渡带的民系区划状况肇基于宋元。此前这一带基本是畲民天下，后来逐步汉化成为客家，宋元时期陈吊眼、许夫人、李志甫所部的汉化是其第一阶段。① 显然，李志甫造反和罗良自长汀带兵进剿促进了博平岭两侧的汉畲族群交流。

二　族群互动中客家民系的发展

客家民系初步形成后，与相邻而居的畲族携手合作，经历了宋末元初直至元朝末期的长期畲汉联合抗元斗争。经过这场波澜壮阔的联合斗争的洗礼，客家人的族群性格得到很大磨炼和提升，客家民系也迎来了第一次大发展高潮。客家民系的壮大主要来源于三个方面：

（一）畲民汉化成为客家

元代东南各省畲汉人民大范围长时间的抗元斗争，与部分畲族首领和地方豪强对元朝统治者的投降效力，殊途同归，都加速了各自汉化的进程。之所以如此，首先因为这一时期各族群间的接触、合作或抗争较多，促进了彼此交流和融合；其次是元朝采取的一系列政策，客观上有利于畲族的汉化及各民族、民系之间的交融。由于畲族主要与客家错居杂处，他们的汉化主要是通过接受客家文化作为中介而实现的，所以畲族汉化的结果基本上是演为客家，客家民系因而在畲族汉化过程中得到很大发展。

元朝政府为安抚闽粤赣边区的畲族，采取了一系列措施。

首先，畲族首领被授予官职。元代畲族首领被授予官职的很多，有的是元军南下时积极投诚效力，如潮州的陈氏五虎兄弟，分别被授予招讨使、军民总管、管军总管、万户等职；有的是起兵抗元后接受招安，因自己拥有实力的强弱，而得到等级不同的官职，如黄华曾被授予征蛮副元帅、招讨使、管军总管，其党高日新授山北路民职②；钟明亮造反时，用武力难以讨平，地方官改用招抚的办法，江西行枢密院副使月的迷失"请以降贼钟明亮为循州知州，宋士贤为梅州判官，丘应祥等十八人为县尹、巡尉"③，虽然未获皇帝批准，却说明用官职收买畲族首领是元朝统治者常用的手法。例如朝廷解决福建畲民为乱的问题，就采取了"放福

---

① 谢重光：《福建客家》，广西师范大学出版社2005年版，第84—85页。
② （明）宋濂等：《元史》卷11《本纪11·世祖八》，中华书局1976年版。
③ 同上书，第323页。

建畲军,收其军器,其部长于近处州郡民官迁转"① 的办法,至元二十四年(1287)朝廷又颁布了"以宋畲军将校授管民官,散之郡邑"② 的诏令。可见,让归降的畲族部落首领交出统领的畲军,安排他们在近处州郡担任一般民政官员,成为元朝解决畲族问题的惯例。

畲族首领任官以后,必须熟悉官府的律令格式,遵行官场的礼仪制度,还要学习儒家纲常伦理,了解当地的民情风俗。不但他本人如此,他的家人、部属也须适应官场规矩和地方习俗。这既为他们的迅速汉化创造了条件,也等于硬性规定了他们汉化的道路,想不汉化都不可能了。

其次,强制畲民离开山峒与汉人杂处。元朝廷解决畲族问题的办法,对一般畲民来说,通常是把他们录为编户齐民,让他们与汉族百姓一样纳税服役,逐渐在经济负担、生活方式方面向汉人看齐。典型事例如黄华起义被讨平后,诏"令福建黄华畲军有恒产者为民,无恒产与妻子者编为守城军"。③ 此外,如钟明亮受招降后"率众万八千五百七十三人来降"④,这些归降畲民也必然是像处置黄华事件一样,有的编为齐民,有的录为军士。前引诏令所说"放福建畲军","放"就是免除其低贱身份,使其成为编户齐民的意思;"以宋畲军将校授管民官,散之郡邑",所管之民不可能是汉人,只能是被安置到就近郡邑的畲民。

最后,发遣畲军屯田。把归降畲军按半军事化部署,发遣地旷人稀处屯田,也是元朝廷常用的办法。以招降或俘获的畲军为劳力,是保证屯田推行的方便条件。所以,元史中多有汀州畲军屯田的记载:

汀漳屯田 成宗元贞三年(1297),命于南诏(今漳州诏安县)黎、畲各立屯田,摘发见戍军人,每屯置一千五百名,及将所招陈吊眼等余党入屯,与军人相参耕种。为户汀州屯一千五百二十五名,漳州屯一千五百一十三名。为田汀州屯二百二十五顷,漳州屯二百五十顷。⑤

大德之年(1297)以新附军三千屯田漳州。……二年正月丁酉,

---

① (明)宋濂等:《元史》卷11《本纪11·世祖八》,中华书局1976年版,第269页。
② 同上书,第296页。
③ 同上书,第279页。
④ 同上书,第322页。
⑤ 同上书,第2570页。

置汀州屯田。九月庚戌，吉、赣立屯田。①

[皇庆元年（1312）] 十一月戊戌，调汀、漳畲军代亳州等翼汉军于本处屯田。②

畲军屯田大概并没有打散其原来的部落组织，但也使这部分畲民离开了山峒，到平原生活，而且常有畲军与汉军"相参耕种"情况，这就为畲汉交融、畲民汉化创造了很好的条件。当屯田任务结束后，常免屯田军为民，这部分屯田的畲军就渐渐成为汉人了。

除了上述元朝政府采取一系列措施促进了畲族汉化，汉人入畲也是促进畲民汉化的一个重要因素。遇到重大的战乱，或不堪统治者的暴政酷敛，汉人被迫躲进深山，避入畲峒。这种情况在宋代已很盛行，所谓"边人逃入蛮峒"，所谓"知书及士人陷畲"③，常常指此而言。元代这种风气更盛。至元二十九年（1292）正月庚子，"江西行省左丞高兴言：'江西、福建汀、漳诸处连年盗起，百姓入山以避，乞降旨招谕复业。……'诏皆从之"④，这个问题见诸大臣的奏议、皇帝的诏令，其普遍性、严重性可想而知。

汉人避入深山与畲民错居，一方面，使一部分汉人畲化，另一方面，如果入山的汉人数量很多，也可能反过来让畲民受汉人生产方式和生活习俗的影响，从而收到了促进畲民汉化的效果。

前文所述陈吊眼部、许夫人部、钟明亮部抗元都是畲民汉化成为客家的具体史例。

陈吊眼部主要活动在闽南西部、粤东北部，这些地方现在基本上是客家人住区。文献上留下的陈吊眼部的几个据点，如前所述，现可考知者如在漳浦峰山砦（今平和大峰山），陈三官水篆畲（今诏安秀篆），罗半天梅垅长窖（今南靖默林长窖），都属客区。还有陈大妇客寮畲，虽然尚未能确知其具体地点，但从"客寮"的名称，也可推测其后来演变成了客区。陈吊眼的老家太平乡白叶村也是客区，整个太平乡都是客区。可知陈

---

① （明）宋濂等：《元史》卷13《本纪·世祖十》，中华书局1976年版，第409—416页。
② 同上书，第420页。
③ （宋）刘克庄：《后村先生大全集》卷15，北京书同文数字化技术有限公司2001年电子版。
④ （明）宋濂等：《元史》卷17《本纪·世祖十四》，中华书局1976年版，第357页。

吊眼部汉化后大部分转化成了客家人，分布在闽南、粤东的客家边缘地带，与福佬人毗邻。

许夫人也是一个传奇人物。黄华起事时联盟者中有许夫人，乃是建宁、括苍畲民妇自称许夫人为乱；张世杰从潮州征讨泉州蒲寿庚，麾下也有许夫人畲军；汀州、潮州都有许夫人的传说，汀州人说许夫人是汀州女英雄，潮州饶平百丈埔建有夫人庙纪念她；甚至有人传说许夫人是兴化军陈文龙之女、陈吊眼的族姐，结识了汀州二十四畲峒酋长蓝太君，因而成为畲族领袖。① 众说纷纭，莫衷一是。有一点可以肯定，那就是许夫人是一位畲族领袖，活动在从闽西北、闽西南到粤东的广阔地区。按陈吊眼父名陈文桂，有叔名陈桂龙，颇疑"许夫人为陈文龙之女"乃"许夫人为陈桂龙之女"的讹误，因为这样正与许夫人为陈吊眼族姐的说法符合。如果这一推测不谬，那么文献中"陈大妇客寮畲"的陈大妇可能就是许夫人。"客寮畲"之"畲"与客家必然有密切的关系，因此，许夫人所部畲民后来多数转成客家人，自是情理中事。

钟明亮循州人，史籍中或称他为广寇，或称他为赣寇，或称他为汀寇。汀、赣、粤东后来都是客家人住区，钟明亮部属后裔应该多数成了客家人。

（二）北方流民入籍成为客家

宋元之际，战乱造成人民死亡流离是空前的。其时真正是千里丘墟，哀鸿遍野。接连不断的战乱和饥荒，一次又一次地引致几十万、几百万流民潮，朝廷因应形势，制定了允许北方流民在南方入籍的政策。从文献上看，流民的去向主要是江南，朝廷也有意引导流民开垦江南荒地。当时所谓江南，常常泛指原南宋辖区，把赣、闽、粤诸省都包括在内。闽粤赣边土地广袤，环境闭塞，有充足的荒地可供开垦，又有安全的保障，遂成吸引流民的渊薮。②

汀州也成为流民迁入的主要地域：

> ［至元二十九年（1292）］正月庚子，江西行省左丞高兴言："江西、福建汀、漳诸处连年盗起，百姓入山以避，乞降旨招谕复业。

---

① 据近年发现的蔡永兼嘉庆十五年所著《西山杂志》手抄本《许夫人起畲兵勤王》篇。
② 参见谢重光《客家文化述论》，中国社会科学出版社2008年版，第157—160页。

……诏皆从之。"①

大德元年（1297）以新附军三千屯田漳州。……二年正月丁酉，置汀州屯田。②

入山避难百姓的复业、新附军等，无不说明这些地方流离人口之多。经过官府相应措施，流民或流离人口又以种种形式安定下来。以上事例只是元代大量流民入居闽粤赣边的一个缩影。具体的情形，在众多客家族谱中多有记述。清人徐旭曾研究了很多客家人的族谱，得出结论说：

> 迨元兵大举南下，宋帝辗转播迁，南来岭表，不但故家世胄，即百姓亦多举族相随。有由赣而闽、沿海至粤者；有由湘、赣逾岭至粤者……元兵残暴，所过成墟，粤之土人，亦争向海滨各县逃避，其间闽、赣、汀、粤边境，毗连千数百里之地，常有数十里无人烟者，（随宋帝南迁之遗民）于是相率迁居该地焉。西起大庾，东到闽汀，纵横蜿蜒，山之南、山之北，皆属之。即今之福建汀州各属、江西之南安、赣州、宁都各属，广东之南雄、韶州、连州、惠州、嘉应各属，及潮州之大埔、丰顺，广州之龙门各属是也。所居既定，各就其地，各治其事，披荆斩棘，筑室垦田，种之植之，耕之获之，兴利除害，休养生息，曾几何时，遂别成一种风气矣。③

据此可知，粤北、粤东、闽西、闽南土地荒芜被流民和移民充实的情况，在闽粤赣边具有普遍性。由于这一波流民及闽粤赣边大区域之间的移民，经过相当时间的耕垦创业、融合同化，"遂别成一种风气"，最后无论是原来的土著，还是流寓来此的北方汉人都成了客家，今日所见客家基本住区即所谓"客家大本营"的格局，也就确定下来了。其间元廷及时调整政策，对于这批流民落籍融化为客家起了促进作用。元廷对于流民的政策，有一个从强制回归原籍到允许在新居住地入籍的过程，至元二十六

---

① （明）宋濂等：《元史》卷17《本纪·世祖十二》，中华书局1976年版，第357页。
② （明）宋濂等：《元史》卷17《本纪·世祖十四》，中华书局1976年版，第409—416页。
③ 《和平徐氏宗谱》总谱卷2，第18页。

年（1289）二月"诏籍江南户口，凡北方诸色人寓居者亦就籍之"①，就是完成政策转变的标志。

（三）平乱淮军就地安置演化为客家

这一时期客家民系的扩大，还与淮军复员之后就地安置演成客家有关。从南宋起，调淮军镇压闽粤赣边区的动乱和民变几乎成为一种惯例，如"潭飞磜……此绍定间始祸之地，未几，为淮兵荡平之，因置南平寨"。② 元代沿用此例，如：[至元二十一年（1284）二月戊申]"漳州盗起，命江浙行省调兵进讨。"③ 按江淮行省一度改为江浙行省，故"命江浙行省调兵进讨"调的主要还是淮军。所以同年九月甲申，中书省言："福建行省军饷绝少，必于扬州转输，事多迟误。若并两省为一，分命省臣治泉州为便。"④ 所称两省即指福建和江浙二省，江浙行省管辖地属江淮的扬州，福建用兵军饷从扬州转输，更说明江淮对于福建军事的重要性。

因而淮军进入汀州平乱的记载屡见于史：

（至元）二十六年（1289）正月癸卯，"贼钟明亮寇赣州，掠宁都，据秀岭，诏发江淮省及邻郡戍兵五千，迁江西省参政管如得为左丞，使将兵往讨。"⑤

五月丙申，"贼钟明亮率众万八千五百七十三人来降。江淮、福建、江西三省所抽军各还本翼。"⑥

（至元）二十七年（1290）九月"己酉，福建省以管内盗贼蜂起，请益戍兵，命江淮省调下万户一军赴之。"⑦

调往闽粤赣镇戍的淮军，虽有一部分事定之后抽还本翼，大部分却久戍不归，或转为屯田军，如［皇庆元年（1312）］"十一月戊戌，调汀、漳畲军代亳州等翼汉军于本处屯田"⑧，是淮军曾在汀漳等处屯田的明证。

---

① （明）宋濂等：《元史》卷15《本纪·世祖十二》，中华书局1976年版，第319页。
② （宋）胡太初修，赵与沐纂：《临汀志》，福建人民出版社1990年版，第115页。
③ （明）宋濂等：《元史》卷13《本纪·世祖十》，中华书局1976年版，第265页。
④ 同上书，第269页。
⑤ （明）宋濂等：《元史》卷15《本纪·世祖十二》，中华书局1976年版，第319页。
⑥ 同上书，第322页。
⑦ 同上书，第340页。
⑧ （明）宋濂等：《元史》卷24《本纪·仁宗一》，中华书局1976年版，第554页。

平乱淮军最后就地复员,与客家人杂处部分渐渐演优为客家人。福建省武平县中山镇,旧为明代武平所,该所兵将长期保留军籍,日久脱籍为民后都成了客家人,其情形与元代屯田军在屯垦之所久居,日后演化为客家的道理是一样的。

第七章 结语

经济-社会史是一门通过经济活动和社会关系的相互作用以理解历史过程在长时段如何发生变化的学科。经济与社会变化的主题，包括经济增长及经济增长源泉、人口变化与迁徙、城乡关系的变化、休闲性质的变化以及城乡社会制度的变化。该专业属于历史学分支，所研究社会变化的模式，不仅关系过去，而且关乎现实社会的形成。显然，经济社会史的研究对象不同于单纯的经济史和社会史，也不是二者简单的叠加，而是两者在新的基础上有选择和有侧重的结合，除了研究社会集团及其关系外，还要研究它们的经济、社会和心态的关系。历史地理学研究的目的，在于探讨同一地区或同一地理环境在不同历史时期的实际情况及其发展演变的规律，从而深刻地理解当前这一研究对象的形成和特点，更好地为当前发展生产建设事业服务。本书从宋元时期汀州的交通发展、经济发展入手，探讨这一时期汀州社会变迁历程。

一 本书的主要内容和结论

（一）宋元时期汀州的交通发展

交通发展是政治经济文化发展的基础，中国古代的交通首先服务于政治和军事。福建对外交通始自汉武帝进军闽越，路线分别越过崇安县分水关、光泽县杉关、浦城柘岭进入福建。汉武帝进军闽北的路线成为后世历代进入福建的主要通道，国家权力也由此开始向福建扩展，使闽北成为福建最早被开发的地区，很长一段时间成为福建的政治经济中心，因此对历代南迁入闽移民活动的基本方向与走势产生了直接影响，南迁入闽的北方汉人基本沿此路线进入福建，促进百越民族的融合，加速了福建地区汉化。

唐代福建交通有新发展，最重要的是开辟了福州到延平的西门路，这是福建第一条为经济民生服务的道路，也成为北方移民入闽后向沿海迁移要道。

交通发展是国家权力在福建拓展的体现。国家权力首先进入闽北，然后向沿海拓展，闽北是中原王朝经营福建最早进入的地区，闽赣之交的杉关路和分水关路，以及闽浙之交的柘岭路，则是福建与中原交通的最早通道，因而成为唐末五代时期北方移民进入福建的首选通道。历史上进入闽北的北方移民多居于当地，或选择交通相对便利的闽江通道和西门路流向沿海。这也是唐末五代时期北方移民迁入福建后多居于闽北和沿海的一个重要原因。

汀州则始终处于国家权力扩展的边缘。直到唐宋以降，随着中国经济重心的逐步南移，国家财政越来越依赖于东南地区，中央政权对南方地区的控制也渐次强化，国家权力及认同意识的不断扩展，闽西山区才逐步得到开发，五代末期至北宋初年是汀州第一次接受大批北方移民的时期，两宋之际是汀州第二次接受大批北方移民的时期。其地理位置的重要性渐次显现出来，交通也随之发展。

（1）九龙溪航道在唐代就已经开发利用，历经两宋，是汀州境内最重要的漕运通道。九龙溪的开辟早于汀江，在唐宋时期其重要性高于汀江。

（2）五代末期至北宋初年，汀州与江西的交通主要从长汀的新路岭翻越武夷山进入瑞金。五代末期至北宋初年也是汀州人口增长的第一个高潮，其时途径赣州的北方移民主要从长汀以南的隘口进入汀州，并聚集在汀州南部，于淳化五年（994）升上杭场、武平场为县。

（3）两宋是汀州人口增长的第二个高潮，由于宋代通往闽北的驿道开通，大批移民自汀州北部进入，并聚集在汀州北部，于元符元年（1098）增置清流县。其时，依然有移民从汀州南部进入，并于元符年间（1098—1100）置莲城堡。

（4）南宋绍定以前，汀江处于自然开发状态，其开发主要原因是私盐贩卖。南宋后期，国家力量是汀江开发的主力，汀江航道得到改善，成为通向省外的漕运通道，为元代隆兴至潮州驿道的开通奠定基础。

（5）元代隆兴至潮州驿道的开通改变了汀州交通落后的局面，充分展现了汀州的地理区位优势，成为闽粤赣三省交界中的重镇和交通枢纽，促进了以汀州为中心的闽粤赣边经济区的形成。

交通的发展促进了经济发展。

（二）宋代汀州经济处于大发展时期

在农业方面，首先是修筑了大批水利设施，部分规模很大，对汀州农业发展而言"为经久利",对宋代以降的历代都发挥重要作用,大部分直到清代仍在使用。其次农作物品种的增加,北方移民的迁入引种粟、豆、菽等北方作物,又引进了畲禾。经济作物如甘蔗、蓝等开始大量种植。

在手工业方面,汀州开始生产并上贡蠲纸,并带动雕版印刷业发展,自宋代起就形成了以长汀为中心的雕版刻书区域。宋代汀州的纺织业也有所发展。

在矿冶业方面,北宋是汀州矿冶业的鼎盛期,南宋时汀州矿冶业处于没落阶段,元代则处于停罢状态。北宋时期,矿冶业是汀州的支柱产业,矿冶业为大量人口提供了直接从事或间接服务于矿冶业的机会,使大批来自不同文化背景的移民拥有共同经济来源,在共同的经济社会中结成命运共同体,促进了各族群的相互交流。

在盐业方面,盐业在汀州经济中占有重要地位。北宋时期,汀州私盐贩卖是百姓为生活的补充手段,南宋由于人口增多,土地资源开发殆尽,出现地狭人稠现象,再加上矿冶业的衰败,私盐贩卖成为汀州经济生活中大部分人赖以谋生的重要产业,是后代汀赣间进行钱粮贸易的滥觞。以汀州为中心的私盐贩卖参与者成分复杂,闽粤赣边区的各民族都参与其中,而且由此引起的社会矛盾一直延续到元代。在这样一个长期的大范围的活动中,生活在以汀州为中心的闽粤赣地区的各个族群相互之间增进了交流和融合,逐渐形成了一个拥有独特文化的新族群。

在商业方面,汀州的集市层次非常完整,北宋太平年间就已经有了较为发达的镇市,上杭鱼矶镇的设立表明汀潮间的商业很早就开始了。汀州在宋代有为数众多的墟市,大部分集中在北部。清流县建制较晚,但是商业发展较快,南宋时境内集市仅次于长汀县,且大多位于清流县以北,表明宋代汀州的对外交通需求因为政治原因,依然以闽北为主。宋代长汀的集市大多位于县城以南和以西,反映出闽粤赣间的商业网络已初步形成。商业的发展促进了区域文化交流,南宋时妈祖信仰从潮州传入汀州,就是汀州商业进一步发展的结果。

(三) 宋元时期汀州的文教发展

长期动乱表明,国家权力无法完全控制汀州社会,教化成为重要的辅助手段。

1. 汀州教育机构完备

汀州的教育机构以地方官学为主,郡学始创于仁宗天圣年间

(1023—1032)，各县都有县学，普及率达到100%。汀州还设有贡院和五处贡士庄，反映地方官员对当地教育的重视。汀州还有三处书院和二所私人讲学读书处。汀州完备的教育机构对汀州社会风气的改变起到促进作用。

2. 宋元汀州理学有所发展

宋代莅汀官员中有很多理学人物，利用手中权力，兴学校，讲修养，崇先儒，推行理学之功甚大，崇尚理学成为闽西客家地区学术思潮主流，并很快培养出本地籍的理学人物。汀州理学人物本身是客家人，研习理学，登科中举后，或在家乡传播理学，开始影响汀州风气的转变；或曾在其他客家地区（如循州、赣州等地）为官，促进当地文教，对闽粤赣边区的理学传播起推动作用。

3. 定光佛信仰的产生和传播

定光佛是伴随客家先民进入汀州的，主要活动地域在汀州。定光佛信仰是在汀州形成的，其表现为在汀州时期，定光佛形成对汀州地域社会的巨大影响力，并在此转变为官方精神领袖，形成以汀州为中心的定光佛信仰圈。定光佛信仰的本质是民俗佛教，定光佛是区域族群的民间保护神。定光佛信仰具有广泛群众基础，适应官民、土客各方面、各阶层需要，属于新形成的客家民系独特的"颇含革新意味的宗教"，是客家民系在意识形态方面区别于其他族群、其他民系的重要标志，更是客家民系在以汀州为核心地域形成的重要佐证。

（四）宋元时期汀州社会矛盾呈现出阶段性特点

汀州始终处于国家权力薄弱的边缘地带，社会矛盾激烈，冲突不断，呈现出阶段性特点。

北宋时期汀州的各种社会冲突虽然不断发生，多是一些危害轻微的动荡，由于矿冶业兴盛，人均占有土地较充裕，社会矛盾不激烈，因而没有形成长期大规模公然对抗政府的动乱。

随南宋时期汀州经济的恶化，贩盐成为汀州经济的主流，私盐贩卖不再只是百姓正常生产之余为改善生活处境的补充手段，私盐贩卖的丰厚利润和生活资源的匮乏驱使更多的人参与到私盐贩卖的行列中，生活在汀州的各个族群，包括汉族、畲族以及原土著民族，为了共同的利益而团结战斗在一起。这对汀州各族群的交流融合和族群文化的同一化起到极为重要的促进作用。官府对私盐贩卖的打击力度加大，而此时期的私盐贩卖已成为汀州大多数百姓赖为谋生之道,人数众多,力量强大,开始公然对抗政府,规模浩大。汀州动乱也由百姓与政府争利的经济冲突,演变为公然与政府对抗,以推翻地方政府势力为目的的叛乱行为。

元代汀州动乱主要是以"抗元卫宋"为口号的起义,但开始军队多为购募,说明汀州非汉族群对于汉文化认可性并不强。中后期义军以"复宋"为口号,则应者云集,表明其时汀州地区的各个族群已经开始认同汉族王朝,故人心思宋可视作是对汉儒家文化忠君思想的认同。从这个意义上讲,元代汀州的动乱已经演变为带有强烈民族反抗意识的斗争。

(五)宋元时期汀州客家民系的形成与发展

文教的发展促进了汀州社会风气的变化。汀州在北宋初期虽然人口大量增加,但是风俗习气并没有发生太大变化,与福建地区风俗基本一致。随北宋末期以来汀州经济形势的变化,到元丰时期,汀州社会风气已经在改变之中。南宋,汀州社会风气有了大的改变,形成一种融贯土客的新风习,促进了一种新的文化形成——客家文化;在这个过程中,汀州各族群在相互斗争、协作中慢慢融合,最终在南宋以汀州为中心形成了一个拥有独特文化的新族群——客家民系。

客家民系在南宋初步形成后,与相邻而居的畲族携手合作,经历了宋末元初直至元朝末期的长期畲汉联合抗元斗争。在这个过程中,畲汉族群互相融合,主流是畲民汉化,壮大了客家民系。同时期进入汀州的北方流民和入汀平乱的淮军在汀州落籍,也逐步转化为客家人。经过这场波澜壮阔的联合斗争的洗礼,客家人的族群性格得到很大磨炼和提升,客家民系迎来了第一次大发展的高潮。

二 本书的不足之处及进一步研究方向

本书想通过研究宋元时期汀州交通、经济与社会变化厘清客家先民进入汀州后对汀州经济和社会所带来的变化及这种变化对客家民系形成的影响,庶几弥补客家区域研究中州府级研究之不足,深化客家区域研究。但是写作中限于笔者知识结构欠缺,对于一些新成果没有很好地及时学习、领会和消化,学识学力不足,常处力有不逮之窘,以致部分计划内容没有完成,例如宋元汀州城乡关系的变化、休闲性质的变化以及城乡社会制度的变化等内容在本书中没有体现;另有部分内容,例如民间势力与国家权力的互为消长、产业变化之际的社会关系、经济与文教发展产生的新文化事象等方面论证不够透彻,还有相当大的深入研究空间,这也将是笔者进一步研究的方向。

要做好客家文化研究,需要精深的专业知识、完备的知识结构、广阔的学术视野、良好的合作意识,以及刻苦的钻研精神,而这些都是笔者目前有所欠缺的。笔者将以此书的完成为新起点,努力学习和提高,加强内功,努力向前辈时贤学习和合作,为推动客家文化研究尽绵薄之力。

参考文献

一 历史典籍类

1. （汉）司马迁：《史记》，中华书局1959年版。
2. （汉）班固撰，（唐）颜师古注：《汉书》，中华书局1962年版。
3. （汉）袁康：《越绝书》，上海古籍出版社1985年版。
4. （晋）陈寿撰，（宋）裴松之注：《三国志》，中华书局1959年版。
5. （后晋）刘昫等：《旧唐书》，中华书局1975年版。
6. （南朝）范晔撰，（唐）李贤等注：《后汉书》，中华书局1965年版。
7. （梁）萧子显：《南齐书》，中华书局1972年版。
8. （梁）沈约：《宋书》，中华书局1974年版。
9. （北魏）郦道元：《水经注》，华夏出版社2006年版。
10. （唐）杜佑：《通典》，中华书局1984年版。
11. （唐）房玄龄等：《晋书》，中华书局1974年版。
12. （唐）姚思廉：《陈书》，中华书局1972年版。
13. （唐）魏征等：《隋书》，中华书局1973年版。
14. （唐）姚思廉：《梁书》，中华书局1973年版。
15. （唐）李林甫等撰，陈仲夫点校：《唐六典》，中华书局1992年版。
16. （唐）张鷟：《朝野佥载》，中华书局1979年版。
17. （唐）长孙无忌等：《唐律疏议》，中华书局1983年版。
18. （宋）欧阳修、宋祁：《新唐书》，中华书局1975年版。
19. （宋）欧阳修：《新五代史》，中华书局1974年版。
20. （宋）司马光编著，（元）胡三省音注：《资治通鉴》，中华书局1956年版。
21. （宋）李焘：《续资治通鉴长编》，中华书局1992年版。
22. （宋）杨仲良：《续资治通鉴长编纪事本末》，北京图书馆出版社2003年版。

23. （宋）李心传：《建炎以来系年要录》，（台北）商务印书馆 1983 年版。
24. （宋）徐梦莘：《三朝北盟会编》，上海古籍出版社 1987 年版。
25. （宋）王溥：《唐会要》，中华书局 1955 年版。
26. （宋）李昉：《太平御览》，中华书局 1985 年版。
27. （宋）陈均：《九朝编年备要》，（台北）商务印书馆 1983 年版。
28. （宋）熊克：《中兴小纪》，（台北）商务印书馆 1983 年版。
29. （宋）王应麟：《玉海》，广陵书社 2003 年版。
30. （宋）佚名：《两朝纲目备要》，（台北）商务印书馆 1983 年版。
31. （元）脱脱等：《宋史》，中华书局 1977 年版。
32. （元）完颜纳丹等：《通制条格》，浙江古籍出版社 1986 年版。
33. （元）马端临：《文献通考》，中华书局 1986 年版。
34. （元）刘埙：《水云村稿》，（台北）商务印书馆 1983 年版。
35. （明）宋濂等：《元史》，中华书局 1976 年版。
36. （明）胡粹中：《元史续编》，（台北）商务印书馆 1983 年版。
37. （明）解缙等编：《永乐大典》，中华书局 1986 年版。
38. （明）胡我琨：《钱通》，（台北）商务印书馆 1983 年版。
39. （明）李日华：《六研斋笔记》，凤凰出版社 2010 年版。
40. （明）夏子阳等：《使琉球录》，台湾银行 1970 年版。
41. （明）邝露：《赤雅》，中华书局 1985 年版。
42. （清）徐松辑：《宋会要辑稿》，中华书局 1957 年版。
43. （清）赵翼：《二十二史札记》，中华书局 1963 年版。
44. （清）吴任臣：《十国春秋》，中华书局 1983 年版。
45. （清）郭柏苍：《闽产录异》，岳麓书社 1986 年版。
46. （清）徐干学：《资治通鉴后编》，（台北）商务印书馆 1983 年版。
47. 《大正藏》，（台北）大藏出版社 1989 年版。

二　古人文集类

1. （西汉）刘安等编著：《淮南子》，凤凰出版社 2013 年版。
2. （晋）干宝：《搜神记》，中华书局 1979 年版。
3. （晋）郭璞：《山海经》，上海古籍出版社 1995 年版。
4. （晋）袁珂：《山海经校注》，巴蜀书社 1992 年版。
5. （唐）柳宗元：《柳宗元集》，中华书局 1979 年版。

6. （宋）刘克庄：《后村先生大全集》，书同文数字化技术有限公司 2001 年版。

7. （宋）杨时：《龟山集》，清康熙四十六年（1707）刻本。

8. （宋）方勺：《泊宅编》，上海人民出版社、迪志文化出版有限公司 1999 年版。

9. （宋）庄绰：《鸡肋编》，（台北）商务印书馆 1983 年版。

10. （宋）李纲：《梁溪集》，（台北）商务印书馆 1983 年版。

11. （宋）王安石：《临川文集》，（台北）商务印书馆 1983 年版。

12. （宋）王安礼：《王魏公集》，（台北）商务印书馆 1983 年版。

13. （宋）朱熹：《晦庵集·续集》，（台北）商务印书馆 1983 年版。

14. （宋）李心传撰，徐规点校：《建炎以来朝野杂记》，中华书局 2000 年版。

15. （宋）曾巩、陈杏珍撰，晁继周点校：《曾巩集》，中华书局 1984 年版。

16. （宋）叶廷圭：《海录碎事》，上海辞书出版社 1989 年版。

17. （宋）周去非：《岭外代答》，中华书局 1985 年版。

18. （宋）陆游：《渭南文集》，中国书店 1986 年版。

19. （宋）蔡襄：《端明集》，（台北）商务印书馆 1983 年版。

20. （宋）叶适：《水心集》，（台北）商务印书馆 1983 年版。

21. （宋）真德秀：《西山先生真文忠公文集》，北京书同文数字化技术有限公司 2001 年版。

22. （宋）薛季宣：《浪语集》，（台北）商务印书馆 1983 年版。

23. （宋）王曾：《王文正笔录》，（台北）商务印书馆 1983 年版。

24. （宋）洪咨夔：《平斋文集》，北京书同文数字化技术有限公司 2001 年版。

25. （宋）李觏：《直讲李先生文集》，北京书同文数字化技术有限公司 2001 年版。

26. （宋）苏颂：《苏魏公文集》，（台北）商务印书馆 1983 年版。

27. （宋）洪迈：《容斋四笔》，上海书店出版社 1984 年版。

28. （宋）杨万里：《诚斋集》，上海人民出版社、迪志文化出版有限公司 1999 年版。

29. （宋）陈淳：《北溪大全集》，（台北）商务印书馆 1983 年版。

30.（宋）范成大：《石湖诗集》，（台北）商务印书馆1983年版。

31.（宋）高承：《事物纪原》，（台北）商务印书馆1983年版。

32.（宋）陈元晋：《渔墅类稿》，（台北）商务印书馆1983年版。

33.（宋）沈辽：《云巢编》，（台北）商务印书馆1983年版。

34.（宋）释惠洪：《林间录》，（台北）商务印书馆1983年版。

35.（宋）林希逸：《竹溪鬳斋十一藁续集》，（台北）商务印书馆1983年版。

36.（宋）朱弁：《曲洧旧闻》，（台北）商务印书馆1983年版。

37.（宋）张守：《毗陵集》，中华书局1985年版。

38.（宋）吴曾：《能改斋漫录》，（台北）商务印书馆1983年版。

39.（宋）刘弇：《龙云集》，（台北）商务印书馆1983年版。

40.（宋）周必大：《文忠集》，（台北）商务印书馆1983年版。

41.（宋）汪藻：《浮溪集》，（台北）商务印书馆1983年版。

42.（宋）徐铉：《骑省集》，（台北）商务印书馆1983年版。

43.（宋）陈襄：《古灵集》，（台北）商务印书馆1983年版。

44.（宋）朱长文：《乐圃余藁》，（台北）商务印书馆1983年版。

45.（宋）董嗣杲：《西湖百咏》，（台北）商务印书馆1983年版。

46.（元）陶宗仪：《说郛》，（台北）商务印书馆1983年版。

47.（宋）陈起：《江湖小集》，（台北）商务印书馆1983年版。

48.（元）贡师泰：《玩斋集》，（台北）商务印书馆1983年版。

49.（元）杨载：《杨仲弘集》，（台北）商务印书馆1983年版。

50.（元）陈旅：《安雅堂集》，（台北）商务印书馆1983年版。

51.（元）刘将孙：《养吾斋集》，（台北）商务印书馆1983年版。

52.（元）许有壬：《至正集》，（台北）商务印书馆1983年版。

53.（元）刘诜：《桂隐文集》，（台北）商务印书馆1983年版。

54.（明）黄淮、杨士奇等编纂：《历代名臣奏议》，（台北）商务印书馆1983年版。

55.（明）高攀龙：《高子遗书》，（台北）商务印书馆1983年版。

56.（明）朱国祯：《涌幢小品》，中华书局1959年版。

57.（明）王应山：《闽大记》，中国社会科学出版社2005年版。

58.（明）龚敩：《鹅湖集》，（台北）商务印书馆1983年版。

59.（清）郑杰：《闽中录》，清光绪十八年林氏续墨缘书屋刻本。

60. （清）蓝鼎元：《鹿洲初集》，（台北）商务印书馆1983年版。

61. （清）彭定球等编：《全唐诗》，中华书局1960年版。

62. （清）董浩等编：《全唐文》，中华书局1983年版。

63. （清）李清馥：《闽中理学渊源考》，《福建文献汇编》第62册，商务印书馆2011年版。

64. （清）杨澜：《临汀汇考》，光绪四年刊本。

65. （清）王廷抡：《临汀考言》，《四库未收书辑刊》第八辑第21册，北京图书馆出版社2000年版。

66. （清）王夫之：《读通鉴论》，中华书局1975年版。

67. （清）周亮工：《闽小记》，上海古籍出版社1985年版。

68. （清）李士淳：《惭愧祖师传》，广东旅游出版社1994年版。

69. （清）施闰章：《学余堂文集·诗集》，（台北）商务印书馆1983年版。

三　方志族谱类

1. （唐）李吉甫：《元和郡县图志》，中华书局1983年版。

2. （宋）乐史：《太平寰宇记》，中华书局2007年版。

3. （宋）王存：《元丰九域志》，中华书局1984年版。

4. （宋）王象之：《舆地纪胜》，文海出版社1971年版。

5. （宋）欧阳忞：《舆地广记》，中华书局1985年版。

6. （宋）梁克家：《三山志》，方志出版社2003年版。

7. （宋）祝穆：《方舆胜览》，（台北）商务印书馆1983年版。

8. （宋）胡太初修，赵与沐纂：《临汀志》，福建人民出版社1990年版。

9. （宋）周辉：《清波别志》，《知不足斋丛书》18集，商务印书馆1930年版。

10. （宋）范成大：《吴郡志》，中华书局1990年版。

11. （宋）谈钥：《嘉泰吴兴志》，民国三年刊，吴兴先哲遗书本。

12. （宋）郑樵：《通志》，上海人民出版社、迪志文化出版有限公司1999年版。

13. （宋）周应合：《景定建康志》，（台北）商务印书馆1983年版。

14. （宋）路振：《九国志附拾遗》，王云五主编：《万有文库第二集七百种》，商务印书馆1937年版。

15. （元）徐硕：《至元嘉禾志》，（台北）商务印书馆1983年版。

16. （明）黄仲昭修纂：《八闽通志》，福建人民出版社1991年版。

17. （明）何乔远：《闽书》，福建人民出版社1994年版。
18. （明）郎瑛：《七修类稿》，上海书店出版社2001年版。
19. （明）陈桂芳修纂：《清流县志》，福建人民出版社1992年版。
20. （明）邵有道纂修：《汀州府志》，嘉靖六年刻本，《天一阁藏明代地方志选刊续编》，上海书店出版社1990年版。
21. （明）黄汴：《天下水陆路程》，山西人民出版社1992年版。
22. （明）钱士升：《二十五别史·九国志》，齐鲁书社2000年版。
23. （清）曾曰瑛修：《李绂纂·汀州府志》，方志出版社2004年版。
24. （清）陈朝羲修：《许春晖纂·长汀县志》，乾隆四十七年刻本，福建师范大学图书馆藏稀见方志丛刊，北京图书馆出版社2008年版。
25. （清）李世熊：《宁化县志》，福建人民出版社1989年版。
26. （清）顾祖禹：《读史方舆纪要》，中华书局2005年版。
27. （清）郝玉麟等修：《福建通志》，（台北）商务印书馆1983年版。
28. （清）刘胪修，赵良生纂：《武平县志》，康熙十一年刻本，福建省武平县志编纂委员会整理，1986年版。
29. （明）戴璟等：《广东通志初稿》，书目文献出版社1998年版。
30. （清）陈寿祺总纂：《重纂福建通志》，华文书局股份有限公司1968年版。
31. （清）沈瑜庆修，陈衍等纂：《福建通志》，凤凰出版社2011年版。
32. （清）王捷南：《闽中沿革表》，道光十九年刻本。
33. （清）于成龙：《江西通志》，成文出版社1989年版。
34. （清）温仲和：光绪《嘉应州志》，成文出版社1968年版。
35. 嘉庆《重修一统志》，北京书同文数字化技术有限公司2001年版。
36. （清）蔡永蒹：《西山杂志》，嘉庆十五年手抄本，《许夫人起畲兵勤王》篇。
37. 同治《赣州府志》，成文出版社1970年版。
38. 光绪《漳州府志》，上海书店出版社2000年版。
39. （民国）张汉修、丘复纂：《上杭县志》，上海书店出版社2000年版。
40. （民国）黄恺元修、邓光瀛、丘复纂：《长汀县志》，长汀县博物馆1983年重刊本。
41. 赵万里辑：《元一统志》，中华书局1996年版。
42. 严耕望：《唐代交通图考》，上海古籍出版社2007年版。

43. 长汀县地方志编纂委员会：《长汀县志》，生活·读书·新知三联书店 1993 年版。
44. 连城县地方志编纂委员会：《连城县志》，方志出版社 1997 年版。
45. 中国道路交通史编审委员会：《中国道路交通史》，人民交通出版社 1994 年版。
46. 福建省地理编纂委员会编：《福建历史地理》，厦门大学中系翻印，1970 年。
47. 龙岩地区地方志编纂委员会编：《龙岩地区志》，上海人民出版社 1992 年版。
48. 龙岩市地方志编纂委员会整理：《龙岩州志》，福建省地图出版社 1987 年版。
49. 福建省三明市地方志编纂委员会编：《三明市志》，方志出版社 2002 年版。
50. 福建省地方志编纂委员会编：《福建省志》（交通志），方志出版社 1998 年版。
51. 台湾银行经济研究室辑：《台湾文献丛刊》（069），台湾银行 1970 年版。

四 近人著作

（一）专著

1. 罗香林：《客家研究导论》，广东省兴宁市政协文史资料研究委员会编《兴宁文史》第 27 辑，《客家研究导论·罗香林专辑》，2003 年版。
2. 谢重光：《客家源流新探》，福建教育出版社 1995 年版。
3. 谢重光：《畲族与客家福佬关系史略》，福建人民出版社 2002 年版。
4. 谢重光：《福建客家》，广西师范大学出版社 2005 年版。
5. 谢重光：《客家文化述论》，中国社会科学出版社 2008 年版。
6. 陈支平：《福建六大民系》，福建人民出版社 2000 年版。
7. 朱维干：《福建史稿》，福建教育出版社 1985 年版。
8. 郭志超：《闽台民族史辨》，黄山书社 2006 年版。
9. 刘海峰、庄明水：《福建教育史》，福建教育出版社 1996 年版。
10. 吴松弟：《中国移民史》第三卷，福建人民出版社 1997 年版。
11. 郑学檬：《中国古代经济重心南移和唐宋江南经济研究》，岳麓书社 2003 年版。

12. 漆侠：《宋代经济史》，上海人民出版社 1987 年版。
13. 黄挺编：《饶宗颐潮汕地方史论集》，汕头大学出版社 1996 年版。
14. 周雪香编：《多学科视野中的客家文化》，福建人民出版社 2007 年版。
15. 周雪香：《明清闽粤边客家地区的社会经济变迁》，福建人民出版社 2007 年版。
16. 岑仲勉：《中外史地考证》，中华书局 2004 年版。
17. 陈茂同：《历代职官沿革史》，华东师范大学出版社 1988 年版。
18. 谭其骧：《中国历史地图集》，中国地图出版社 1982 年版。
19. 何竹淇：《两宋农民战争史料汇编》，中华书局 1976 年版。
20. 梁启超：《饮冰室合集·文集》，中华书局 1996 年版。
21. 陈国强、蒋炳钊等：《百越民族史》，中国社会科学出版社 1988 年版。
22. 曹家齐：《唐宋时期南方地区交通研究》，华夏文艺出版社 2005 年版。
23. 戴裔煊：《宋代钞盐制度研究》，中华书局 1982 年版。
24. 冻国栋：《唐代人口问题研究》，武汉大学出版社 1993 年版。
25. 冻国栋：《中国人口史》（隋唐五代卷），复旦大学出版社 2002 年版。
26. 吴松弟：《中国人口史》第 3 卷，复旦大学出版社 2000 年版。
27. 徐晓望：《福建民间信仰源流》，福建教育出版社 1993 年版。
28. 范文澜：《中国通史》，人民出版社 2004 年版。
29. 科学史集刊编辑委员会编：《科学史集刊》（10），地质出版社 1982 年版。
30. 黄志繁：《"贼民"之间——12—18 世纪赣南地域社会》，生活·读书·新知三联书店 2006 年版。
31. 邹逸麟、周振鹤主编：《历史地理》第 21 辑，上海人民出版社 2006 年版。
32. 李剑农：《先秦两汉经济史稿》，武汉大学出版社 2005 年版。
33. 唐文基：《福建古代经济史》，福建教育出版社 1995 年版。
34. 臧嵘：《中国古代驿站与邮传》，中国国际广播出版社 2009 年版。
35. 谭其骧：《长水集》，人民出版社 1987 年版。
36. 王育民：《中国历史地理概论》，人民教育出版社 1985 年版。
37. 刘君德：《中国政区地理》，科学出版社 1999 年版。
38. 林惠祥：《人类学论》，福建人民出版社 1981 年版。
39. 百越民族史研究会编：《百越民族史论集》，中国社会科学出版社

1982年版。
40. 陈国强、蒋炳钊等：《百越民族史》，中国社会科学出版社1988年版。
41. 夏湘蓉等编著：《中国古代矿业开发史》，地质出版社1979年版。
42. 林国平、彭文宇：《福建民间信仰》，福建人民出版社1993年版。
43. 杨渭生等编著：《十至十四世纪中韩关系史料汇编》上册，学苑出版社2002年版。
44. 陈美东主编：《简明中国科学技术史话》，中国青年出版社2009年版。
45. 郑学檬：《中国古代经济中心南移和唐宋江南经济研究》，岳麓书社2003年版。
46. 谭其骧主编：《历史地理》第3辑，上海人民出版社1983年版。
47. 罗香林：《客家史料汇编》，中国学社1965年版。
48. 刘大可：《闽西武北的村落文化》，国际客家学会、海外华人资料研究中心、法国远东学院联合出版2002年版。
49. 刘大可：《闽台地域社会与族群文化新探》，方志出版社2004年版。
50. 刘大可：《田野中的地域社会与文化》，民族出版社2007年版。
51. 刘大可：《闽台地域与民间信仰研究》，海风出版社2008年版。
52. 刘晓春：《仪式与象征的秩序——一个客家村落的历史、权力与记忆》，商务印书馆2004年版。
53. 刘劲锋主编：《宁都县的宗族、庙会与经济》，国际客家学会、海外华人研究社、法国远东学院联合出版2002年版。
54. 周建新：《江西客家》，广西师范大学出版社2007年版。
55. 谢剑等：《围不住的围龙屋——记一个客家宗族的复苏》，花城出版社2002年版。
56. 房学嘉等：《围不住的围龙屋——粤东古镇松口的社会变迁》，花城出版社2002年版。
57. 肖文评等：《民间文化与乡土社会——粤东民俗文化与地方社会》，花城出版社2002年版。
58. 周建新等：《民间文化与乡土社会——粤东梅县五大圩镇考察研究》，花城出版社2002年版。
59. 宋德剑等：《民间文化与乡土社会——粤东丰顺族群关系研究》，花城出版社2002年版。
60. 中山大学历史系编：《中山大学史学集刊》第2辑，广东人民出版社

1994年版。

61. 民族学研究所集刊编辑委员会:《"中央研究院"民族研究所集刊》第50期,中研院民族学研究所1996年版。
62. 潮汕历史文化研究中心、汕头大学潮汕文化研究中心编:《潮学研究》第8辑,花城出版社2000年版。
63. 郑振满、陈春声主编:《民间信仰与社会空间》,福建人民出版社2002年版。
64. 黄宗智主编:《中国乡村研究》第2辑,商务印书馆2003年版。
65. 李长莉、左玉河主编:《近代中国社会与民间文化》,社会科学文献出版社2007年版。
66. 四川大学古籍整理研究所、四川大学宋代文化研究中心编:《宋代文化研究》第11辑,线装书局2002年版。
67. 福建省炎黄文化研究会、中国人民政治协商会议泉州委员会编:《闽南文化研究》下册,海峡文艺出版社2004年版。
68. 郑晓云:《文化认同与文化变迁》,中国社会科学出版社1992年版。
69. 王小兰:《桥》,中国人民大学出版社2007年版。
70. 政协武平县文史资料工作组编:《武平文史资料》第8辑,1987年。
71. [美]田浩编:《宋代思想史论》,杨立华、吴艳红等译,社会科学文献出版社2003年版。
72. [美]韩森:《变迁之神·南宋时期的民间信仰》,浙江人民出版社1999年版。
73. [日]平凡社:《平凡社大百科事典》第14册,平凡社1985年版。

(二) 学术论文

1. 尤玉柱、董兴仁、陈存洗、范雪春:《福建清流发现的人类牙齿化石》,《人类学学报》1989年第3期。
2. 蔡骥:《历史上汀江流域的地理环境》,《陕西师范大学学报》(哲学社会科学版)2007年第3期。
3. 陈占山:《宋代潮州与闽粤赣边的寇乱》,《河北师范大学学报》(哲学社会科学版)2005年第5期。
4. 陈国强:《闽台旧石器时代古人类与文化》,《福建师范大学学报》(哲学社会科学版)1994年第9期。
5. 陈衍德:《宋代福建矿冶业》,《福建论坛》(社会科学教育版)1983年第 2 期。

6. ［美］汉斯·比论斯泰因：《唐末以前福建的开发》《历史地理》第 5 辑，上海人民出版社 1987 年第 5 期。

7. 王子今：《中国古代交通系统的特征——以秦汉文物资料为中心》，《社会科学》2009 年第 7 期。

8. 胡水凤：《大庾岭古道在中国交通史上的地位》，《宜春师专学报》1998 年第 6 期。

9. 郭在忠：《秦始皇经略岭南越人地区述议》，《民族研究》1983 年第 6 期。

10. 吴春明：《闽越冶城地望的历史考古问题》，《考古》2000 年第 11 期。

11. 谢重光：《客家普遍溯源于宁化石壁的文化意蕴》，《汕头大学学报》1999 年第 1 期。

12. 谢重光：《客家佛教信仰研究》，《佛学研究》2000 年第 1 期。

13. 谢重光：《唐宋时期汀江流域的开发》，《客家》2007 年第 3 期。

14. 林汀水：《对福建古代交通道路变迁的几点看法》，《中国社会经济史研究》1994 年第 1 期。

15. 刘可明：《对龙岩古代县名的考证》，《福建史志》1999 年第 4 期。

16. 陈春声：《信仰空间与社区历史的演变——以樟林神庙系统的研究为例》，《清史研究》1999 年第 2 期。

17. 陈春声：《正统性、地方化与文化的创制——潮州民间神信仰的象征与历史意义》，《史学月刊》2001 年第 1 期。

18. 陈春声：《明末东南沿海社会重建与乡绅之角色——以林大春与潮州双忠公信仰的关系为中心》，《中山大学学报》2002 年第 4 期。

19. 陈春声、陈树良：《乡村的故事与社区历史的建构——以东凤村陈氏为例兼论传统乡村社会研究历史记忆问题》，《历史研究》2003 年第 5 期。

20. 陈支平：《回归学术主体性：东南民族研究的三个省思》，《思想战线》2012 年第 1 期。

21. 周振鹤：《客家源流异说》，《学术月刊》1996 年第 3 期。

22. 周振鹤：《行政区划史研究的基本概念与学术用语刍议》，《复旦学报》（社会科学版）2001 年第 3 期。

23. 郭志超：《闽粤赣交界地区原住民族的再研究》，《厦门大学学报》

（哲学社会科学版）1996 年第 3 期。
24. 颜广文：《元代隆兴至潮州新驿道的开辟及对赣闽粤三省省界开发的影响》，《中国边疆史地研究》1998 年第 2 期。
25. 胡沧泽：《唐朝前期对逃户政策的改变与福建州县的新建置》，《福建师范大学学报》（哲学社会科学版）1992 年第 1 期。
26. 吴琦：《"漕运"辨义》，《中国农史》1996 年第 4 期。
27. 黄金铸：《从六朝广西政区城市发展看区域开发》，《中南民族大学学报》（哲学社会科学版）1995 年第 6 期。
28. 黄才庚：《元朝驿传初探》，《社会科学战线》1984 年第 2 期。
29. 黄国信：《饵"盗"、党争与北宋虔州盐政》，《史林》2006 年第 2 期。
30. 黄楼：《牛肃〈纪闻〉及其史料价值探讨》，《史学月刊》2005 年第 6 期。
31. 黄志繁：《宋代南方山区的峒寇：以赣南为中心》，《南昌大学学报》2002 年第 3 期。
32. 林祥瑞：《关于古代闽越族若干问题的探讨》，《福建师范大学学报》1981 年第 4 期。
33. 福建博物院：《福建考古的回顾与思考》，《考古》2003 年第 12 期。
34. 林惠祥：《福建长汀县河田区新石器时代遗址》，《厦门大学学报》（哲学社会科学版）1957 年第 1 期。
35. 蒋炳钊：《古民族"山都木客"历史初探》，《厦门大学学报》（哲学社会科学版）1983 年第 3 期。
36. 李迪、顾野王：《〈舆地志〉初步研究》，《内蒙古师大学报》（哲学社会科学版）1998 年第 3 期。
37. 徐东升：《北宋矿冶诸问题考辨》，《中国社会经济史研究》2009 年第 4 期。
38. 吴松弟：《客家南宋源流说》，《复旦学报》（社会科学版）1995 年第 5 期。
39. 史继刚：《浅谈宋代私盐盛行的原因及其影响》，《西南师范大学学报》1989 年第 3 期。
40. 史继刚：《两宋对私盐的防范》，《中国史研究》1990 年第 2 期。
41. 罗雄飞：《宋代汀、赣诸州私盐问题探析》，《中国社会经济史研究》2005 年第 3 期。

42. 罗勇：《"客家先民"之先民——赣南远古土著居民析》，《赣南师范学院学报》2004年第5期。

43. 姜锡东：《关于宋代的私盐贩》，《盐业史研究》1999年第1期。

45. 郁越祖：《关于宋代建制镇的几个历史地理问题》，《历史地理》第六辑，上海人民出版社1988年版。

46. 郭九灵：《宋代县学述论》，《岱宗学刊》2008年第3期。

47. 罗传奇：《王安石的三舍法》，《江西教育科研》1985年第4期。

48. 金甦、毛晓阳：《宋代贡士庄考论》，《福建师范大学学报》（哲学社会科学版）2010年第4期。

49. 曾雄生：《唐宋时期的畲田与畲田民族的历史走向》，《古今农业》2005年第4期。

50. 葛文清：《汀江流域外向型客家经济演变初探》，《龙岩师专学报》1995年第2期。

51. 葛文清：《唐宋汀江流域人口发展与社会经济关系述论》，《龙岩师专学报》1997年第1期。

52. 葛文清：《闽粤赣边区盐粮流通的历史考察》，《龙岩师专学报》（社会科学版）1998年第3期。

53. 林汀水：《两宋期间福建的矿冶业》，《中国社会经济史研究》1992年第1期。

54. 周琍：《盐粮流通与闽粤赣经济区域的形成》，《赣南师范学院学报》2007年第4期。

55. 吴小平：《从考古看闽越人的农耕经济状态》，《厦门大学学报》（哲学社会科学版）2003年第2期。

56. 彭友良：《两宋时代福建集市贸易的发展与城镇的兴起》，《福建学刊》1988年第4期。

57. 刘锡涛：《宋代福建人才地理分布》，《福建师范大学学报》（哲学社会科学版）2005年第2期。

58. 祝尚书：《宋代科举与理学》，《社会科学研究》2005年第3期。

59. 陈丽、李馥明：《宋代理学官学化原因探析》，《洛阳大学学报》1999年第3期。

60. 吴松弟：《客家源流南宋说》，《复旦学报》（社会科学版）1995年第5期。

61. 陈支平：《清代闽西四堡族商研究》，《中国经济史研究》1988 年第 2 期。
62. 林国平：《定光古佛探索》，《圆光佛学学报》1999 年第 3 期。
63. 刘大可：《传统村落视野下小姓弱房的生存形态——闽西武北客家村落的田野调查研究》，《东南学术》2002 年第 2 期。
64. 刘大可：《从地名看客家村落的历史与文化——以闽西武平县村落为考察对象》，《福建省社会主义学院学报》2003 年第 3 期。
65. 刘大可：《公王与社公：客家村落的保护神》，《世界宗教研究》2003 年第 4 期。
66. 刘大可：《论传统客家村落的纷争处理程序——闽西武北村落的田野调查研究》，《民族研究》2003 年第 6 期。
67. 刘大可：《科举与传统客家村落社会——以闽西武北村落为例》，《民族研究》2005 年第 6 期。
68. 刘永华：《墟市、宗族与地方政治——以明代至民国时期闽西四保为中心》，《中国社会科学》2004 年第 4 期。
69. 刘永华：《道教传统、士大夫文化与地方社会——宋明以来闽西四保邹公崇拜研究》，《历史研究》2007 年第 3 期。
70. 黄志繁：《清代赣南的乡族势力与农村墟市》，与黄志坚合写，《江西社会科学》2003 年第 2 期。
71. 黄志繁：《地域社会变革与租佃关系——以 16—18 世纪赣南山区为中心》，《中国社会科学》2003 年第 6 期。
72. 黄志繁：《明代赣南的风水、科举与乡村社会"士绅化"》，《史学月刊》2005 年第 11 期。
73. 黄志繁：《神明信仰与土客关系——清代上犹县营前观音堂碑文的解读》，《赣南师范学院学报》2008 年第 2 期。
74. 饶伟新：《清代赣南客民的联宗谱及其意义初探》，《赣南师范学院学报》2007 年第 4 期。
75. 温春香、朱忠飞：《清代赣南客家人的风水观与地域社会——以三僚曾氏坟墓纠纷为例》，《赣南师范学院学报》2008 年第 4 期。
76. 李晓方：《明清时期闽粤客家的倒迁与赣南生态环境的变迁述论》，《赣南师范学院学报》2007 年第 5 期。
77. 林晓平：《赣南客家宗族制度的形成与特色》，《赣南师范学院学报》

2003 年第 1 期。

78. 肖文评：《从"贼巢"到"邹鲁乡"：明末清初粤东大埔县白堠乡村社会变迁》，《中山大学学报》2006 年第 2 期。

79. 肖文评：《明清之际粤东北地区的民间信仰与社会变迁——以大埔县白堠村为例》，《赣南师范学院学报》2008 年第 2 期。

80. 周建新：《明清以来粤东梅县墟市的发展形态与地方社会》，《赣南师范学院学报》2003 年第 2 期。

81. 周建新：《晚清粤东妇女集体自杀事件与地方族群社会——以民国〈丰顺县志〉为中心的讨论》，《福建论坛》（人文社会科学版）2007 年第 5 期。

82. 吴榕青：《潮州历史政区地理述略》，《岭南文史》1998 年第 4 期。

83. 吴榕青：《宋元潮州的书院》，《岭南文史》1998 年第 4 期。

84. 吴榕青：《潮汕地区明清书院发展述略》，《韩山师范学院学报》1999 年第 3 期。

85. 吴榕青：《粤东闽南"文公帕（兜）"之历史考察》，《民俗研究》2005 年第 2 期。

86. 周云：《粤东客家妇女的婚姻与家庭》，《南方人口》1995 年第 1 期。

87. 曾国华：《宗族组织与乡村权力结构——赣南和粤东两个村镇个案的研究》，《思想战线》2004 年第 1 期。

88. 周大鸣：《动荡中的客家族群与族群意识——粤东地区潮客村落的比较研究》，《广西民族学院学报》2005 年第 5 期。

89. 王威廉：《乡村社区：国家的权力视野——以粤东凤凰两村为例》，《粤海风》2007 年第 2 期。

90. 李坚：《土豪、动乱与王朝变迁——宋代闽粤赣边区基层社会的演变》，《韩山师范学院学报》2008 年第 4 期。

91. 颜章炮：《晚唐至宋福建地区的造神高潮》，《世界宗教研究》1998 年第 3 期。

92. 徐晓望：《福建历史上几个人口数字考证》，《福建论坛》1987 年第 4 期。

93. 陈致远：《东汉武陵"五溪蛮"大起义考探》，《中南民族学院学报》2000 年第 1 期。

94. 韦东超：《移民与族际冲突：东汉时期武陵、长沙、零陵三郡"蛮变"

动因浅论》,《中南民族大学学报》(人文社会科学版) 2003 年第 1 期。
95. 邓华祥、肖忠生:《闽越王王都冶城问题再探》,《福州师专学报》(社会科学版) 1998 年第 3 期。

(三) 学位论文

1. 徐晓望:《试论明清时期闽浙赣三省边区山区经济发展的新趋势》,硕士学位论文,厦门大学,1985 年。
2. 徐晓望:《16—17 世纪环台湾海峡区域市场研究》,博士学位论文,厦门大学,2003 年。
3. 饶伟新:《生态、族群与阶级——赣南土地革命的历史背景分析》,博士学位论文,厦门大学,2002 年。
4. 温春香:《风水与村落宗族社会》,硕士学位论文,福建师范大学,2006 年。
5. 温春香:《文化表述与地域社会——宋元以来闽粤赣毗邻区的族群研究》,博士学位论文,厦门大学,2009 年。
6. 邹春生:《王化和儒化:9—18 世纪赣闽粤边区的社会变迁和客家族群文化的形成》,博士学位论文,福建师范大学,2010 年。

五 外文著述

1. Frederick Wakeman, Rebellion and Revolution: The Study of Popular Movement in Chinese History, *The Journal of Asian Studies*, Vol. 36 (2), 1977.
2. Sow – Theng Leong, *Migration and Ethnicity in Chinese History: Hakkas, Pengmin and Their Neighbors*, SMC Publishing Inc., Taipei, 1998.
3. Maurice Freedman, *Lineage Organization in Southeastern China*, The Athlone Press, 1958 University of London.
4. Maurice Freedman, *Chinese Lineage and Society: Fukien and Kwangtung*, The Athlone Press, 1996, University of London.
5. Daniel Harrision Kulp, *Country Life in South* China, Columbia University Press, 1925.
6. Stevan Harrell, Field Studies of Ethnic Identity: Yi Communities of southwest China (《田野中的族群关系与民族认同——中国西南彝族社区考察研究》,巴莫阿依、曲木铁西译,广西人民出版社),2000。

7. David Faure, Helen Siu, *Down to Earth*, *Stanford*, Calif: Stanford University Press, 1995.
8. Patricia Buckley Ebrey and Peter N. Gregory, "The Religious and Historical Landscape", Ebrey and Gregory eds., *Religion and Society in Tang and Sung China*, Honolulu: University of Hawaii Press, 1993.

后　　记

　　本书是在我博士论文的基础上修改完善的，能够完成本书的写作，于我而言，个中辛酸自不待言。然回视三十余万字的书稿，字里行间遍布众多师友亲人的厚爱和真情！每顾及此，感激之情，油然而生……

　　我的导师谢重光先生为人敦厚儒雅，性情温和大度，不独门下弟子视为榜样，抑或诸多其他专业同学亦慕名而至，乃至每于先生生日之际，或谢门弟子会聚之日，总有一些新的同学到来，实为师大一奇观！我能跻身先生门下，有幸之至！我硕士时受教于中南民族大学王延武教授，攻制度史。后投考谢师门下博士生，曾和谢师言谈，谓自己对先生所攻领域不熟，颇为忐忑。先生笑言须"恶补"，又说可以从制度入手研究客家，不失为一条新的路子。先生寥寥数语，化解了我心中的紧张，又为我指明了论文创作的方向。然而遗憾的是，我尚未开始学术恶补，身体便遭了厄运，入学不久即患病，在家休养几达两年。先生闻之，多次嘱我安心养病。每次谢门弟子读书会之际，先生总会记挂我。先生的关爱，于此可见！

　　先生师出名门，为学极其严谨，门下弟子无不勤勉自励。我病情好转之后，因工作上的琐事，学业上时有怠懒，先生必直言相责，屡屡使我及时醒悟，而专心于学业。先生学术造诣高深，近年来尤其是客家学用心颇专，有开导之功。我的论文从选题伊始，先生即认真督促指导。我因初步涉猎客家学研究，诸多不明之处，先生必详加指导，使我的学术能力不断增强。我偶有心得，与先生谈论，先生则大加鼓励，增强了我学术上的信心。先生对我付出的心血，远较对其他同门为多。我能够在三四年间完成这篇关于客家学研究的博士学位论文，对客家学略窥门户，先生的精心指导至为关键！先生于我的恩情，已不可言谢，唯其一生，为人为学，视先生马首是瞻而已！

　　本书的完成，感谢福建师范大学社会历史学院众多老师的帮助，特别是汪征鲁、林金水、谢必震、王晓德、巴新生等老师，在论文开题、预答辩中，给了我许多直接的指导，使我的论文得到不断完善。博士学位论文的最终定稿，还要感谢汪征鲁教授、王晓德教授、福建省方志办刘学沛研究员、福建省党史办林强研究员、福建社会科学院历史所徐晓望研究员等老师评阅论文时提出的中肯批评，并在论文答辩时精辟点评我的论文。真诚地感谢各位老师！

本书的完善得到众多同门的帮助。感谢邹春生师弟、齐开龙师弟，他们不仅帮助我收集了和提供资料，而且在我遇到困难郁闷之时，给我安慰，助我走出困境。感谢林瀚师弟、梁如龙师弟帮我进行文章的校对，并提出中肯的意见。其他同门也对我的论文写作提供了不少帮助，在此一并致以深深感谢！

本书在修改完善过程中，得到了三明学院文化传播学院邓天杰院长、柳传堆副院长、余达忠副院长、廖开顺所长等前辈领导的关怀和支持，使我少了许多工作上的后顾之忧，得以更好地修改文稿。真诚地感谢各位领导！

本书得以出版发行，得到了赣南师范学院客家研究中心的资助，并得到罗勇、周建新、钟俊坤、邹春生、温春香等师友的诸多帮助。对此表示深深的谢意！

本书在写作中借鉴和引用了众多前辈时贤的研究成果，一并致以敬意！

最后，要感谢我的家人，是他们给了我求学的动力和不懈的支持。在我论文写作的最困难时刻，我的母亲以古稀高龄，千里奔波，到三明照顾我的孩子，免去我的后顾之忧，我只能以一颗儿子的心回报母亲！我的妻子王华丽，是一名普通女性。在我攻读硕士学位时，她在家中养老抚幼，还供养我求学。在我攻读博士学位、最苦闷无助的时候，她抛开一切，陪在我的身边，陪我度过最艰难的时刻！不需要谢谢，因为我和她都知道，不管是从前还是以后，我们人生路上的一切，欢乐也好，痛苦也罢，我的就是她的，她的就是我的，我们将相伴走过一生！

2014 年 7 月 15 日于绿都鸿文楼